Tricks dedicated to Witches

2

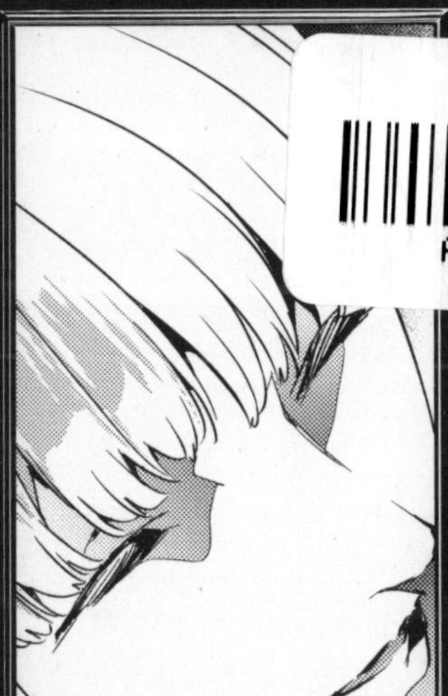

„Die Zauberinnen sollst du nicht leben lassen."
Exodus, 22, 18

Shizumu Watanabe

Inhalt

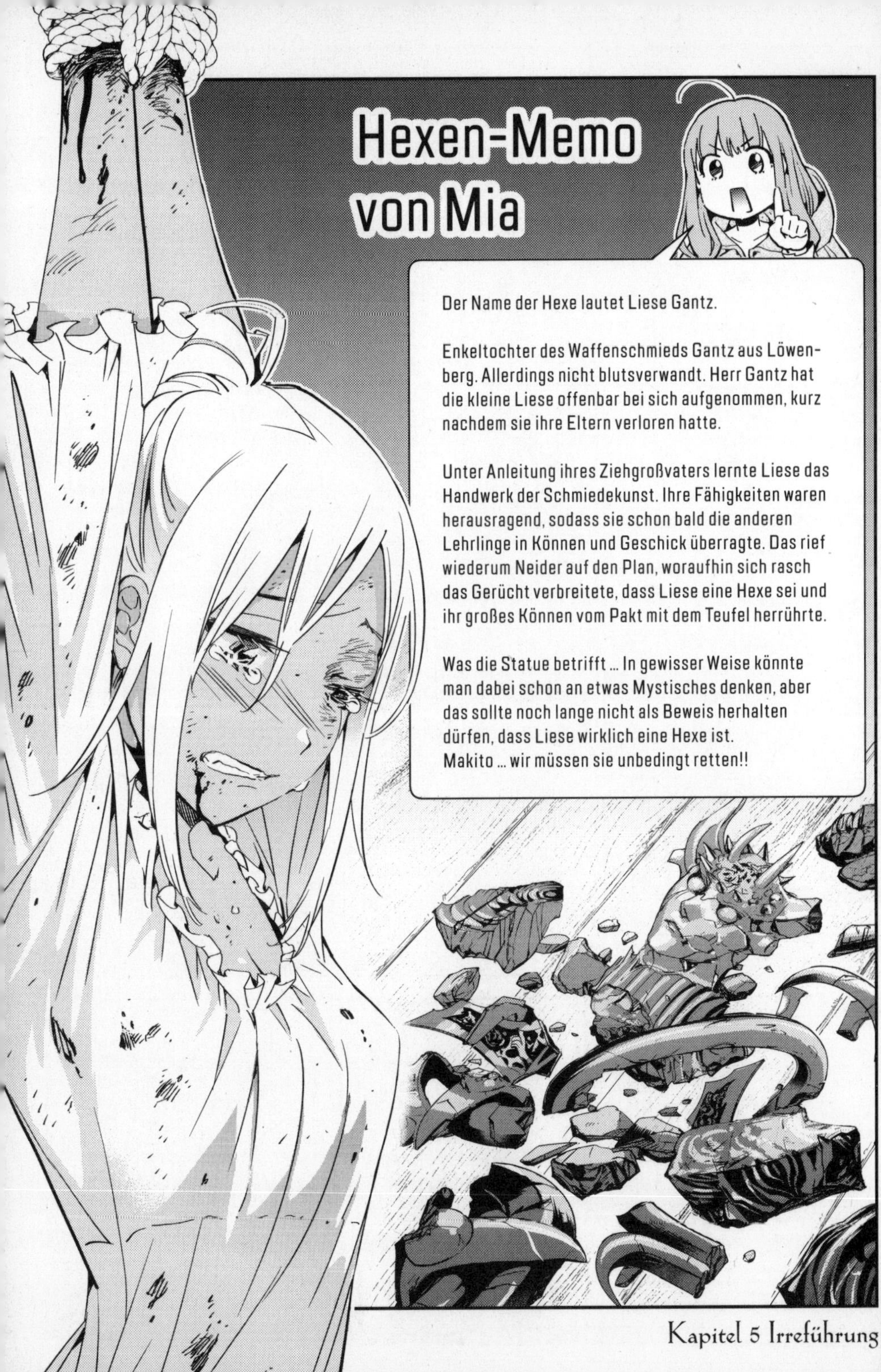

Hexen-Memo von Mia

Der Name der Hexe lautet Liese Gantz.

Enkeltochter des Waffenschmieds Gantz aus Löwenberg. Allerdings nicht blutsverwandt. Herr Gantz hat die kleine Liese offenbar bei sich aufgenommen, kurz nachdem sie ihre Eltern verloren hatte.

Unter Anleitung ihres Ziehgroßvaters lernte Liese das Handwerk der Schmiedekunst. Ihre Fähigkeiten waren herausragend, sodass sie schon bald die anderen Lehrlinge in Können und Geschick überragte. Das rief wiederum Neider auf den Plan, woraufhin sich rasch das Gerücht verbreitete, dass Liese eine Hexe sei und ihr großes Können vom Pakt mit dem Teufel herrührte.

Was die Statue betrifft … In gewisser Weise könnte man dabei schon an etwas Mystisches denken, aber das sollte noch lange nicht als Beweis herhalten dürfen, dass Liese wirklich eine Hexe ist.
Makito … wir müssen sie unbedingt retten!!

Kapitel 5 Irreführung

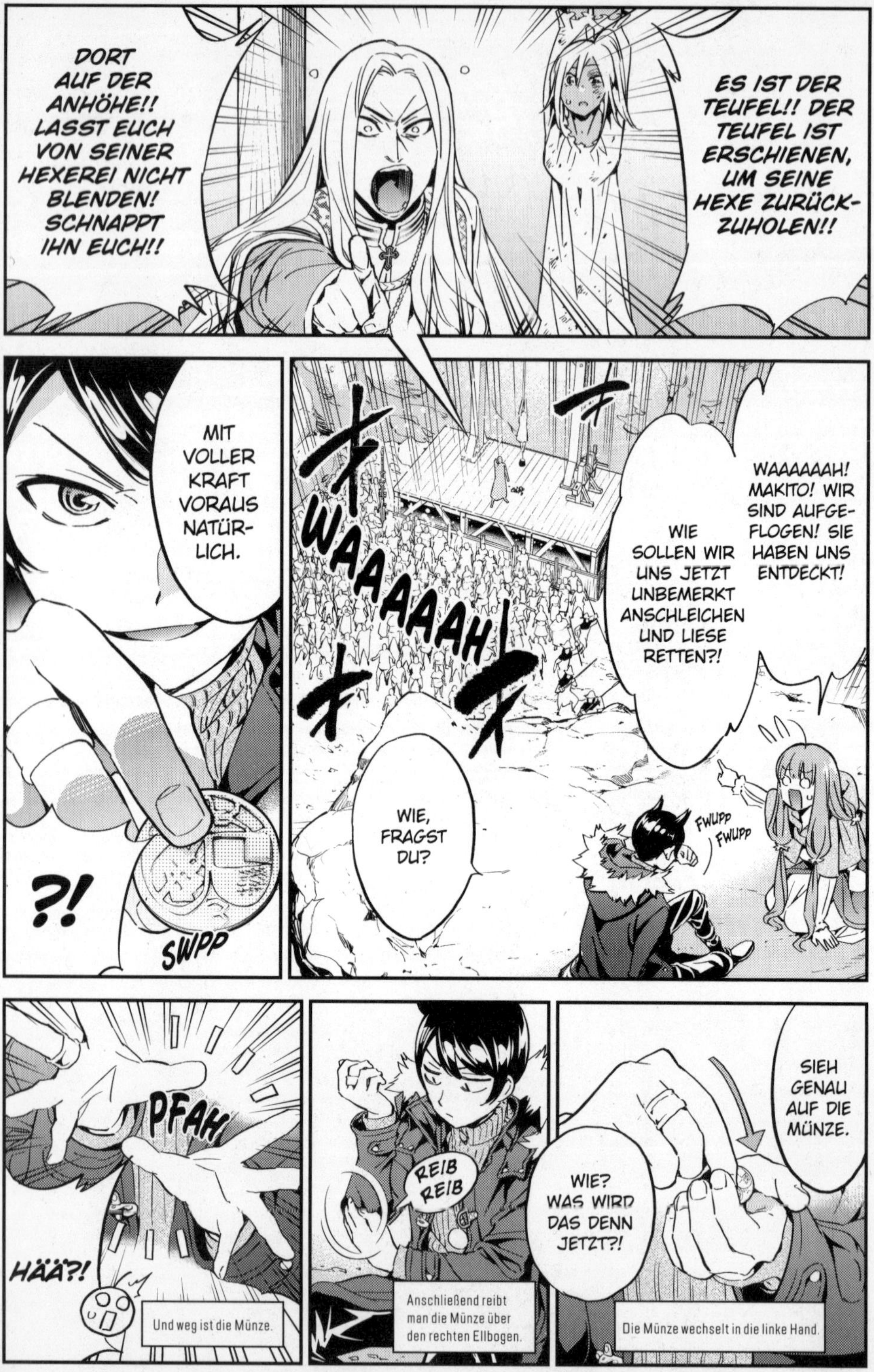
ES IST DER TEUFEL!! DER TEUFEL IST ERSCHIENEN, UM SEINE HEXE ZURÜCK-ZUHOLEN!!
DORT AUF DER ANHÖHE!! LASST EUCH VON SEINER HEXEREI NICHT BLENDEN! SCHNAPPT IHN EUCH!!
WAAAAAAH! MAKITO! WIR SIND AUFGE-FLOGEN! SIE HABEN UNS ENTDECKT!
WIE SOLLEN WIR UNS JETZT UNBEMERKT ANSCHLEICHEN UND LIESE RETTEN?!
WAAAAAAAH
FWUPP FWUPP
WIE, FRAGST DU?
MIT VOLLER KRAFT VORAUS NATÜR-LICH.
?!
SWPP
SIEH GENAU AUF DIE MÜNZE.
WIE? WAS WIRD DAS DENN JETZT?!
Die Münze wechselt in die linke Hand.
REIB REIB
Anschließend reibt man die Münze über den rechten Ellbogen.
PFAH
HÄÄ?!
Und weg ist die Münze.

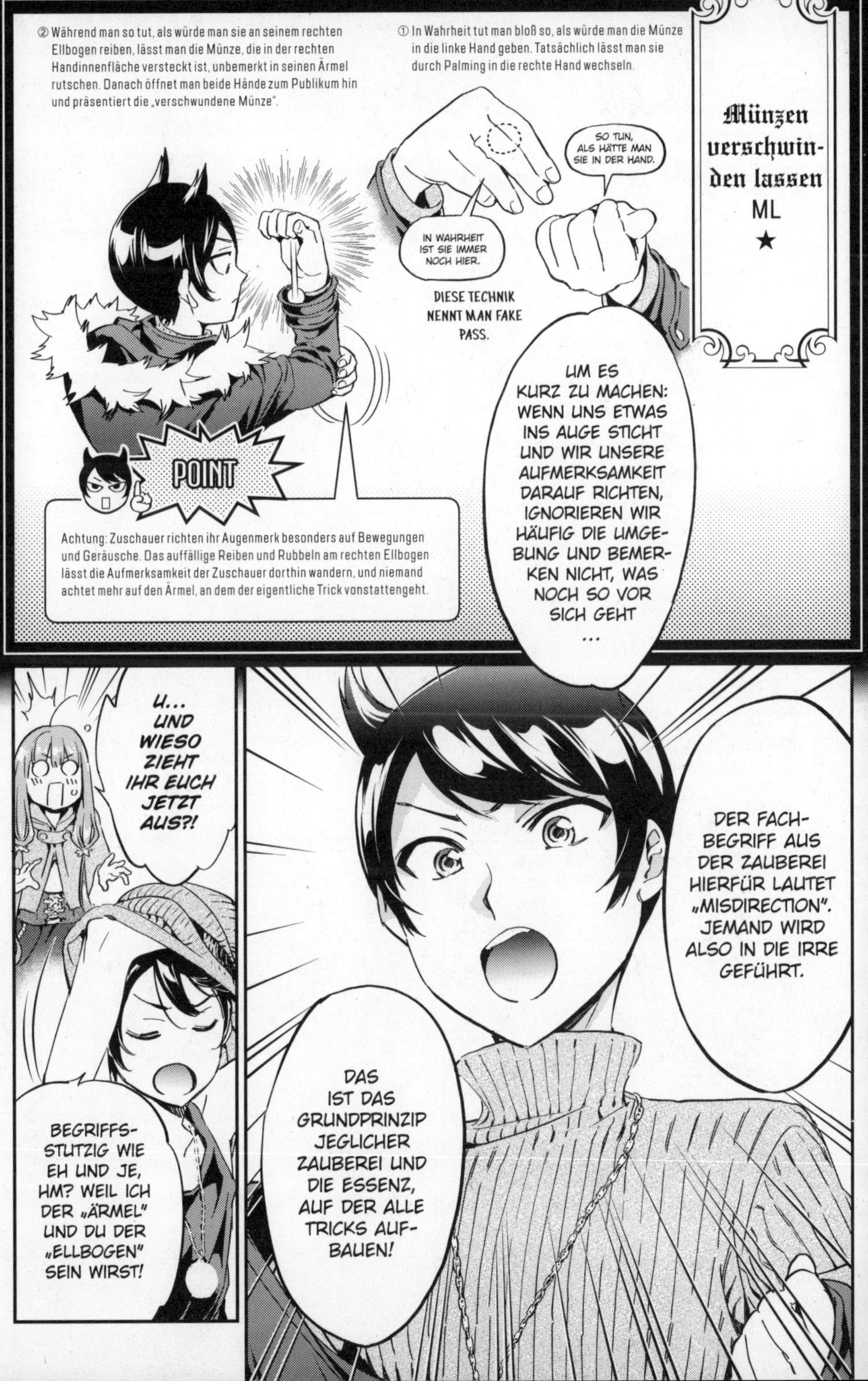

Münzen verschwinden lassen ML ★
① In Wahrheit tut man bloß so, als würde man die Münze in die linke Hand geben. Tatsächlich lässt man sie durch Palming in die rechte Hand wechseln.
SO TUN, ALS HÄTTE MAN SIE IN DER HAND.
IN WAHRHEIT IST SIE IMMER NOCH HIER.
DIESE TECHNIK NENNT MAN FAKE PASS.
② Während man so tut, als würde man sie an seinem rechten Ellbogen reiben, lässt man die Münze, die in der rechten Handinnenfläche versteckt ist, unbemerkt in seinen Ärmel rutschen. Danach öffnet man beide Hände zum Publikum hin und präsentiert die „verschwundene Münze".
POINT
Achtung: Zuschauer richten ihr Augenmerk besonders auf Bewegungen und Geräusche. Das auffällige Reiben und Rubbeln am rechten Ellbogen lässt die Aufmerksamkeit der Zuschauer dorthin wandern, und niemand achtet mehr auf den Ärmel, an dem der eigentliche Trick vonstattengeht.
UM ES KURZ ZU MACHEN: WENN UNS ETWAS INS AUGE STICHT UND WIR UNSERE AUFMERKSAMKEIT DARAUF RICHTEN, IGNORIEREN WIR HÄUFIG DIE UMGEBUNG UND BEMERKEN NICHT, WAS NOCH SO VOR SICH GEHT …
DER FACHBEGRIFF AUS DER ZAUBEREI HIERFÜR LAUTET „MISDIRECTION". JEMAND WIRD ALSO IN DIE IRRE GEFÜHRT.
DAS IST DAS GRUNDPRINZIP JEGLICHER ZAUBEREI UND DIE ESSENZ, AUF DER ALLE TRICKS AUFBAUEN!
U… UND WIESO ZIEHT IHR EUCH JETZT AUS?!
BEGRIFFSSTUTZIG WIE EH UND JE, HM? WEIL ICH DER „ÄRMEL" UND DU DER „ELLBOGEN" SEIN WIRST!

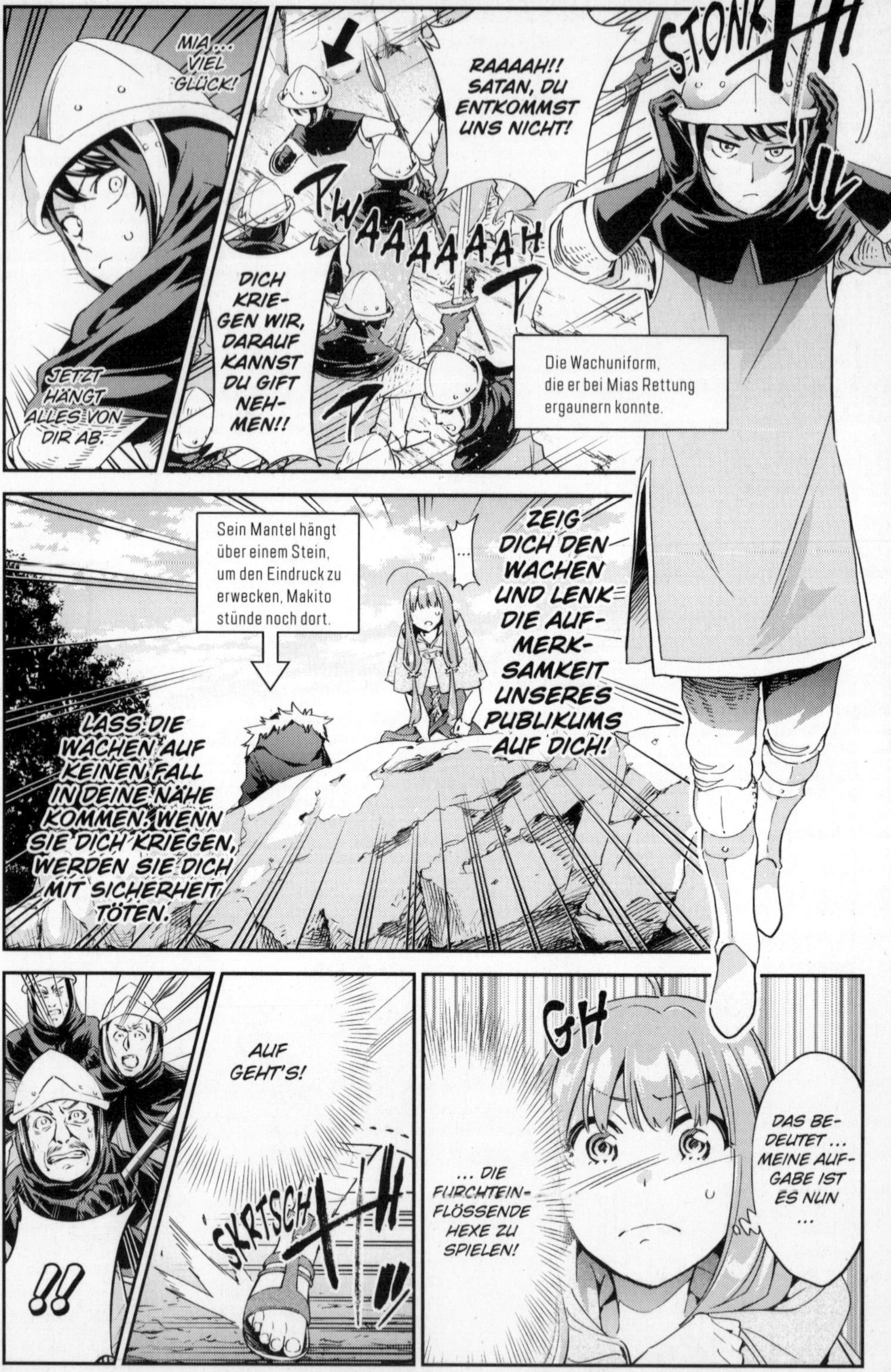
STONK
RAAAAH!! SATAN, DU ENTKOMMST UNS NICHT!
PWAAAAAAH
DICH KRIEGEN WIR, DARAUF KANNST DU GIFT NEHMEN!!
Die Wachuniform, die er bei Mias Rettung ergaunern konnte.
MIA ... VIEL GLÜCK!
JETZT HÄNGT ALLES VON DIR AB.
ZEIG DICH DEN WACHEN UND LENK DIE AUFMERKSAMKEIT UNSERES PUBLIKUMS AUF DICH!
...
Sein Mantel hängt über einem Stein, um den Eindruck zu erwecken, Makito stünde noch dort.
LASS DIE WACHEN AUF KEINEN FALL IN DEINE NÄHE KOMMEN. WENN SIE DICH KRIEGEN, WERDEN SIE DICH MIT SICHERHEIT TÖTEN.
GH
DAS BEDEUTET ... MEINE AUFGABE IST ES NUN ...
... DIE FURCHTEINFLÖSSENDE HEXE ZU SPIELEN!
AUF GEHT'S!
SKRTSCH
!!

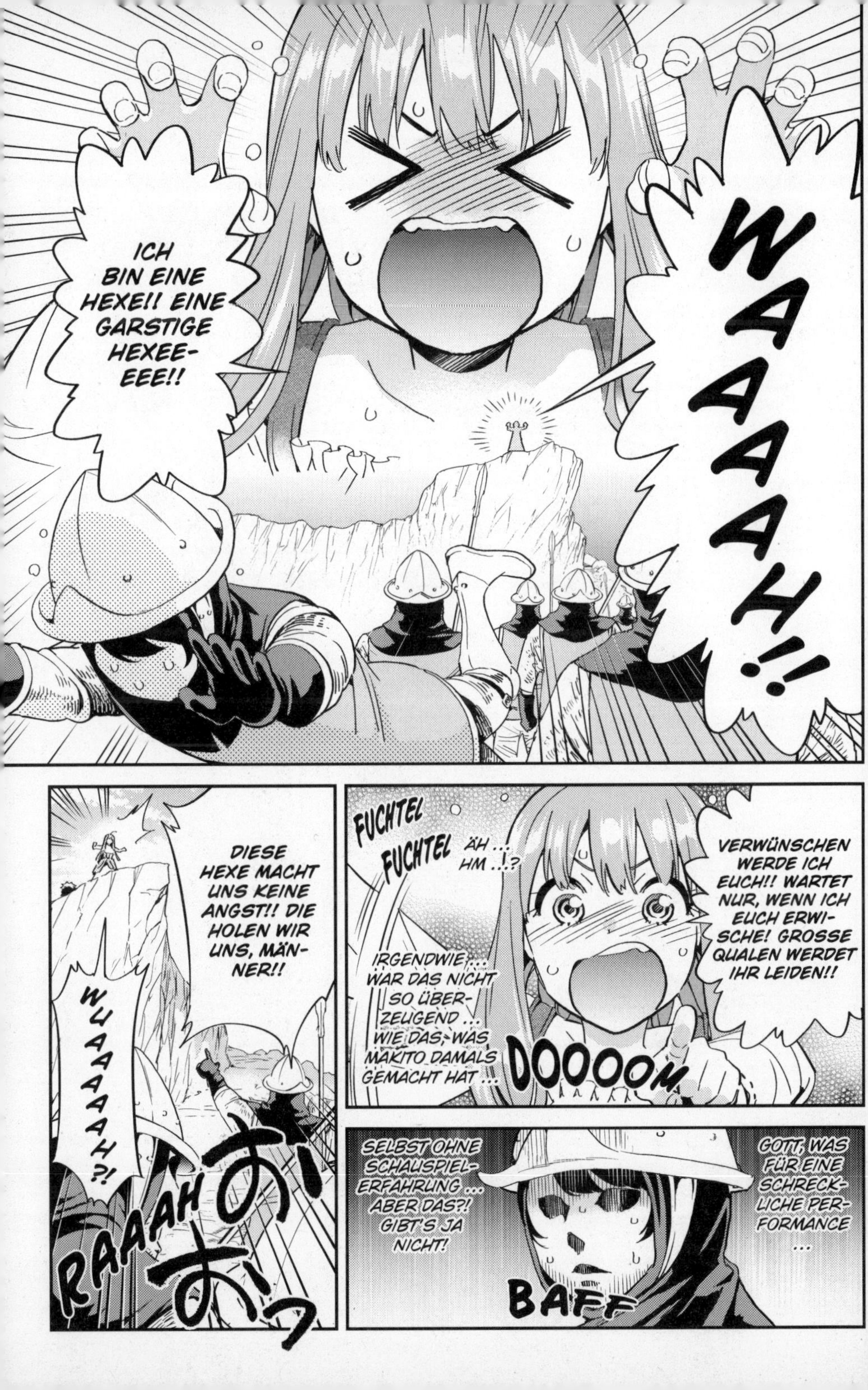
WAAAAAH!!
ICH BIN EINE HEXE!! EINE GARSTIGE HEXEE-EEE!!
VERWÜNSCHEN WERDE ICH EUCH!! WARTET NUR, WENN ICH EUCH ERWISCHE! GROSSE QUALEN WERDET IHR LEIDEN!!
FUCHTEL FUCHTEL
ÄH ... HM ...?
IRGENDWIE ... WAR DAS NICHT SO ÜBERZEUGEND ... WIE DAS, WAS MAKITO DAMALS GEMACHT HAT ...
DOOOOOM
GOTT, WAS FÜR EINE SCHRECKLICHE PERFORMANCE ...
SELBST OHNE SCHAUSPIELERFAHRUNG ... ABER DAS?! GIBT'S JA NICHT!
BAFF
DIESE HEXE MACHT UNS KEINE ANGST!! DIE HOLEN WIR UNS, MÄNNER!!
WUAAAAAAAH?!
RAAAAH
おおおっ

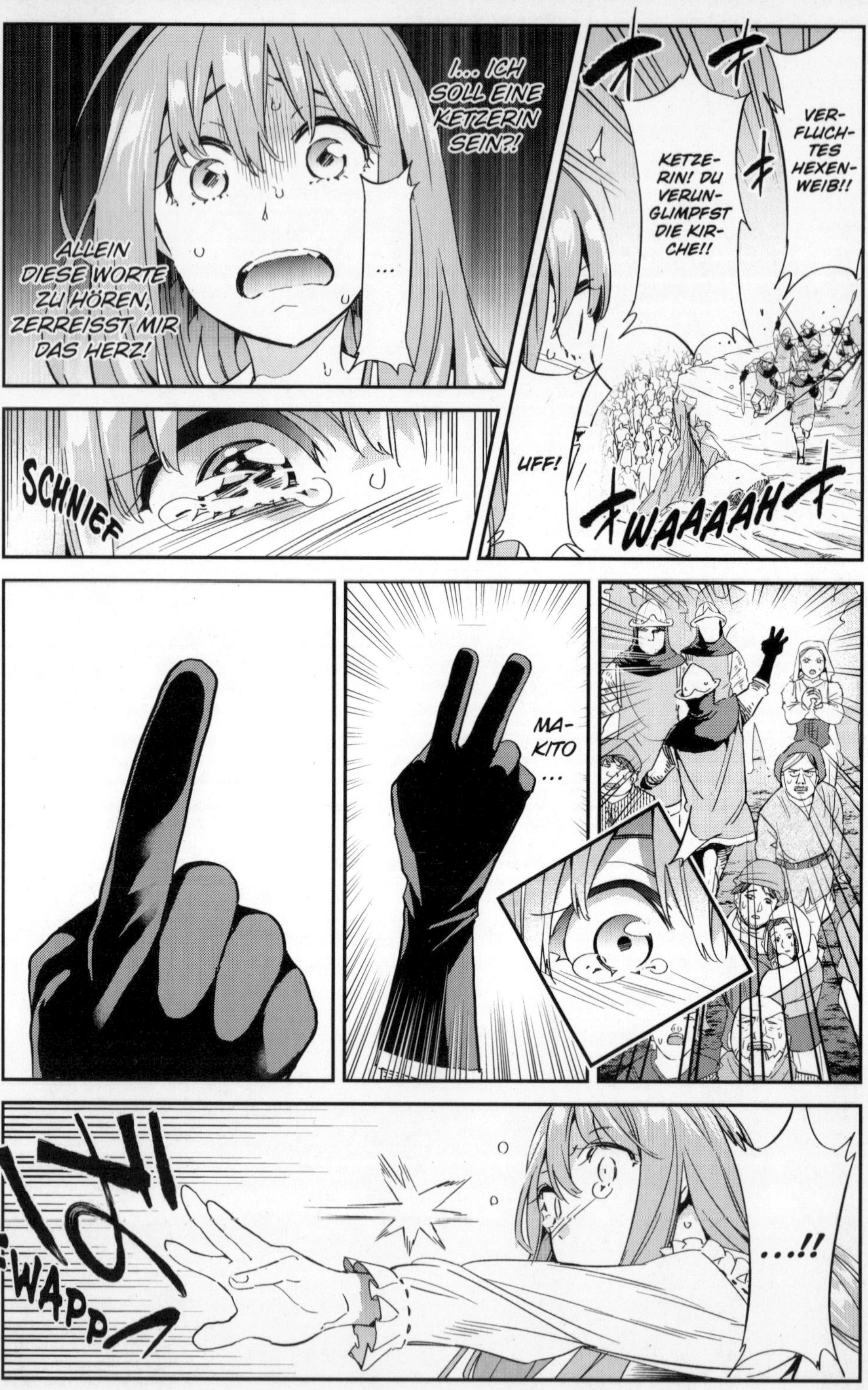
VERFLUCHTES HEXENWEIB!!
KETZERIN! DU VERUNGLIMPFST DIE KIRCHE!!
UFF!
WAAAAAH
I... ICH SOLL EINE KETZERIN SEIN?!
...
ALLEIN DIESE WORTE ZU HÖREN, ZERREISST MIR DAS HERZ!
SCHNIEF
MAKITO ...
...!!
FWAPP

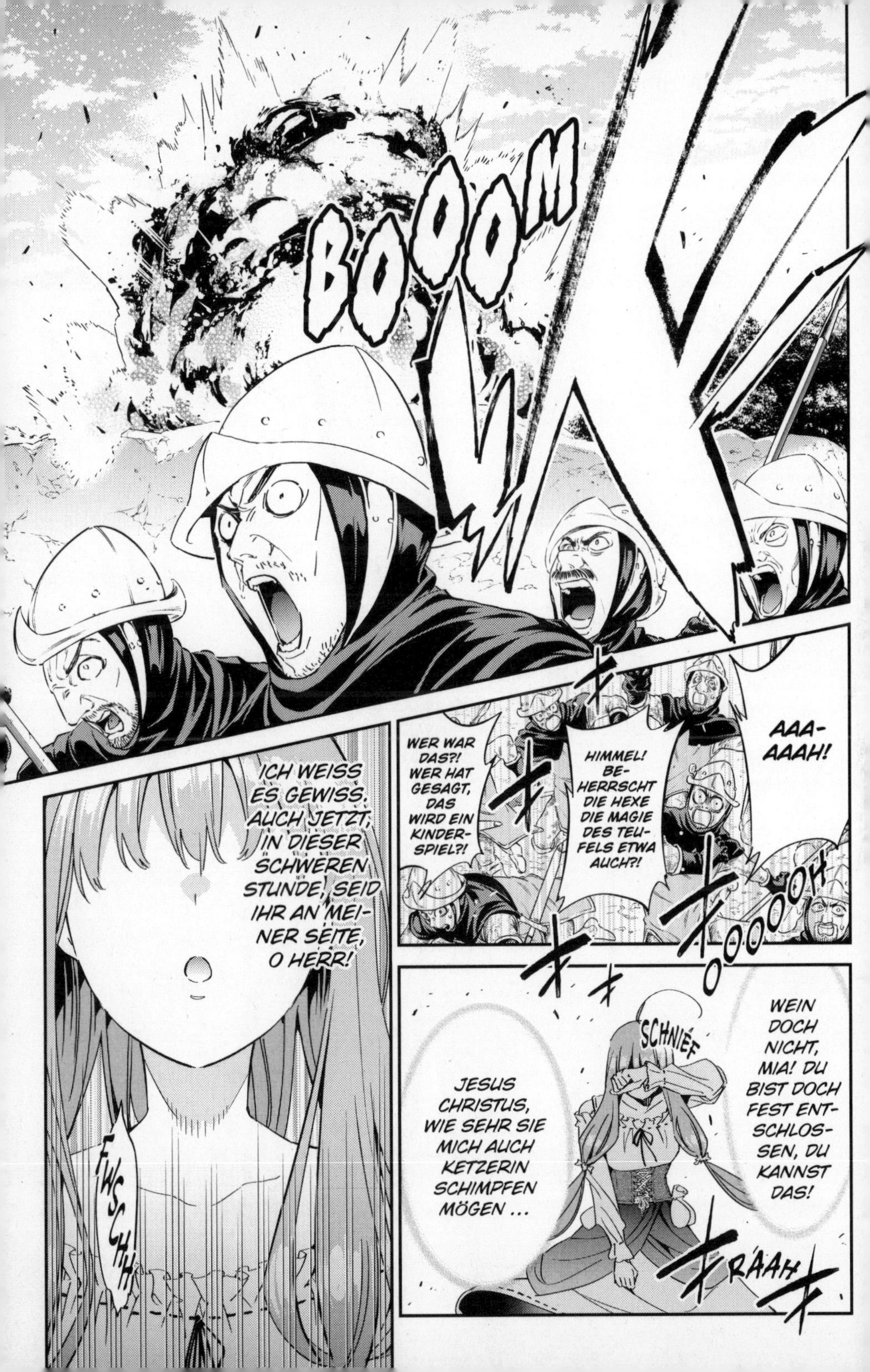
BOOOM
AAA-AAAH!
HIMMEL! BEHERRSCHT DIE HEXE DIE MAGIE DES TEUFELS ETWA AUCH?!
WER WAR DAS?! WER HAT GESAGT, DAS WIRD EIN KINDERSPIEL?!
OOOOOOH
WEIN DOCH NICHT, MIA! DU BIST DOCH FEST ENTSCHLOSSEN, DU KANNST DAS!
SCHNIEF
JESUS CHRISTUS, WIE SEHR SIE MICH AUCH KETZERIN SCHIMPFEN MÖGEN …
RÄAH
ICH WEISS ES GEWISS. AUCH JETZT, IN DIESER SCHWEREN STUNDE, SEID IHR AN MEINER SEITE, O HERR!
FWSCHH

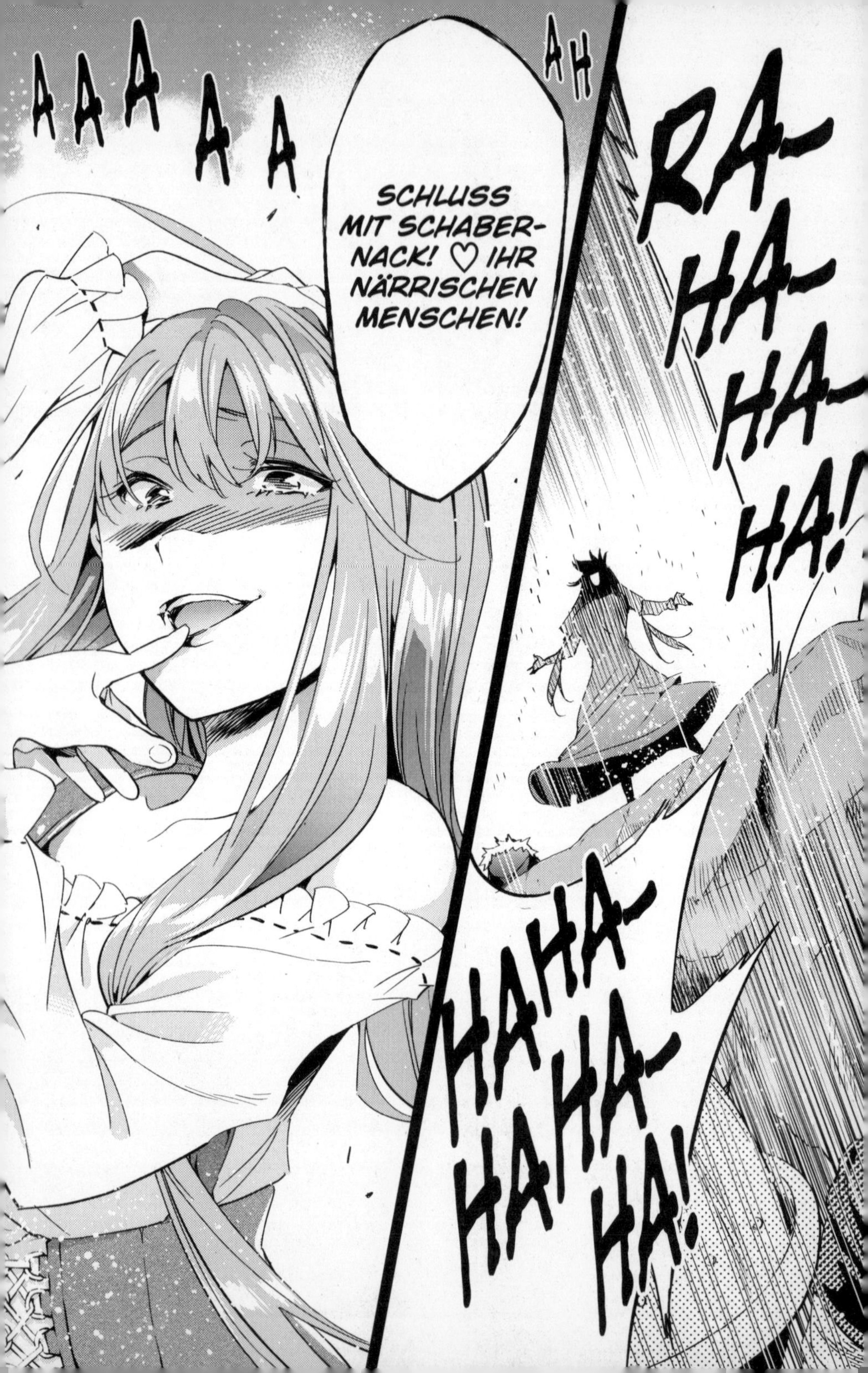
AAAAAAAH
SCHLUSS MIT SCHABER-NACK! ♡ IHR NÄRRISCHEN MENSCHEN!
RA-HA-HA-HA!
HAHA-HAHA-HAHA-HA!

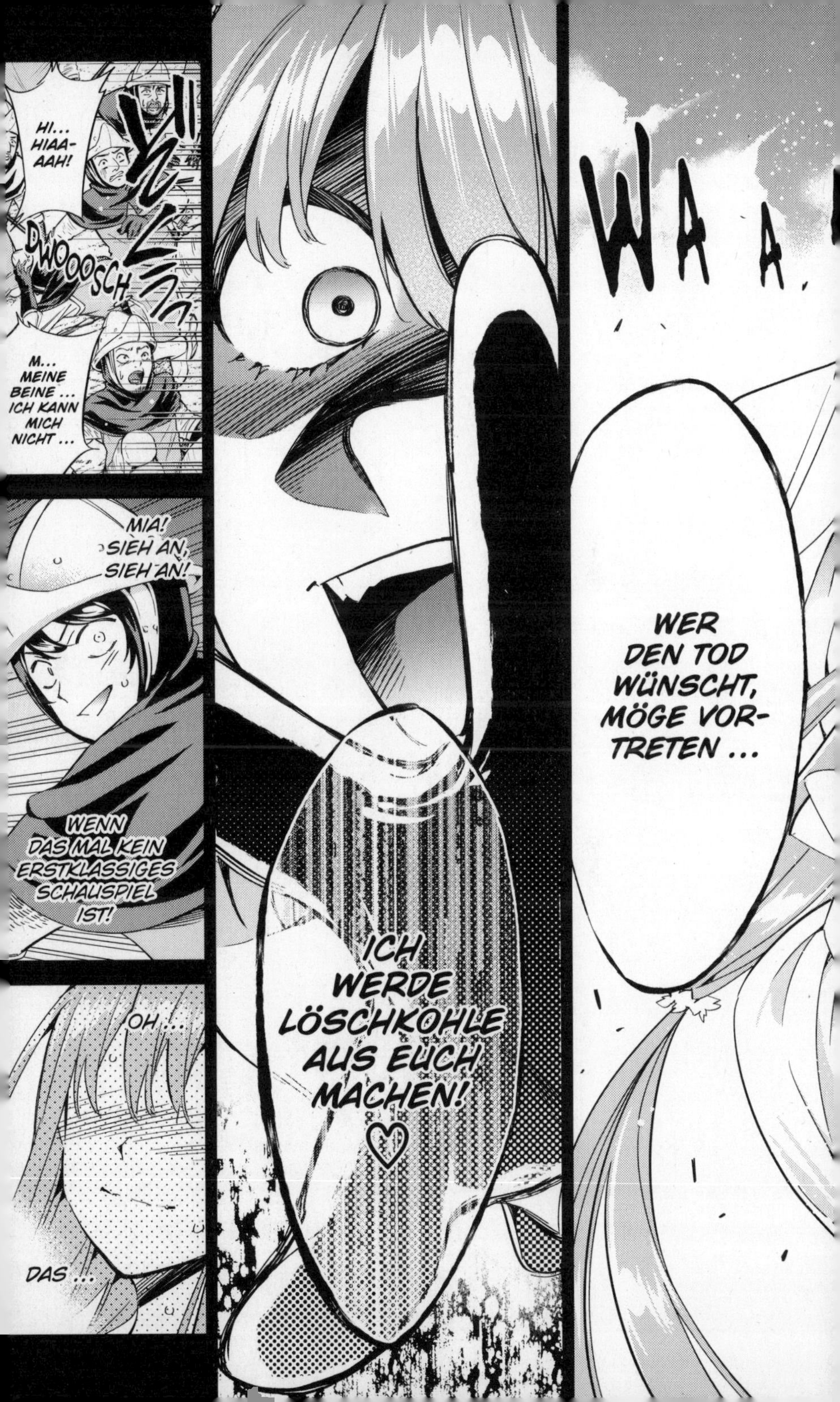

WAA
WER DEN TOD WÜNSCHT, MÖGE VORTRETEN …
ICH WERDE LÖSCHKOHLE AUS EUCH MACHEN! ♡
HI… HIAAAAH!
DWOOOSCH
M… MEINE BEINE … ICH KANN MICH NICHT …
MIA! SIEH AN, SIEH AN!
WENN DAS MAL KEIN ERSTKLASSIGES SCHAUSPIEL IST!
OH …
DAS …

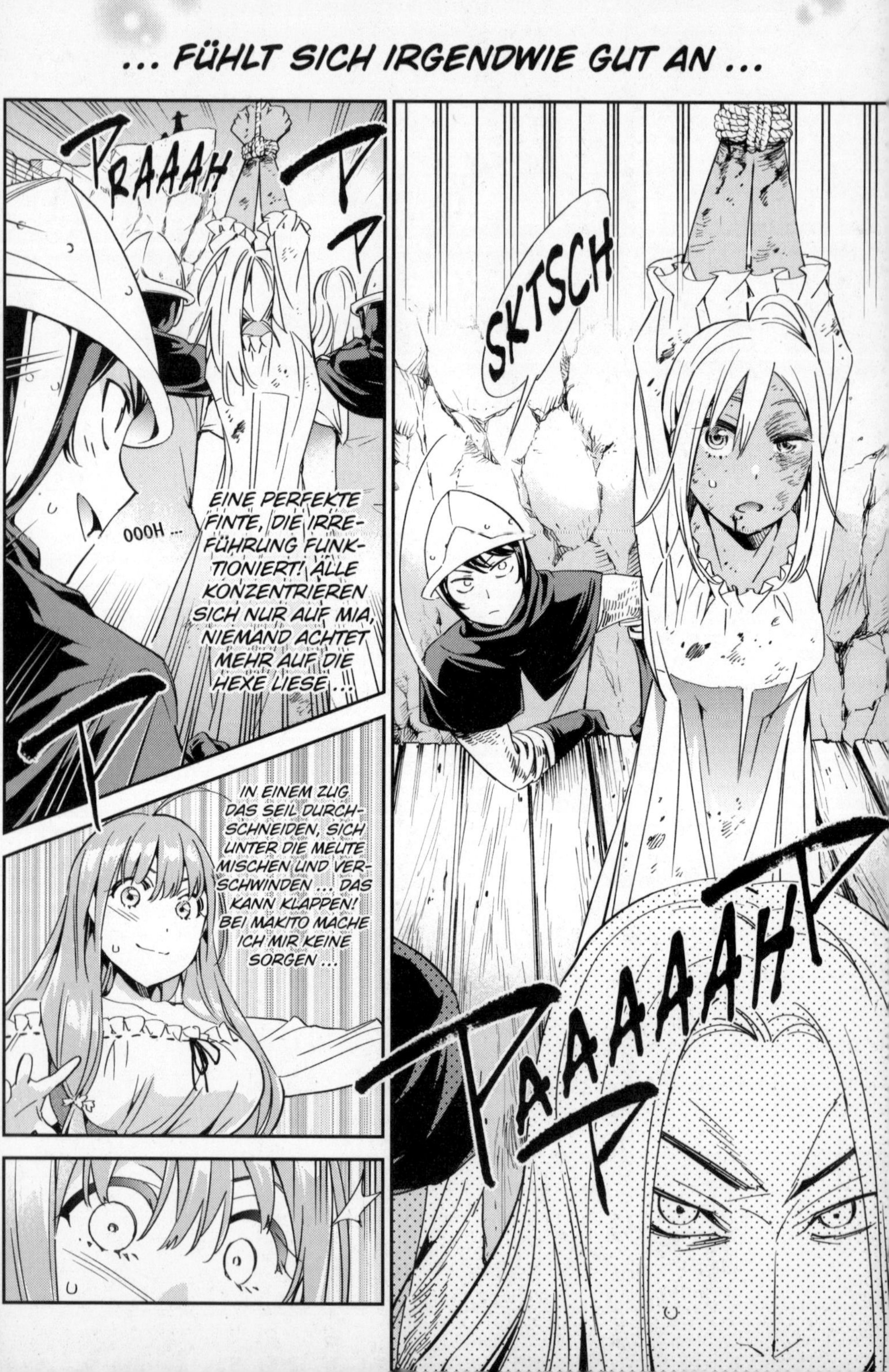
... FÜHLT SICH IRGENDWIE GUT AN ...
SKTSCH
PRAAAH
OOOH ...
EINE PERFEKTE FINTE, DIE IRREFÜHRUNG FUNKTIONIERT! ALLE KONZENTRIEREN SICH NUR AUF MIA, NIEMAND ACHTET MEHR AUF DIE HEXE LIESE ...!
IN EINEM ZUG DAS SEIL DURCHSCHNEIDEN, SICH UNTER DIE MEUTE MISCHEN UND VERSCHWINDEN ... DAS KANN KLAPPEN! BEI MAKITO MACHE ICH MIR KEINE SORGEN ...
PAAAAAH

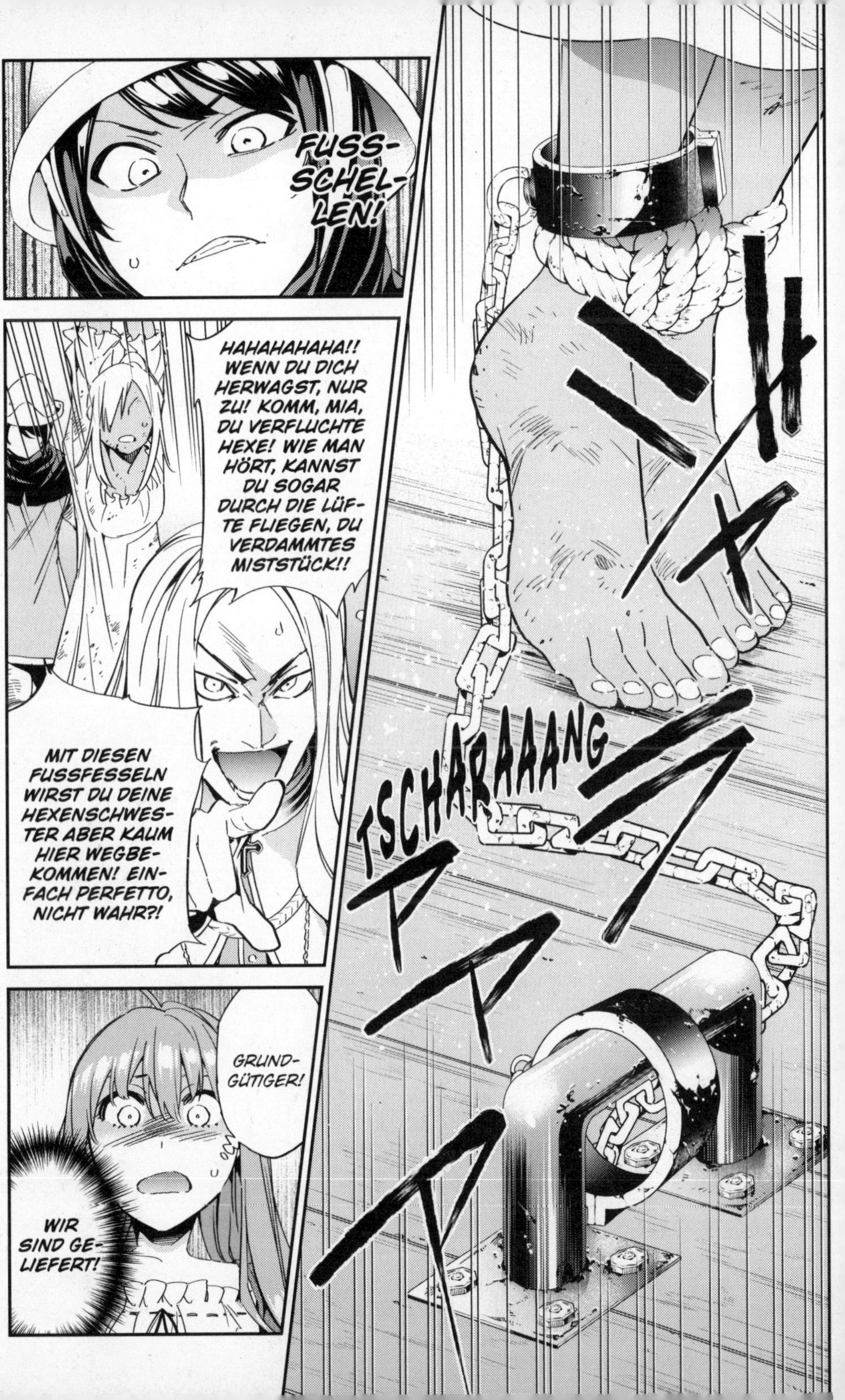
TSCHARAAANG
FUSS-SCHEL-LEN!
HAHAHAHAHA!! WENN DU DICH HERWAGST, NUR ZU! KOMM, MIA, DU VERFLUCHTE HEXE! WIE MAN HÖRT, KANNST DU SOGAR DURCH DIE LÜF-TE FLIEGEN, DU VERDAMMTES MISTSTÜCK!!
MIT DIESEN FUSSFESSELN WIRST DU DEINE HEXENSCHWES-TER ABER KAUM HIER WEGBE-KOMMEN! EIN-FACH PERFETTO, NICHT WAHR?!
GRUND-GÜTIGER!
WIR SIND GE-LIEFERT!

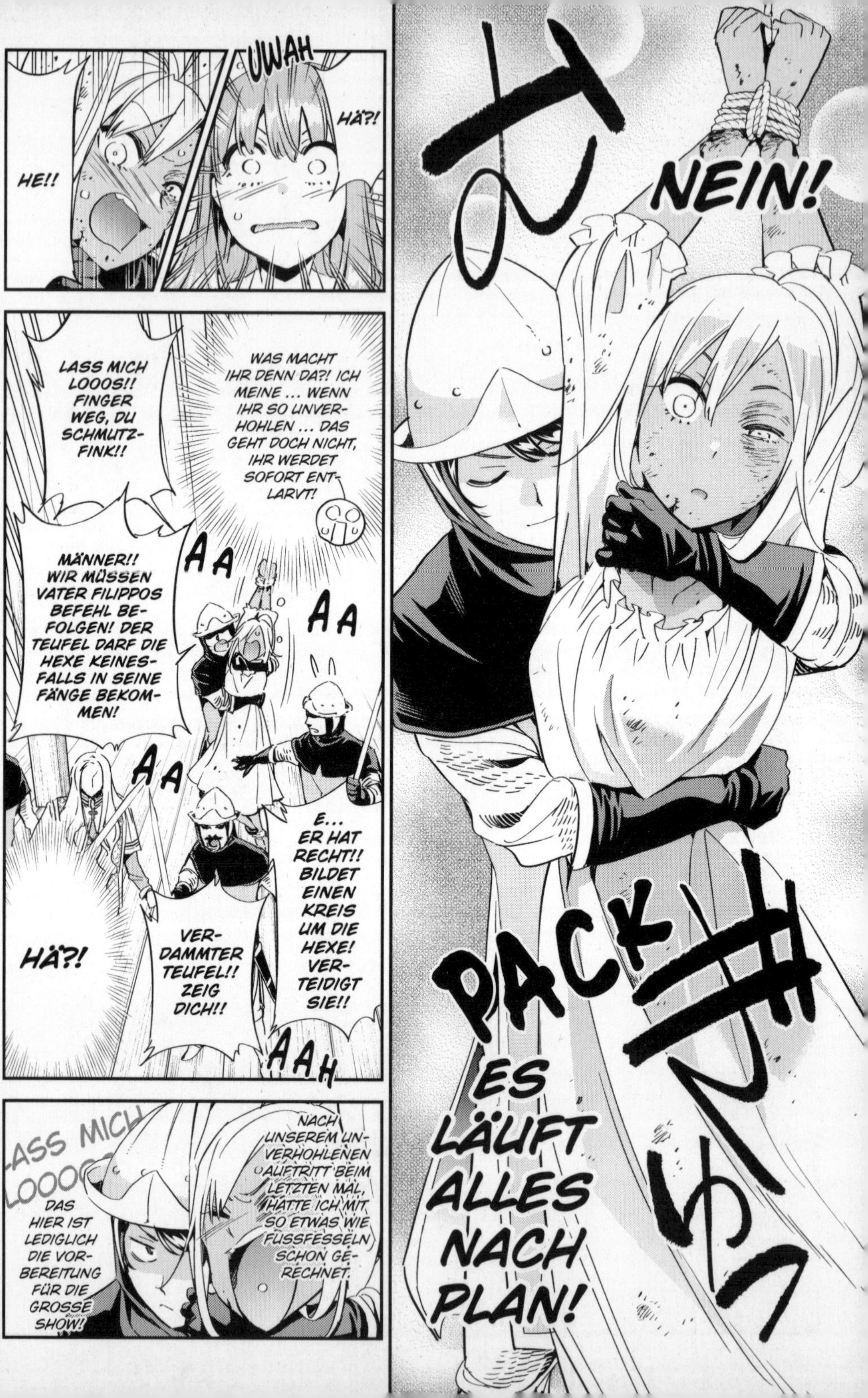
NEIN!
PACK
ES LÄUFT ALLES NACH PLAN!
UWAH
HÄ?!
HE!!
WAS MACHT IHR DENN DA?! ICH MEINE … WENN IHR SO UNVERHOHLEN … DAS GEHT DOCH NICHT, IHR WERDET SOFORT ENTLARVT!
LASS MICH LOOOS!! FINGER WEG, DU SCHMUTZFINK!!
AA
MÄNNER!! WIR MÜSSEN VATER FILIPPOS BEFEHL BEFOLGEN! DER TEUFEL DARF DIE HEXE KEINESFALLS IN SEINE FÄNGE BEKOMMEN!
AA
AA
E… ER HAT RECHT!! BILDET EINEN KREIS UM DIE HEXE! VERTEIDIGT SIE!!
VERDAMMTER TEUFEL!! ZEIG DICH!!
HÄ?!
AAH
NACH UNSEREM UNVERHOHLENEN AUFTRITT BEIM LETZTEN MAL, HATTE ICH MIT SO ETWAS WIE FUSSFESSELN SCHON GERECHNET.
DAS HIER IST LEDIGLICH DIE VORBEREITUNG FÜR DIE GROSSE SHOW!

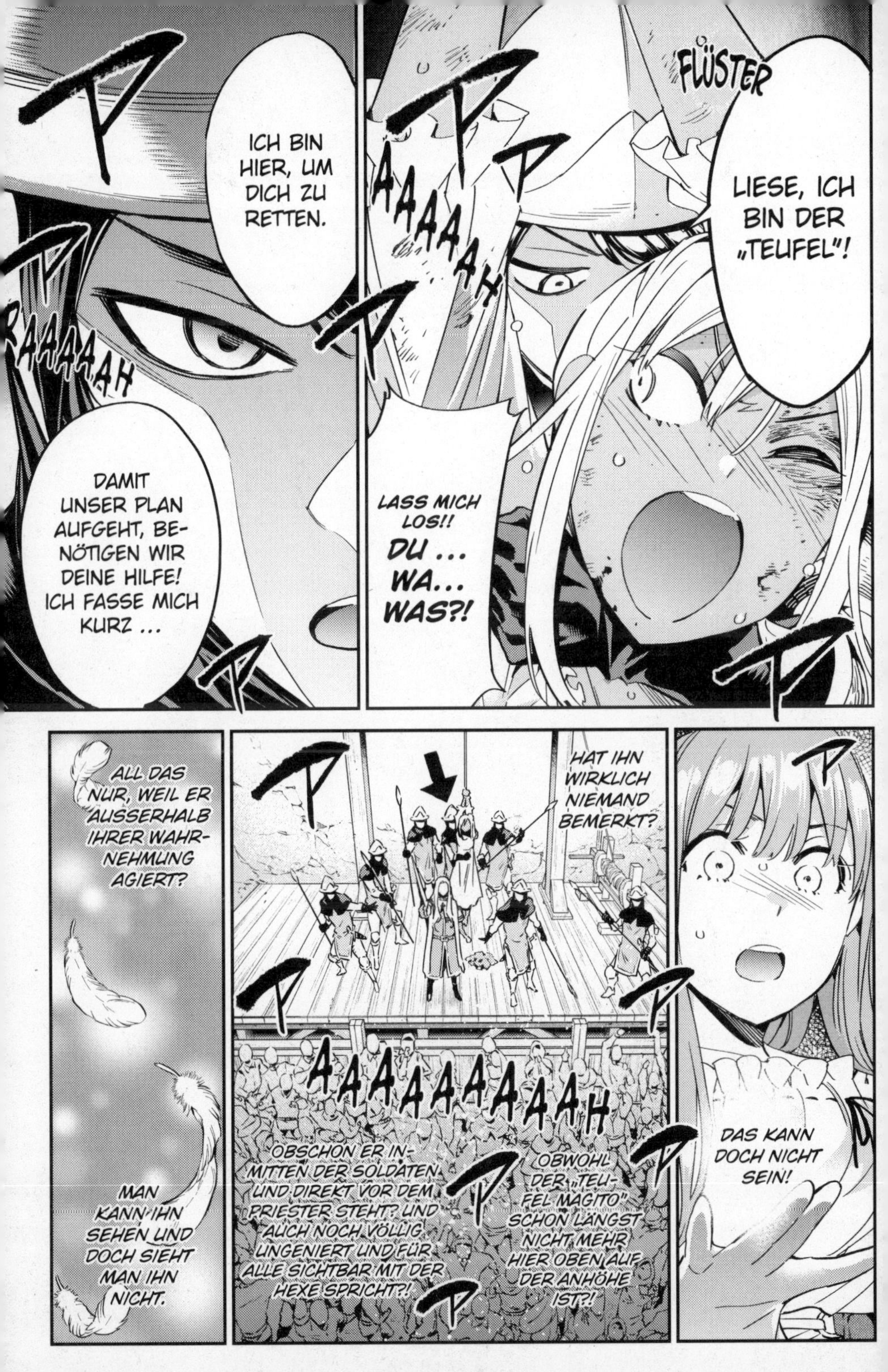

FLÜSTER
LIESE, ICH BIN DER „TEUFEL“!
AAAAAAH
LASS MICH LOS!! DU … WA… WAS?!
ICH BIN HIER, UM DICH ZU RETTEN.
DAMIT UNSER PLAN AUFGEHT, BENÖTIGEN WIR DEINE HILFE! ICH FASSE MICH KURZ …
DAS KANN DOCH NICHT SEIN!
HAT IHN WIRKLICH NIEMAND BEMERKT?
AAAAAAAAAH
OBWOHL DER „TEUFEL MAGITO“ SCHON LÄNGST NICHT MEHR HIER OBEN AUF DER ANHÖHE IST?!
OBSCHON ER INMITTEN DER SOLDATEN UND DIREKT VOR DEM PRIESTER STEHT? UND AUCH NOCH VÖLLIG UNGENIERT UND FÜR ALLE SICHTBAR MIT DER HEXE SPRICHT?!
ALL DAS NUR, WEIL ER AUSSERHALB IHRER WAHRNEHMUNG AGIERT?
MAN KANN IHN SEHEN UND DOCH SIEHT MAN IHN NICHT.

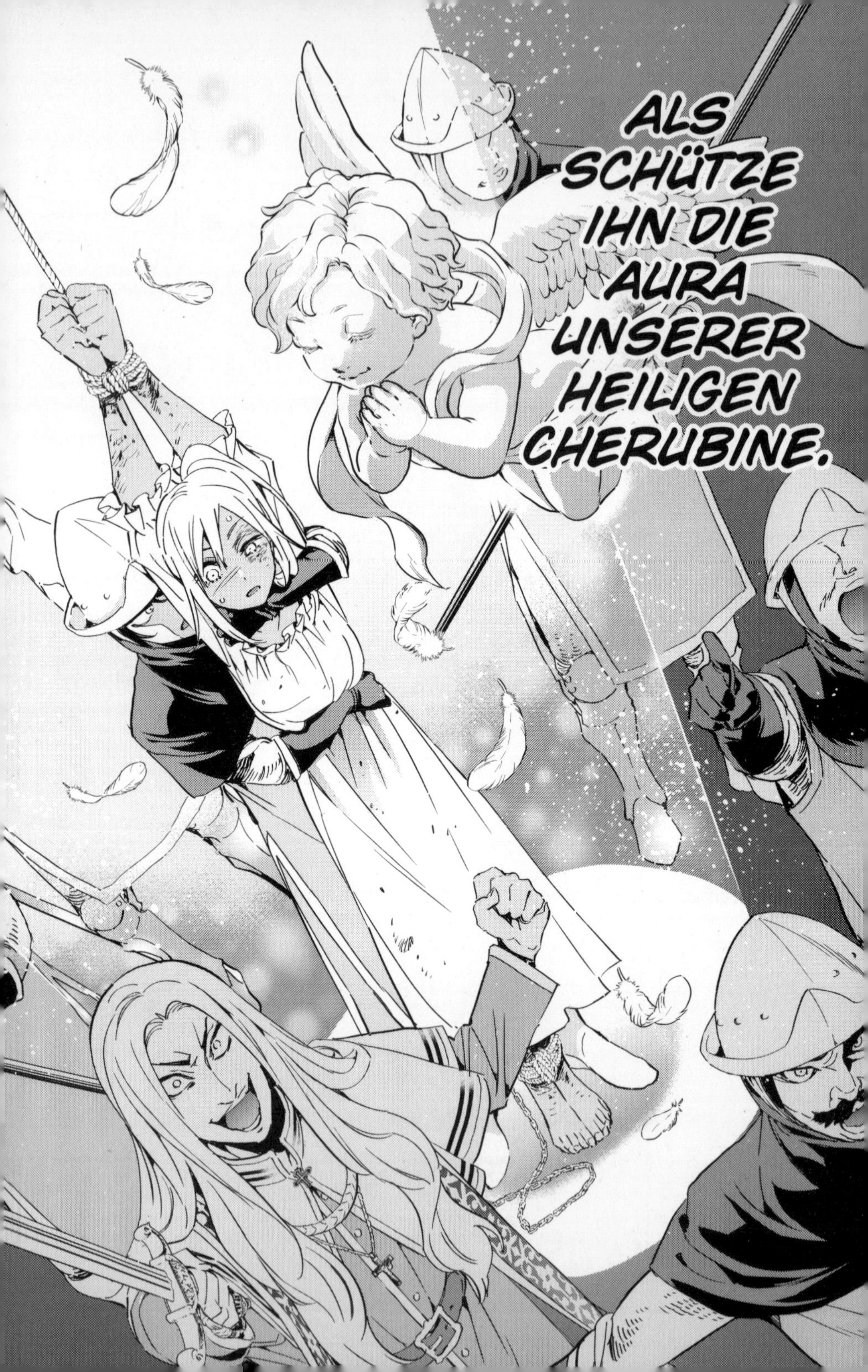
ALS SCHÜTZE IHN DIE AURA UNSERER HEILIGEN CHERUBINE.

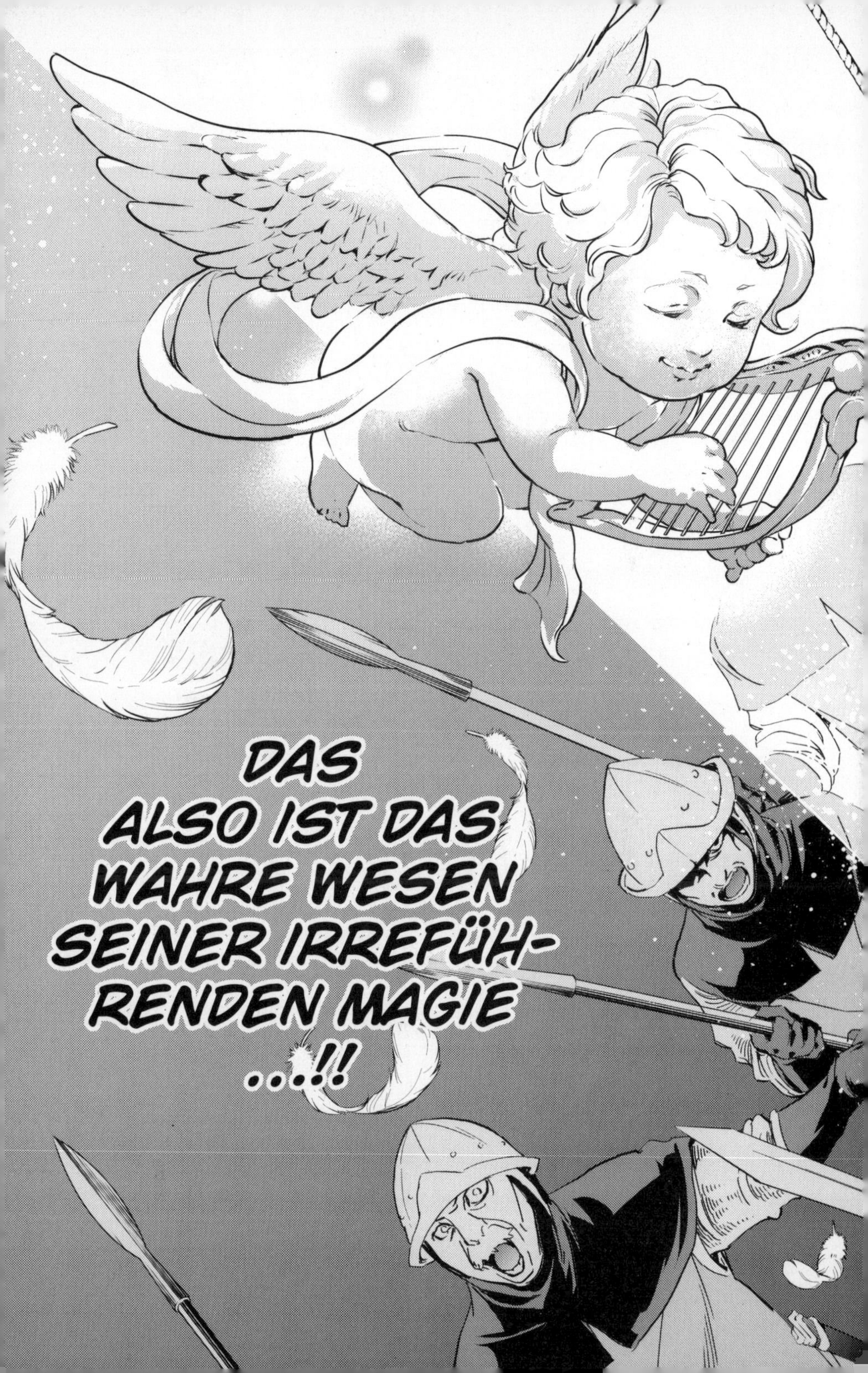
DAS ALSO IST DAS WAHRE WESEN SEINER IRREFÜH-RENDEN MAGIE ...!!

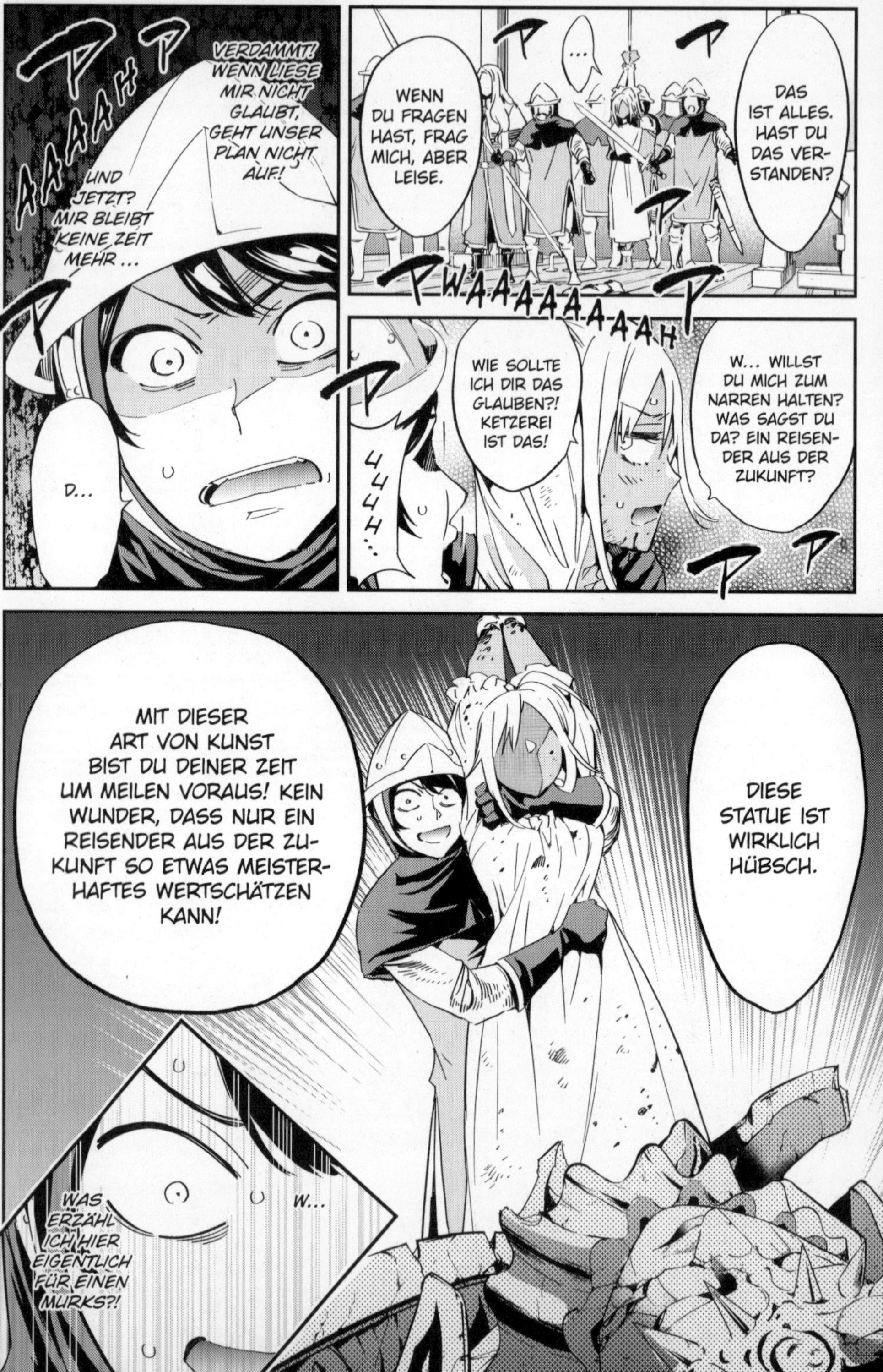

DAS IST ALLES. HAST DU DAS VERSTANDEN?
…
WENN DU FRAGEN HAST, FRAG MICH, ABER LEISE.
PWAAAAAAAAAH
VERDAMMT! WENN LIESE MIR NICHT GLAUBT, GEHT UNSER PLAN NICHT AUF!
AAAAAH
UND JETZT? MIR BLEIBT KEINE ZEIT MEHR …
W… WILLST DU MICH ZUM NARREN HALTEN? WAS SAGST DU DA? EIN REISENDER AUS DER ZUKUNFT?
WIE SOLLTE ICH DIR DAS GLAUBEN?! KETZEREI IST DAS!
UUUH…
D…
DIESE STATUE IST WIRKLICH HÜBSCH.
MIT DIESER ART VON KUNST BIST DU DEINER ZEIT UM MEILEN VORAUS! KEIN WUNDER, DASS NUR EIN REISENDER AUS DER ZUKUNFT SO ETWAS MEISTERHAFTES WERTSCHÄTZEN KANN!
W…
WAS ERZÄHL ICH HIER EIGENTLICH FÜR EINEN MURKS?!

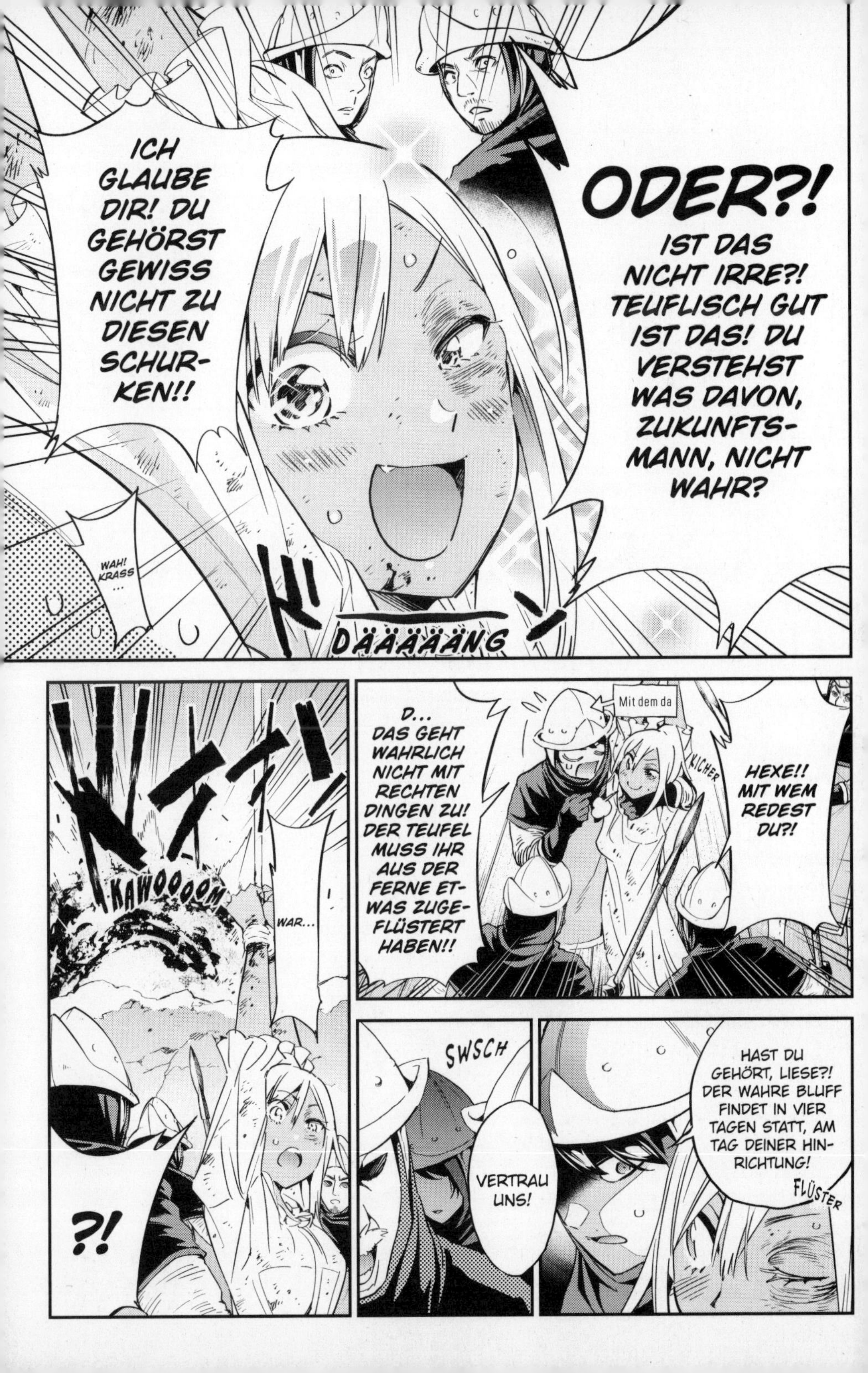
ODER?!
IST DAS NICHT IRRE?! TEUFLISCH GUT IST DAS! DU VERSTEHST WAS DAVON, ZUKUNFTS-MANN, NICHT WAHR?
ICH GLAUBE DIR! DU GEHÖRST GEWISS NICHT ZU DIESEN SCHUR-KEN!!
WAH! KRASS ...
DÄÄÄÄÄNG
Mit dem da
HEXE!! MIT WEM REDEST DU?!
KICHER
D... DAS GEHT WAHRLICH NICHT MIT RECHTEN DINGEN ZU! DER TEUFEL MUSS IHR AUS DER FERNE ET-WAS ZUGE-FLÜSTERT HABEN!!
HAST DU GEHÖRT, LIESE?! DER WAHRE BLUFF FINDET IN VIER TAGEN STATT, AM TAG DEINER HIN-RICHTUNG!
FLÜSTER
VERTRAU UNS!
SWSCH
KAWOOOOM
WAR...
?!

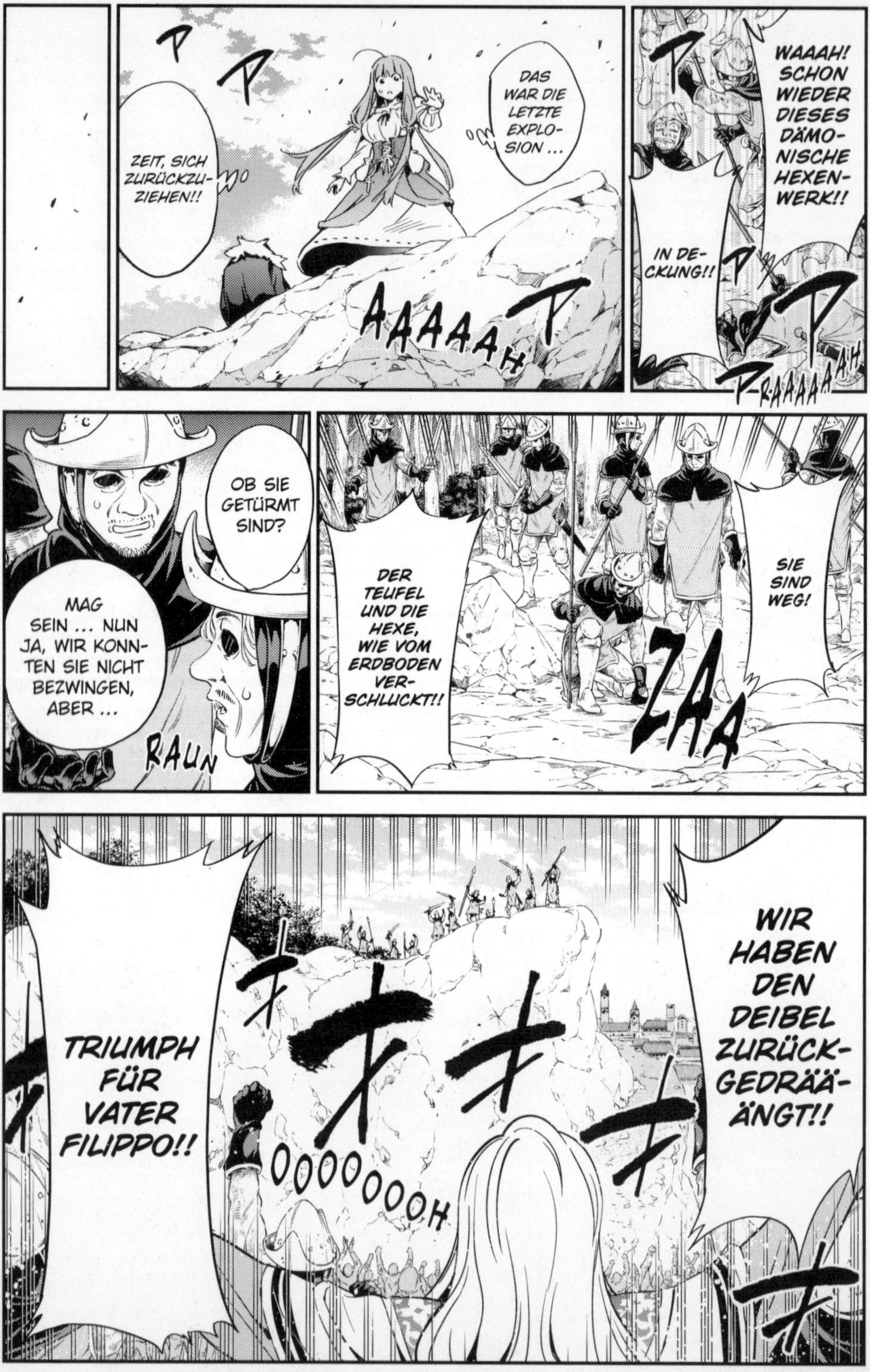

WAAAH! SCHON WIEDER DIESES DÄMONISCHE HEXENWERK!!
IN DECKUNG!!
P-RAAAAAH
DAS WAR DIE LETZTE EXPLOSION …
ZEIT, SICH ZURÜCKZUZIEHEN!!
AAAAAH
SIE SIND WEG!
DER TEUFEL UND DIE HEXE, WIE VOM ERDBODEN VERSCHLUCKT!!
ZAA
OB SIE GETÜRMT SIND?
MAG SEIN … NUN JA, WIR KONNTEN SIE NICHT BEZWINGEN, ABER …
RAUN
WIR HABEN DEN DEIBEL ZURÜCKGEDRÄÄÄNGT!!
TRIUMPH FÜR VATER FILIPPO!!
OOOOOOOH

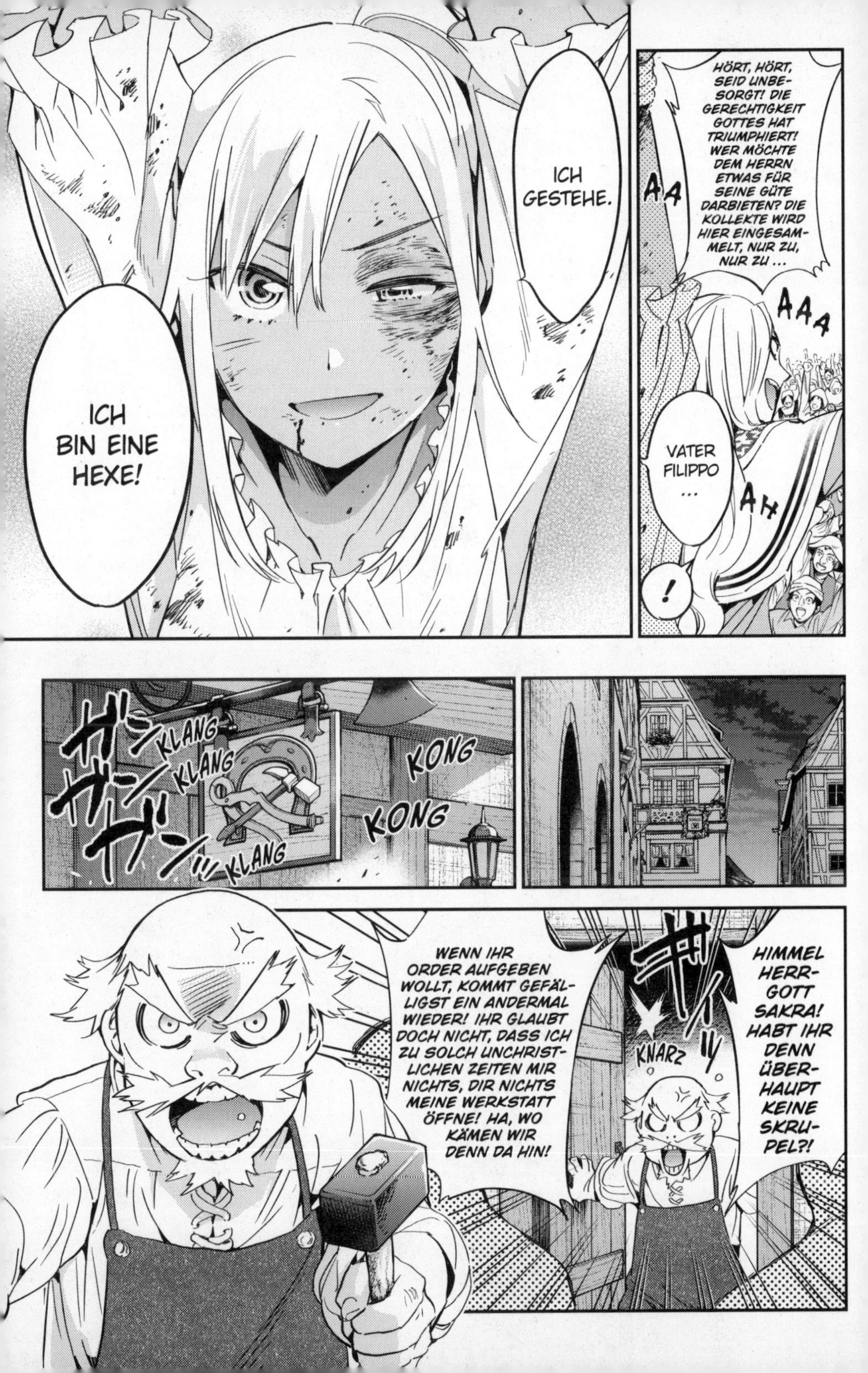
HÖRT, HÖRT, SEID UNBESORGT! DIE GERECHTIGKEIT GOTTES HAT TRIUMPHIERT! WER MÖCHTE DEM HERRN ETWAS FÜR SEINE GÜTE DARBIETEN? DIE KOLLEKTE WIRD HIER EINGESAMMELT, NUR ZU, NUR ZU …
AA
AAA
VATER FILIPPO …
AH
!
ICH GESTEHE.
ICH BIN EINE HEXE!
KLANG
KLANG
KLANG
KONG
KONG
HIMMEL HERRGOTT SAKRA! HABT IHR DENN ÜBERHAUPT KEINE SKRUPEL?!
KNARZ
WENN IHR ORDER AUFGEBEN WOLLT, KOMMT GEFÄLLIGST EIN ANDERMAL WIEDER! IHR GLAUBT DOCH NICHT, DASS ICH ZU SOLCH UNCHRISTLICHEN ZEITEN MIR NICHTS, DIR NICHTS MEINE WERKSTATT ÖFFNE! HA, WO KÄMEN WIR DENN DA HIN!

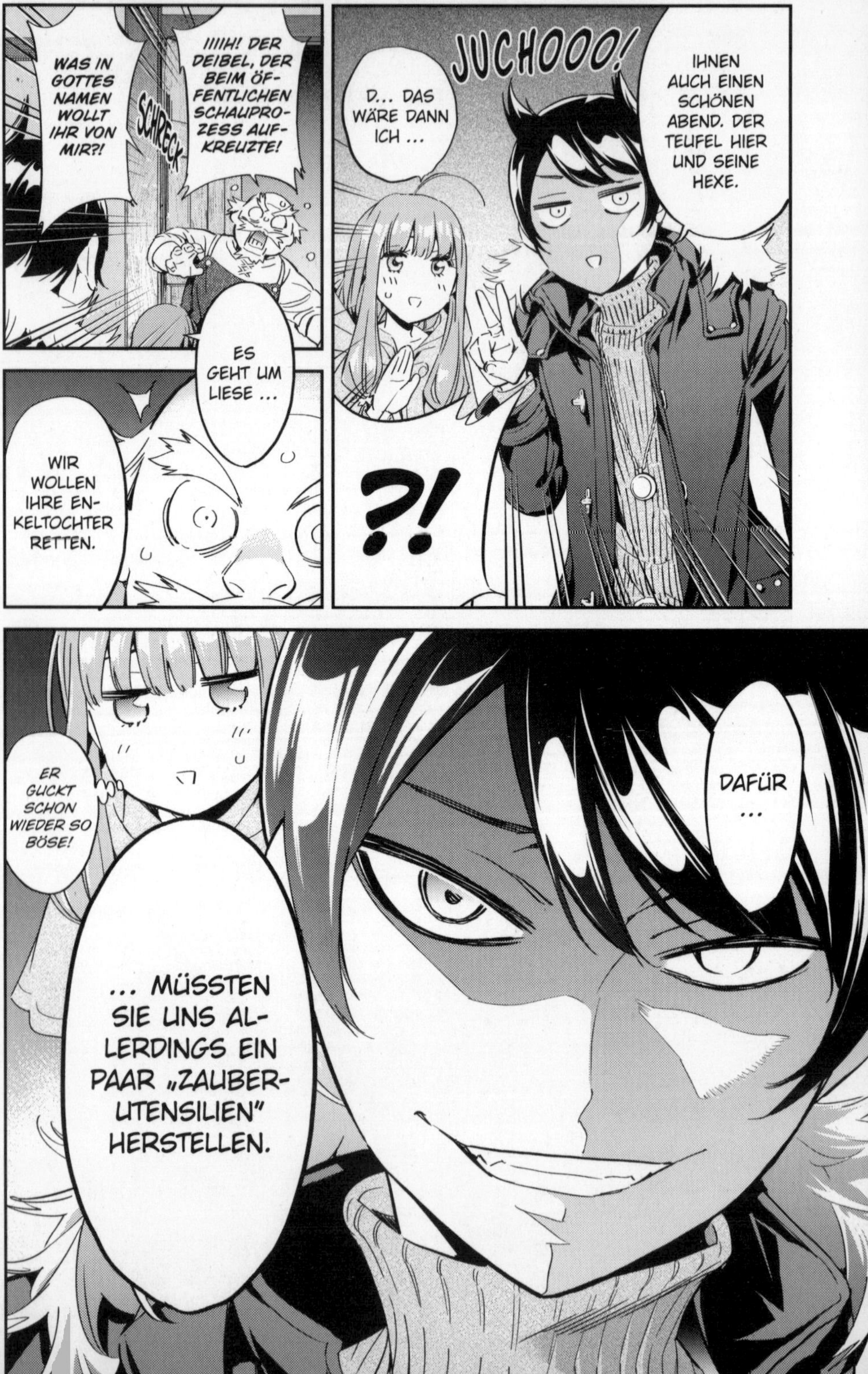
IHNEN AUCH EINEN SCHÖNEN ABEND. DER TEUFEL HIER UND SEINE HEXE.
JUCHOOO!
D… DAS WÄRE DANN ICH …
IIIIH! DER DEIBEL, DER BEIM ÖFFENTLICHEN SCHAUPROZESS AUFKREUZTE!
SCHRECK
WAS IN GOTTES NAMEN WOLLT IHR VON MIR?!
?!
ES GEHT UM LIESE …
WIR WOLLEN IHRE ENKELTOCHTER RETTEN.
DAFÜR …
… MÜSSTEN SIE UNS ALLERDINGS EIN PAAR „ZAUBERUTENSILIEN" HERSTELLEN.
ER GUCKT SCHON WIEDER SO BÖSE!

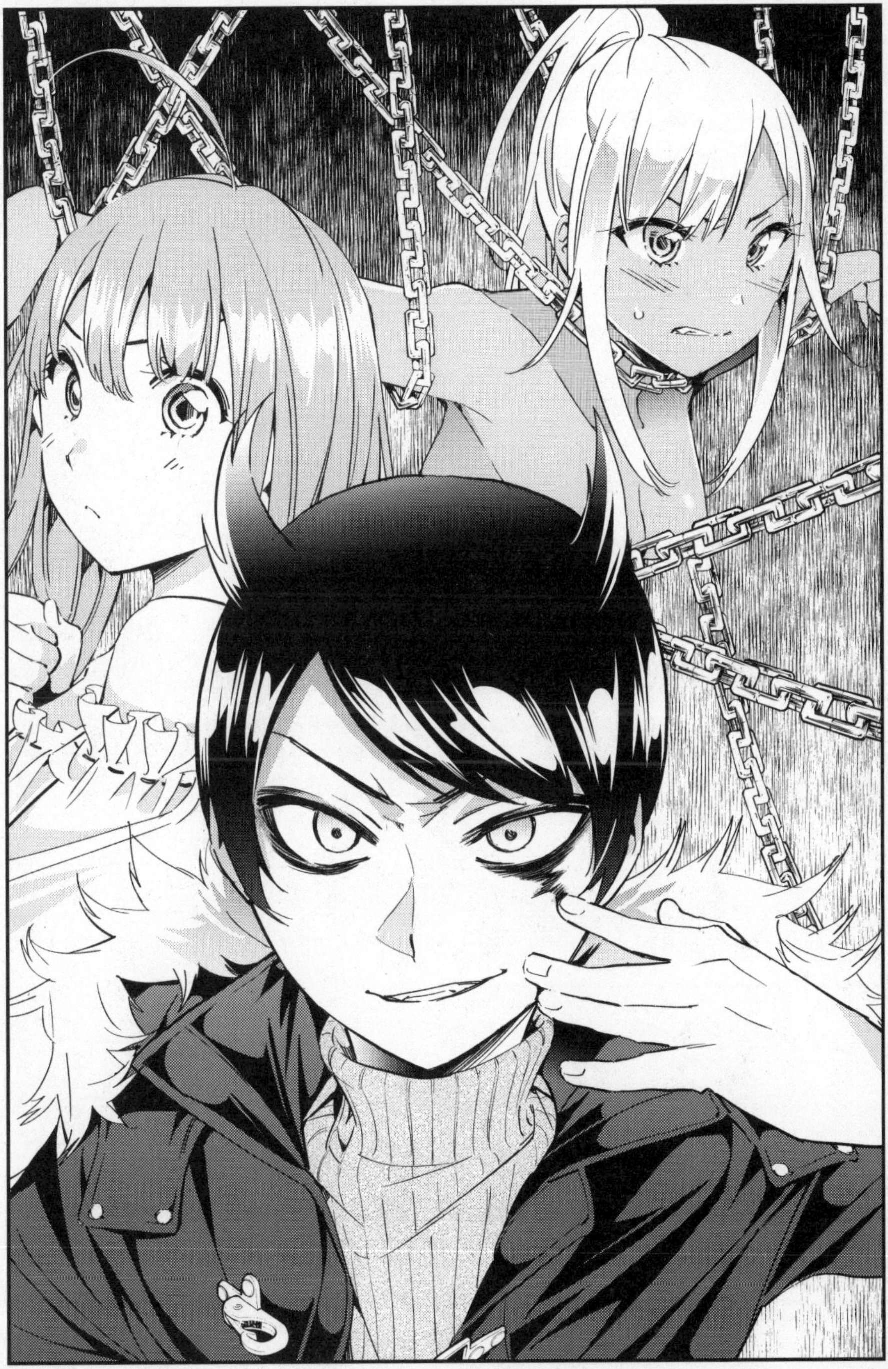

Kapitel 6 Eine völlig neue Bühne

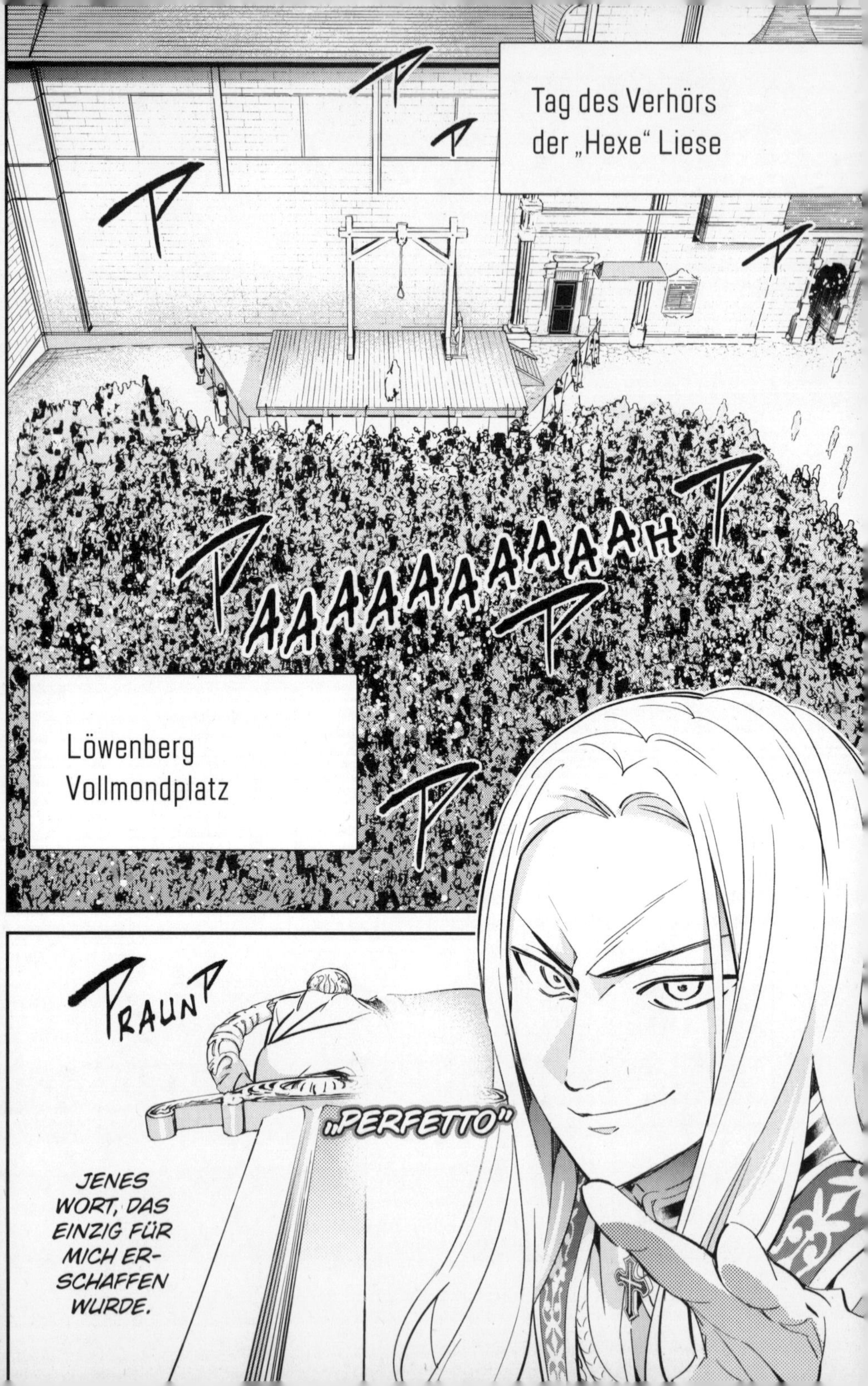
Tag des Verhörs
der „Hexe“ Liese
Löwenberg
Vollmondplatz
AAAAAAAAAAAH
PRAUN
„PERFETTO“
JENES WORT, DAS EINZIG FÜR MICH ER-SCHAFFEN WURDE.

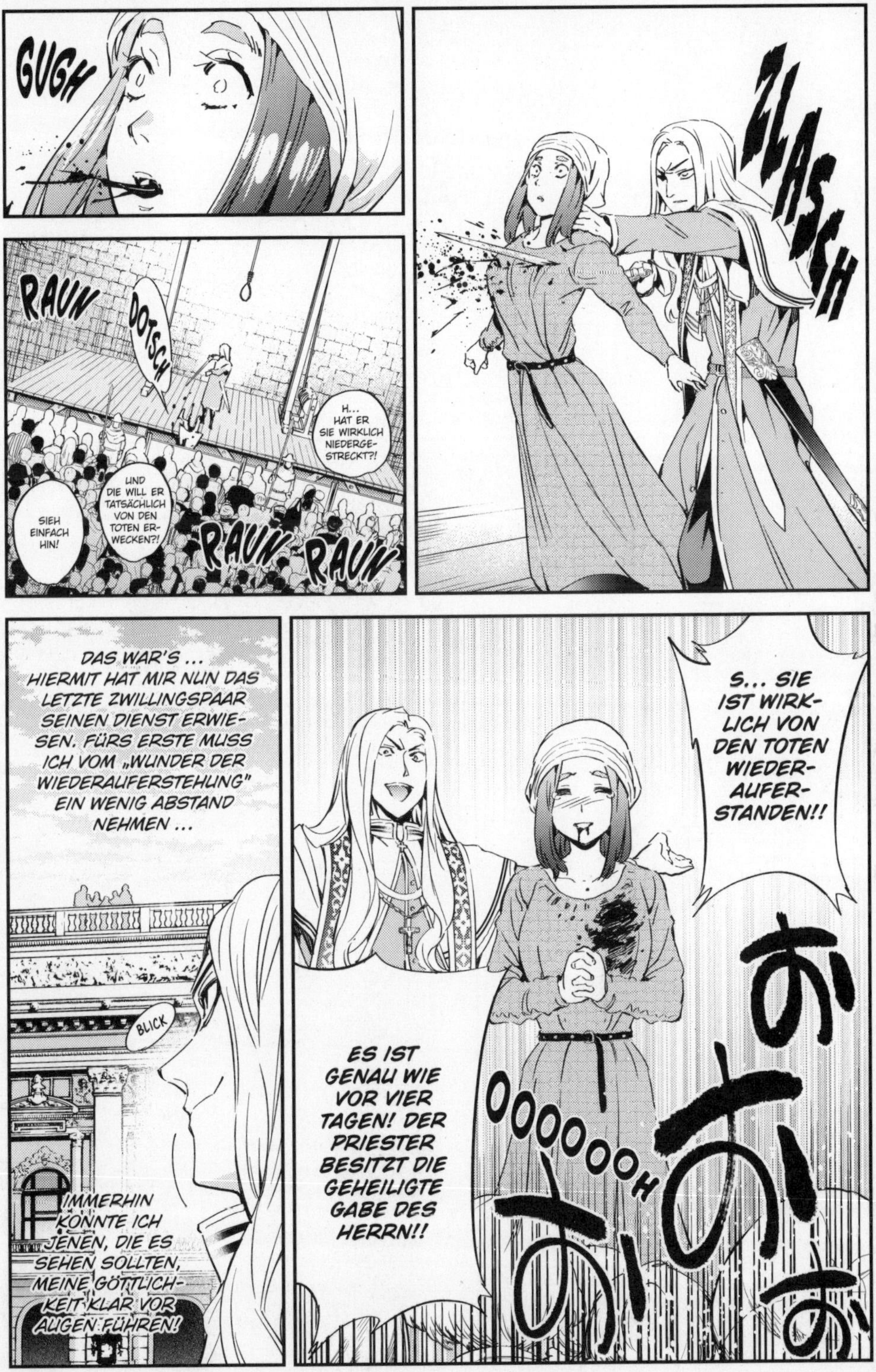
ZLASCH
GUGH
H... HAT ER SIE WIRKLICH NIEDERGESTRECKT?!
DOTSCH
RAUN
UND DIE WILL ER TATSÄCHLICH VON DEN TOTEN ERWECKEN?!
SIEH EINFACH HIN!
RAUN RAUN
S... SIE IST WIRKLICH VON DEN TOTEN WIEDERAUFERSTANDEN!!
おおおお
OOOOOOOH
ES IST GENAU WIE VOR VIER TAGEN! DER PRIESTER BESITZT DIE GEHEILIGTE GABE DES HERRN!!
DAS WAR'S ... HIERMIT HAT MIR NUN DAS LETZTE ZWILLINGSPAAR SEINEN DIENST ERWIESEN. FÜRS ERSTE MUSS ICH VOM „WUNDER DER WIEDERAUFERSTEHUNG" EIN WENIG ABSTAND NEHMEN ...
BLICK
IMMERHIN KONNTE ICH JENEN, DIE ES SEHEN SOLLTEN, MEINE GÖTTLICHKEIT KLAR VOR AUGEN FÜHREN!

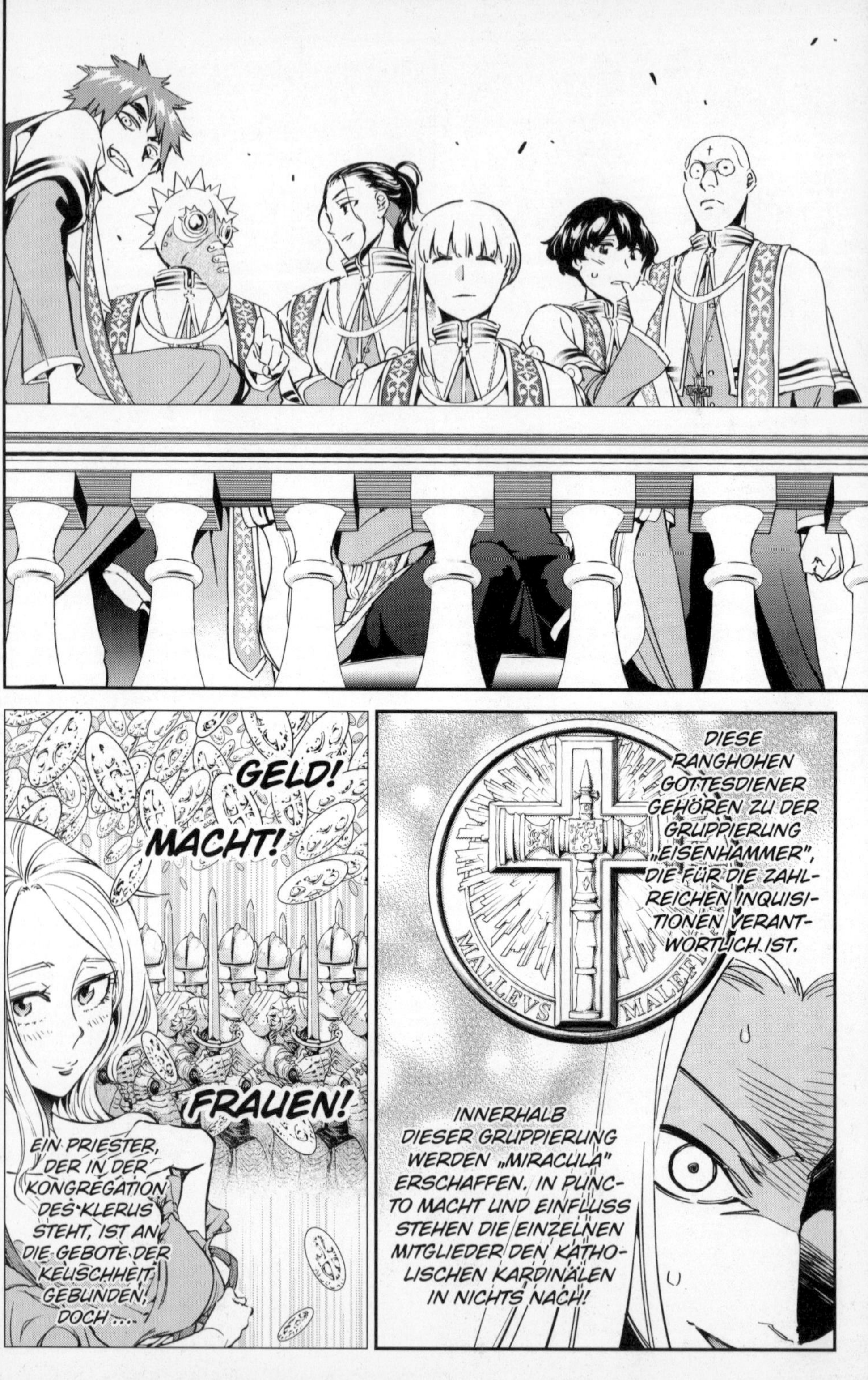
DIESE RANGHOHEN GOTTESDIENER GEHÖREN ZU DER GRUPPIERUNG „EISENHAMMER", DIE FÜR DIE ZAHLREICHEN INQUISITIONEN VERANTWORTLICH IST.
MALLEVS MALEFI
GELD!
MACHT!
FRAUEN!
INNERHALB DIESER GRUPPIERUNG WERDEN „MIRACULA" ERSCHAFFEN. IN PUNCTO MACHT UND EINFLUSS STEHEN DIE EINZELNEN MITGLIEDER DEN KATHOLISCHEN KARDINÄLEN IN NICHTS NACH!
EIN PRIESTER, DER IN DER KONGREGATION DES KLERUS STEHT, IST AN DIE GEBOTE DER KEUSCHHEIT GEBUNDEN, DOCH ...

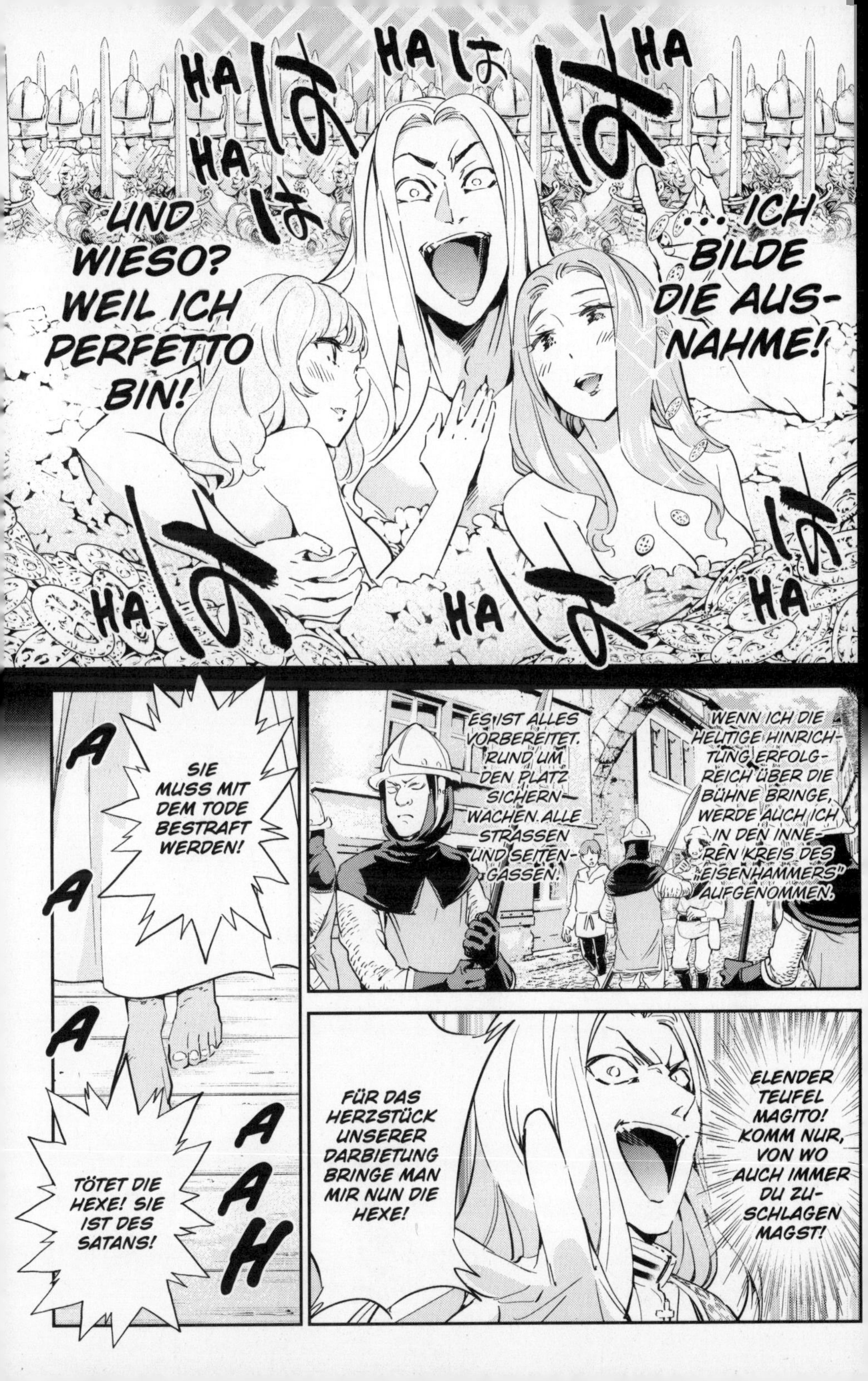
HA は HA は HA は HA
HA は
…ICH BILDE DIE AUSNAHME!
UND WIESO? WEIL ICH PERFETTO BIN!
HA は HA は HA は
WENN ICH DIE HEUTIGE HINRICHTUNG ERFOLGREICH ÜBER DIE BÜHNE BRINGE, WERDE AUCH ICH IN DEN INNEREN KREIS DES „EISENHAMMERS" AUFGENOMMEN.
ES IST ALLES VORBEREITET. RUND UM DEN PLATZ SICHERN WACHEN ALLE STRASSEN UND SEITENGASSEN.
ELENDER TEUFEL MAGITO! KOMM NUR, VON WO AUCH IMMER DU ZUSCHLAGEN MAGST!
FÜR DAS HERZSTÜCK UNSERER DARBIETUNG BRINGE MAN MIR NUN DIE HEXE!
SIE MUSS MIT DEM TODE BESTRAFT WERDEN!
TÖTET DIE HEXE! SIE IST DES SATANS!
A A A A A H

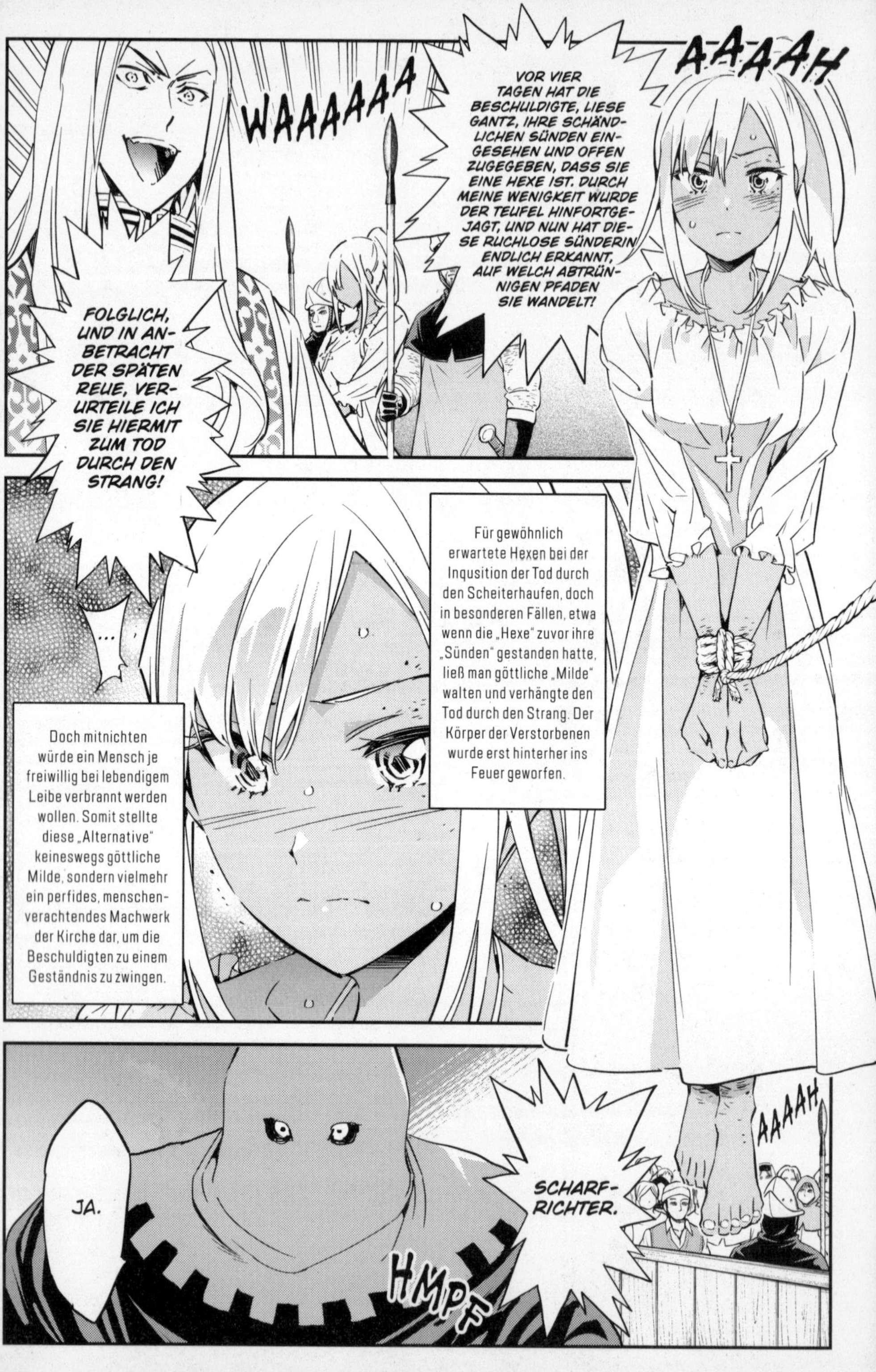
AAAAAH
VOR VIER TAGEN HAT DIE BESCHULDIGTE, LIESE GANTZ, IHRE SCHÄNDLICHEN SÜNDEN EINGESEHEN UND OFFEN ZUGEGEBEN, DASS SIE EINE HEXE IST. DURCH MEINE WENIGKEIT WURDE DER TEUFEL HINFORTGEJAGT, UND NUN HAT DIESE RUCHLOSE SÜNDERIN ENDLICH ERKANNT, AUF WELCH ABTRÜNNIGEN PFADEN SIE WANDELT!
WAAAAAA
FOLGLICH, UND IN ANBETRACHT DER SPÄTEN REUE, VERURTEILE ICH SIE HIERMIT ZUM TOD DURCH DEN STRANG!
Für gewöhnlich erwartete Hexen bei der Inqusition der Tod durch den Scheiterhaufen, doch in besonderen Fällen, etwa wenn die „Hexe“ zuvor ihre „Sünden“ gestanden hatte, ließ man göttliche „Milde“ walten und verhängte den Tod durch den Strang. Der Körper der Verstorbenen wurde erst hinterher ins Feuer geworfen.
...
Doch mitnichten würde ein Mensch je freiwillig bei lebendigem Leibe verbrannt werden wollen. Somit stellte diese „Alternative“ keineswegs göttliche Milde, sondern vielmehr ein perfides, menschenverachtendes Machwerk der Kirche dar, um die Beschuldigten zu einem Geständnis zu zwingen.
AAAAH
SCHARFRICHTER.
HMPF
JA.

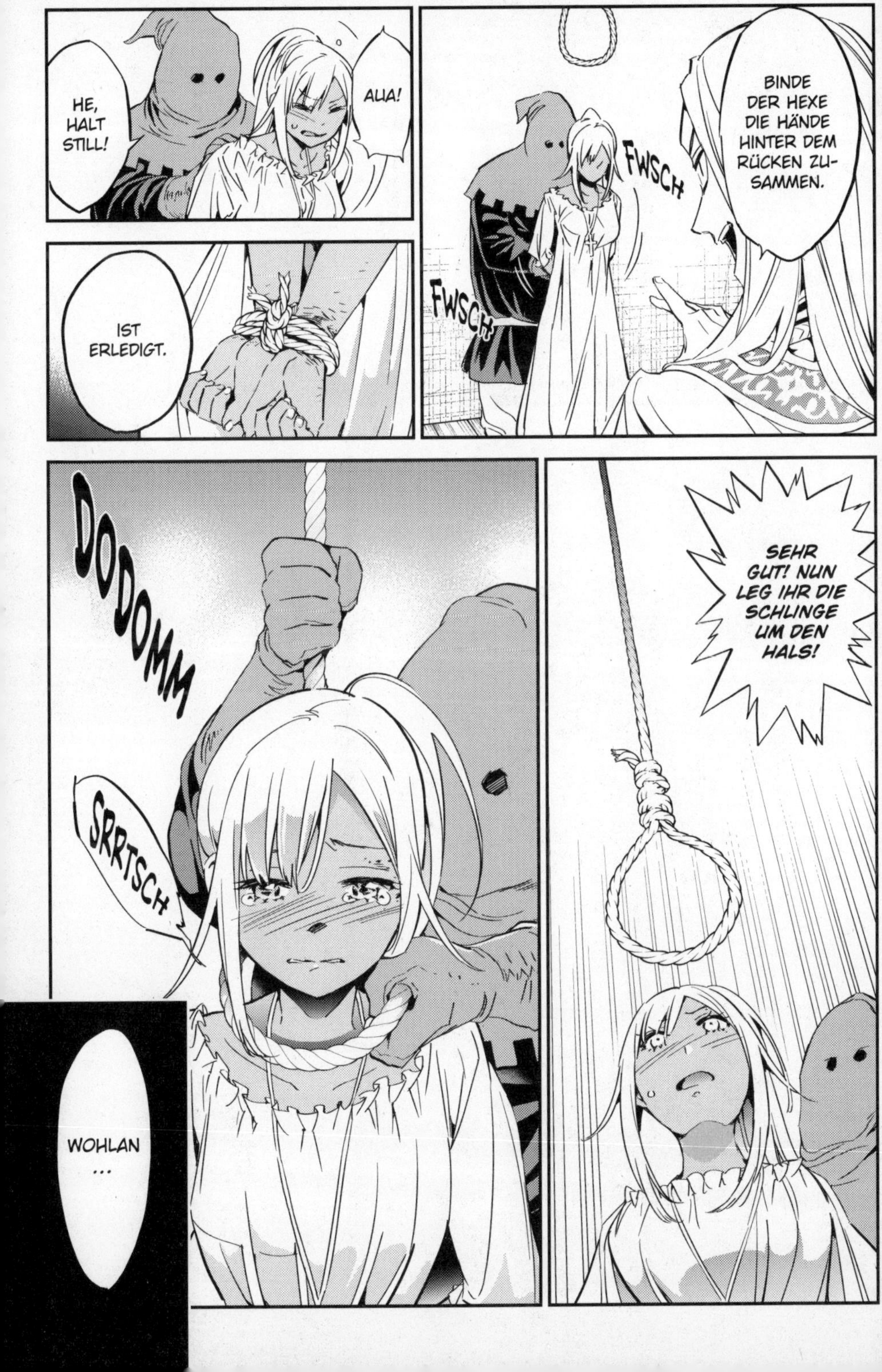
BINDE DER HEXE DIE HÄNDE HINTER DEM RÜCKEN ZUSAMMEN.
FWSCH
FWSCH
AUA!
HE, HALT STILL!
IST ERLEDIGT.
SEHR GUT! NUN LEG IHR DIE SCHLINGE UM DEN HALS!
DODOMM
SRRTSCH
WOHLAN ...

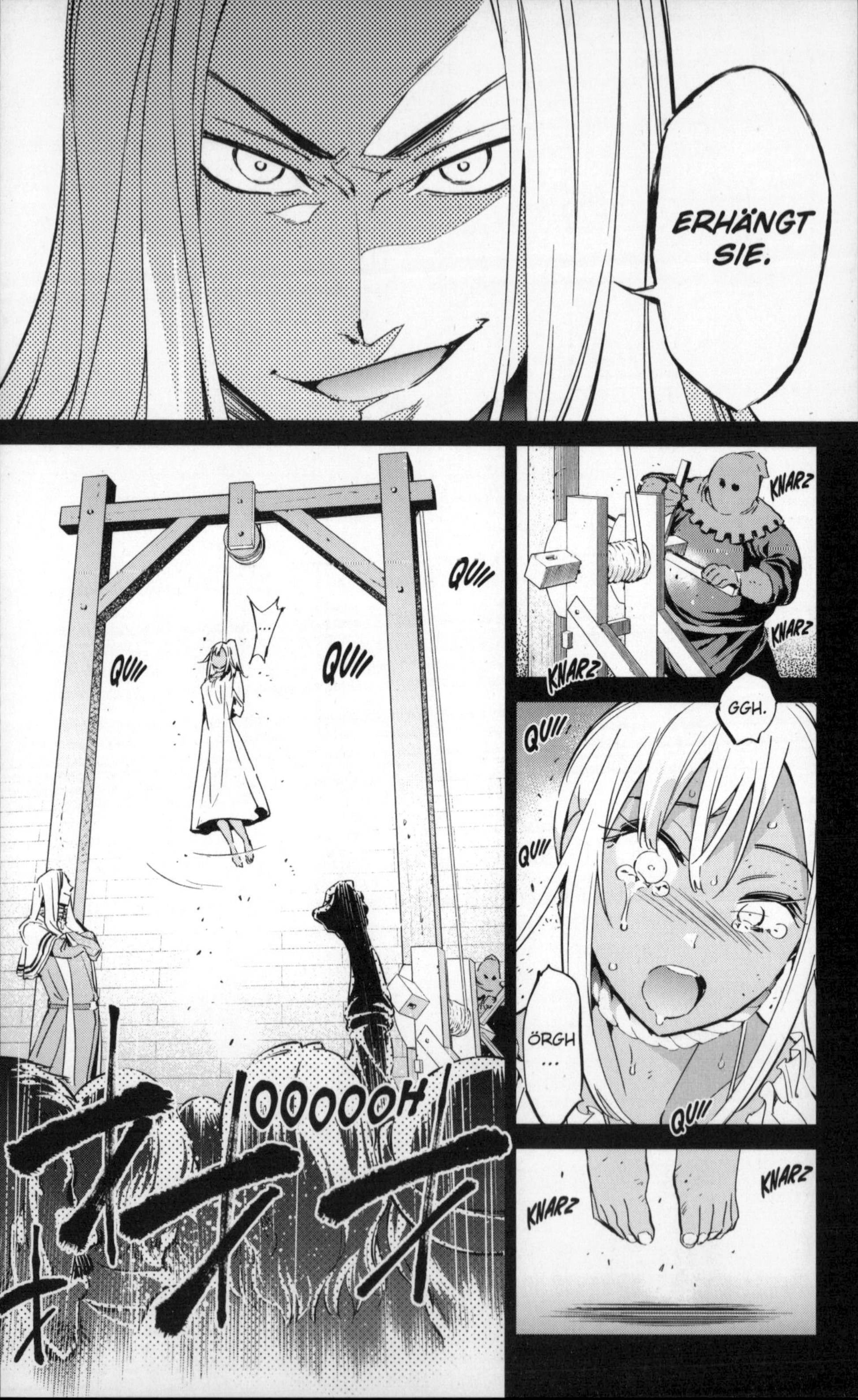
ERHÄNGT SIE.
KNARZ
KNARZ
KNARZ
QUII
QUII
QUII
...
OOOOOH!
GGH.
QUII
QUII
ÖRGH ...
QUII
KNARZ
KNARZ

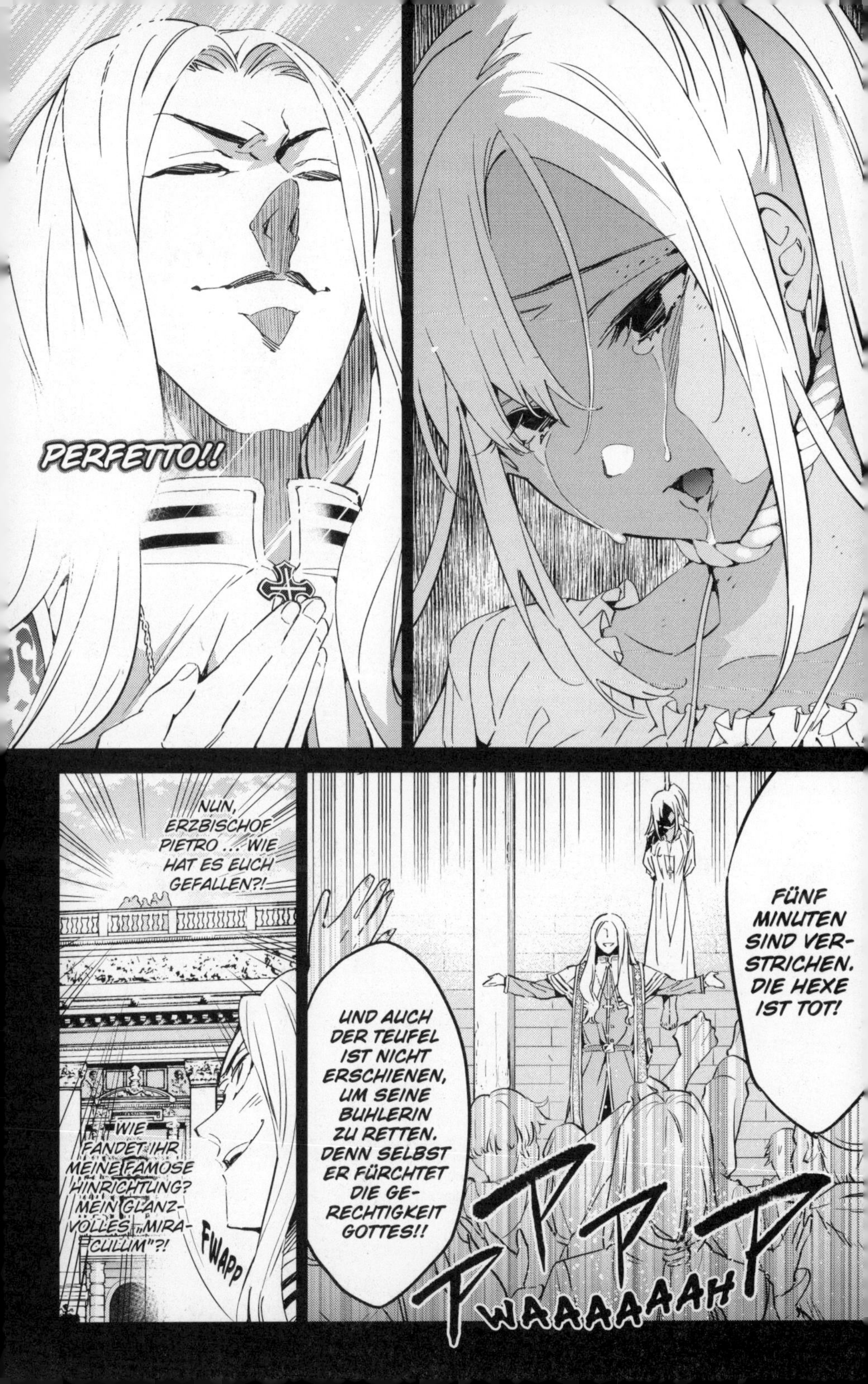
PERFETTO!!
NUN, ERZBISCHOF PIETRO ... WIE HAT ES EUCH GEFALLEN?!
WIE FANDET IHR MEINE FAMOSE HINRICHTUNG? MEIN GLANZVOLLES „MIRACULUM"?!
FWAPP
FÜNF MINUTEN SIND VERSTRICHEN. DIE HEXE IST TOT!
UND AUCH DER TEUFEL IST NICHT ERSCHIENEN, UM SEINE BUHLERIN ZU RETTEN. DENN SELBST ER FÜRCHTET DIE GERECHTIGKEIT GOTTES!!
WAAAAAAAH

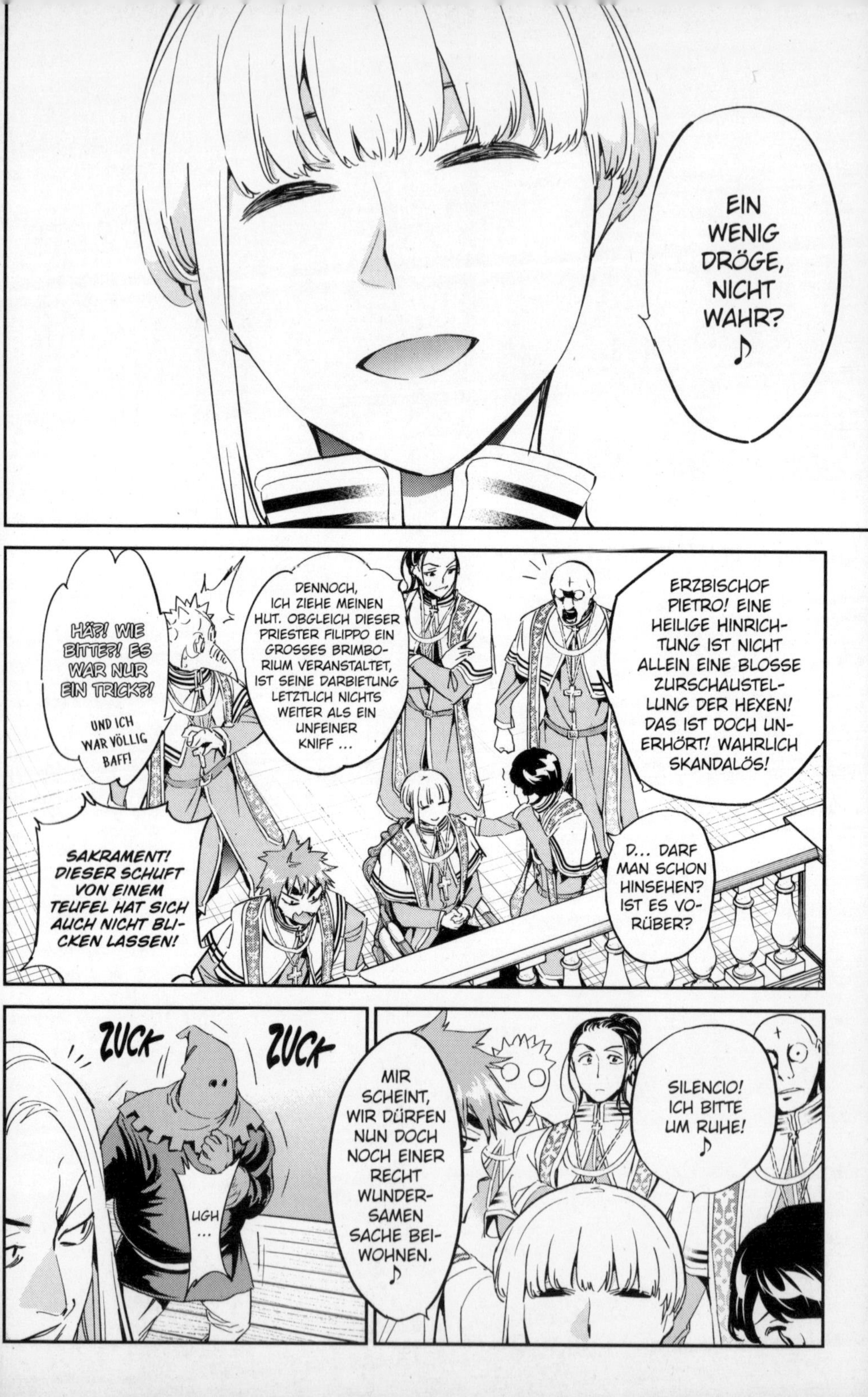
EIN WENIG DRÖGE, NICHT WAHR? ♪
ERZBISCHOF PIETRO! EINE HEILIGE HINRICHTUNG IST NICHT ALLEIN EINE BLOSSE ZURSCHAUSTELLUNG DER HEXEN! DAS IST DOCH UNERHÖRT! WAHRLICH SKANDALÖS!
DENNOCH, ICH ZIEHE MEINEN HUT. OBGLEICH DIESER PRIESTER FILIPPO EIN GROSSES BRIMBORIUM VERANSTALTET, IST SEINE DARBIETUNG LETZTLICH NICHTS WEITER ALS EIN UNFEINER KNIFF …
HÄ?! WIE BITTE?! ES WAR NUR EIN TRICK?!
UND ICH WAR VÖLLIG BAFF!
D… DARF MAN SCHON HINSEHEN? IST ES VORÜBER?
SAKRAMENT! DIESER SCHUFT VON EINEM TEUFEL HAT SICH AUCH NICHT BLICKEN LASSEN!
SILENCIO! ICH BITTE UM RUHE! ♪
MIR SCHEINT, WIR DÜRFEN NUN DOCH NOCH EINER RECHT WUNDERSAMEN SACHE BEIWOHNEN. ♪
ZUCK
ZUCK
UGH …

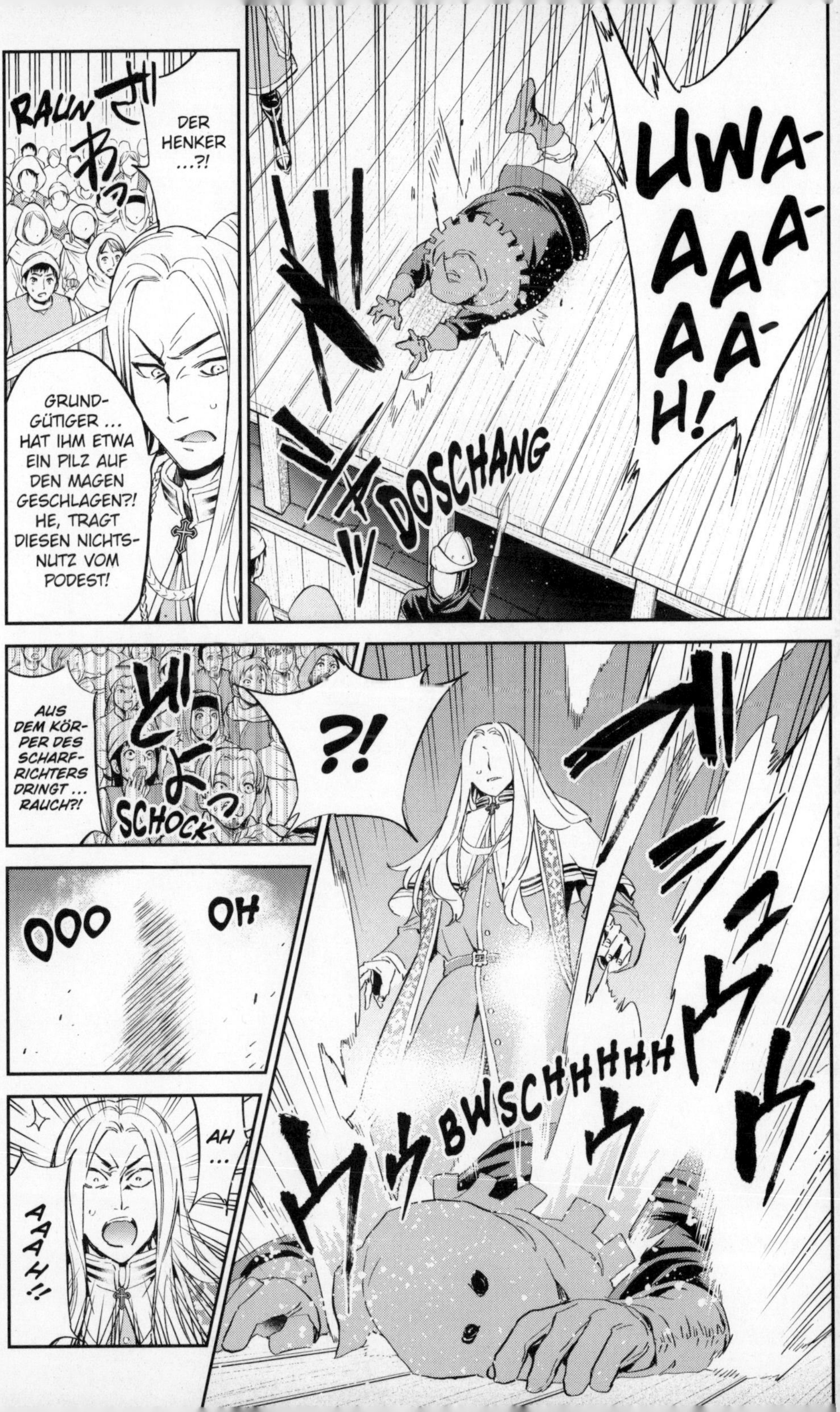
UWA-AAAA-AAA-H!
DOSCHANG
RAUN
DER HENKER ...?!
GRUND-GÜTIGER ... HAT IHM ETWA EIN PILZ AUF DEN MAGEN GESCHLAGEN?! HE, TRAGT DIESEN NICHTSNUTZ VOM PODEST!
?!
SCHOCK
AUS DEM KÖRPER DES SCHARFRICHTERS DRINGT ... RAUCH?!
BWSCHHHHHH
OOO
OH
AH ...
AAAAH!!

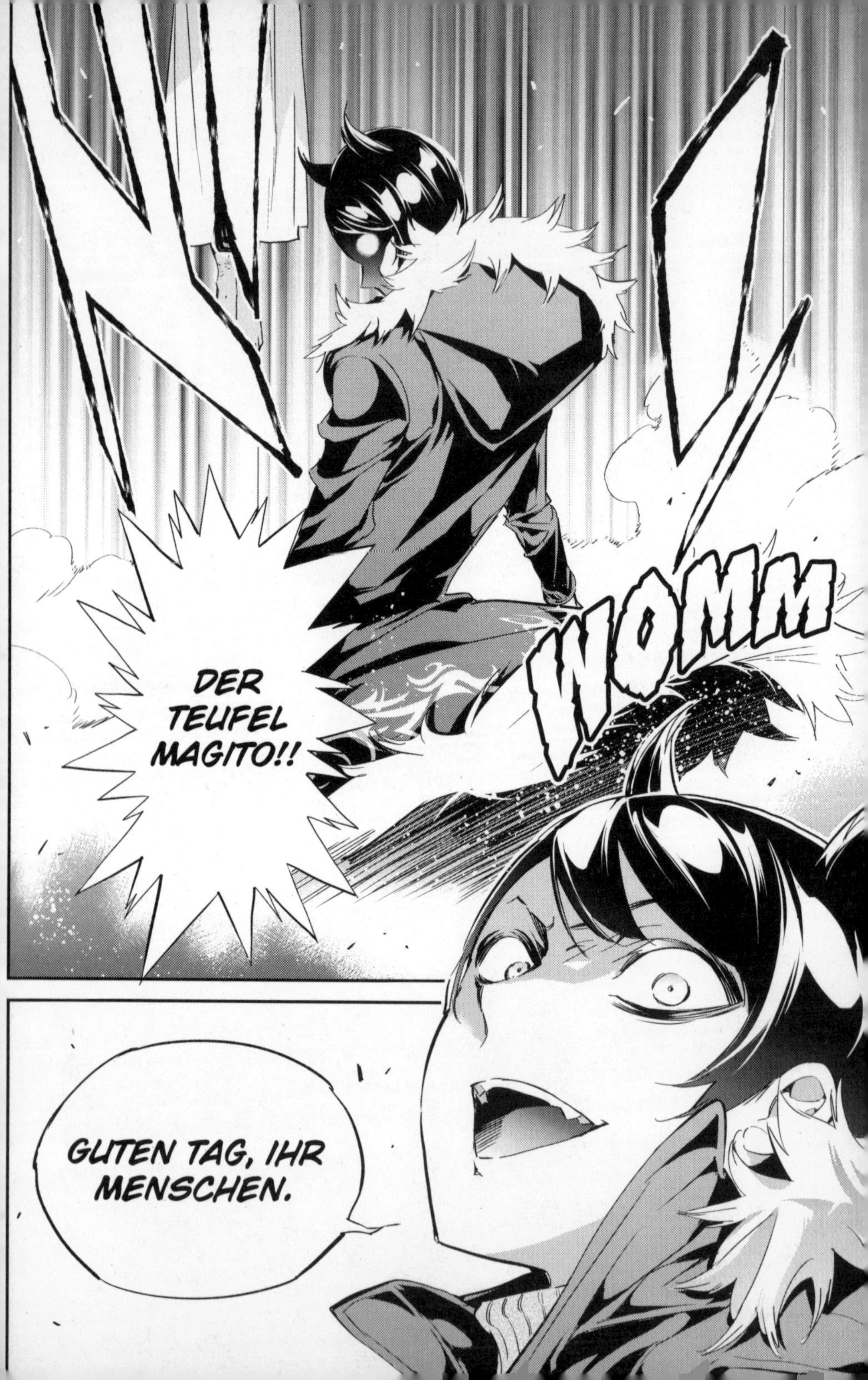
WOMM
DER TEUFEL MAGITO!!
GUTEN TAG, IHR MENSCHEN.

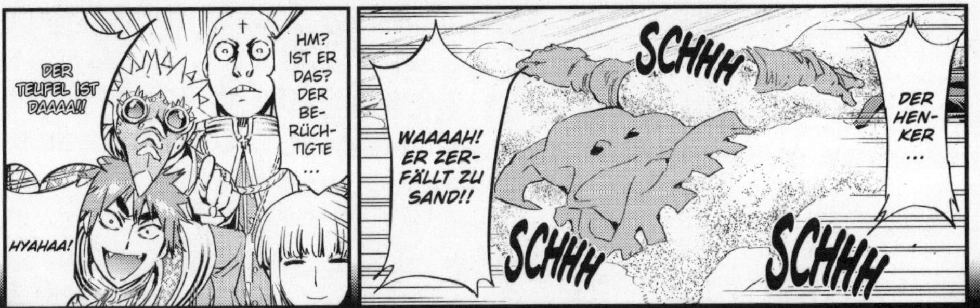

Das Erscheinen des Teufels mit Rauch-effekt

ML ★★

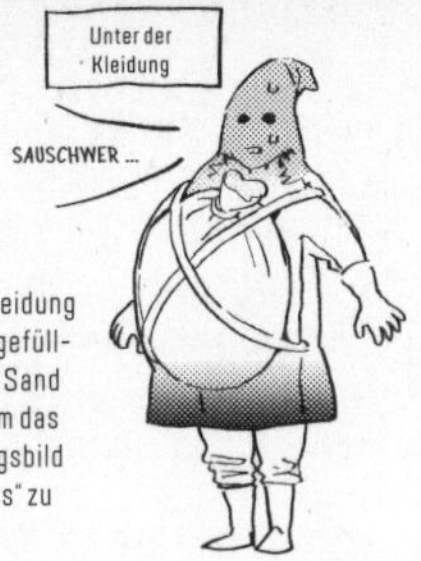

Unter der Kleidung ist ein prall gefüllter Sack mit Sand befestigt, um das Erscheinungsbild des „Henkers“ zu verändern.

① Makito steckte von Anfang an unter der Robe des Scharfrichters. Der eigentliche Henker wurde vorab mit ausreichend Thalern bestochen.

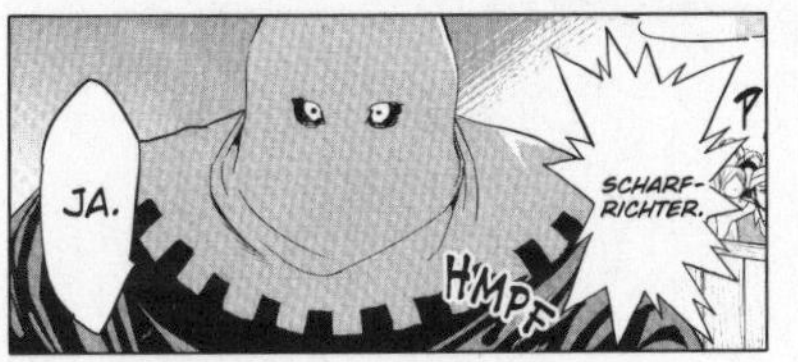

Zur damaligen Zeit war es Brauch, dass der Scharfrichter eine Kopfmaske trug. Dies konnte Makito zu seinem Vorteil nutzen, denn somit flog der Austausch der Henker nicht auf.

② Unter dem Blutgerüst hält sich Mia bereit. Sie entzündet eine Rauchbombe, die aus Zucker und Salpeter, einem Bestandteil von Schwarzpulver, hergestellt wurde. Hierfür muss sie genau abschätzen, an welcher Position der Scharfrichter umfällt, um dann die Rauchbombe fest gegen die Bretter des Schafotts zu drücken. Da die Konstruktion vollständig aus Holz besteht, kann der Rauch zwischen den Spalten der einzelnen Bretter nach oben ziehen. Dadurch sieht es so aus, als würde Rauch aus dem Körper des Scharfrichters aufsteigen.

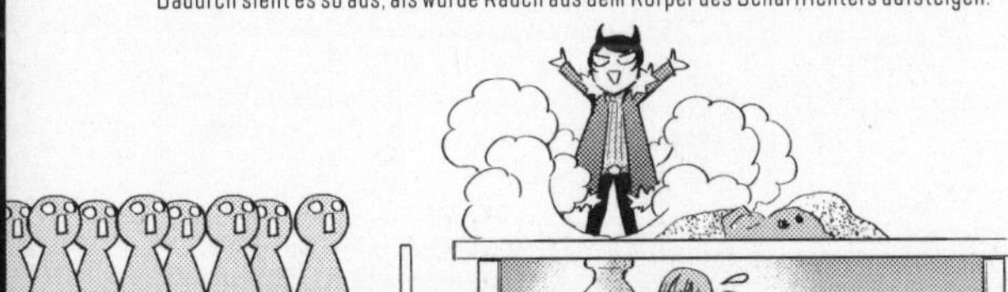

Dabei besteht auch keine Gefahr, dass jemand unter das Podest sehen kann, denn Filippo hat vorab dafür gesorgt, dass der Bereich zwischen dem Schafott und den Zuschauern sorgfältig abgetrennt wird.

③ Verborgen im Rauch entledigt sich Makito der Kutte des Scharfrichters und benutzt den Sand auf dem Blutgerüst, um ordentlich Staub aufzuwirbeln und sogleich als Teufel Magito in Erscheinung zu treten.

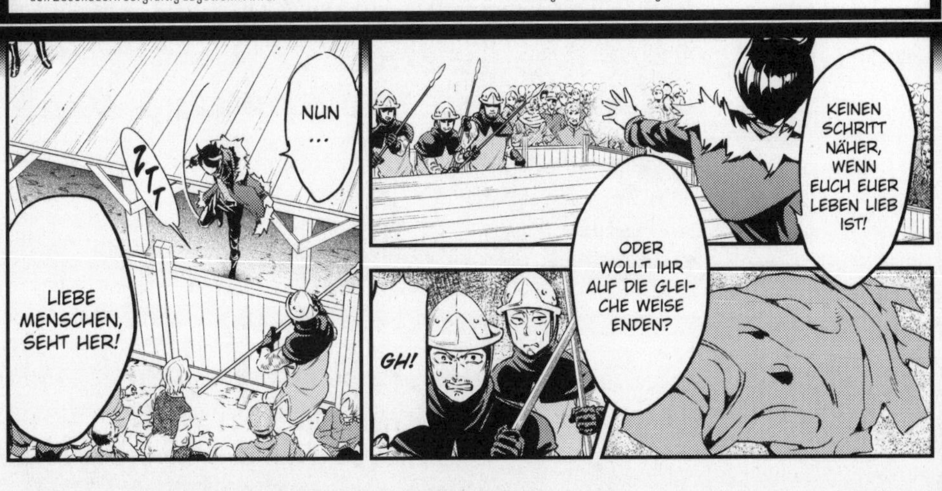

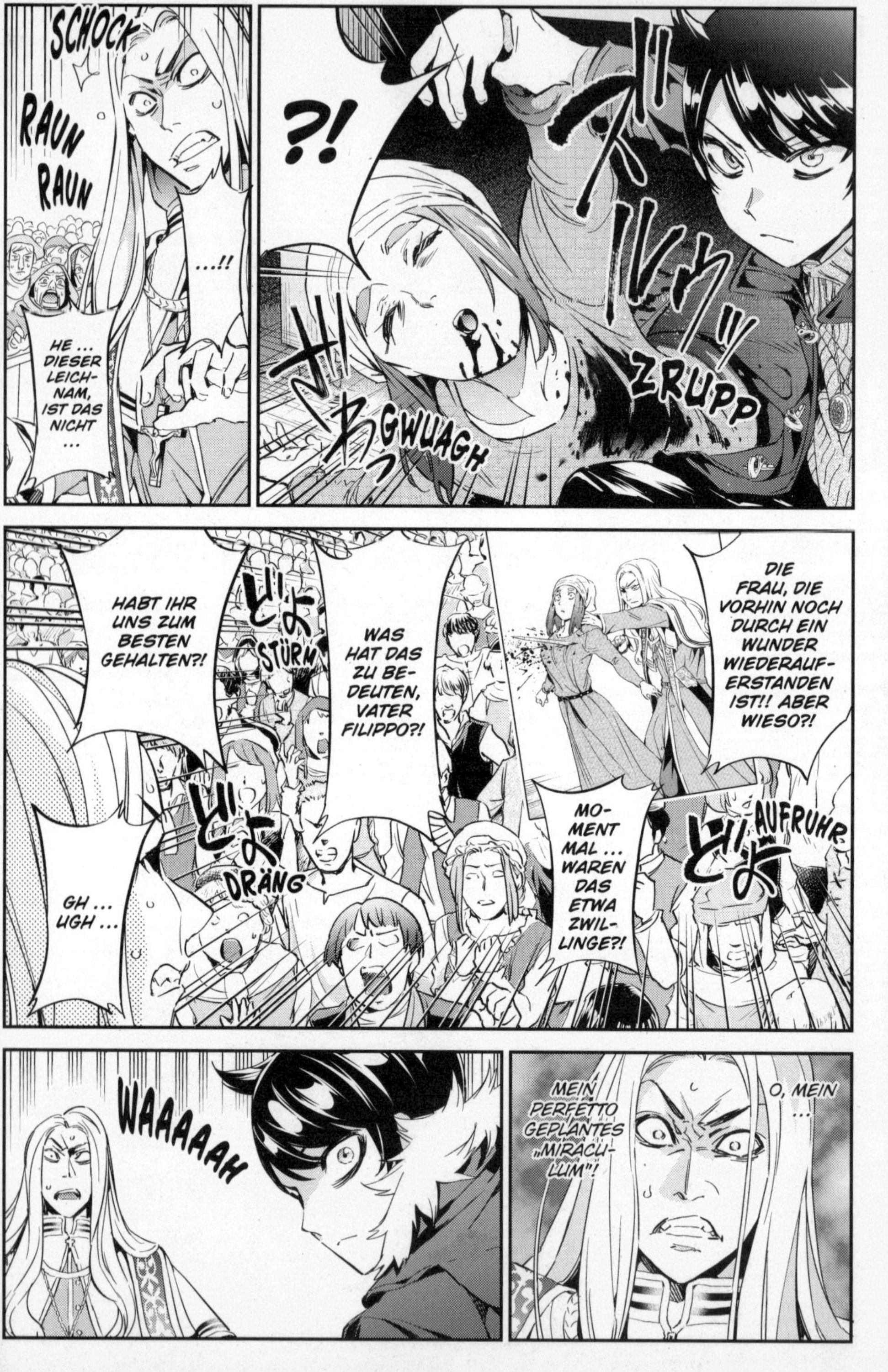
?!
ZRUPP
GWUAGH
SCHOCK
RAUN
RAUN
RAUN
...!!
HE ... DIESER LEICHNAM, IST DAS NICHT ...
DIE FRAU, DIE VORHIN NOCH DURCH EIN WUNDER WIEDERAUFERSTANDEN IST!! ABER WIESO?!
AUFRUHR
MOMENT MAL ... WAREN DAS ETWA ZWILLINGE?!
WAS HAT DAS ZU BEDEUTEN, VATER FILIPPO?!
STÜRM
HABT IHR UNS ZUM BESTEN GEHALTEN?!
DRÄNG
GH ... UGH ...
O, MEIN ...
MEIN PERFETTO GEPLANTES „MIRACULUM"!
WAAAAAAH

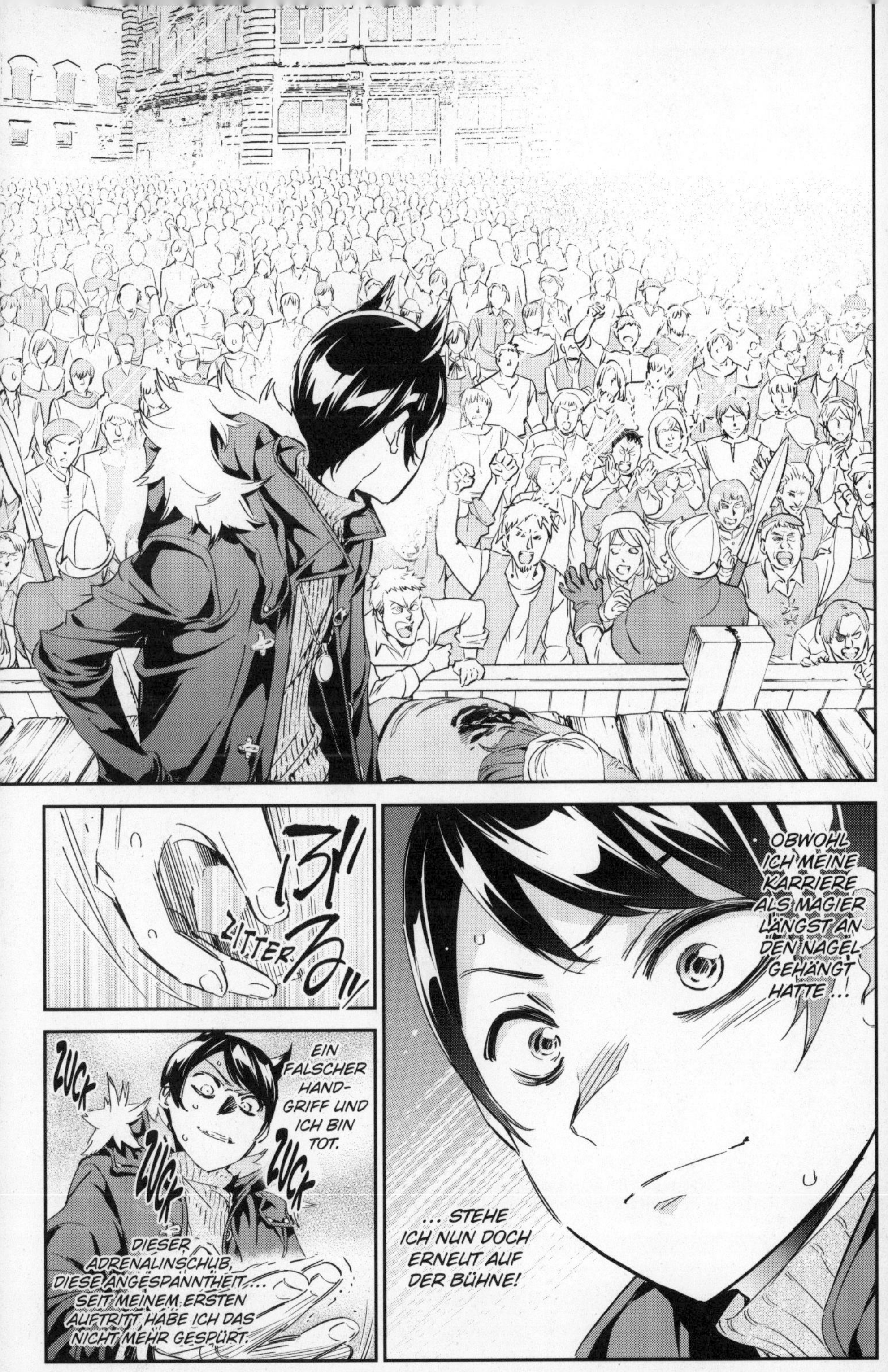
OBWOHL ICH MEINE KARRIERE ALS MAGIER LÄNGST AN DEN NAGEL GEHÄNGT HATTE ...!
ZITTER
... STEHE ICH NUN DOCH ERNEUT AUF DER BÜHNE!
EIN FALSCHER HAND-GRIFF UND ICH BIN TOT.
ZUCK
ZUCK
ZUCK
DIESER ADRENALINSCHUB, DIESE ANGESPANNTHEIT ... SEIT MEINEM ERSTEN AUFTRITT HABE ICH DAS NICHT MEHR GESPÜRT.

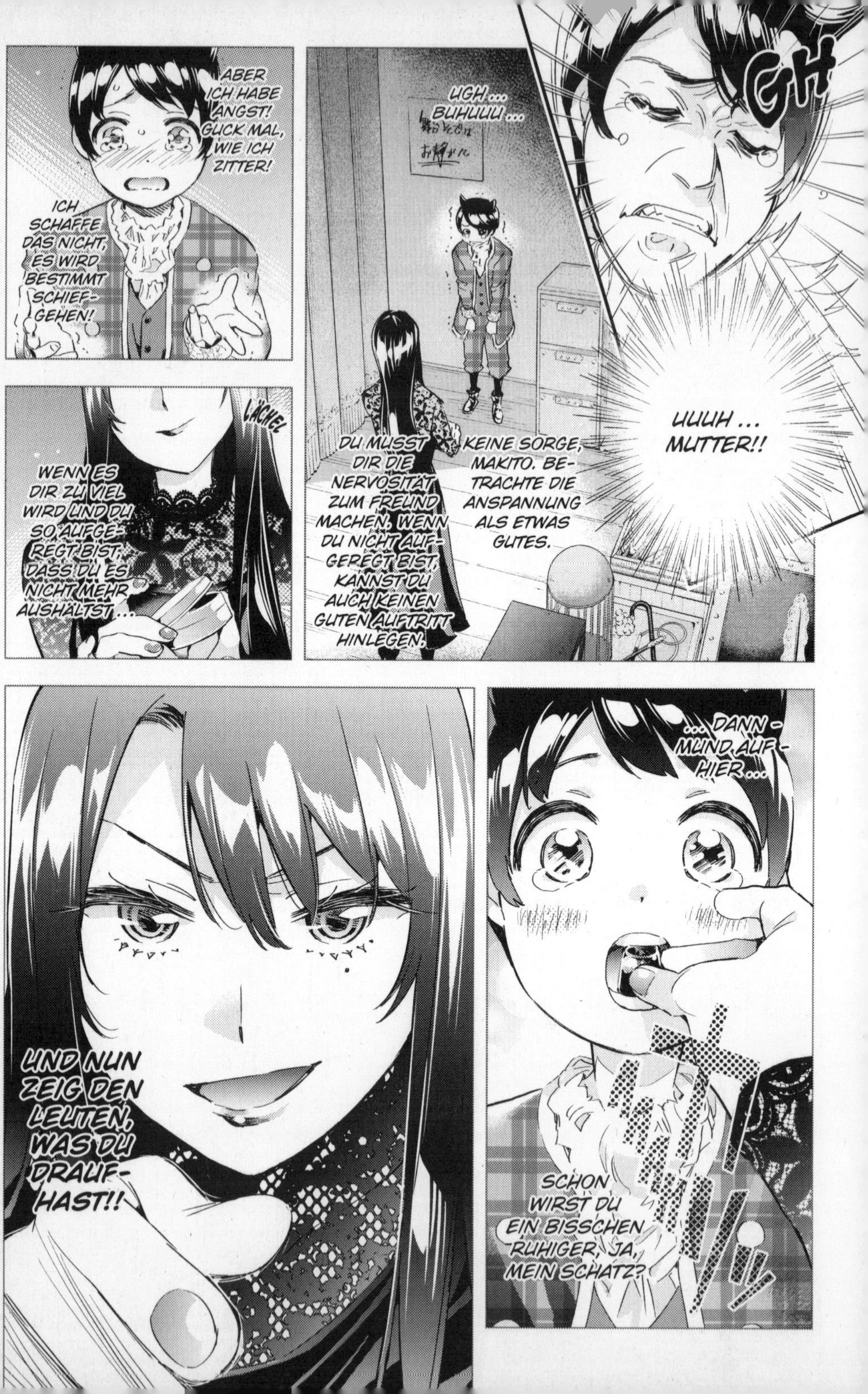
GH
UUUH ... MUTTER!!
UGH ... BUHUUU ...
KEINE SORGE, MAKITO. BETRACHTE DIE ANSPANNUNG ALS ETWAS GUTES.
DU MUSST DIR DIE NERVOSITÄT ZUM FREUND MACHEN. WENN DU NICHT AUFGEREGT BIST, KANNST DU AUCH KEINEN GUTEN AUFTRITT HINLEGEN.
ABER ICH HABE ANGST! GUCK MAL, WIE ICH ZITTER!
ICH SCHAFFE DAS NICHT, ES WIRD BESTIMMT SCHIEFGEHEN!
LÄCHEL
WENN ES DIR ZU VIEL WIRD UND DU SO AUFGEREGT BIST, DASS DU ES NICHT MEHR AUSHÄLTST ...
... DANN - MUND AUF - HIER ...
SCHON WIRST DU EIN BISSCHEN RUHIGER, JA, MEIN SCHATZ?
UND NUN ZEIG DEN LEUTEN, WAS DU DRAUFHAST!!

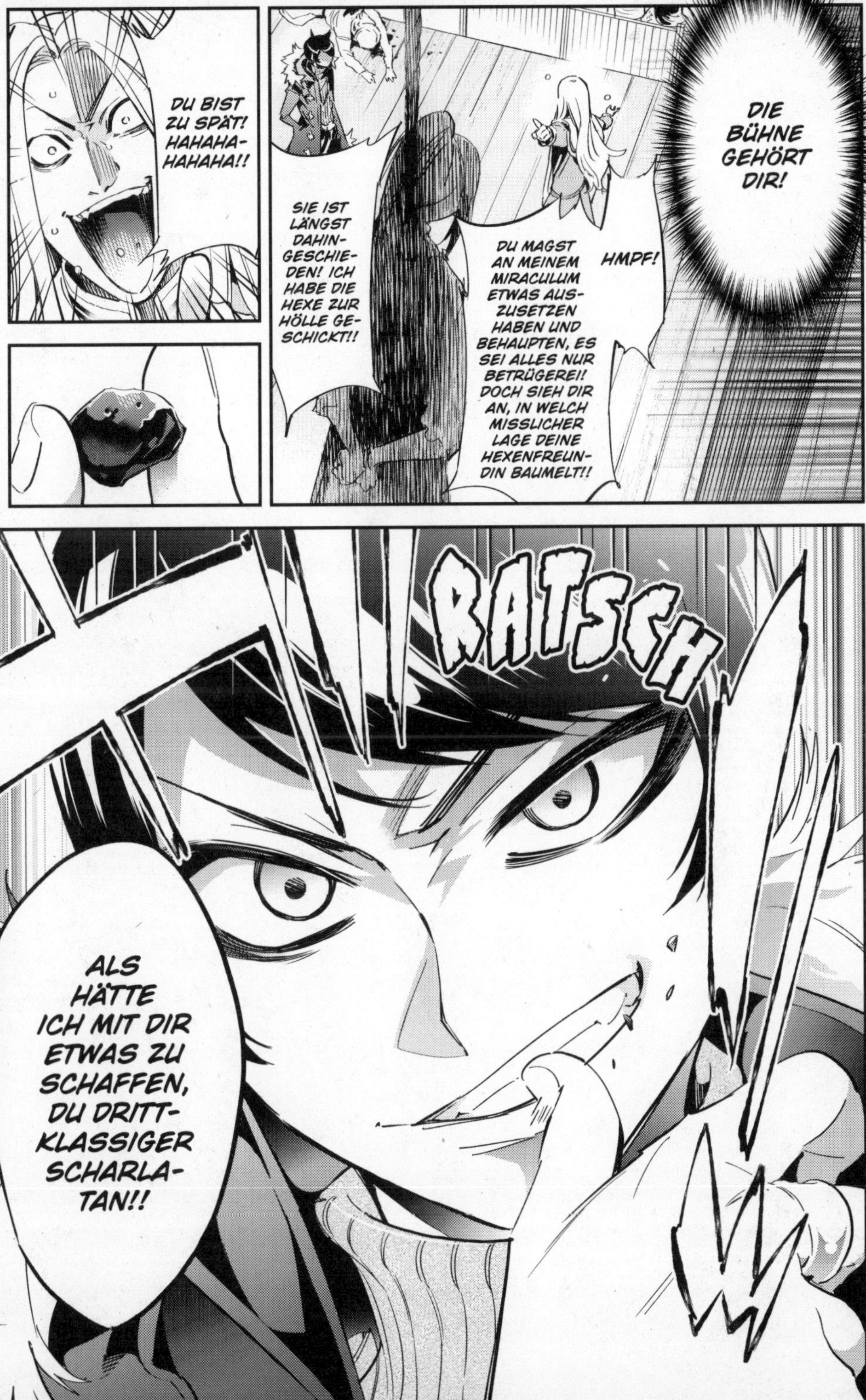
DIE BÜHNE GEHÖRT DIR!
HMPF!
DU MAGST AN MEINEM MIRACULUM ETWAS AUSZUSETZEN HABEN UND BEHAUPTEN, ES SEI ALLES NUR BETRÜGEREI! DOCH SIEH DIR AN, IN WELCH MISSLICHER LAGE DEINE HEXENFREUNDIN BAUMELT!!
SIE IST LÄNGST DAHINGESCHIEDEN! ICH HABE DIE HEXE ZUR HÖLLE GESCHICKT!!
DU BIST ZU SPÄT! HAHAHAHAHAHA!!
RATSCH
ALS HÄTTE ICH MIT DIR ETWAS ZU SCHAFFEN, DU DRITTKLASSIGER SCHARLATAN!!

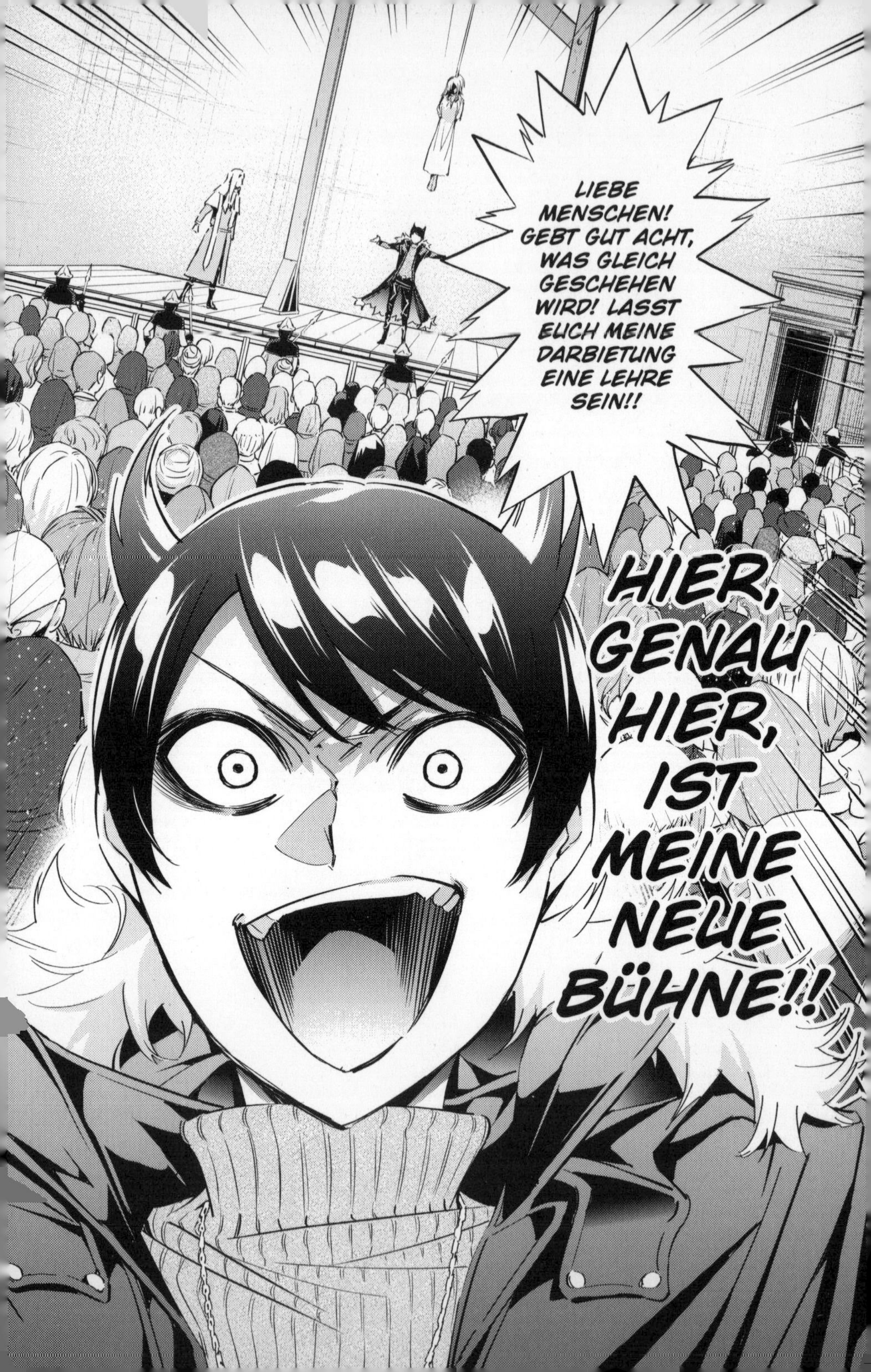
LIEBE MENSCHEN! GEBT GUT ACHT, WAS GLEICH GESCHEHEN WIRD! LASST EUCH MEINE DARBIETUNG EINE LEHRE SEIN!!
HIER, GENAU HIER, IST MEINE NEUE BÜHNE!!

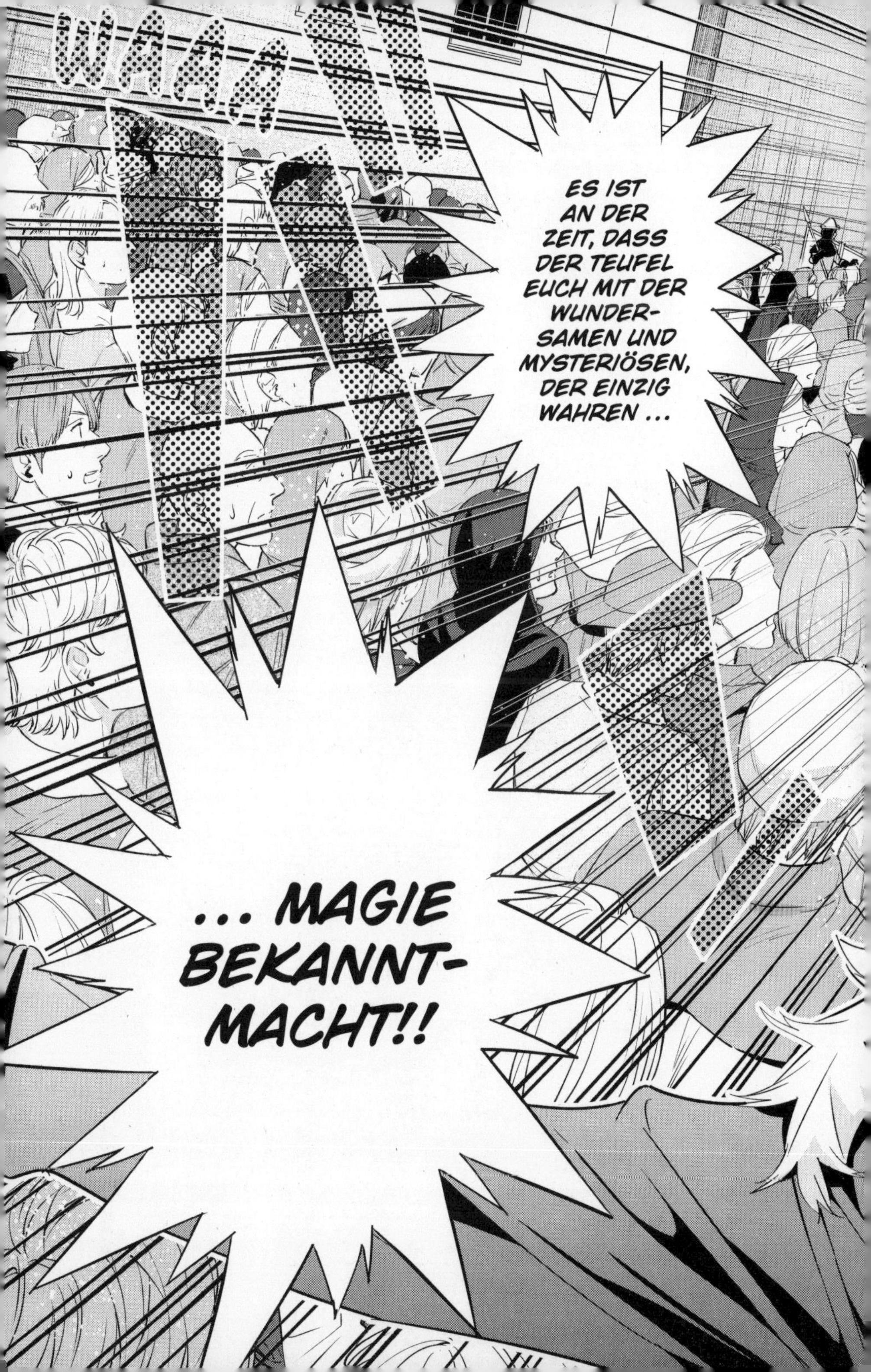
WAAA!!!
ES IST AN DER ZEIT, DASS DER TEUFEL EUCH MIT DER WUNDER-SAMEN UND MYSTERIÖSEN, DER EINZIG WAHREN ...
... MAGIE BEKANNT-MACHT!!

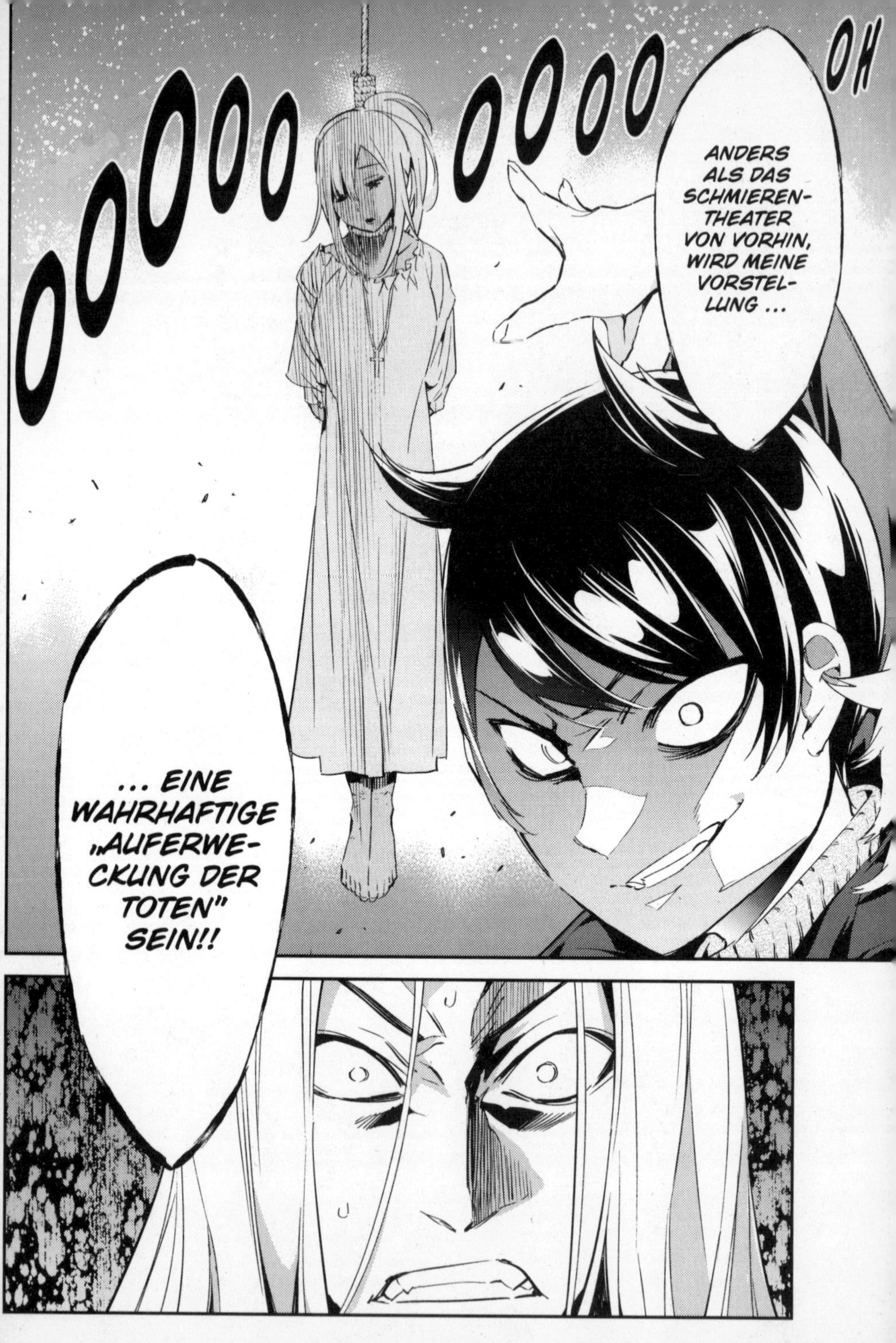
OOOOOOOOOOOOH
ANDERS ALS DAS SCHMIEREN-THEATER VON VORHIN, WIRD MEINE VORSTEL-LUNG …
… EINE WAHRHAFTIGE „AUFERWE-CKUNG DER TOTEN" SEIN!!

Kapitel 7 Magie im flüchtigen Augenblick

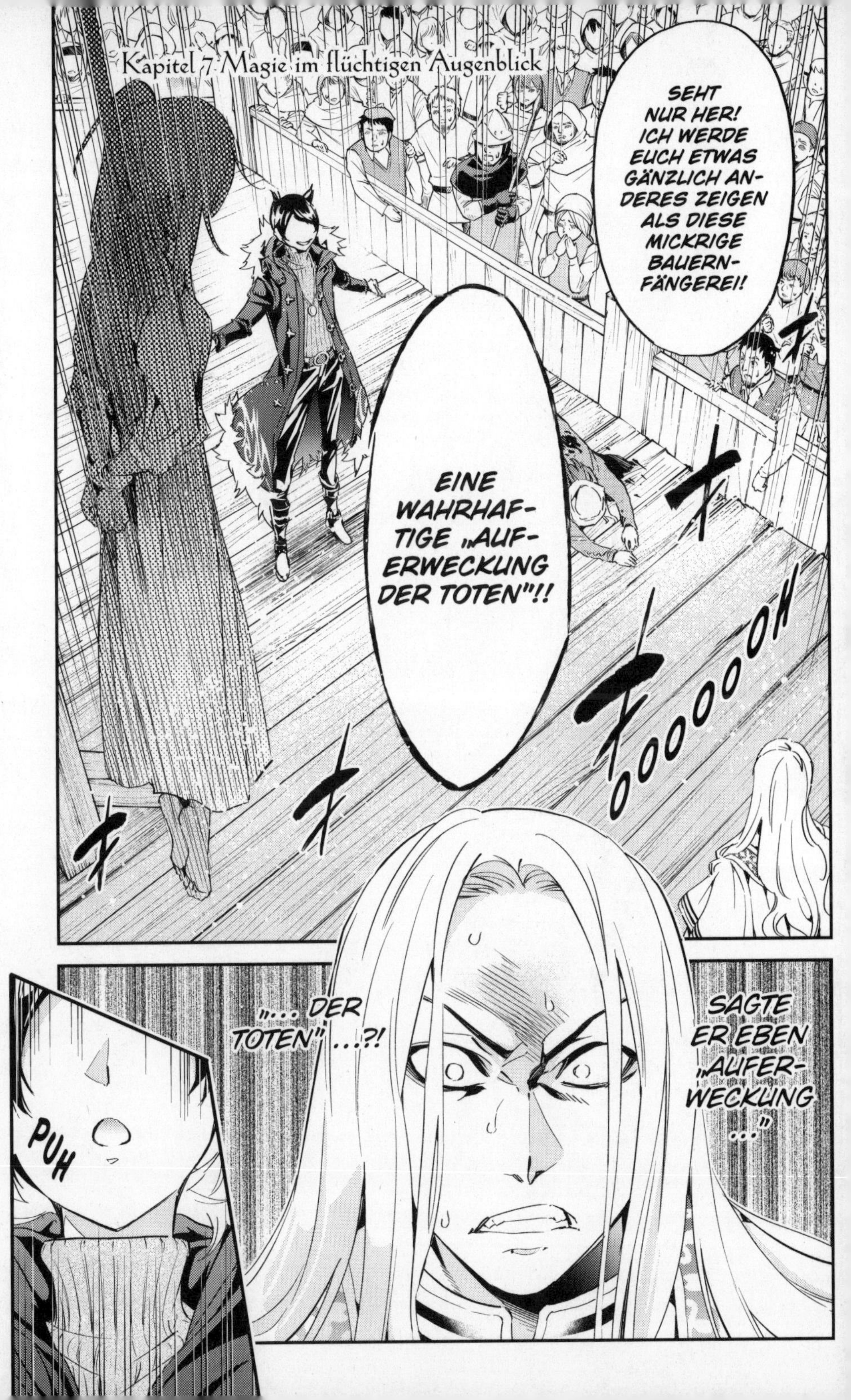

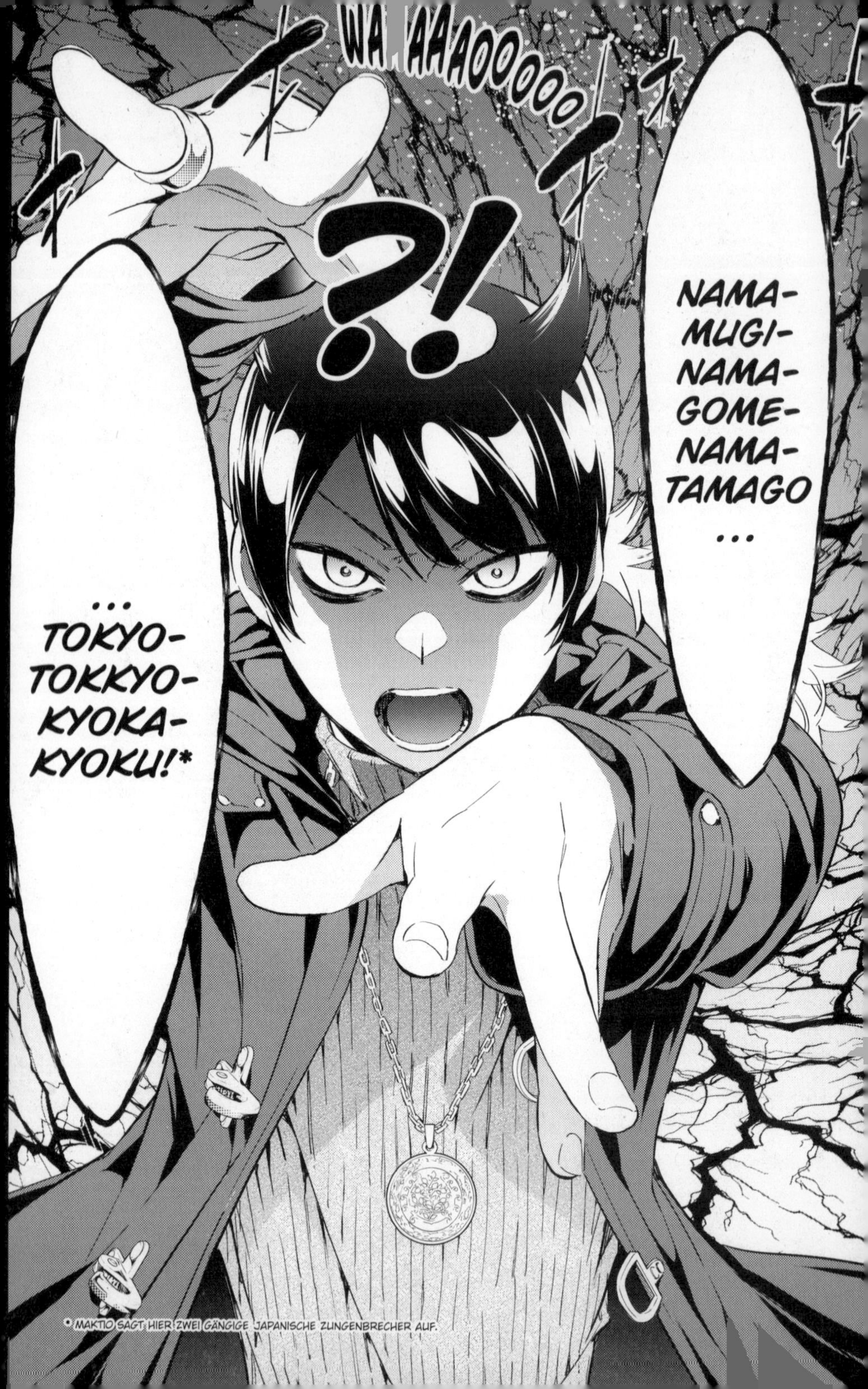

* MAKTIO SAGT HIER ZWEI GÄNGIGE JAPANISCHE ZUNGENBRECHER AUF.

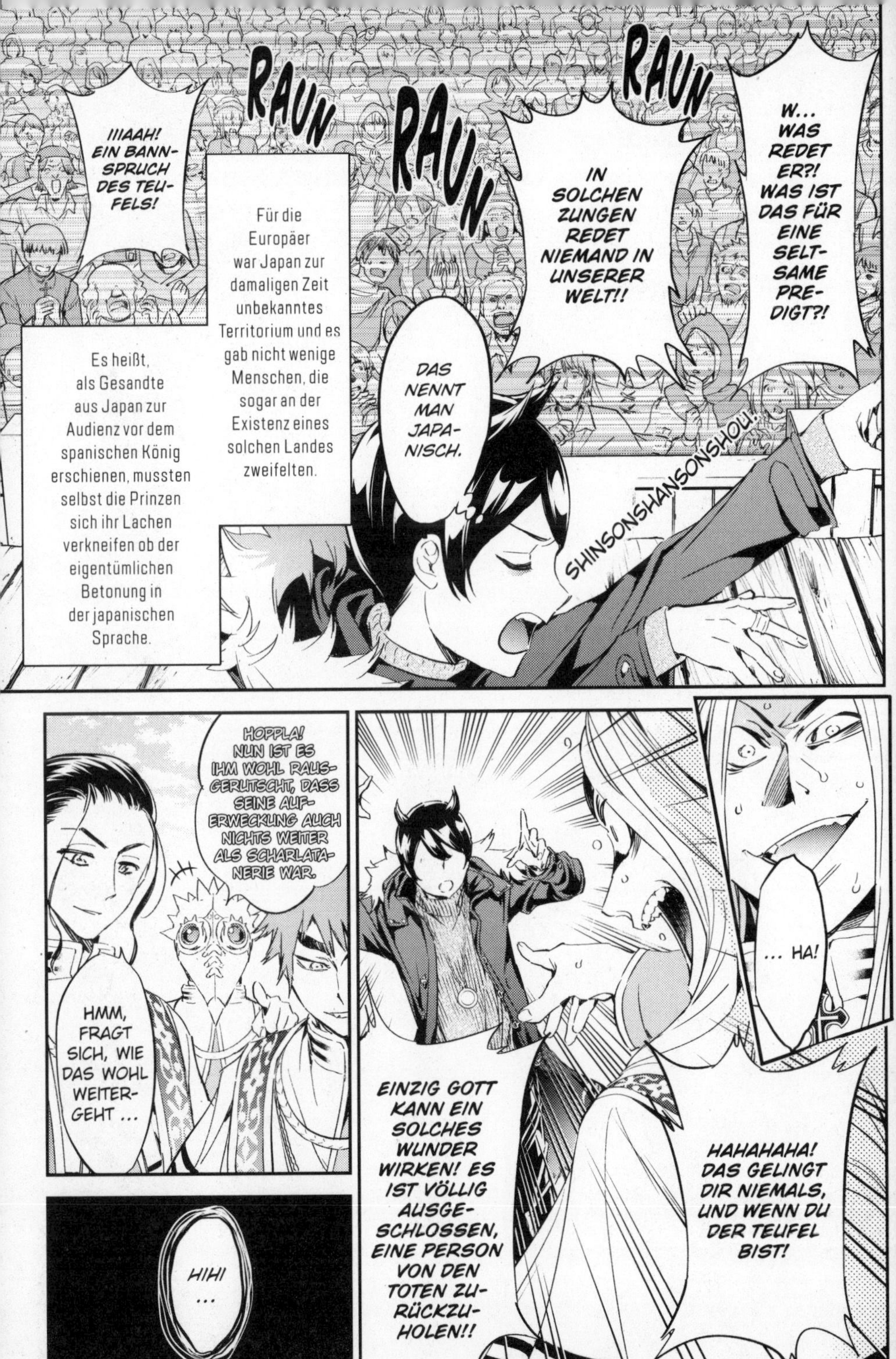
W... WAS REDET ER?! WAS IST DAS FÜR EINE SELTSAME PREDIGT?!
RAUN
IN SOLCHEN ZUNGEN REDET NIEMAND IN UNSERER WELT!!
RAUN
RAUN
IIIAAH! EIN BANNSPRUCH DES TEUFELS!
Für die Europäer war Japan zur damaligen Zeit unbekanntes Territorium und es gab nicht wenige Menschen, die sogar an der Existenz eines solchen Landes zweifelten.
Es heißt, als Gesandte aus Japan zur Audienz vor dem spanischen König erschienen, mussten selbst die Prinzen sich ihr Lachen verkneifen ob der eigentümlichen Betonung in der japanischen Sprache.
SHINSONSHANSONSHOU!
DAS NENNT MAN JAPANISCH.
… HA!
HAHAHAHA! DAS GELINGT DIR NIEMALS, UND WENN DU DER TEUFEL BIST!
EINZIG GOTT KANN EIN SOLCHES WUNDER WIRKEN! ES IST VÖLLIG AUSGESCHLOSSEN, EINE PERSON VON DEN TOTEN ZURÜCKZUHOLEN!!
HOPPLA! NUN IST ES IHM WOHL RAUSGERUTSCHT, DASS SEINE AUFERWECKUNG AUCH NICHTS WEITER ALS SCHARLATANERIE WAR.
HMM, FRAGT SICH, WIE DAS WOHL WEITERGEHT …
HIHI …

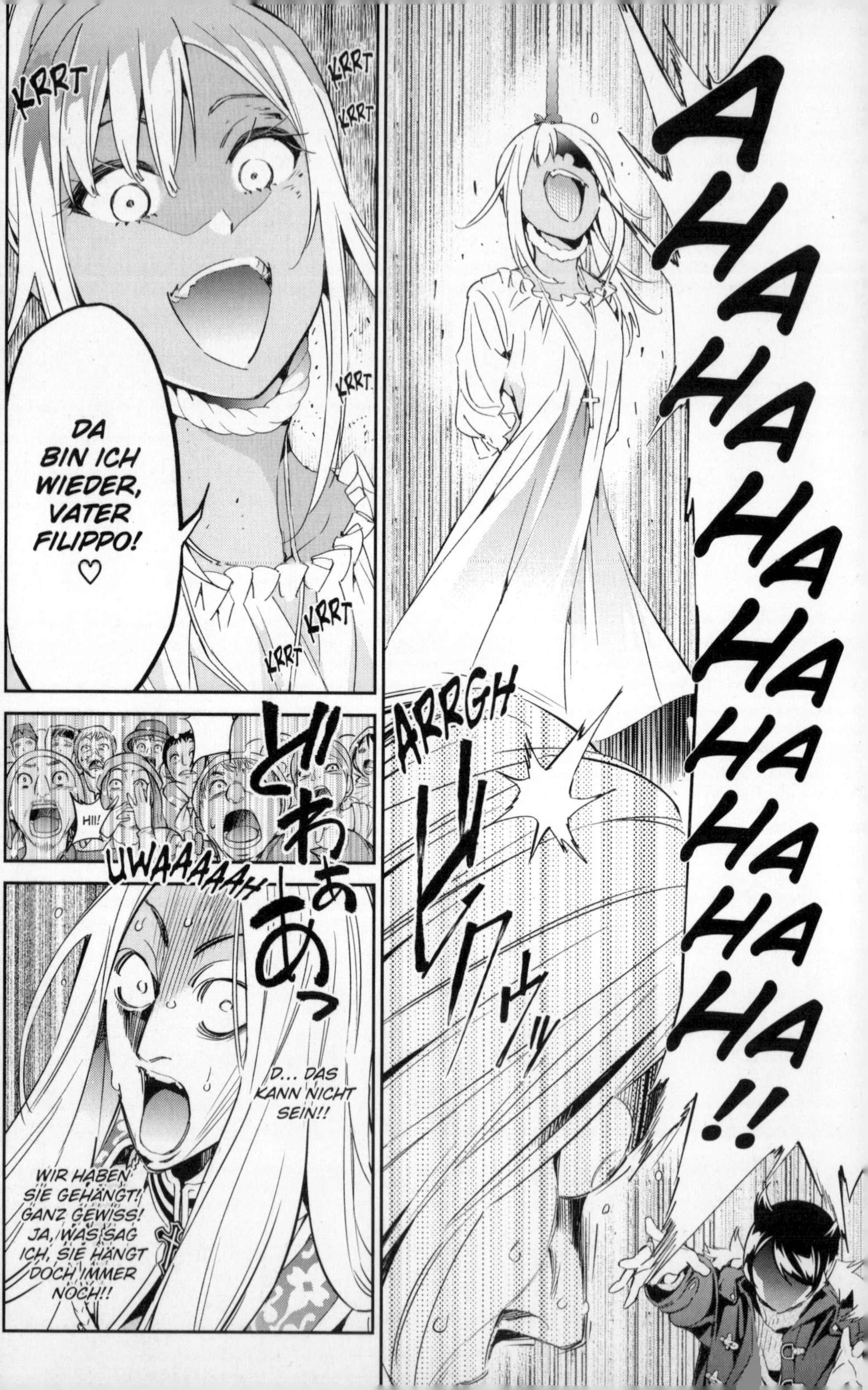
AHAHAHAHAHAHAHAHAHA!!
ARRGH
KRRT
KRRT
KRRT
DA BIN ICH WIEDER, VATER FILIPPO! ♡
KRRT
KRRT
KRRT
HII!
UWAAAAAAH
D... DAS KANN NICHT SEIN!!
WIR HABEN SIE GEHÄNGT! GANZ GEWISS! JA, WAS SAG ICH, SIE HÄNGT DOCH IMMER NOCH!!

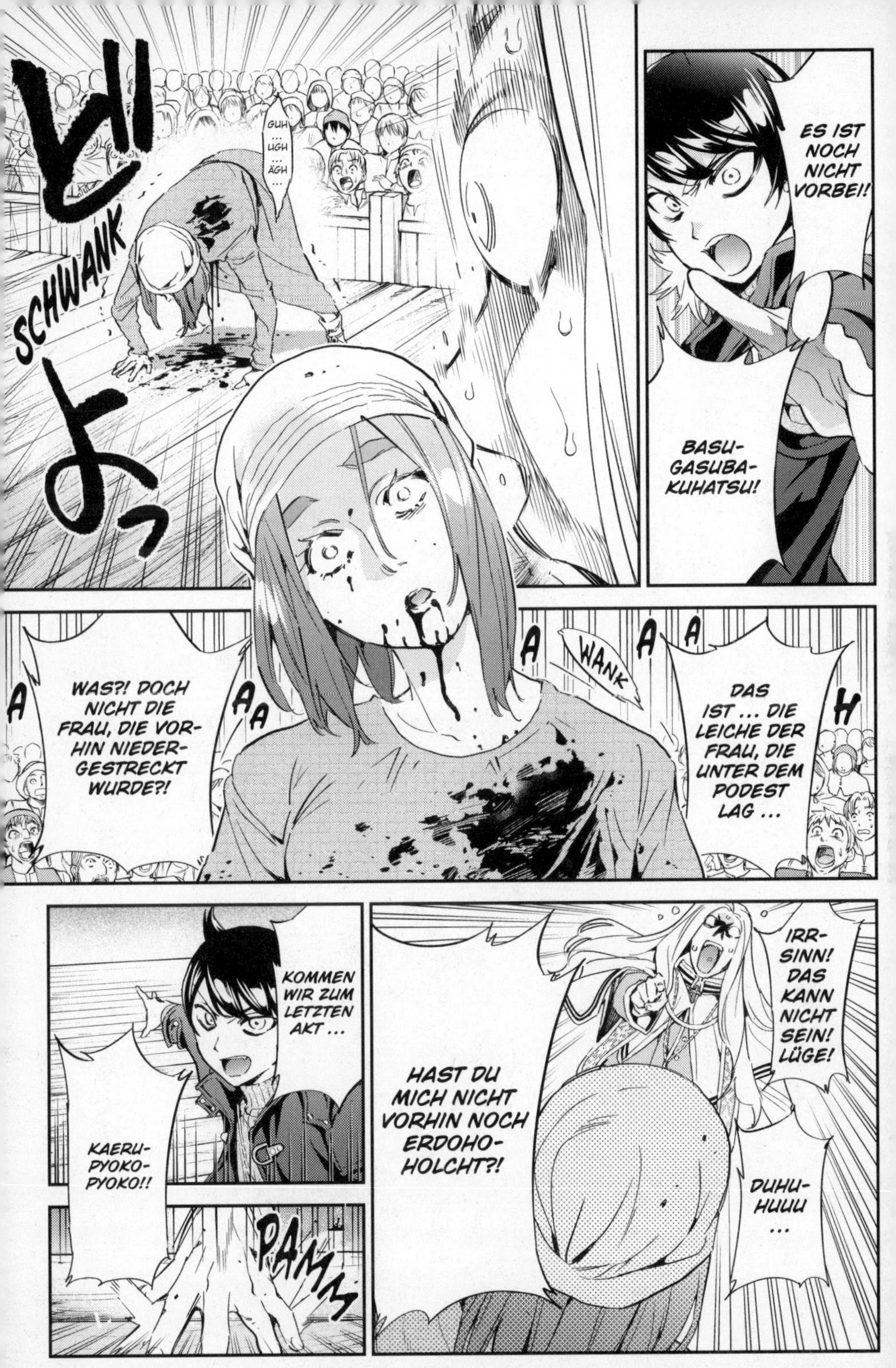
ES IST NOCH NICHT VORBEI!!
BASU-GASUBA-KUHATSU!
GUH ... UGH ... ÄGH ...
SCHWANK
よっ
AAAH
DAS IST ... DIE LEICHE DER FRAU, DIE UNTER DEM PODEST LAG ...
WANK
WAS?! DOCH NICHT DIE FRAU, DIE VORHIN NIEDERGESTRECKT WURDE?!
IRR-SINN! DAS KANN NICHT SEIN! LÜGE!
HAST DU MICH NICHT VORHIN NOCH ERDOHO-HOLCHT?!
DUHU-HUUU ...
KOMMEN WIR ZUM LETZTEN AKT ...
KAERU-PYOKO-PYOKO!!
PAMM

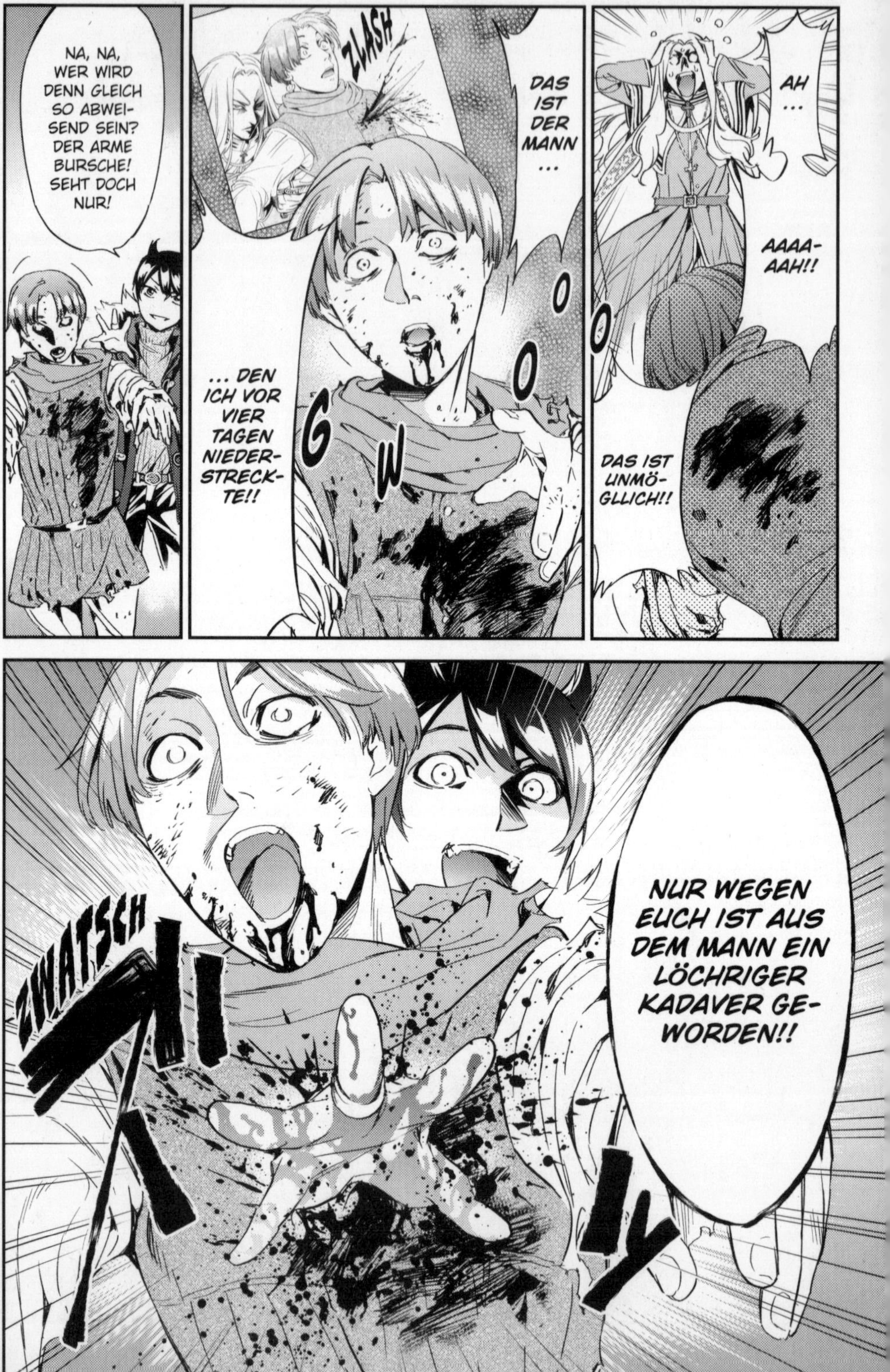
AH ...
AAAA-AAH!!
DAS IST UNMÖGLLICH!!
DAS IST DER MANN ...
ZLASH
GWOOOO
... DEN ICH VOR VIER TAGEN NIEDER-STRECK-TE!!
NA, NA, WER WIRD DENN GLEICH SO ABWEI-SEND SEIN? DER ARME BURSCHE! SEHT DOCH NUR!
NUR WEGEN EUCH IST AUS DEM MANN EIN LÖCHRIGER KADAVER GE-WORDEN!!
ZWATSCH

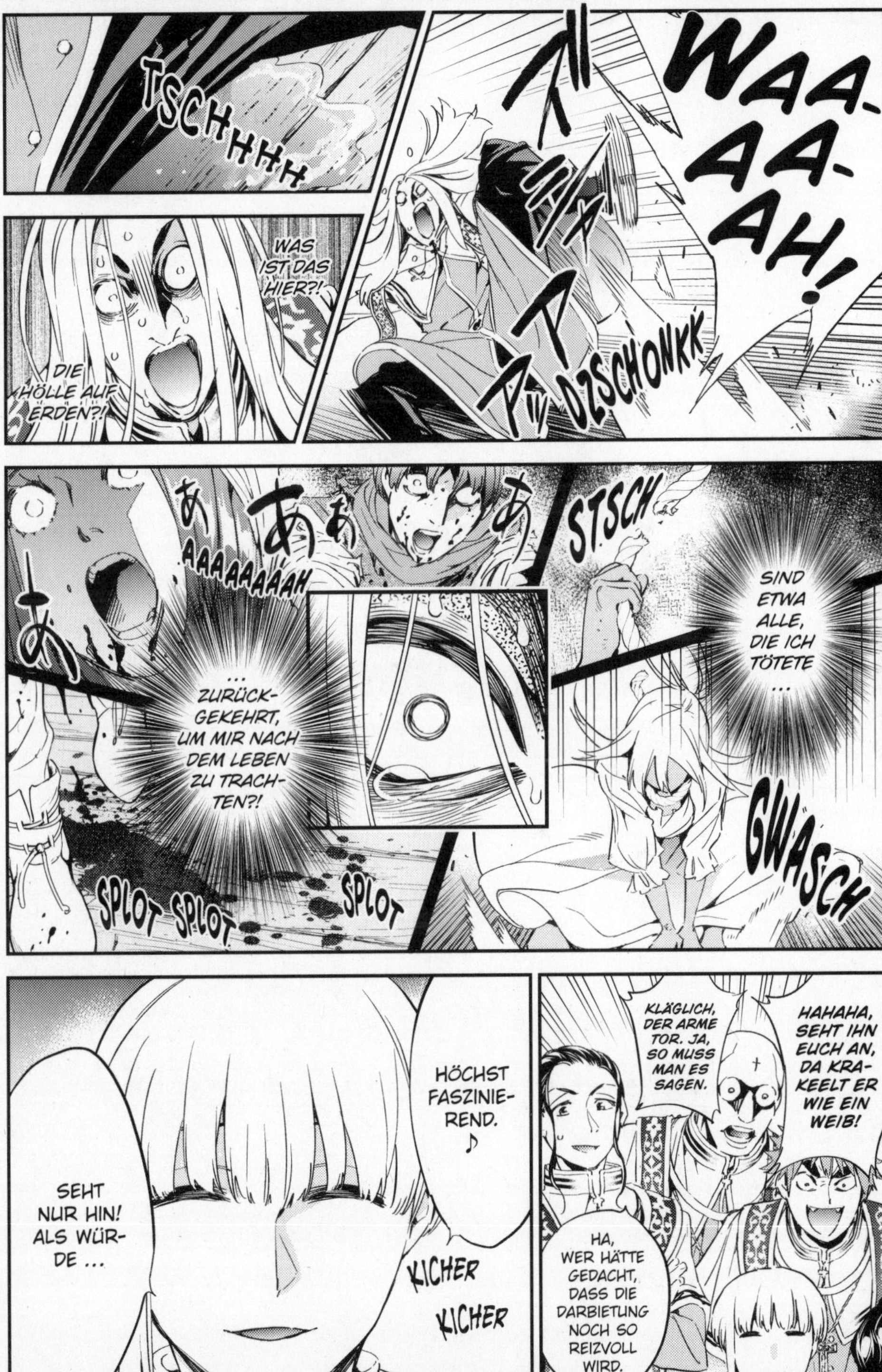
WAA-AA-AH!
DZSCHONKK
TSCHHHHH
WAS IST DAS HIER?!
DIE HÖLLE AUF ERDEN?!
ST.SCH
SIND ETWA ALLE, DIE ICH TÖTETE …
GWASCH
… ZURÜCK-GEKEHRT, UM MIR NACH DEM LEBEN ZU TRACH-TEN?!
あ あ あ あ あ
AAAAAAAAAH
SPLOT SPLOT SPLOT
HAHAHA, SEHT IHN EUCH AN, DA KRA-KEELT ER WIE EIN WEIB!
KLÄGLICH, DER ARME TOR. JA, SO MUSS MAN ES SAGEN.
HA, WER HÄTTE GEDACHT, DASS DIE DARBIETUNG NOCH SO REIZVOLL WIRD.
HÖCHST FASZINIE-REND. ♪
KICHER KICHER
SEHT NUR HIN! ALS WÜR-DE …

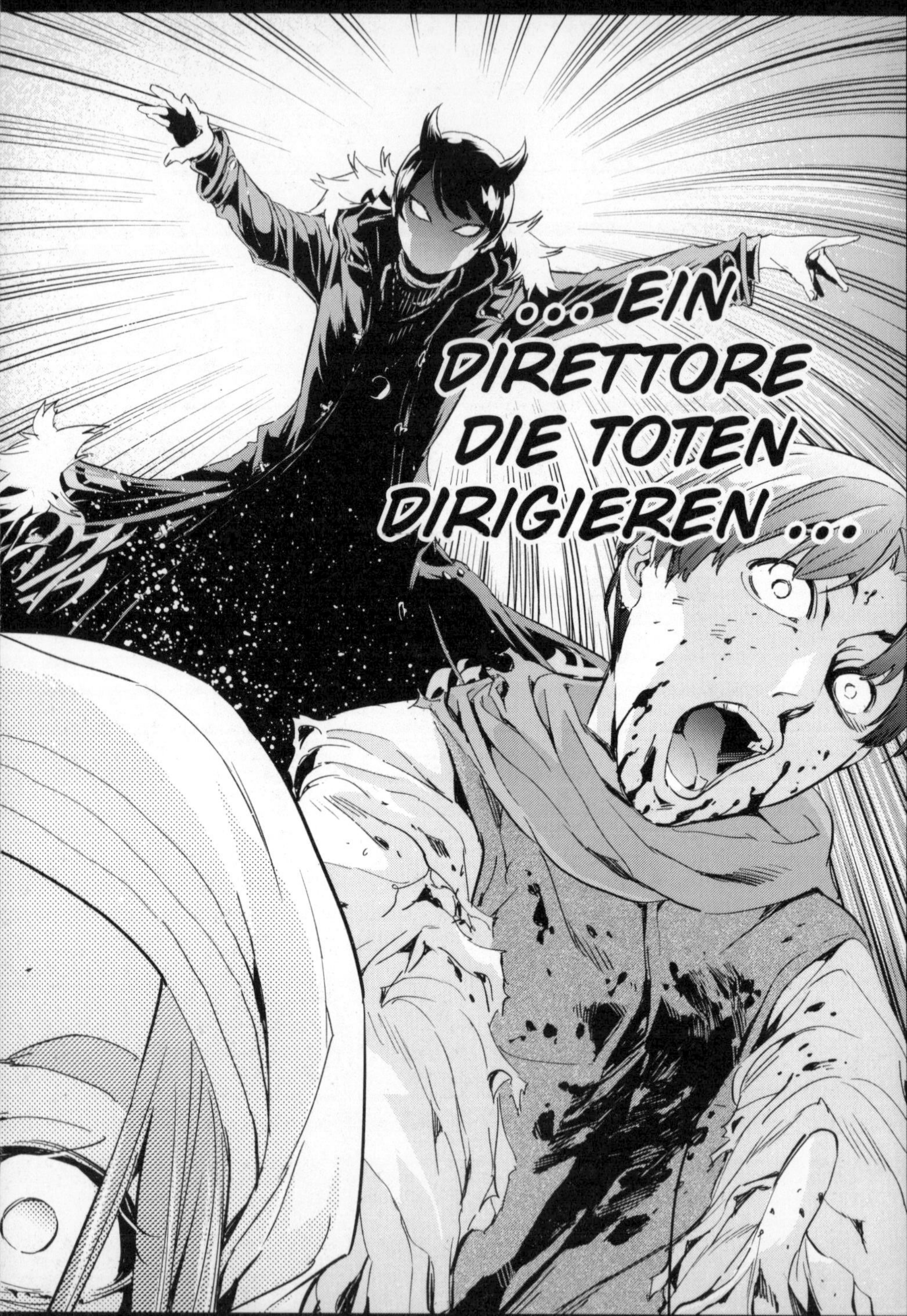
… EIN
DIRETTORE
DIE TOTEN
DIRIGIEREN …

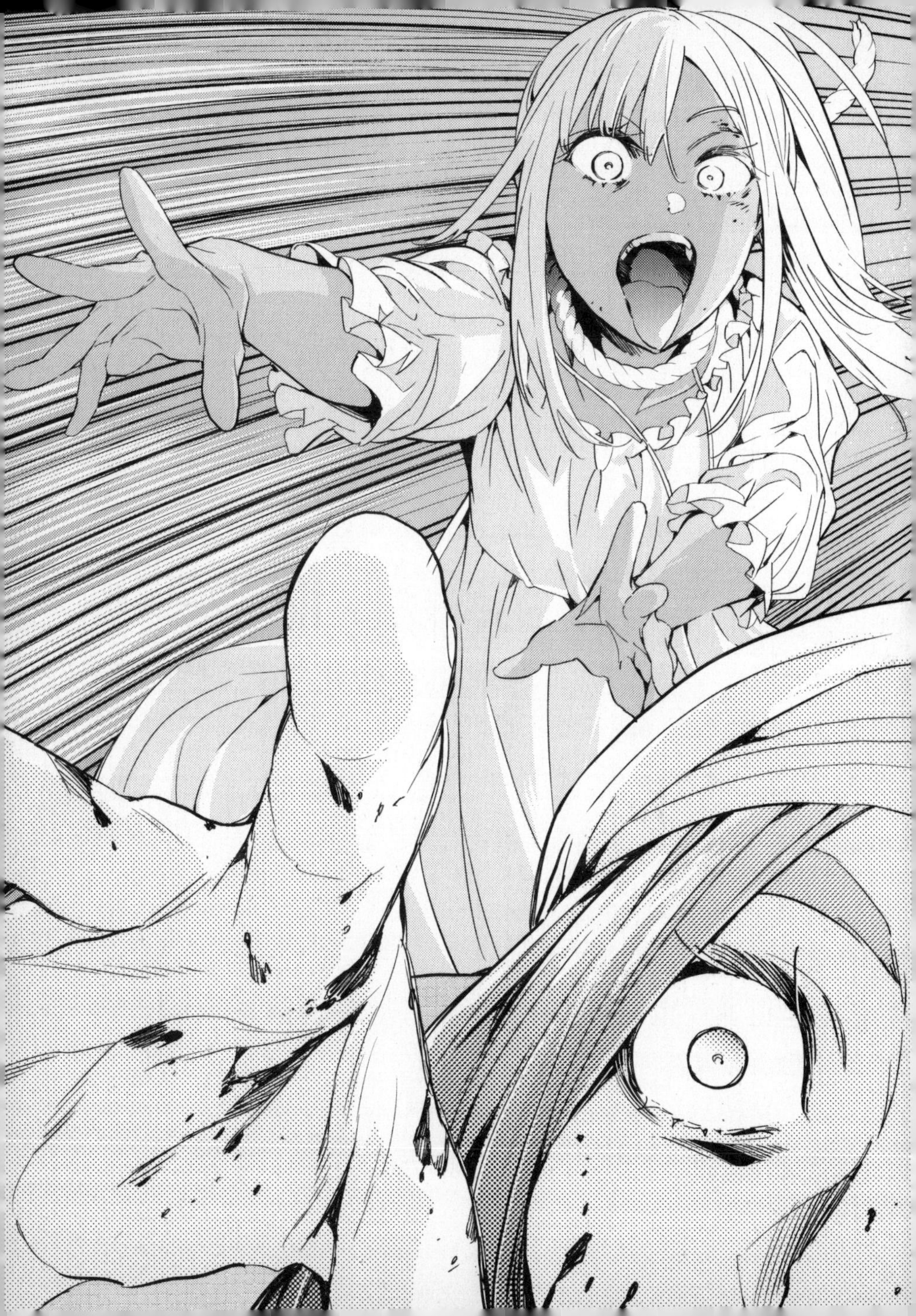

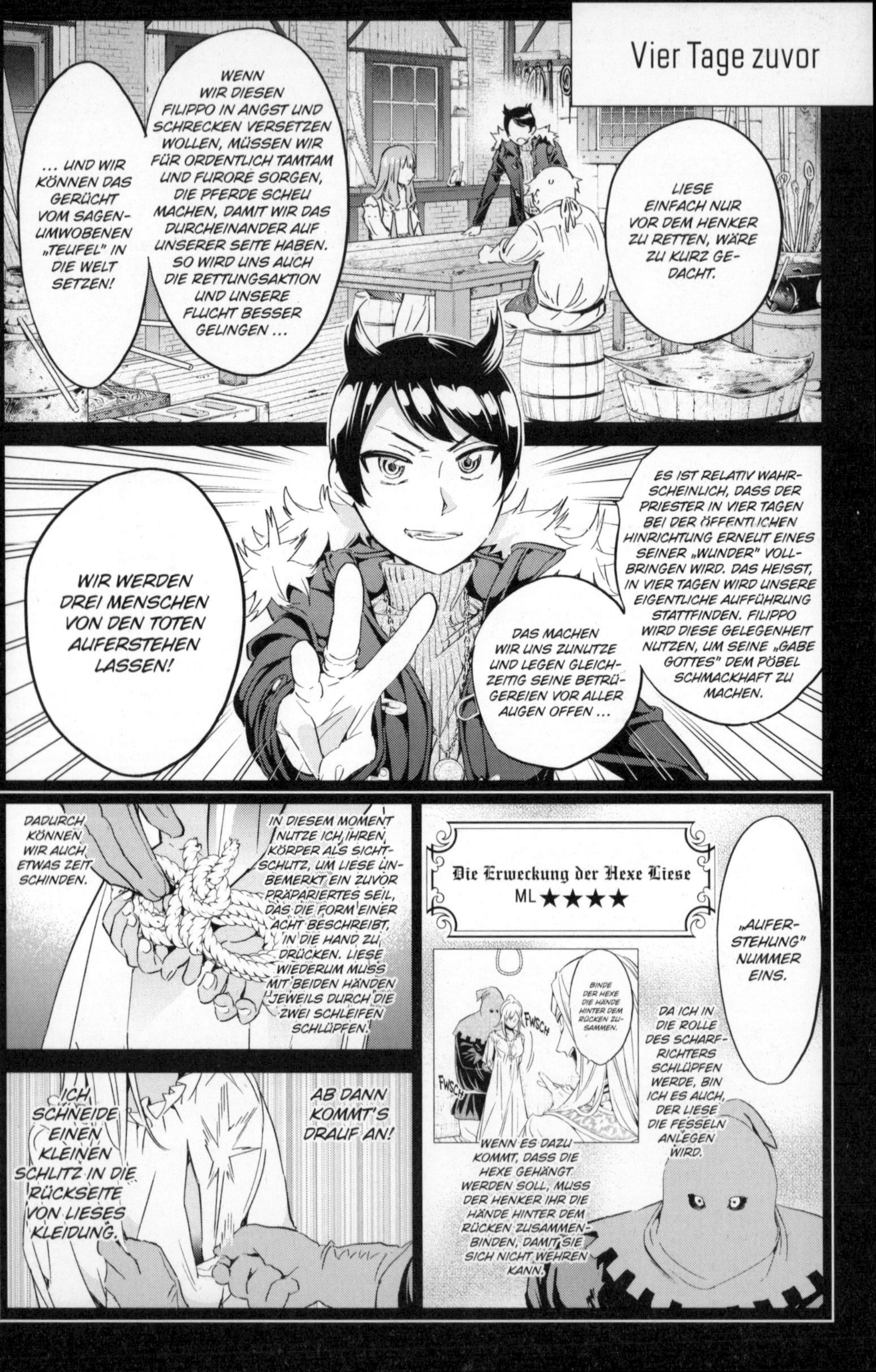

Vier Tage zuvor
LIESE EINFACH NUR VOR DEM HENKER ZU RETTEN, WÄRE ZU KURZ GEDACHT.
WENN WIR DIESEN FILIPPO IN ANGST UND SCHRECKEN VERSETZEN WOLLEN, MÜSSEN WIR FÜR ORDENTLICH TAMTAM UND FURORE SORGEN, DIE PFERDE SCHEU MACHEN, DAMIT WIR DAS DURCHEINANDER AUF UNSERER SEITE HABEN. SO WIRD UNS AUCH DIE RETTUNGSAKTION UND UNSERE FLUCHT BESSER GELINGEN …
… UND WIR KÖNNEN DAS GERÜCHT VOM SAGENUMWOBENEN „TEUFEL" IN DIE WELT SETZEN!
ES IST RELATIV WAHRSCHEINLICH, DASS DER PRIESTER IN VIER TAGEN BEI DER ÖFFENTLICHEN HINRICHTUNG ERNEUT EINES SEINER „WUNDER" VOLLBRINGEN WIRD. DAS HEISST, IN VIER TAGEN WIRD UNSERE EIGENTLICHE AUFFÜHRUNG STATTFINDEN. FILIPPO WIRD DIESE GELEGENHEIT NUTZEN, UM SEINE „GABE GOTTES" DEM PÖBEL SCHMACKHAFT ZU MACHEN.
DAS MACHEN WIR UNS ZUNUTZE UND LEGEN GLEICHZEITIG SEINE BETRÜGEREIEN VOR ALLER AUGEN OFFEN …
WIR WERDEN DREI MENSCHEN VON DEN TOTEN AUFERSTEHEN LASSEN!
Die Erweckung der Hexe Liese
ML ★★★★
„AUFERSTEHUNG" NUMMER EINS.
DA ICH IN DIE ROLLE DES SCHARFRICHTERS SCHLÜPFEN WERDE, BIN ICH ES AUCH, DER LIESE DIE FESSELN ANLEGEN WIRD.
BINDE DER HEXE DIE HÄNDE HINTER DEM RÜCKEN ZUSAMMEN.
FWSCH
FWSCH
WENN ES DAZU KOMMT, DASS DIE HEXE GEHÄNGT WERDEN SOLL, MUSS DER HENKER IHR DIE HÄNDE HINTER DEM RÜCKEN ZUSAMMENBINDEN, DAMIT SIE SICH NICHT WEHREN KANN.
IN DIESEM MOMENT NUTZE ICH IHREN KÖRPER ALS SICHTSCHUTZ, UM LIESE UNBEMERKT EIN ZUVOR PRÄPARIERTES SEIL, DAS DIE FORM EINER ACHT BESCHREIBT, IN DIE HAND ZU DRÜCKEN. LIESE WIEDERUM MUSS MIT BEIDEN HÄNDEN JEWEILS DURCH DIE ZWEI SCHLEIFEN SCHLÜPFEN.
DADURCH KÖNNEN WIR AUCH ETWAS ZEIT SCHINDEN.
AB DANN KOMMT'S DRAUF AN!
ICH SCHNEIDE EINEN KLEINEN SCHLITZ IN DIE RÜCKSEITE VON LIESES KLEIDUNG.

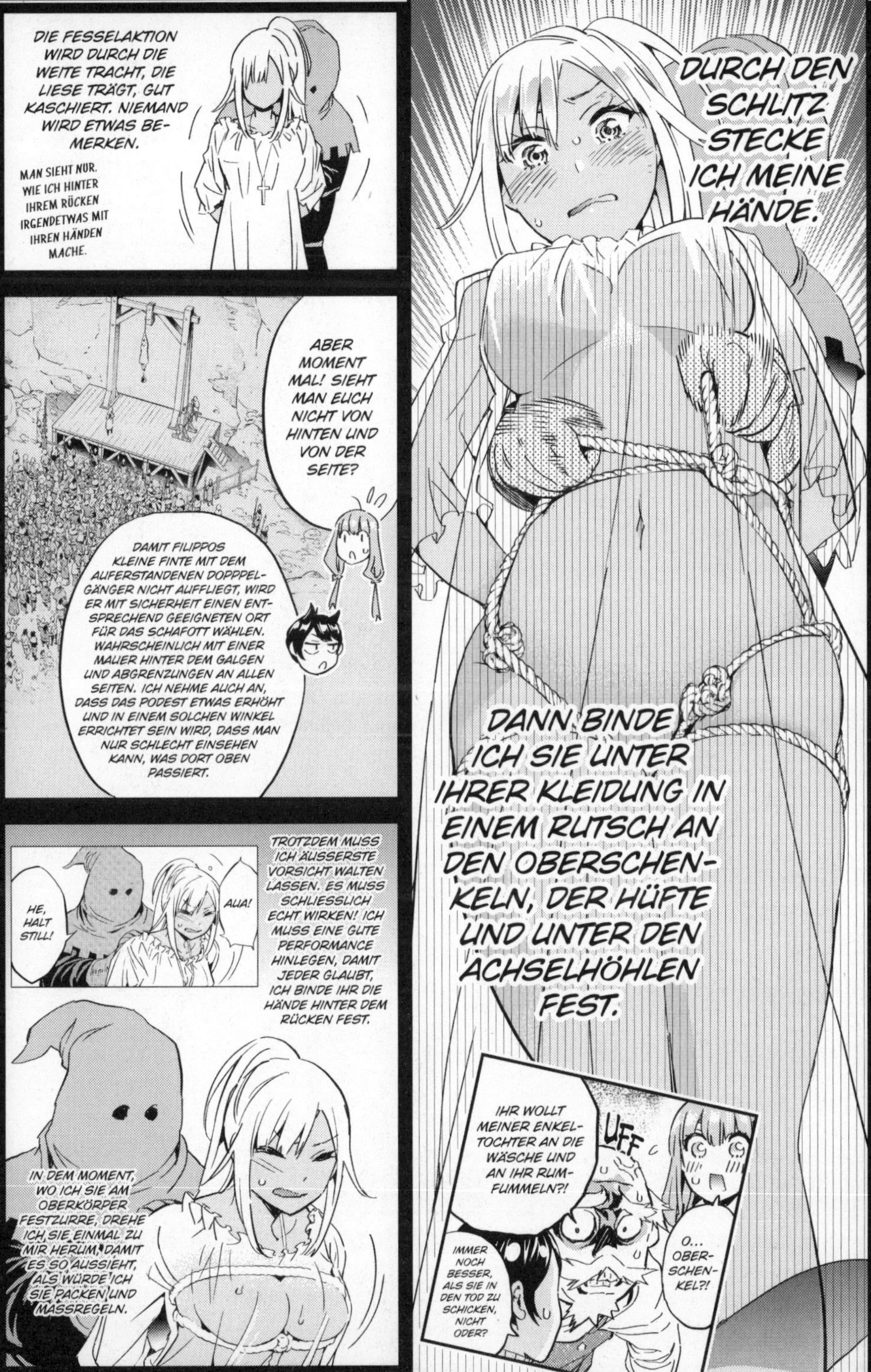
DURCH DEN SCHLITZ STECKE ICH MEINE HÄNDE.
DANN BINDE ICH SIE UNTER IHRER KLEIDUNG IN EINEM RUTSCH AN DEN OBERSCHENKELN, DER HÜFTE UND UNTER DEN ACHSELHÖHLEN FEST.
IHR WOLLT MEINER ENKELTOCHTER AN DIE WÄSCHE UND AN IHR RUMFUMMELN?!
UFF
O… OBERSCHENKEL?!
IMMER NOCH BESSER, ALS SIE IN DEN TOD ZU SCHICKEN, NICHT ODER?
DIE FESSELAKTION WIRD DURCH DIE WEITE TRACHT, DIE LIESE TRÄGT, GUT KASCHIERT. NIEMAND WIRD ETWAS BEMERKEN.
MAN SIEHT NUR, WIE ICH HINTER IHREM RÜCKEN IRGENDETWAS MIT IHREN HÄNDEN MACHE.
ABER MOMENT MAL! SIEHT MAN EUCH NICHT VON HINTEN UND VON DER SEITE?
DAMIT FILIPPOS KLEINE FINTE MIT DEM AUFERSTANDENEN DOPPELGÄNGER NICHT AUFFLIEGT, WIRD ER MIT SICHERHEIT EINEN ENTSPRECHEND GEEIGNETEN ORT FÜR DAS SCHAFOTT WÄHLEN. WAHRSCHEINLICH MIT EINER MAUER HINTER DEM GALGEN UND ABGRENZUNGEN AN ALLEN SEITEN. ICH NEHME AUCH AN, DASS DAS PODEST ETWAS ERHÖHT UND IN EINEM SOLCHEN WINKEL ERRICHTET SEIN WIRD, DASS MAN NUR SCHLECHT EINSEHEN KANN, WAS DORT OBEN PASSIERT.
TROTZDEM MUSS ICH ÄUSSERSTE VORSICHT WALTEN LASSEN. ES MUSS SCHLIESSLICH ECHT WIRKEN! ICH MUSS EINE GUTE PERFORMANCE HINLEGEN, DAMIT JEDER GLAUBT, ICH BINDE IHR DIE HÄNDE HINTER DEM RÜCKEN FEST.
AUA!
HE, HALT STILL!
IN DEM MOMENT, WO ICH SIE AM OBERKÖRPER FESTZURRE, DREHE ICH SIE EINMAL ZU MIR HERUM, DAMIT ES SO AUSSIEHT, ALS WÜRDE ICH SIE PACKEN UND MASSREGELN.

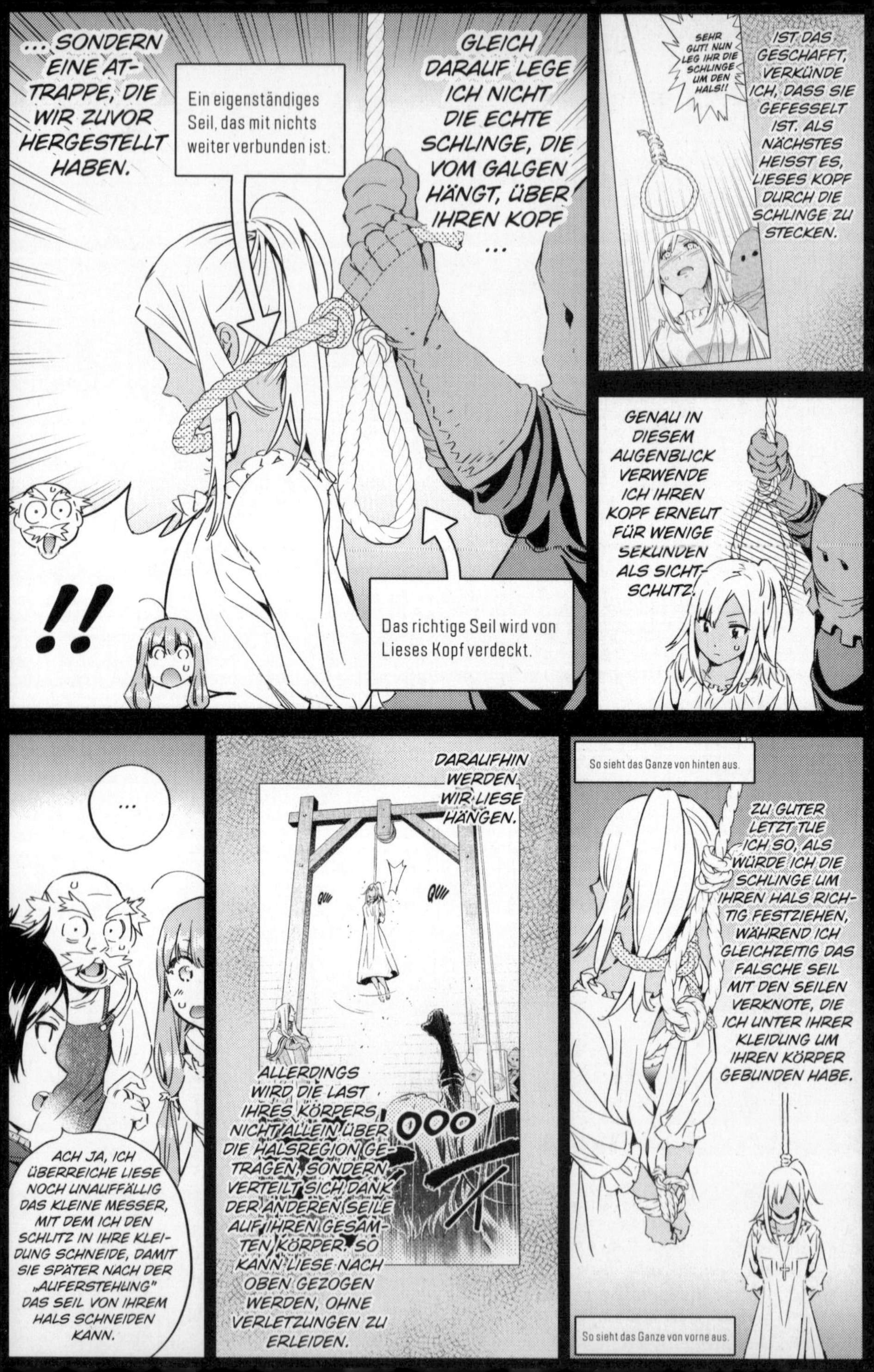
SEHR GUT! NUN LEG IHR DIE SCHLINGE UM DEN HALS!!
IST DAS GESCHAFFT, VERKÜNDE ICH, DASS SIE GEFESSELT IST. ALS NÄCHSTES HEISST ES, LIESES KOPF DURCH DIE SCHLINGE ZU STECKEN.
GENAU IN DIESEM AUGENBLICK VERWENDE ICH IHREN KOPF ERNEUT FÜR WENIGE SEKUNDEN ALS SICHTSCHUTZ.
GLEICH DARAUF LEGE ICH NICHT DIE ECHTE SCHLINGE, DIE VOM GALGEN HÄNGT, ÜBER IHREN KOPF …
… SONDERN EINE ATTRAPPE, DIE WIR ZUVOR HERGESTELLT HABEN.
Ein eigenständiges Seil, das mit nichts weiter verbunden ist.
Das richtige Seil wird von Lieses Kopf verdeckt.
!!
So sieht das Ganze von hinten aus.
ZU GUTER LETZT TUE ICH SO, ALS WÜRDE ICH DIE SCHLINGE UM IHREN HALS RICHTIG FESTZIEHEN, WÄHREND ICH GLEICHZEITIG DAS FALSCHE SEIL MIT DEN SEILEN VERKNOTE, DIE ICH UNTER IHRER KLEIDUNG UM IHREN KÖRPER GEBUNDEN HABE.
So sieht das Ganze von vorne aus.
DARAUFHIN WERDEN WIR LIESE HÄNGEN.
QUI
QUI
ALLERDINGS WIRD DIE LAST IHRES KÖRPERS NICHT ALLEIN ÜBER DIE HALSREGION GETRAGEN, SONDERN VERTEILT SICH DANK DER ANDEREN SEILE AUF IHREN GESAMTEN KÖRPER. SO KANN LIESE NACH OBEN GEZOGEN WERDEN, OHNE VERLETZUNGEN ZU ERLEIDEN.
OOO
…
ACH JA, ICH ÜBERREICHE LIESE NOCH UNAUFFÄLLIG DAS KLEINE MESSER, MIT DEM ICH DEN SCHLITZ IN IHRE KLEIDUNG SCHNEIDE, DAMIT SIE SPÄTER NACH DER „AUFERSTEHUNG" DAS SEIL VON IHREM HALS SCHNEIDEN KANN.

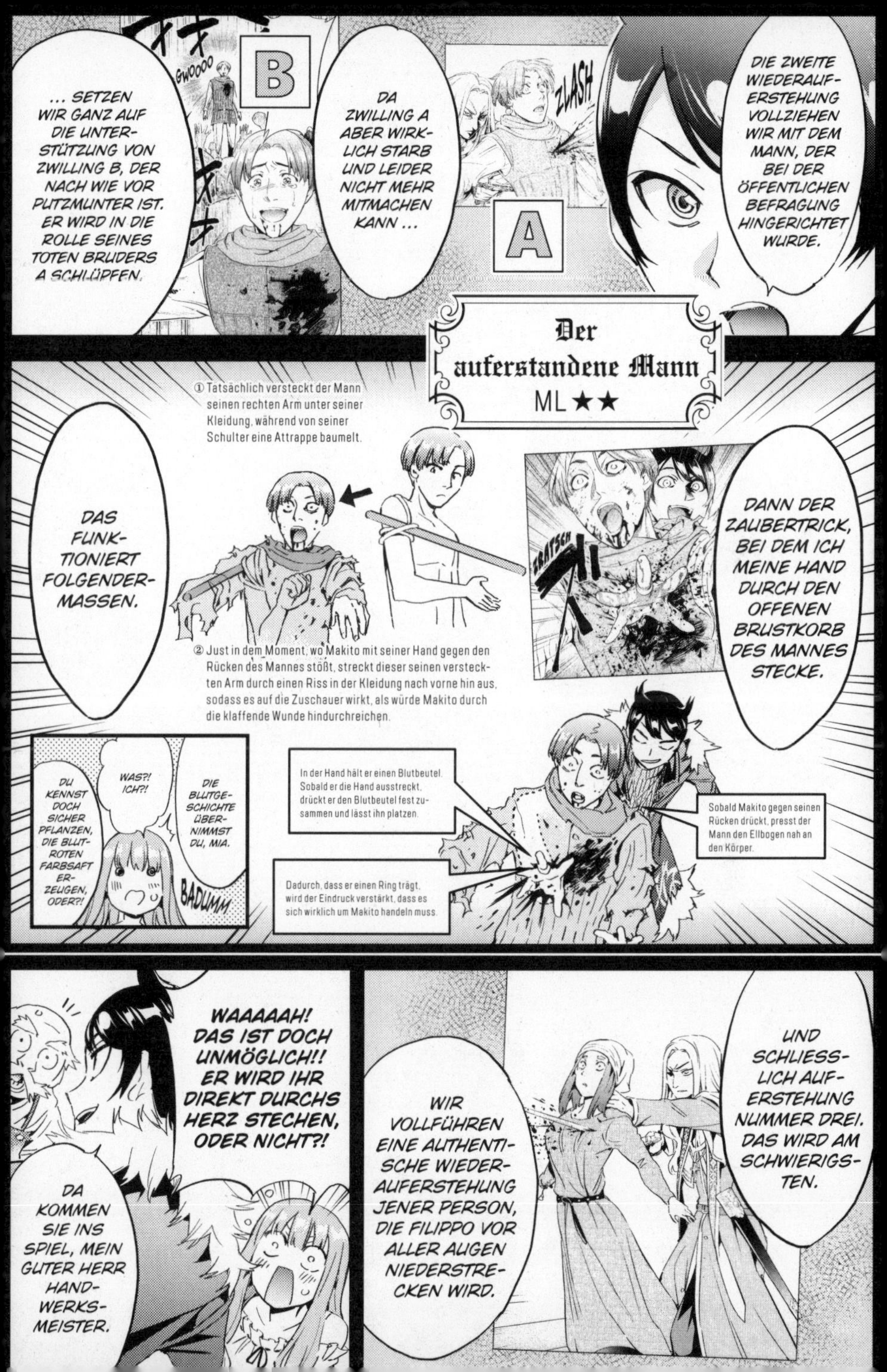
DIE ZWEITE WIEDERAUFERSTEHUNG VOLLZIEHEN WIR MIT DEM MANN, DER BEI DER ÖFFENTLICHEN BEFRAGUNG HINGERICHTET WURDE.
ZLASH
A
DA ZWILLING A ABER WIRKLICH STARB UND LEIDER NICHT MEHR MITMACHEN KANN …
B
GWOOOO
… SETZEN WIR GANZ AUF DIE UNTERSTÜTZUNG VON ZWILLING B, DER NACH WIE VOR PUTZMUNTER IST. ER WIRD IN DIE ROLLE SEINES TOTEN BRUDERS A SCHLÜPFEN.
Der auferstandene Mann
ML★★
DANN DER ZAUBERTRICK, BEI DEM ICH MEINE HAND DURCH DEN OFFENEN BRUSTKORB DES MANNES STECKE.
ZBATSCH
DAS FUNKTIONIERT FOLGENDERMASSEN.
① Tatsächlich versteckt der Mann seinen rechten Arm unter seiner Kleidung, während von seiner Schulter eine Attrappe baumelt.
② Just in dem Moment, wo Makito mit seiner Hand gegen den Rücken des Mannes stößt, streckt dieser seinen versteckten Arm durch einen Riss in der Kleidung nach vorne hin aus, sodass es auf die Zuschauer wirkt, als würde Makito durch die klaffende Wunde hindurchreichen.
Sobald Makito gegen seinen Rücken drückt, presst der Mann den Ellbogen nah an den Körper.
In der Hand hält er einen Blutbeutel. Sobald er die Hand ausstreckt, drückt er den Blutbeutel fest zusammen und lässt ihn platzen.
Dadurch, dass er einen Ring trägt, wird der Eindruck verstärkt, dass es sich wirklich um Makito handeln muss.
DIE BLUTGESCHICHTE ÜBERNIMMST DU, MIA.
WAS?! ICH?!
DU KENNST DOCH SICHER PFLANZEN, DIE BLUTROTEN FARBSAFT ERZEUGEN, ODER?!
BADUMM
UND SCHLIESSLICH AUFERSTEHUNG NUMMER DREI. DAS WIRD AM SCHWIERIGSTEN.
WIR VOLLFÜHREN EINE AUTHENTISCHE WIEDERAUFERSTEHUNG JENER PERSON, DIE FILIPPO VOR ALLER AUGEN NIEDERSTRECKEN WIRD.
WAAAAAH! DAS IST DOCH UNMÖGLICH!! ER WIRD IHR DIREKT DURCHS HERZ STECHEN, ODER NICHT?!
DA KOMMEN SIE INS SPIEL, MEIN GUTER HERR HANDWERKSMEISTER.

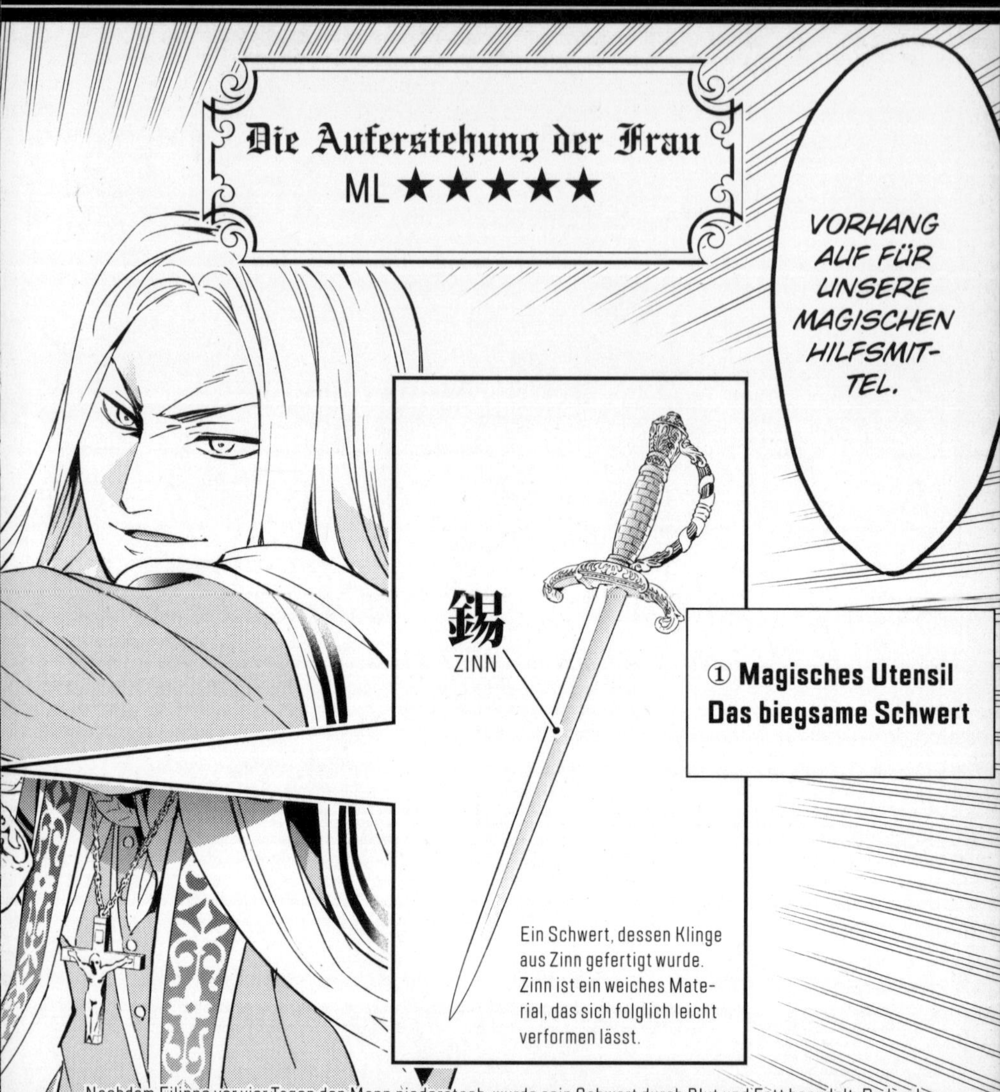

Nachdem Filippo vor vier Tagen den Mann niederstach, wurde sein Schwert durch Blut und Fett besudelt. Dadurch, dass es vier Tage lang ungesäubert herumlag, kann es durchaus passieren, dass bei der eigentlichen Hinrichtung die Klinge nicht mehr scharf genug ist, um in einem Zug einen Menschen rücklings zu durchstoßen. Sollte das der Fall sein, hätten wir deutliche Unstimmigkeiten mit dem Zwilling, der sich unter dem Holzgestell befindet.

Das heißt, wenn wir davon ausgehen, dass Vater Filippo ein sehr reinlicher und perfektionistischer Zeitgenosse ist, ganz nach seinem Motto „alles muss perfetto sein", wird er sein Schwert wohl heute oder morgen früh seinen Handlangern zur Reinigung und zum Schärfen überreichen.

Im Mittelalter gehörten oftmals mehrere Berufsstände und Menschen gleicher Gesinnung und Fertigkeiten einer sogenannten Gilde an. Wir sorgen also dafür, dass unser Schmied Gantz mit jenen Leuten von Vater Filippo ins Gespräch kommt und sie davon überzeugt, dass die Waffenschmiede Gantz die Klinge wieder in einen perfekten Zustand bringt.

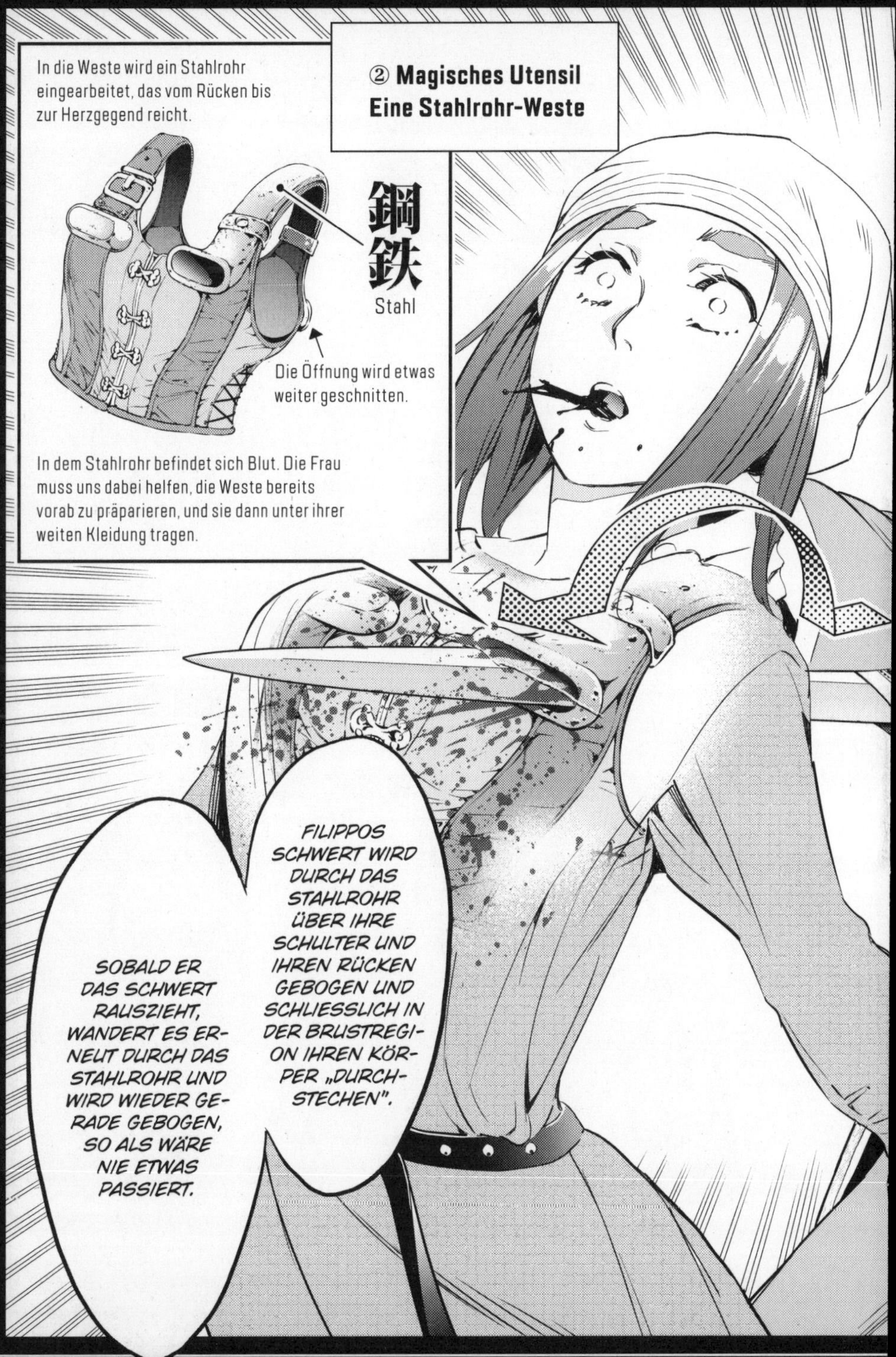

② Magisches Utensil
Eine Stahlrohr-Weste
In die Weste wird ein Stahlrohr eingearbeitet, das vom Rücken bis zur Herzgegend reicht.
鋼鉄
Stahl
Die Öffnung wird etwas weiter geschnitten.
In dem Stahlrohr befindet sich Blut. Die Frau muss uns dabei helfen, die Weste bereits vorab zu präparieren, und sie dann unter ihrer weiten Kleidung tragen.
FILIPPOS SCHWERT WIRD DURCH DAS STAHLROHR ÜBER IHRE SCHULTER UND IHREN RÜCKEN GEBOGEN UND SCHLIESSLICH IN DER BRUSTREGION IHREN KÖRPER „DURCHSTECHEN".
SOBALD ER DAS SCHWERT RAUSZIEHT, WANDERT ES ERNEUT DURCH DAS STAHLROHR UND WIRD WIEDER GERADE GEBOGEN, SO ALS WÄRE NIE ETWAS PASSIERT.

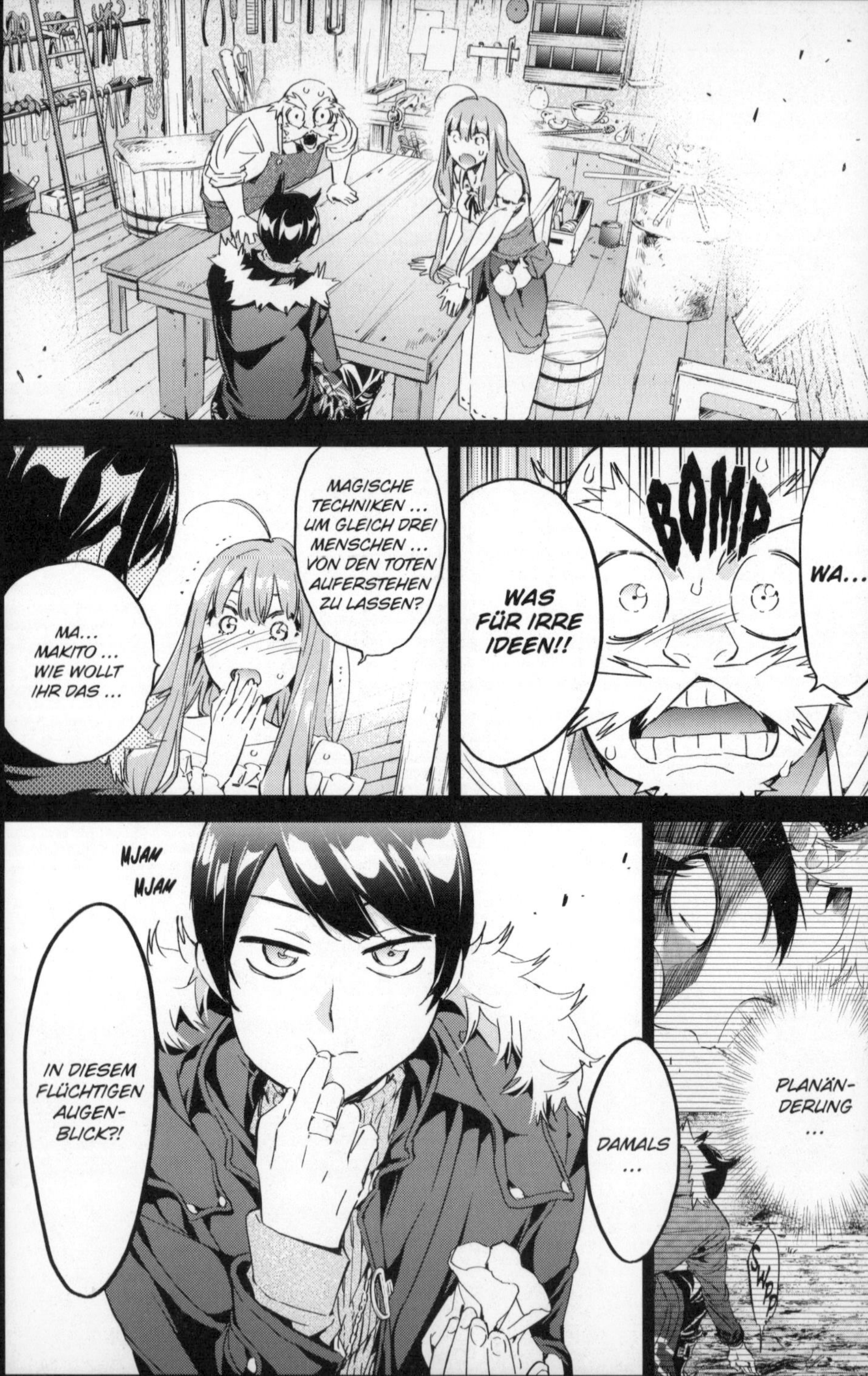

WA…
BOMP
WAS FÜR IRRE IDEEN!!
MAGISCHE TECHNIKEN … UM GLEICH DREI MENSCHEN … VON DEN TOTEN AUFERSTEHEN ZU LASSEN?
MA… MAKITO … WIE WOLLT IHR DAS …
PLANÄN-DERUNG …
DAMALS …
MJAM MJAM
IN DIESEM FLÜCHTIGEN AUGEN-BLICK?!

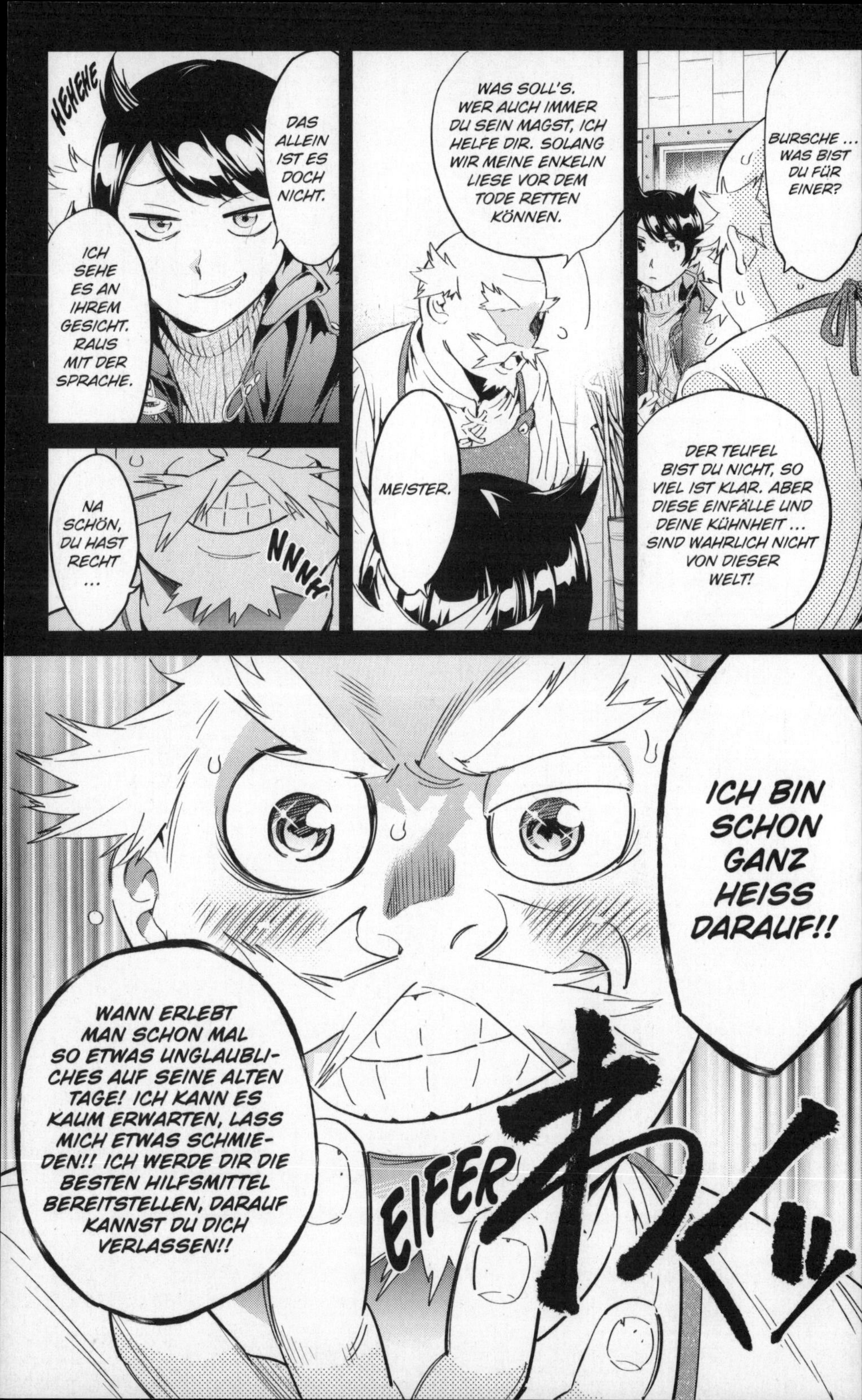

BURSCHE … WAS BIST DU FÜR EINER?
DER TEUFEL BIST DU NICHT, SO VIEL IST KLAR. ABER DIESE EINFÄLLE UND DEINE KÜHNHEIT … SIND WAHRLICH NICHT VON DIESER WELT!
WAS SOLL'S. WER AUCH IMMER DU SEIN MAGST, ICH HELFE DIR. SOLANG WIR MEINE ENKELIN LIESE VOR DEM TODE RETTEN KÖNNEN.
MEISTER.
DAS ALLEIN IST ES DOCH NICHT.
HEHEHE
ICH SEHE ES AN IHREM GESICHT. RAUS MIT DER SPRACHE.
NNNH
NA SCHÖN, DU HAST RECHT …
ICH BIN SCHON GANZ HEISS DARAUF!!
WANN ERLEBT MAN SCHON MAL SO ETWAS UNGLAUBLICHES AUF SEINE ALTEN TAGE! ICH KANN ES KAUM ERWARTEN, LASS MICH ETWAS SCHMIEDEN!! ICH WERDE DIR DIE BESTEN HILFSMITTEL BEREITSTELLEN, DARAUF KANNST DU DICH VERLASSEN!!
EIFER

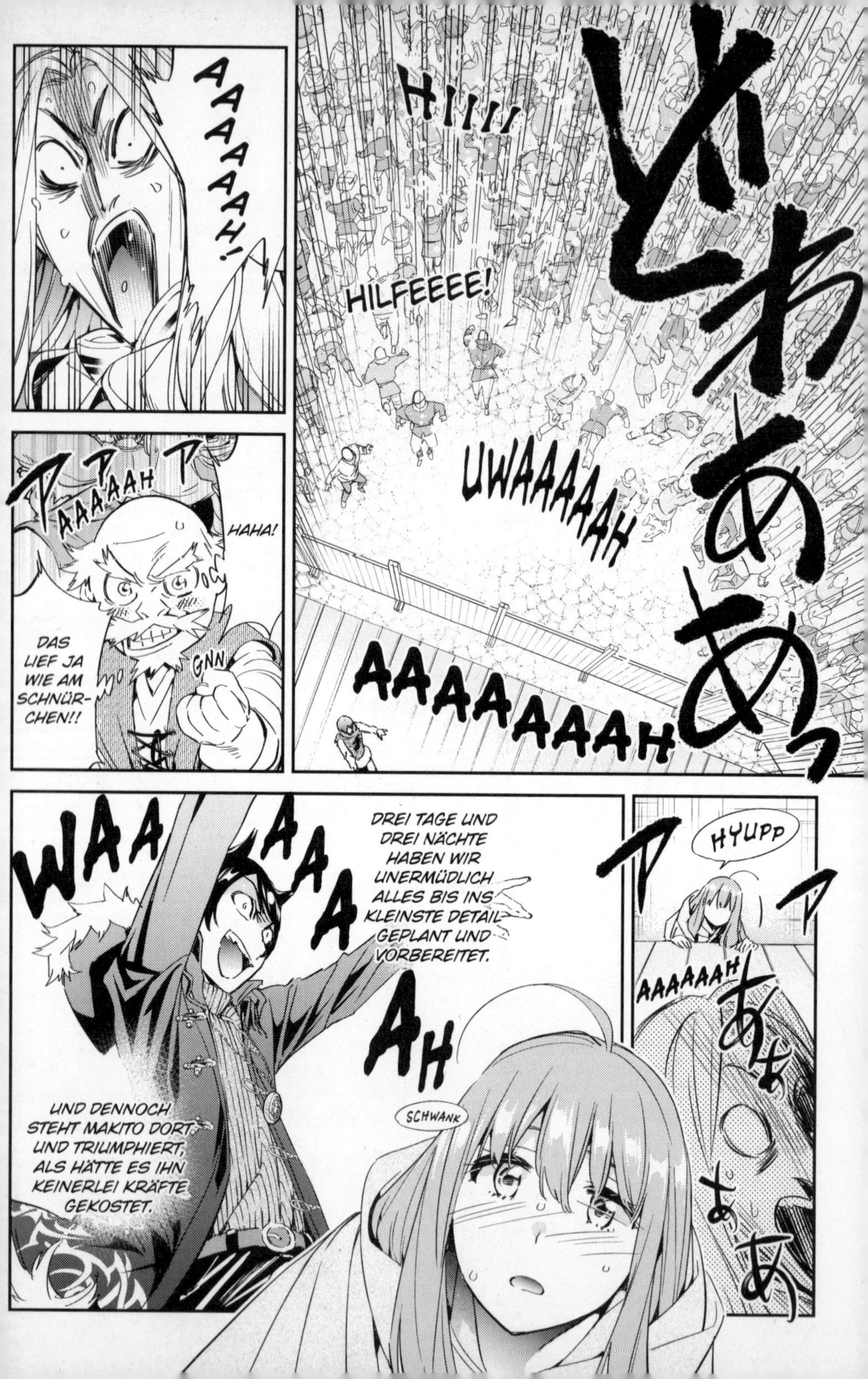
HIII
HILFEEEE!
UWAAAAAAH
AAAAAAAAH
AAAAAAAH!
AAAAAH
HAHA!
GNN
DAS LIEF JA WIE AM SCHNÜRCHEN!!
HYUPP
AAAAAAH
DREI TAGE UND DREI NÄCHTE HABEN WIR UNERMÜDLICH ALLES BIS INS KLEINSTE DETAIL GEPLANT UND VORBEREITET.
WAAAAAAAH
SCHWANK
UND DENNOCH STEHT MAKITO DORT UND TRIUMPHIERT, ALS HÄTTE ES IHN KEINERLEI KRÄFTE GEKOSTET.

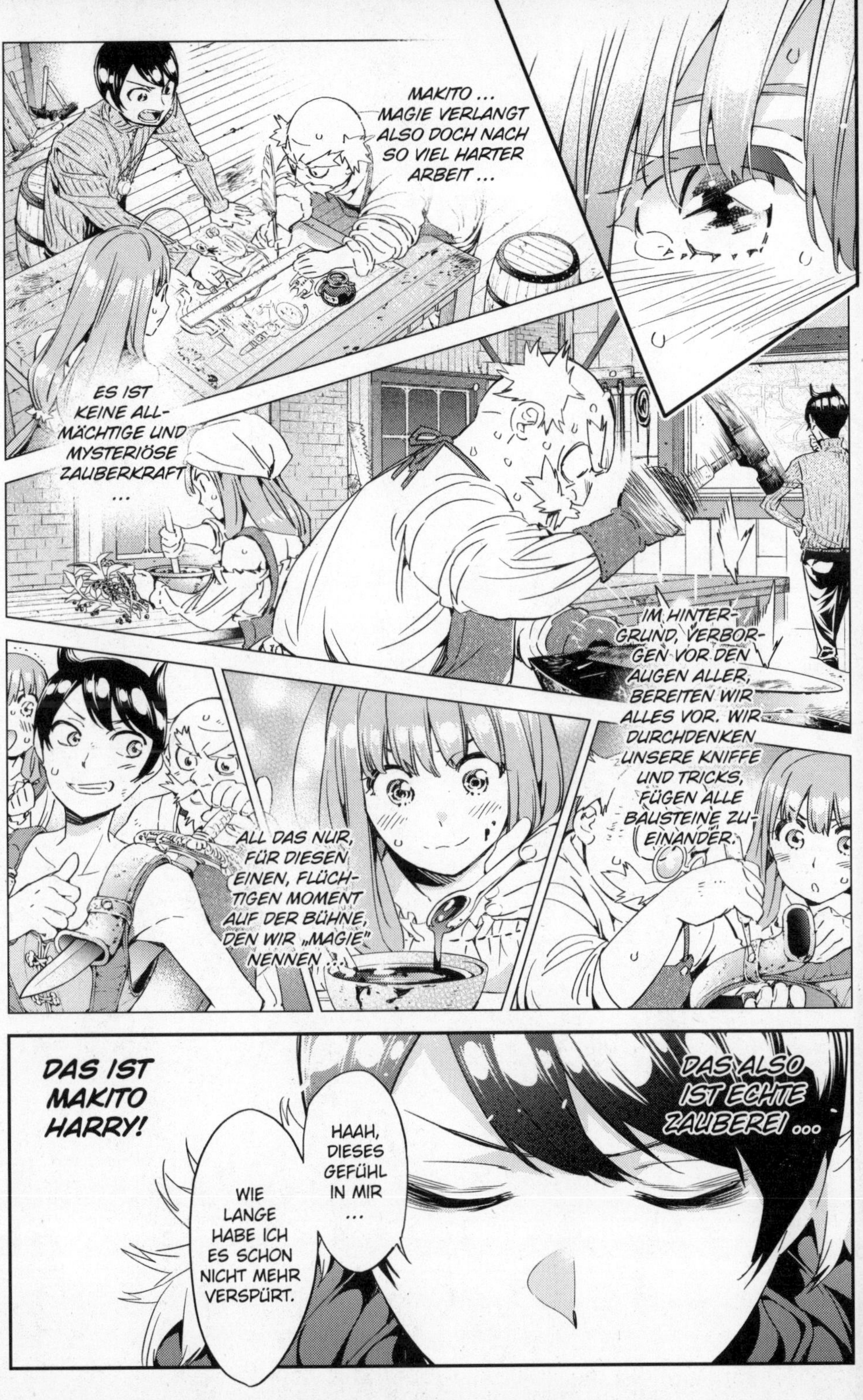
MAKITO … MAGIE VERLANGT ALSO DOCH NACH SO VIEL HARTER ARBEIT …
ES IST KEINE ALLMÄCHTIGE UND MYSTERIÖSE ZAUBERKRAFT …
IM HINTERGRUND, VERBORGEN VOR DEN AUGEN ALLER, BEREITEN WIR ALLES VOR. WIR DURCHDENKEN UNSERE KNIFFE UND TRICKS, FÜGEN ALLE BAUSTEINE ZUEINANDER.
ALL DAS NUR, FÜR DIESEN EINEN, FLÜCHTIGEN MOMENT AUF DER BÜHNE, DEN WIR „MAGIE" NENNEN …
DAS ALSO IST ECHTE ZAUBEREI …
HAAH, DIESES GEFÜHL IN MIR …
WIE LANGE HABE ICH ES SCHON NICHT MEHR VERSPÜRT.
DAS IST MAKITO HARRY!

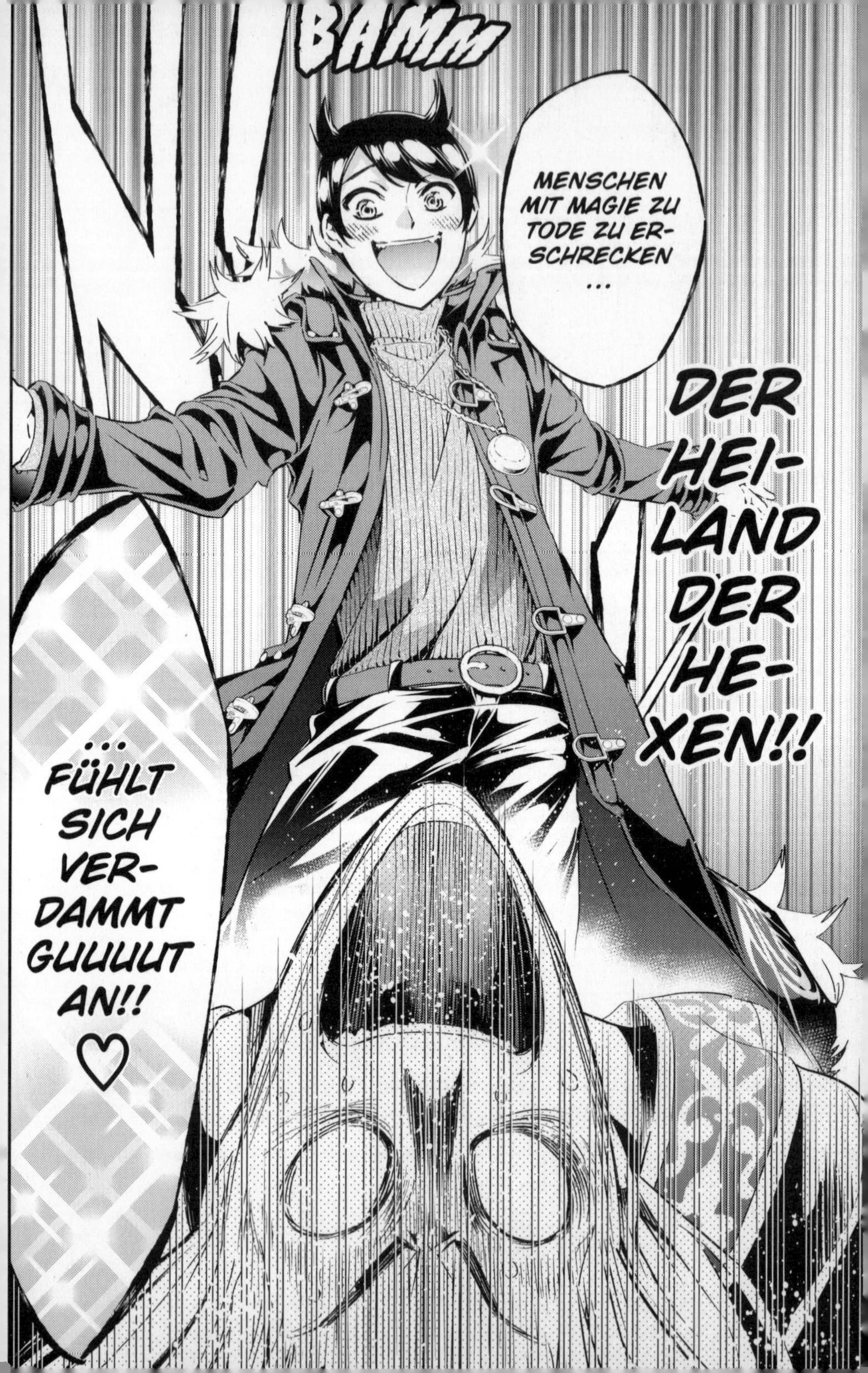
BAMM
MENSCHEN MIT MAGIE ZU TODE ZU ER-SCHRECKEN ...
DER HEI-LAND DER HE-XEN!!
... FÜHLT SICH VER-DAMMT GUUUUT AN!! ♡

Kapitel 8 Das wollte ich dich immer schon fragen

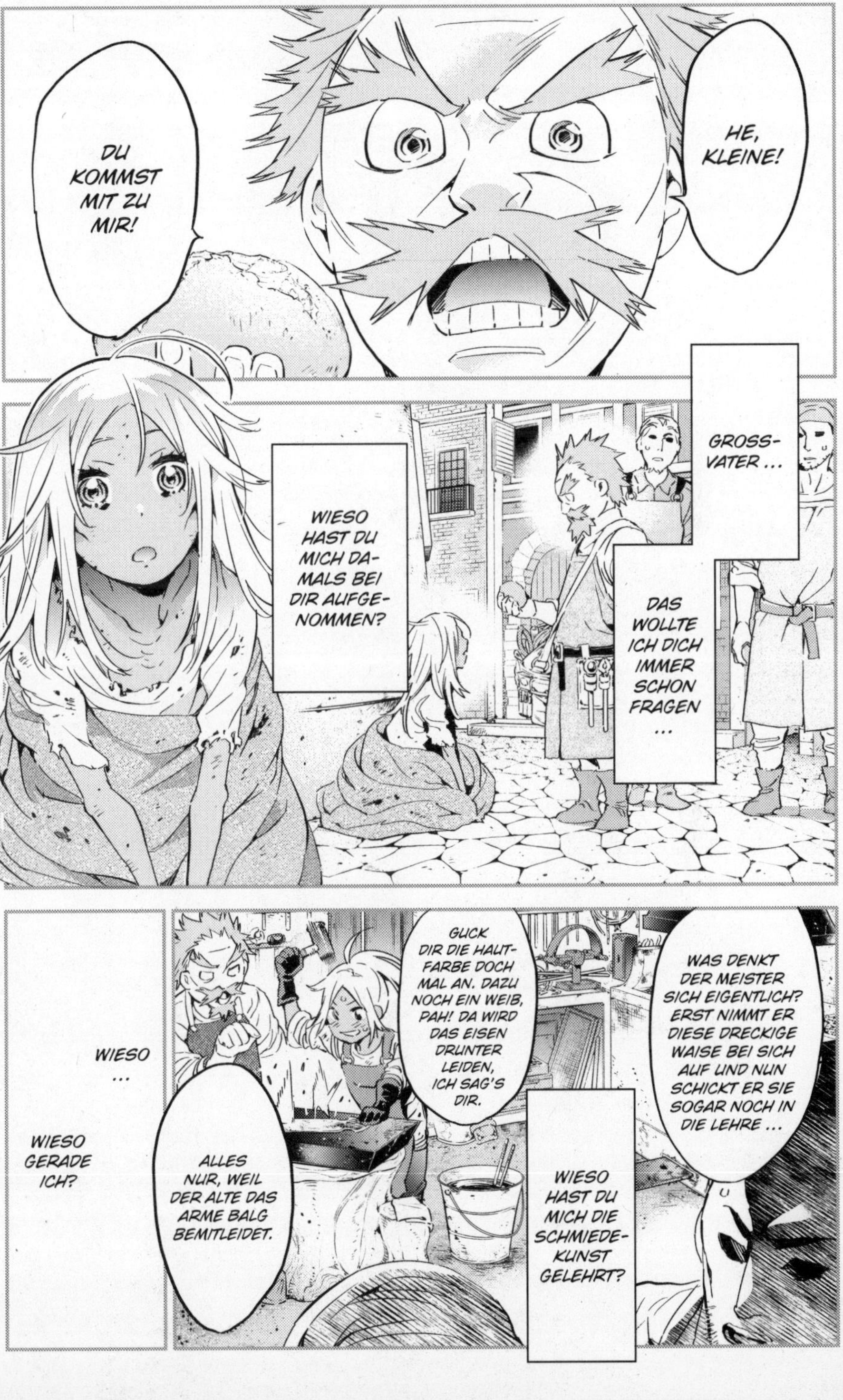

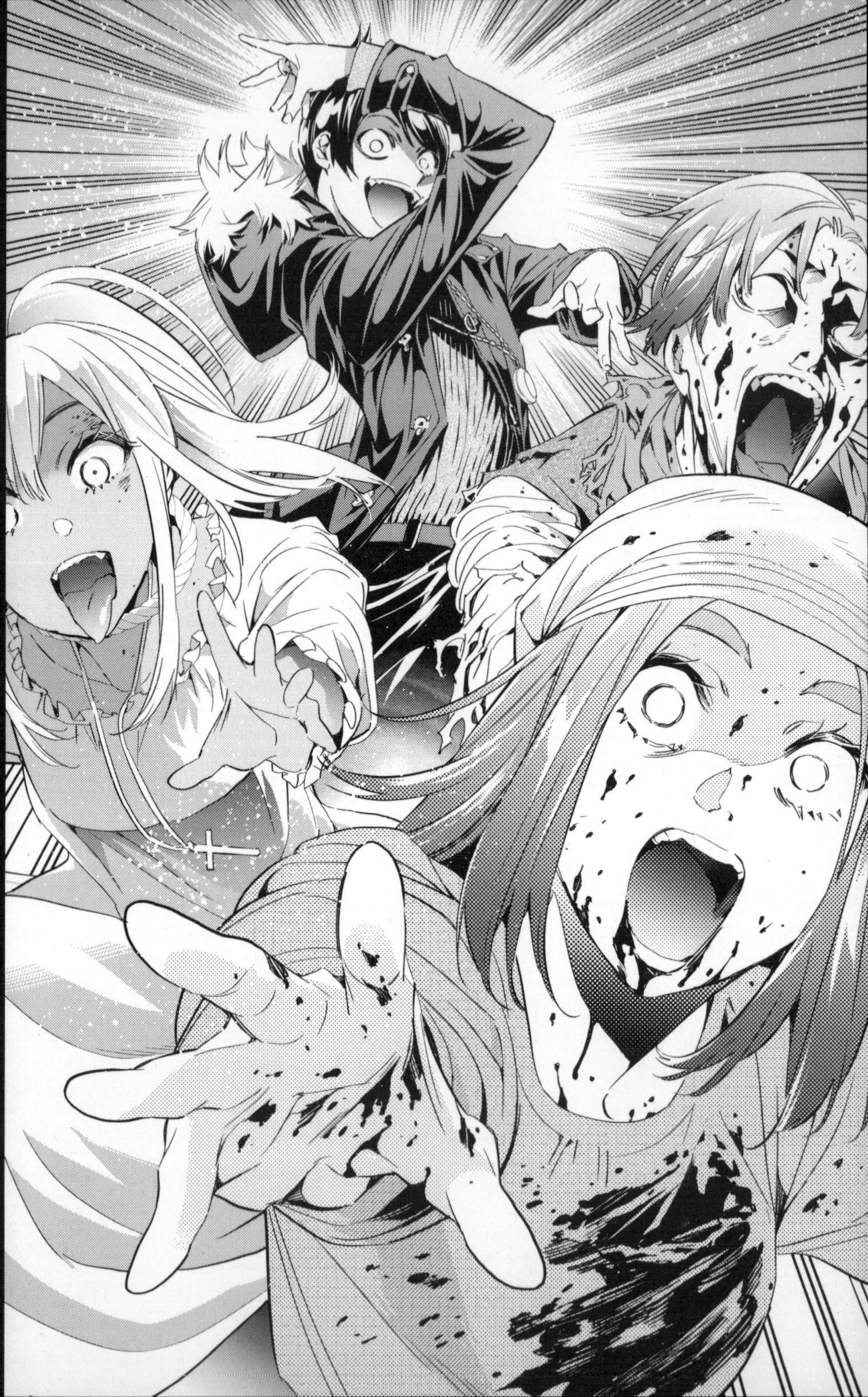

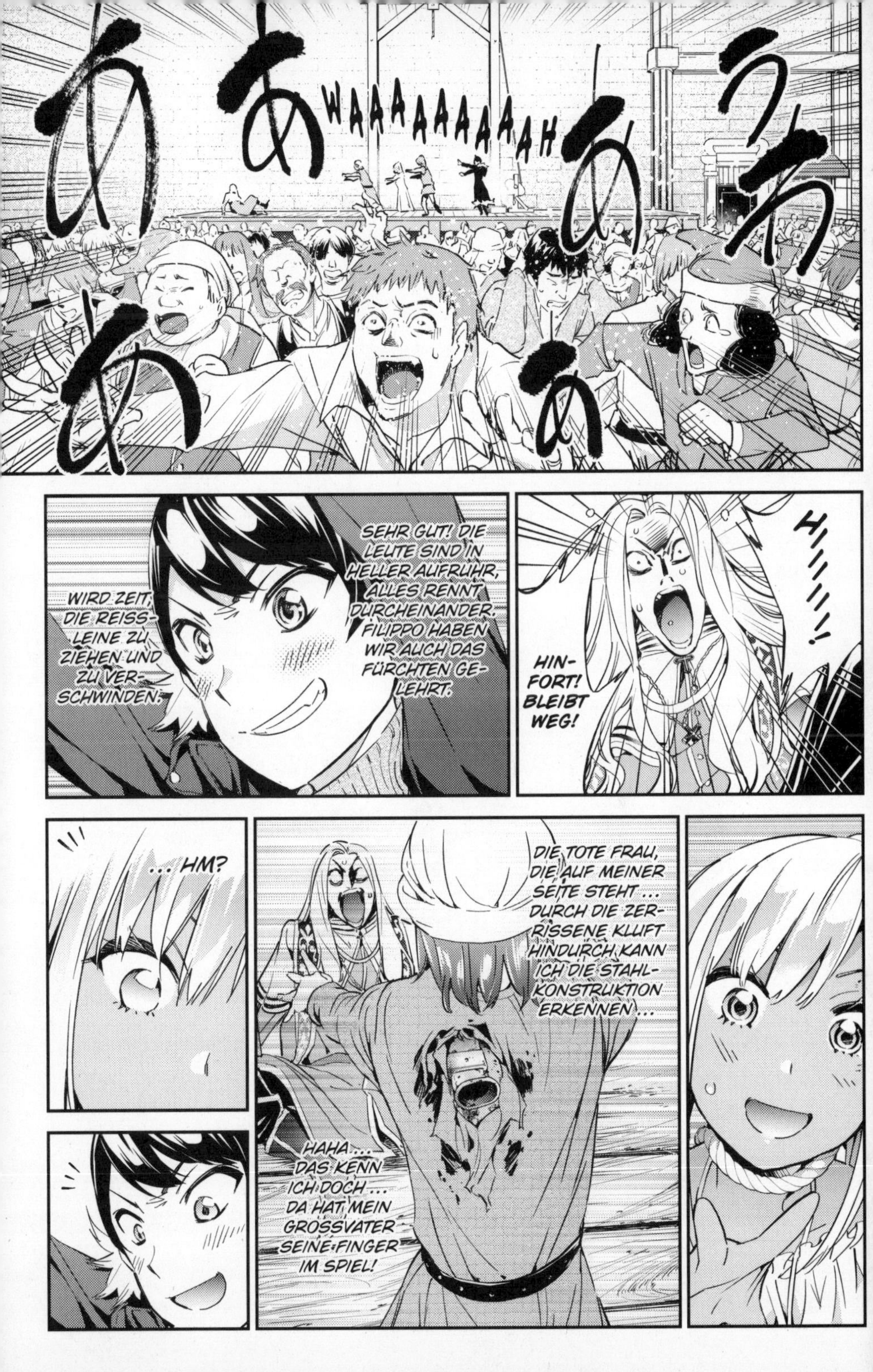

WAAAAAAAAAAH
SEHR GUT! DIE LEUTE SIND IN HELLER AUFRUHR, ALLES RENNT DURCHEINANDER. FILIPPO HABEN WIR AUCH DAS FÜRCHTEN GELEHRT.
WIRD ZEIT, DIE REISSLEINE ZU ZIEHEN UND ZU VERSCHWINDEN.
HI...!
HINFORT! BLEIBT WEG!
DIE TOTE FRAU, DIE AUF MEINER SEITE STEHT ... DURCH DIE ZERRISSENE KLUFT HINDURCH KANN ICH DIE STAHLKONSTRUKTION ERKENNEN ...
... HM?
HAHA ... DAS KENN ICH DOCH ... DA HAT MEIN GROSSVATER SEINE FINGER IM SPIEL!

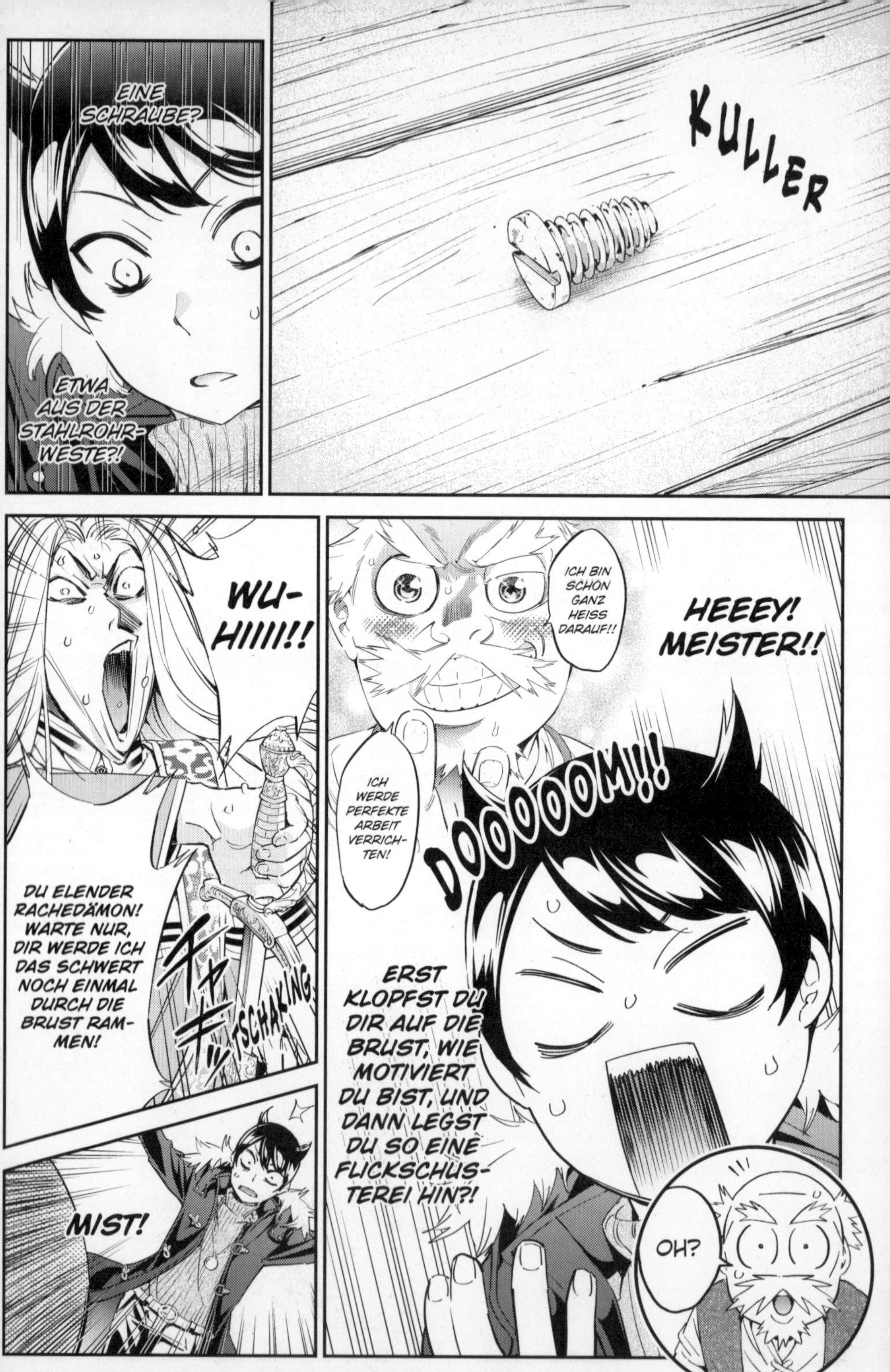
KULLER
EINE SCHRAUBE?
ETWA AUS DER STAHLROHR-WESTE?!
HEEEY! MEISTER!!
ICH BIN SCHON GANZ HEISS DARAUF!!
ICH WERDE PERFEKTE ARBEIT VERRICH-TEN!
DOOOOOM!!!
ERST KLOPFST DU DIR AUF DIE BRUST, WIE MOTIVIERT DU BIST, UND DANN LEGST DU SO EINE FLICKSCHUS-TEREI HIN?!
OH?
WU-HIIII!!
DU ELENDER RACHEDÄMON! WARTE NUR, DIR WERDE ICH DAS SCHWERT NOCH EINMAL DURCH DIE BRUST RAM-MEN!
TSCHAKING
MIST!

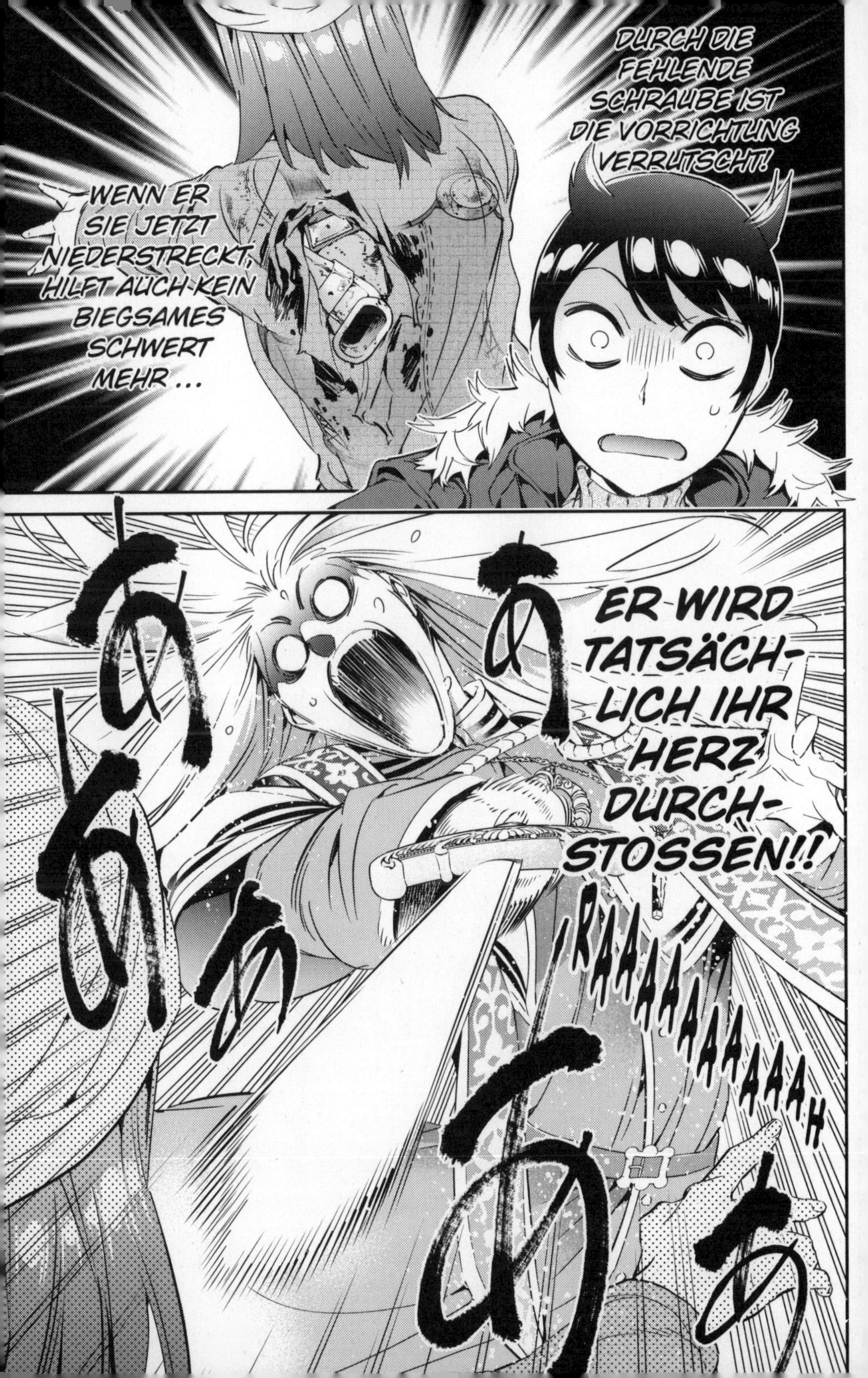
DURCH DIE FEHLENDE SCHRAUBE IST DIE VORRICHTUNG VERRUTSCHT!
WENN ER SIE JETZT NIEDERSTRECKT, HILFT AUCH KEIN BIEGSAMES SCHWERT MEHR ...
ER WIRD TATSÄCH-LICH IHR HERZ DURCH-STOSSEN!!
RAAAAAAAAAAAAH

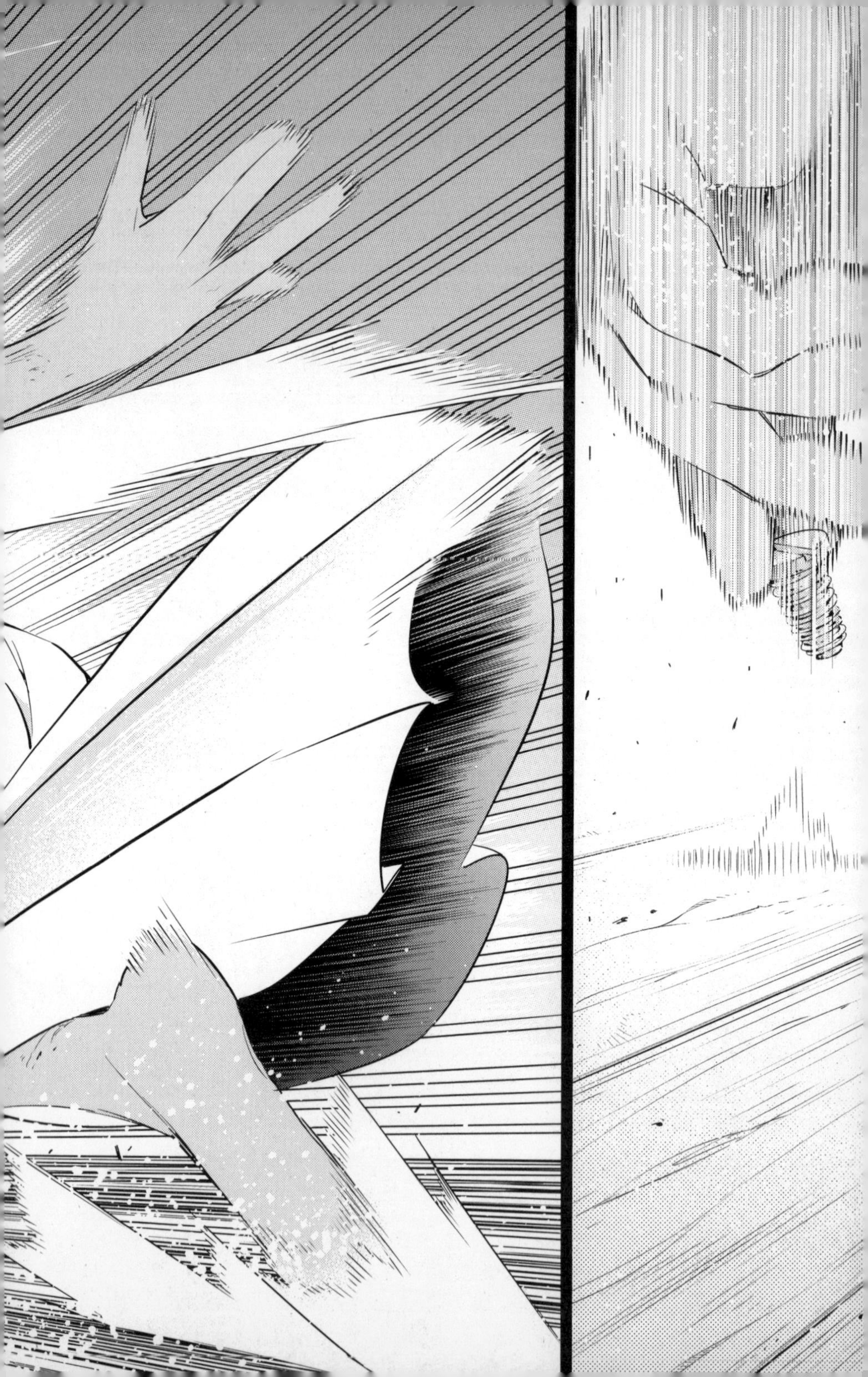

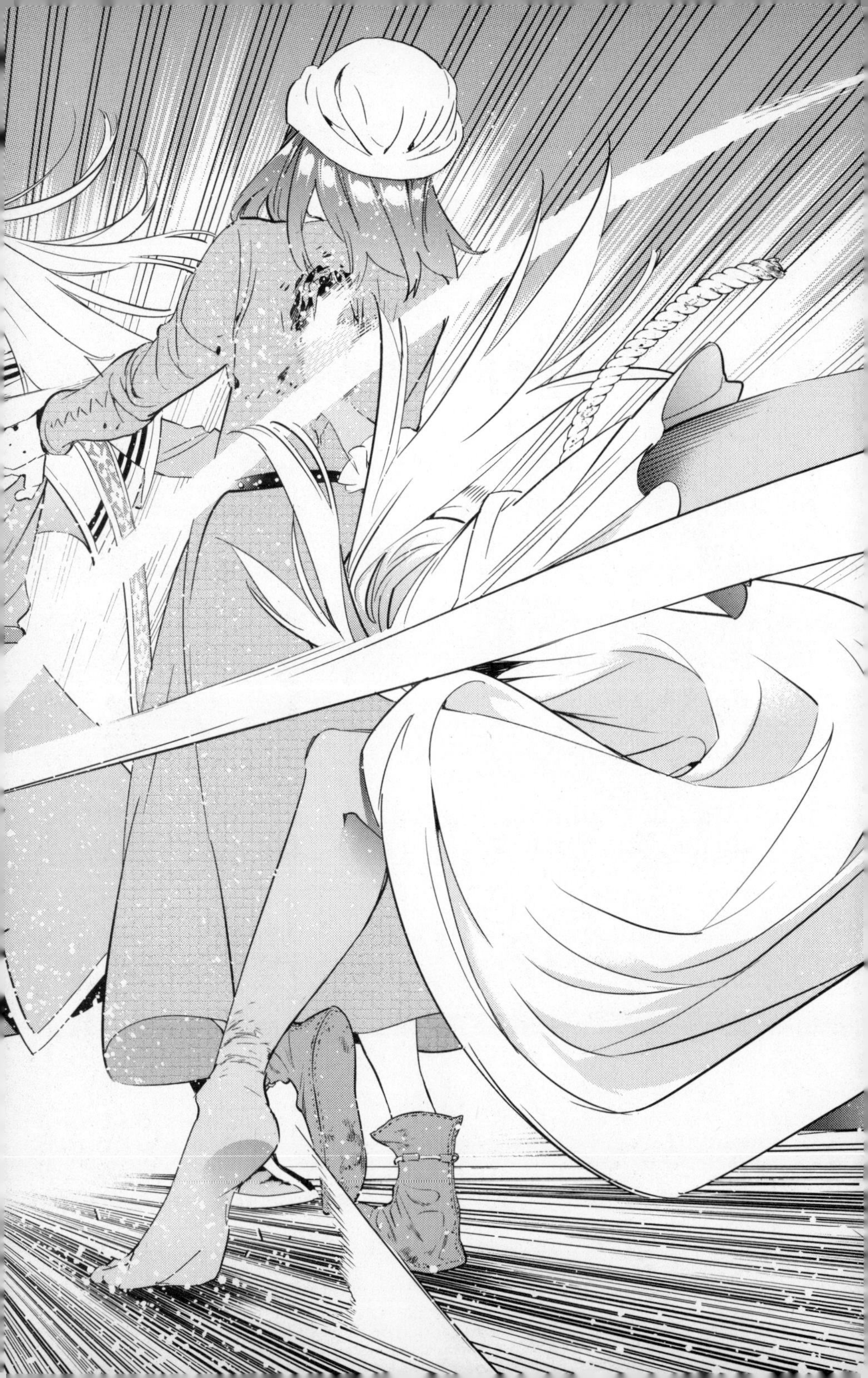

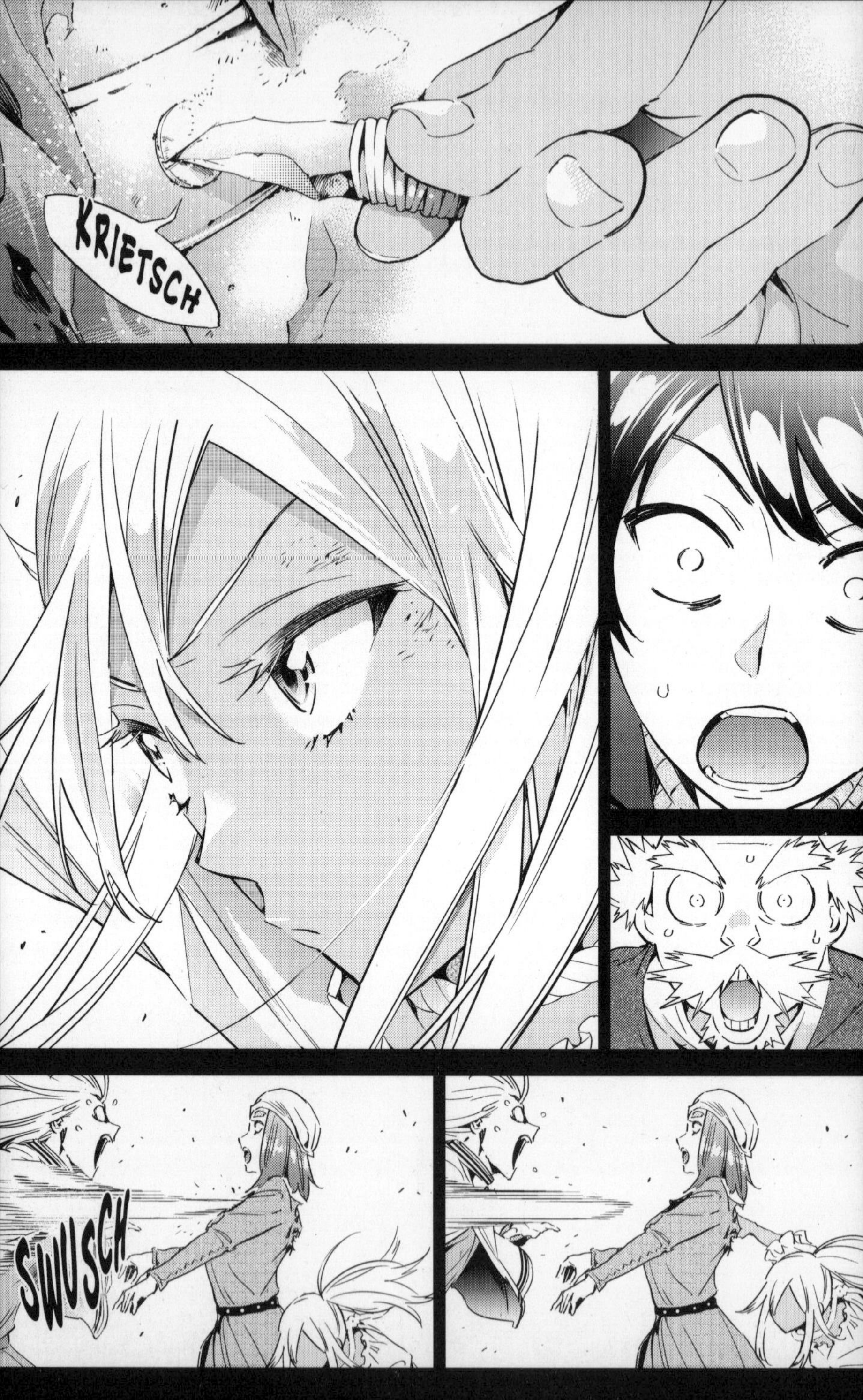
KRIETSCH
SWUSCH

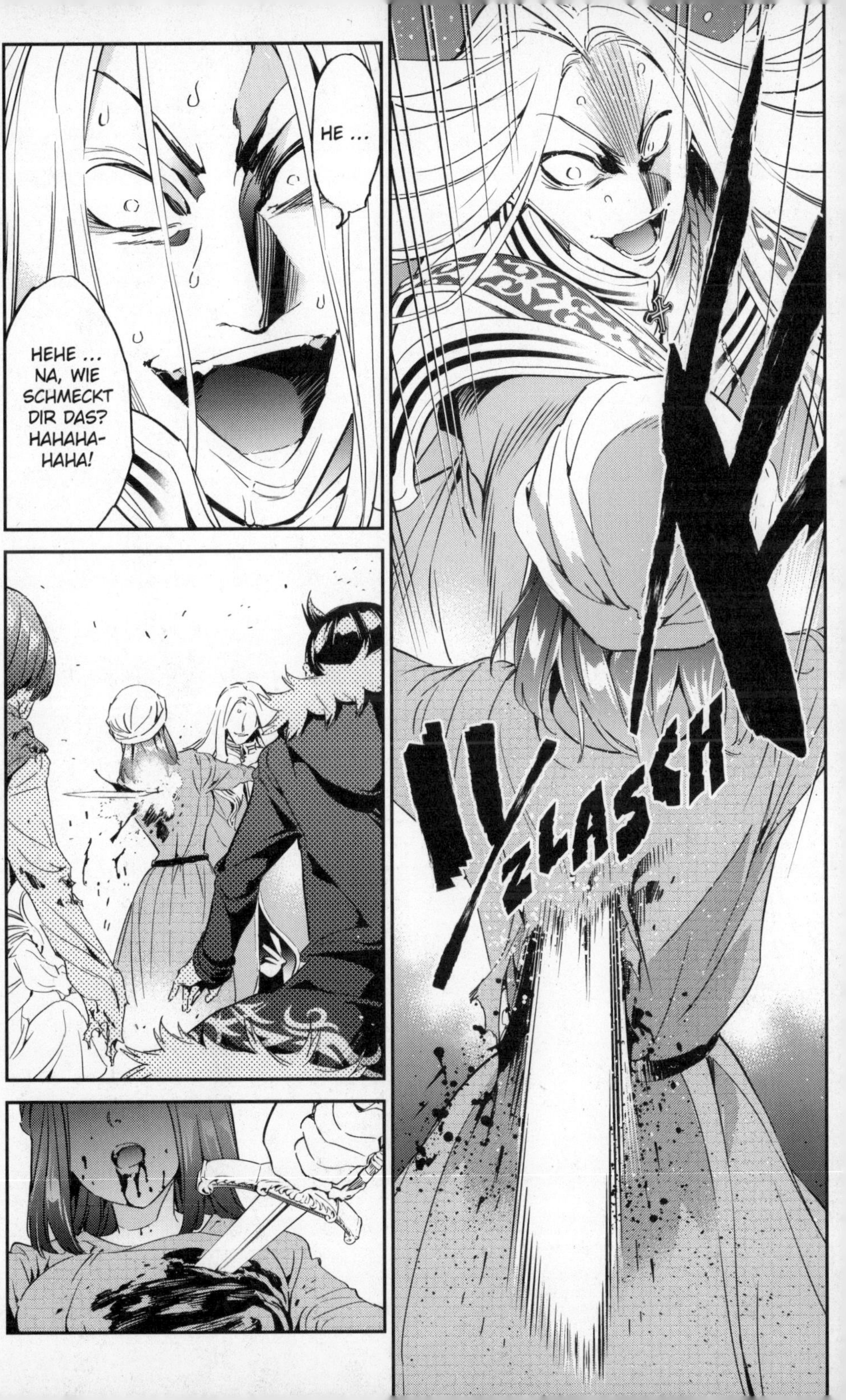
ZLASCH
HE ...
HEHE ... NA, WIE SCHMECKT DIR DAS? HAHAHA-HAHA!

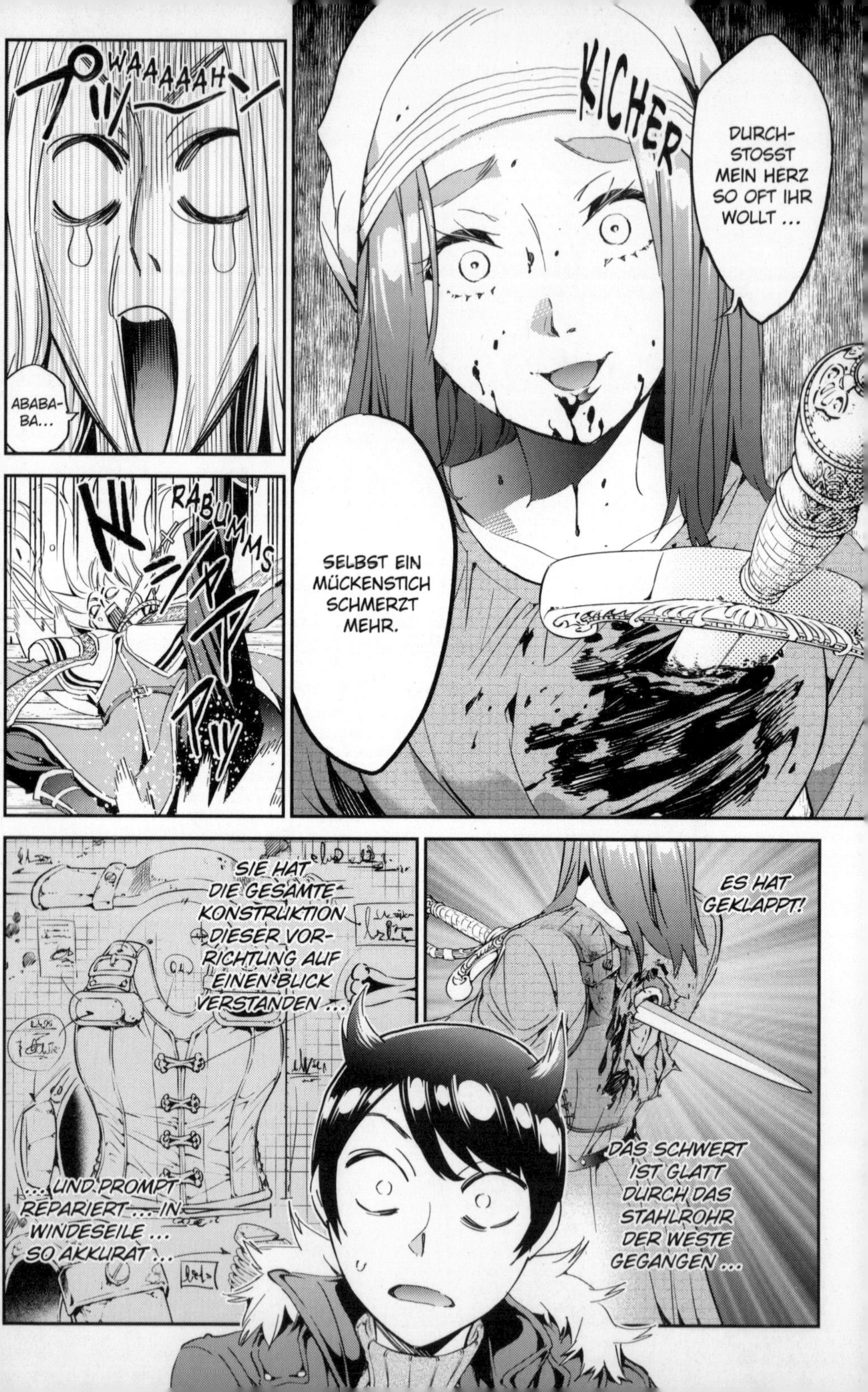

KICHER
DURCH-STOSST MEIN HERZ SO OFT IHR WOLLT …
SELBST EIN MÜCKENSTICH SCHMERZT MEHR.
WAAAAAH
ABABABA-BA…
RABUMMS
ES HAT GEKLAPPT!
DAS SCHWERT IST GLATT DURCH DAS STAHLROHR DER WESTE GEGANGEN …
SIE HAT DIE GESAMTE KONSTRUKTION DIESER VORRICHTUNG AUF EINEN BLICK VERSTANDEN …
… UND PROMPT REPARIERT … IN WINDESEILE … SO AKKURAT …

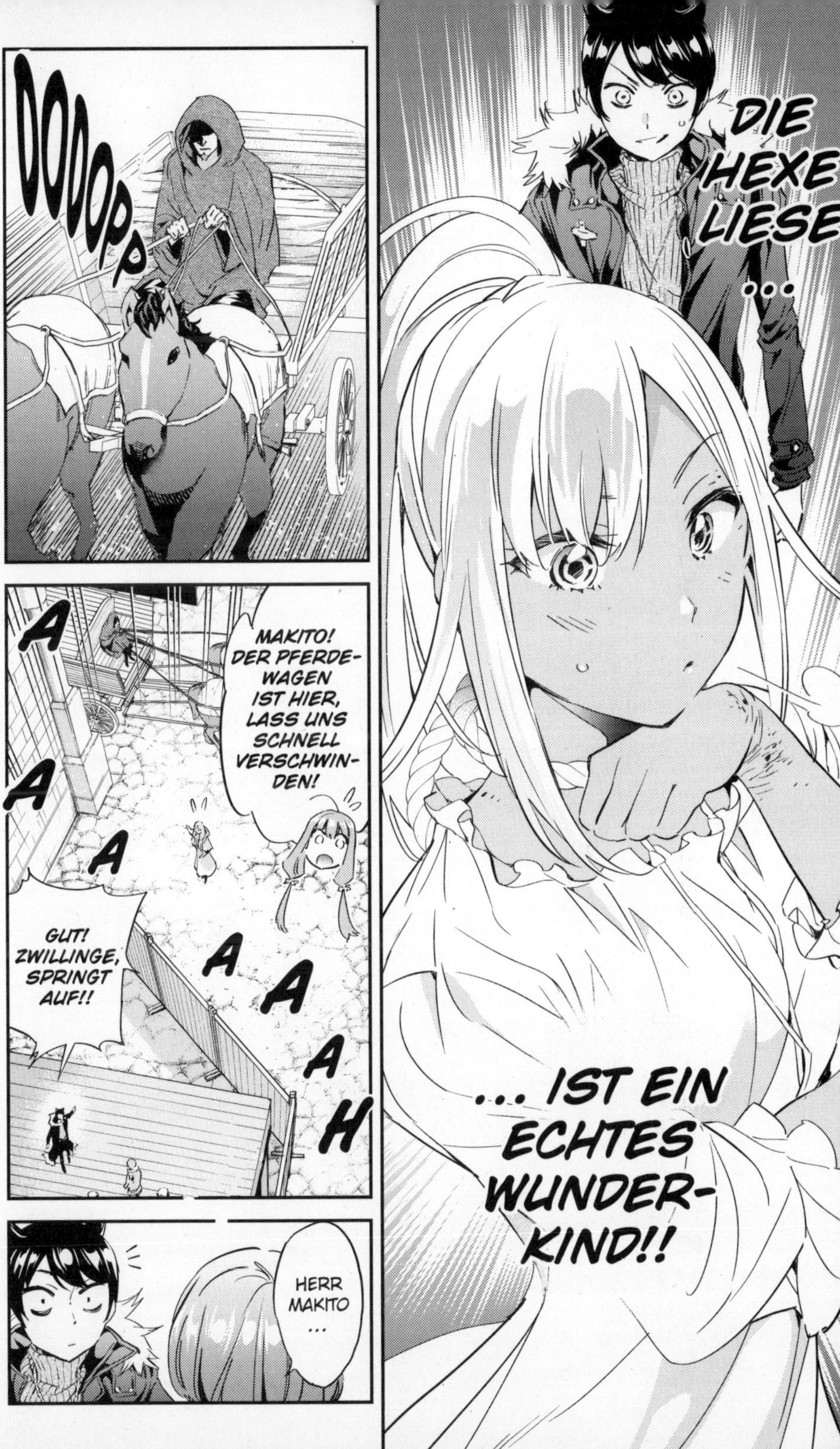
DIE HEXE LIESE ...
... IST EIN ECHTES WUNDER-KIND!!
DODOPP
AAAAAAAH
MAKITO! DER PFERDE-WAGEN IST HIER, LASS UNS SCHNELL VERSCHWIN-DEN!
GUT! ZWILLINGE, SPRINGT AUF!!
HERR MAKITO ...

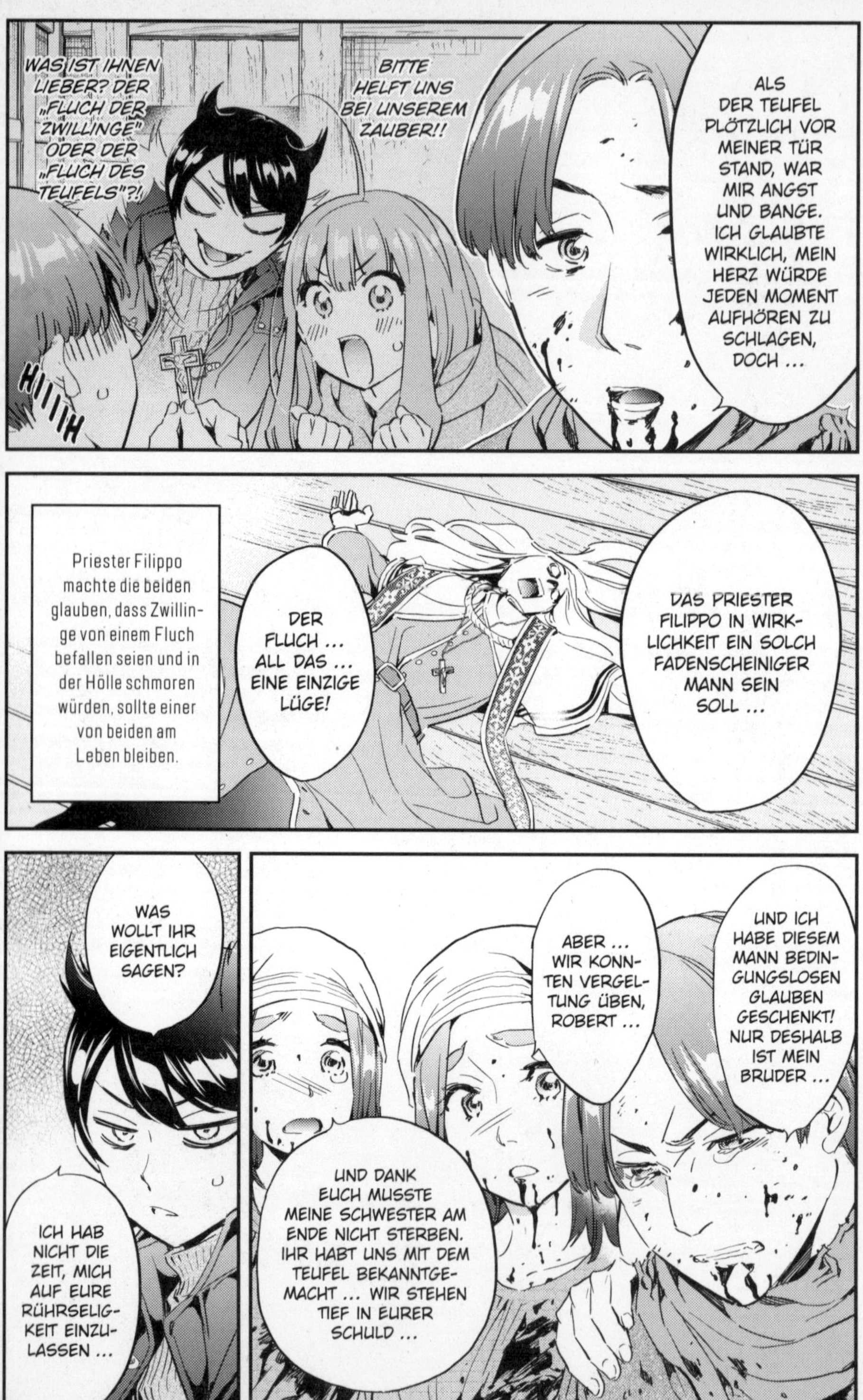
ALS DER TEUFEL PLÖTZLICH VOR MEINER TÜR STAND, WAR MIR ANGST UND BANGE. ICH GLAUBTE WIRKLICH, MEIN HERZ WÜRDE JEDEN MOMENT AUFHÖREN ZU SCHLAGEN, DOCH …
BITTE HELFT UNS BEI UNSEREM ZAUBER!!
WAS IST IHNEN LIEBER? DER „FLUCH DER ZWILLINGE" ODER DER „FLUCH DES TEUFELS"?!
HIIIIH
DAS PRIESTER FILIPPO IN WIRKLICHKEIT EIN SOLCH FADENSCHEINIGER MANN SEIN SOLL …
DER FLUCH … ALL DAS … EINE EINZIGE LÜGE!
Priester Filippo machte die beiden glauben, dass Zwillinge von einem Fluch befallen seien und in der Hölle schmoren würden, sollte einer von beiden am Leben bleiben.
UND ICH HABE DIESEM MANN BEDINGUNGSLOSEN GLAUBEN GESCHENKT! NUR DESHALB IST MEIN BRUDER …
ABER … WIR KONNTEN VERGELTUNG ÜBEN, ROBERT …
UND DANK EUCH MUSSTE MEINE SCHWESTER AM ENDE NICHT STERBEN. IHR HABT UNS MIT DEM TEUFEL BEKANNTGEMACHT … WIR STEHEN TIEF IN EURER SCHULD …
WAS WOLLT IHR EIGENTLICH SAGEN?
ICH HAB NICHT DIE ZEIT, MICH AUF EURE RÜHRSELIGKEIT EINZULASSEN …

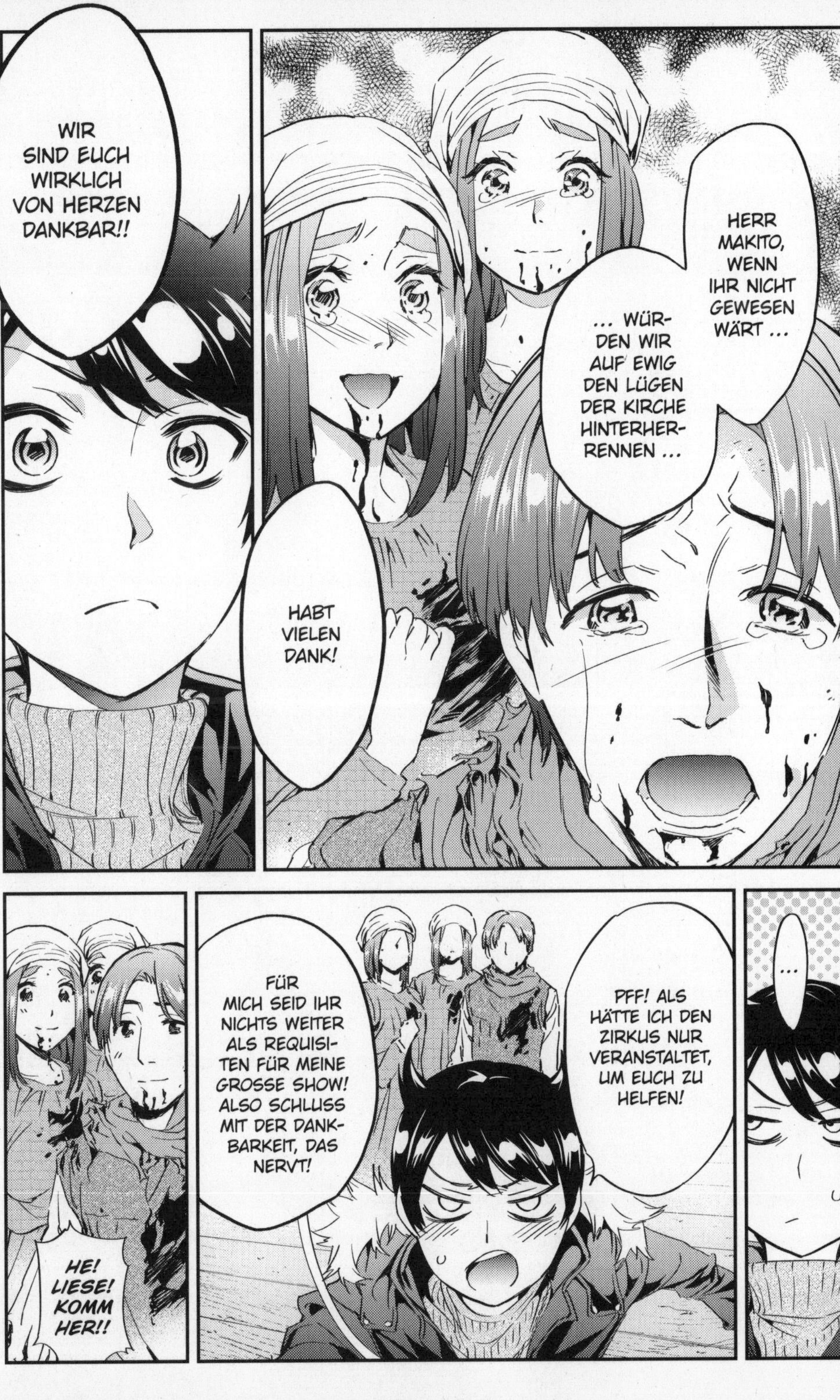
HERR MAKITO, WENN IHR NICHT GEWESEN WÄRT …
… WÜR-DEN WIR AUF EWIG DEN LÜGEN DER KIRCHE HINTERHER-RENNEN …
HABT VIELEN DANK!
WIR SIND EUCH WIRKLICH VON HERZEN DANKBAR!!
…
PFF! ALS HÄTTE ICH DEN ZIRKUS NUR VERANSTALTET, UM EUCH ZU HELFEN!
FÜR MICH SEID IHR NICHTS WEITER ALS REQUISI-TEN FÜR MEINE GROSSE SHOW! ALSO SCHLUSS MIT DER DANK-BARKEIT, DAS NERVT!
HE! LIESE! KOMM HER!!

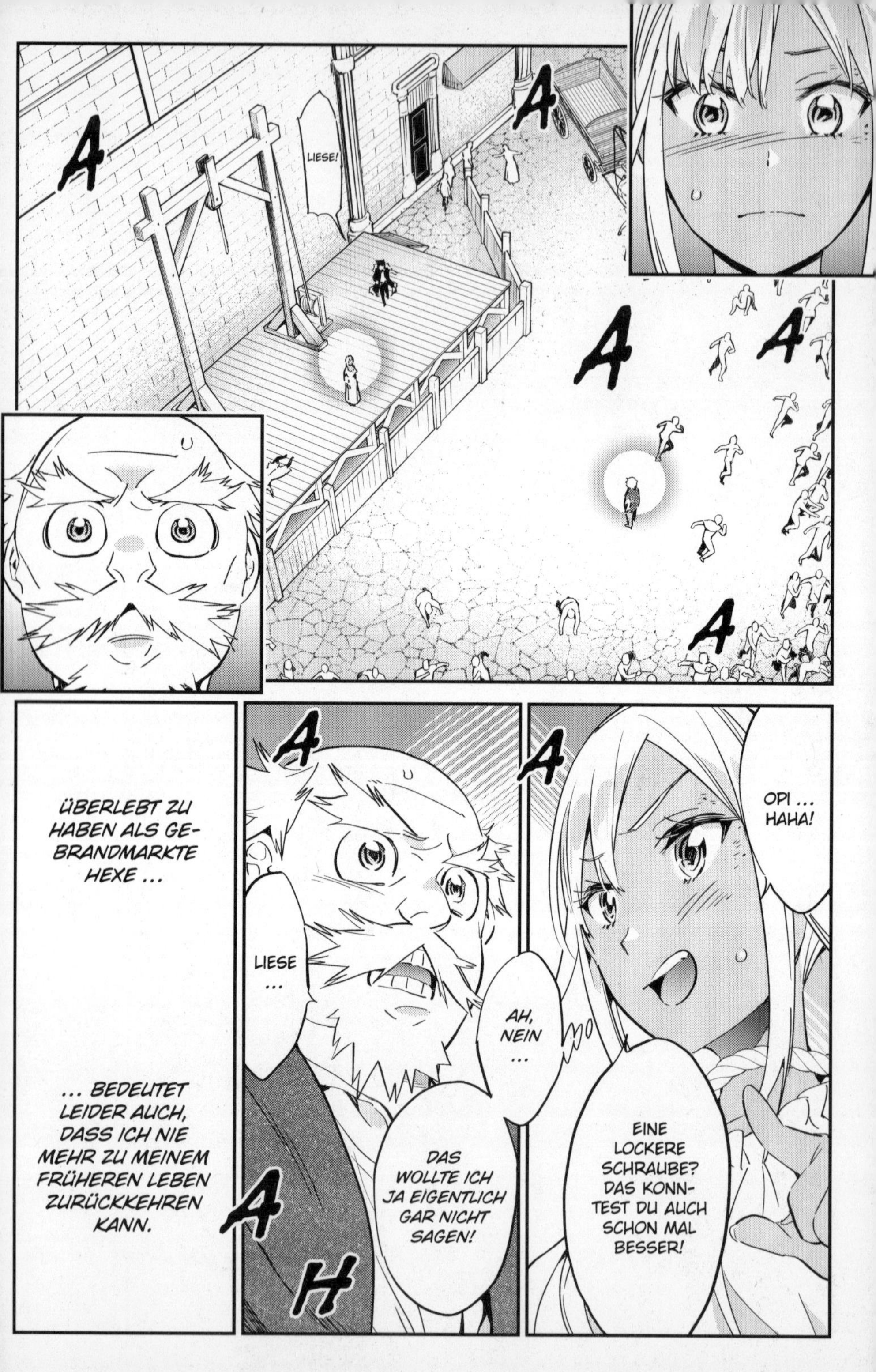
LIESE!
A
A
A
A
A
OPI … HAHA!
EINE LOCKERE SCHRAUBE? DAS KONN-TEST DU AUCH SCHON MAL BESSER!
A
AH, NEIN …
LIESE …
DAS WOLLTE ICH JA EIGENTLICH GAR NICHT SAGEN!
A
A
H
ÜBERLEBT ZU HABEN ALS GE-BRANDMARKTE HEXE …
… BEDEUTET LEIDER AUCH, DASS ICH NIE MEHR ZU MEINEM FRÜHEREN LEBEN ZURÜCKKEHREN KANN.

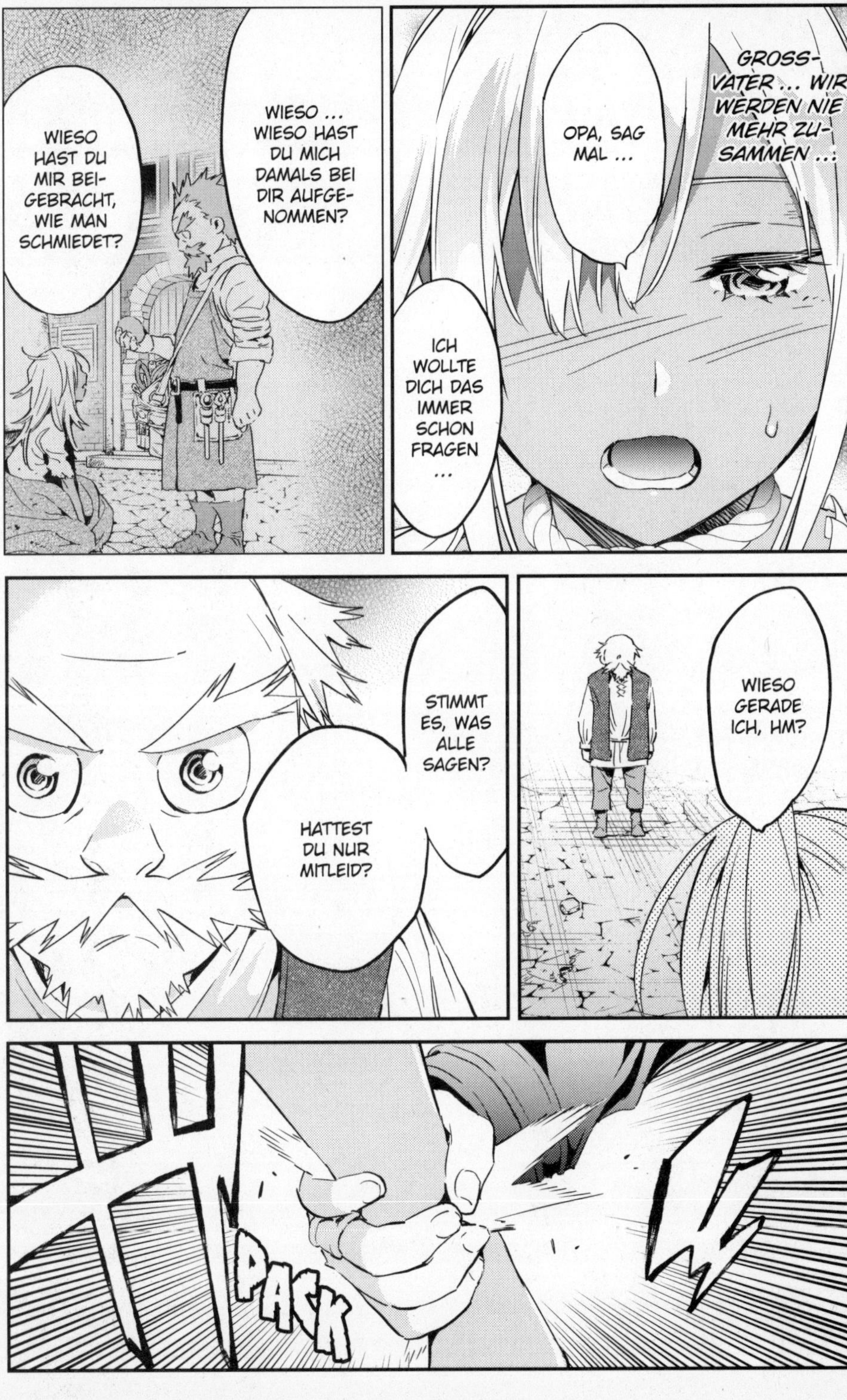

GROSSVATER ... WIR WERDEN NIE MEHR ZUSAMMEN ...
OPA, SAG MAL ...
ICH WOLLTE DICH DAS IMMER SCHON FRAGEN ...
WIESO ... WIESO HAST DU MICH DAMALS BEI DIR AUFGENOMMEN?
WIESO HAST DU MIR BEIGEBRACHT, WIE MAN SCHMIEDET?
WIESO GERADE ICH, HM?
STIMMT ES, WAS ALLE SAGEN?
HATTEST DU NUR MITLEID?
PACK

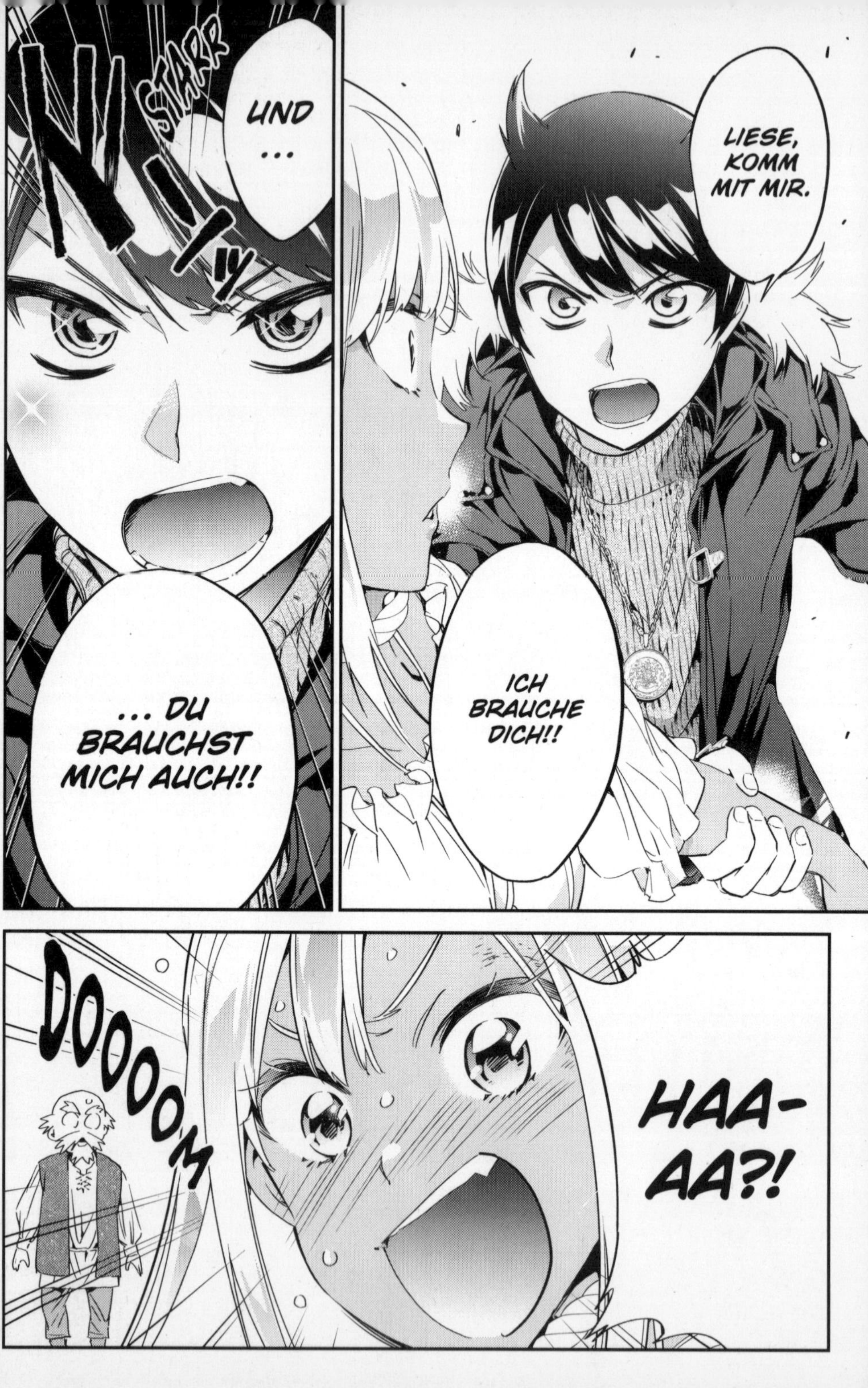
LIESE, KOMM MIT MIR.
ICH BRAUCHE DICH!!
UND ...
STARR
... DU BRAUCHST MICH AUCH!!
HAA-AA?!
DOOOOM

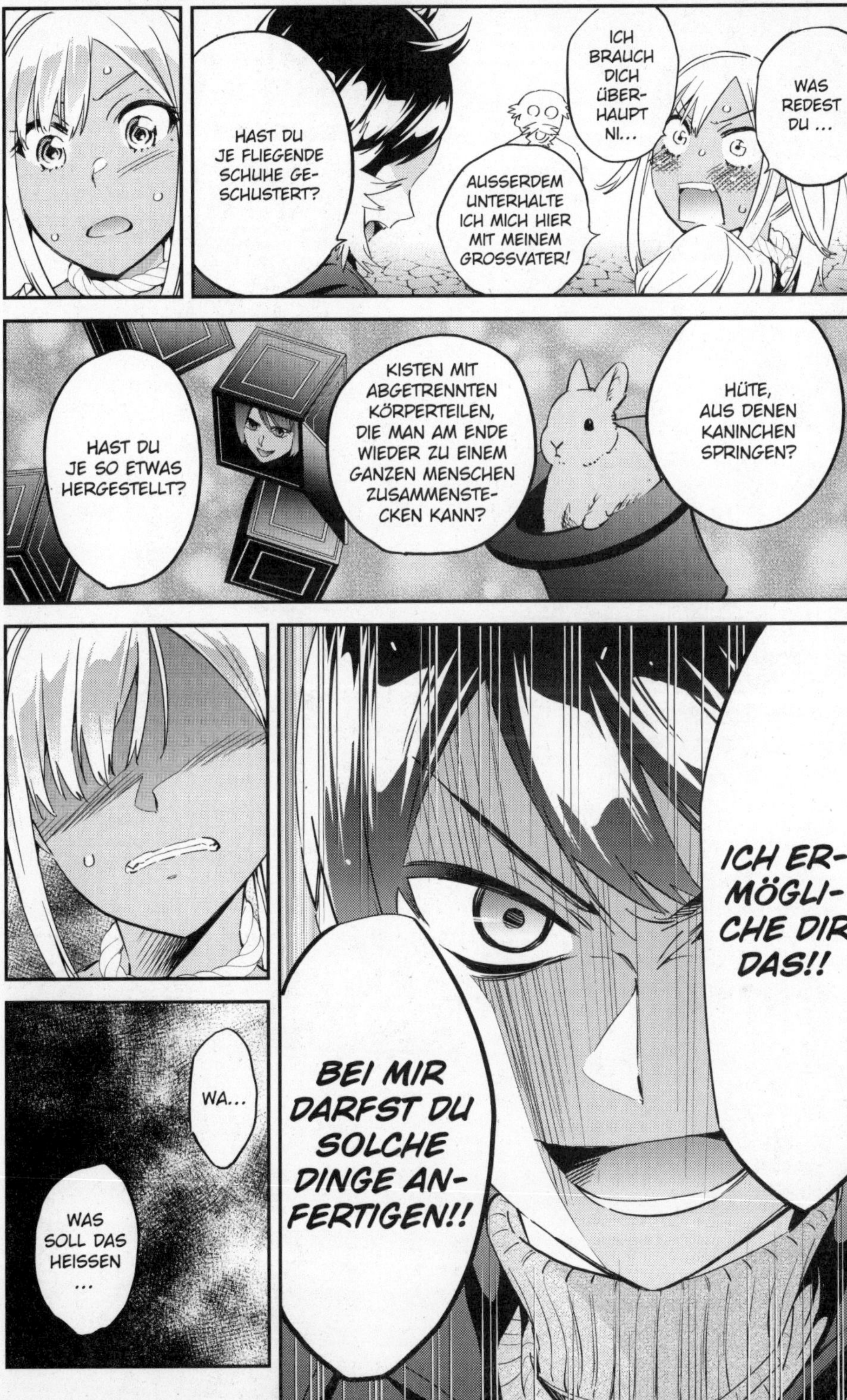
WAS REDEST DU …
ICH BRAUCH DICH ÜBERHAUPT NI…
AUSSERDEM UNTERHALTE ICH MICH HIER MIT MEINEM GROSSVATER!
HAST DU JE FLIEGENDE SCHUHE GESCHUSTERT?
HÜTE, AUS DENEN KANINCHEN SPRINGEN?
KISTEN MIT ABGETRENNTEN KÖRPERTEILEN, DIE MAN AM ENDE WIEDER ZU EINEM GANZEN MENSCHEN ZUSAMMENSTECKEN KANN?
HAST DU JE SO ETWAS HERGESTELLT?
ICH ERMÖGLICHE DIR DAS!!
BEI MIR DARFST DU SOLCHE DINGE ANFERTIGEN!!
WA…
WAS SOLL DAS HEISSEN …

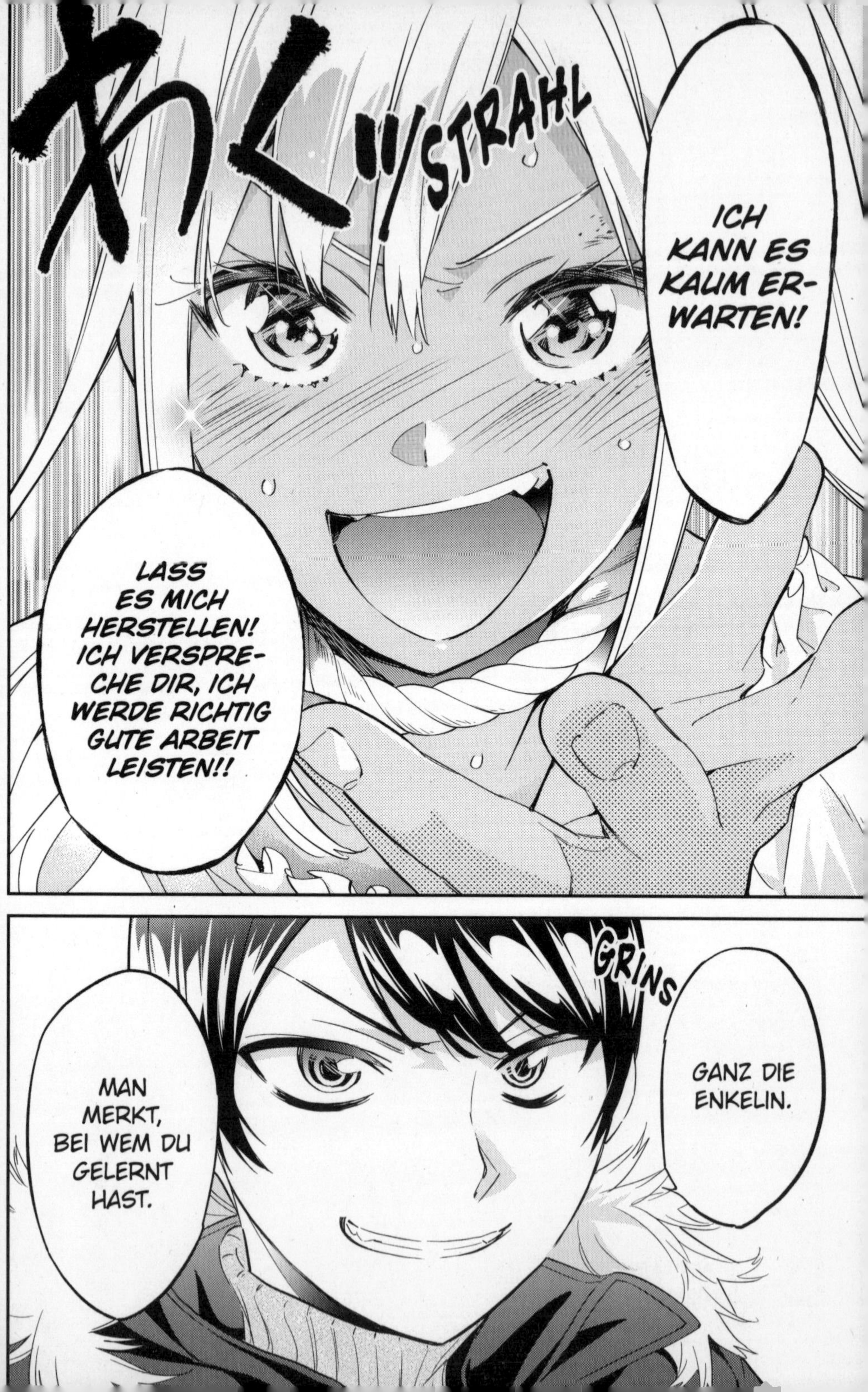
STRAHL
ICH KANN ES KAUM ER-WARTEN!
LASS ES MICH HERSTELLEN! ICH VERSPRE-CHE DIR, ICH WERDE RICHTIG GUTE ARBEIT LEISTEN!!
GRINS
GANZ DIE ENKELIN.
MAN MERKT, BEI WEM DU GELERNT HAST.

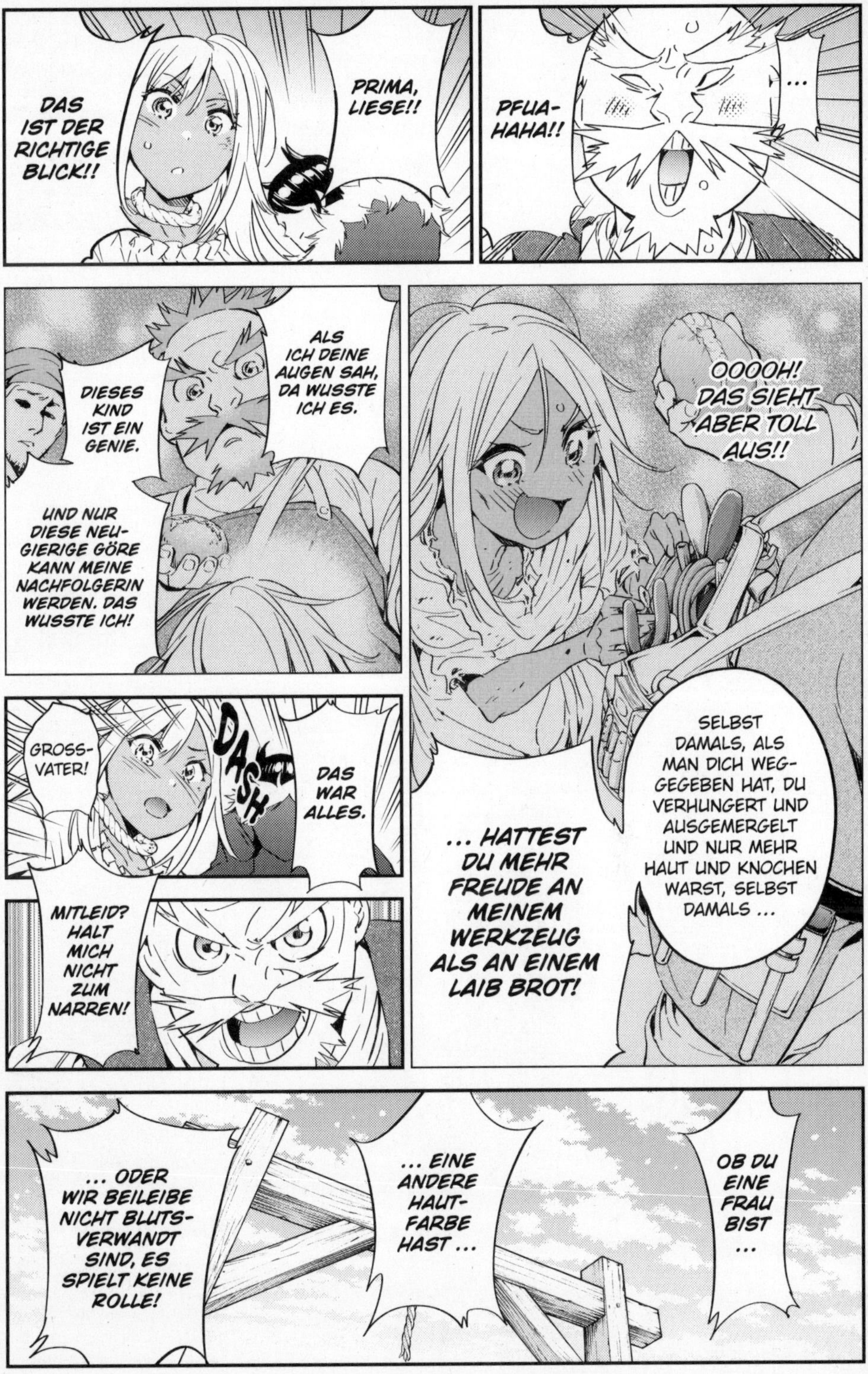
PRIMA, LIESE!!
DAS IST DER RICHTIGE BLICK!!
…
PFUA-HAHA!!
OOOOH! DAS SIEHT ABER TOLL AUS!!
ALS ICH DEINE AUGEN SAH, DA WUSSTE ICH ES.
DIESES KIND IST EIN GENIE.
UND NUR DIESE NEU-GIERIGE GÖRE KANN MEINE NACHFOLGERIN WERDEN. DAS WUSSTE ICH!
SELBST DAMALS, ALS MAN DICH WEG-GEGEBEN HAT, DU VERHUNGERT UND AUSGEMERGELT UND NUR MEHR HAUT UND KNOCHEN WARST, SELBST DAMALS …
… HATTEST DU MEHR FREUDE AN MEINEM WERKZEUG ALS AN EINEM LAIB BROT!
DAS WAR ALLES.
DASH
GROSS-VATER!
MITLEID? HALT MICH NICHT ZUM NARREN!
OB DU EINE FRAU BIST …
… EINE ANDERE HAUT-FARBE HAST …
… ODER WIR BEILEIBE NICHT BLUTS-VERWANDT SIND, ES SPIELT KEINE ROLLE!

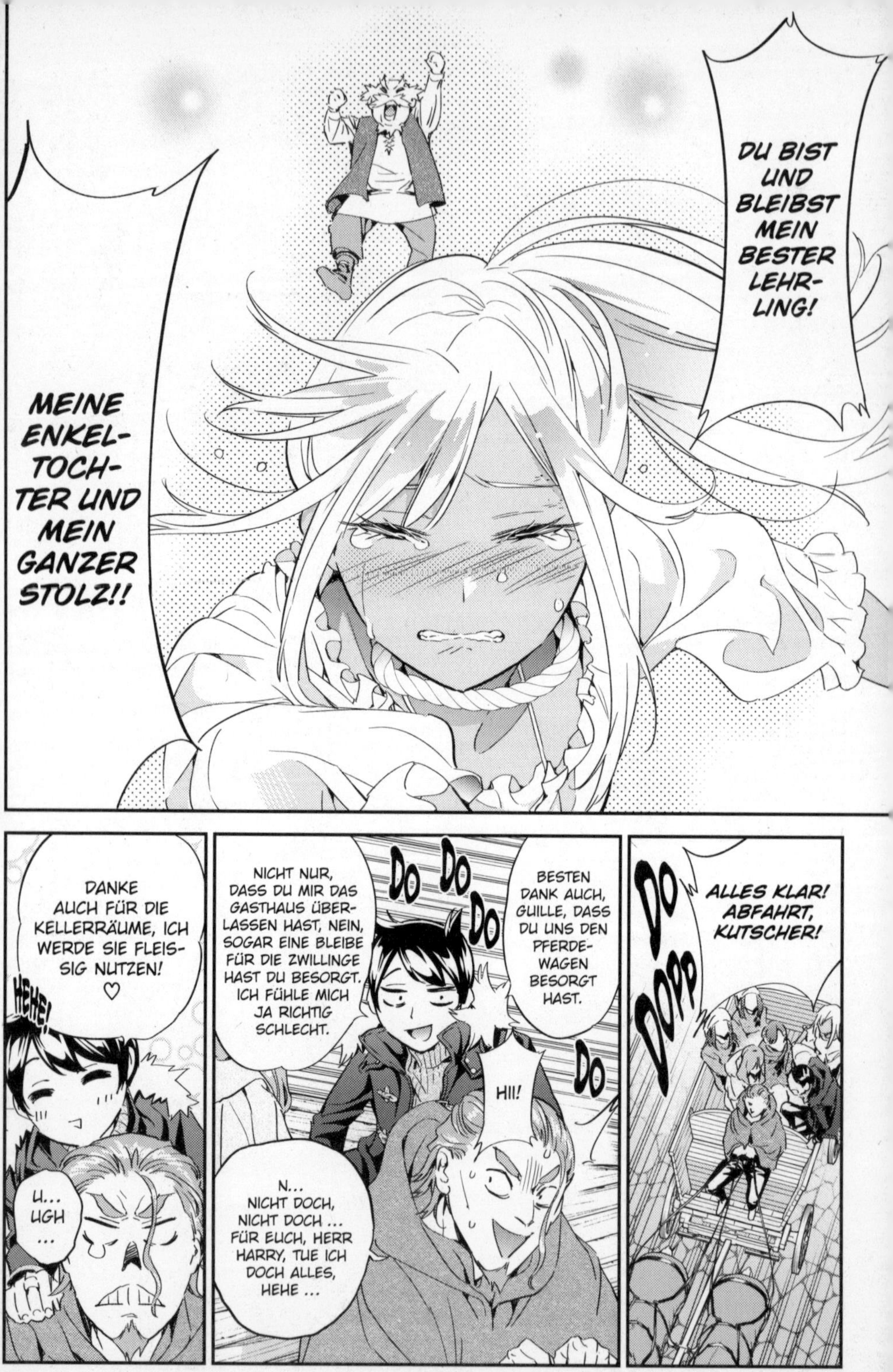
DU BIST UND BLEIBST MEIN BESTER LEHR-LING!
MEINE ENKEL-TOCH-TER UND MEIN GANZER STOLZ!!
ALLES KLAR! ABFAHRT, KUTSCHER!
DO DOPP
BESTEN DANK AUCH, GUILLE, DASS DU UNS DEN PFERDE-WAGEN BESORGT HAST.
NICHT NUR, DASS DU MIR DAS GASTHAUS ÜBER-LASSEN HAST, NEIN, SOGAR EINE BLEIBE FÜR DIE ZWILLINGE HAST DU BESORGT. ICH FÜHLE MICH JA RICHTIG SCHLECHT.
DO DO DO DO
HII!
N… NICHT DOCH, NICHT DOCH … FÜR EUCH, HERR HARRY, TUE ICH DOCH ALLES, HEHE …
DANKE AUCH FÜR DIE KELLERRÄUME, ICH WERDE SIE FLEIS-SIG NUTZEN! ♡
HEHE!
U… UGH …

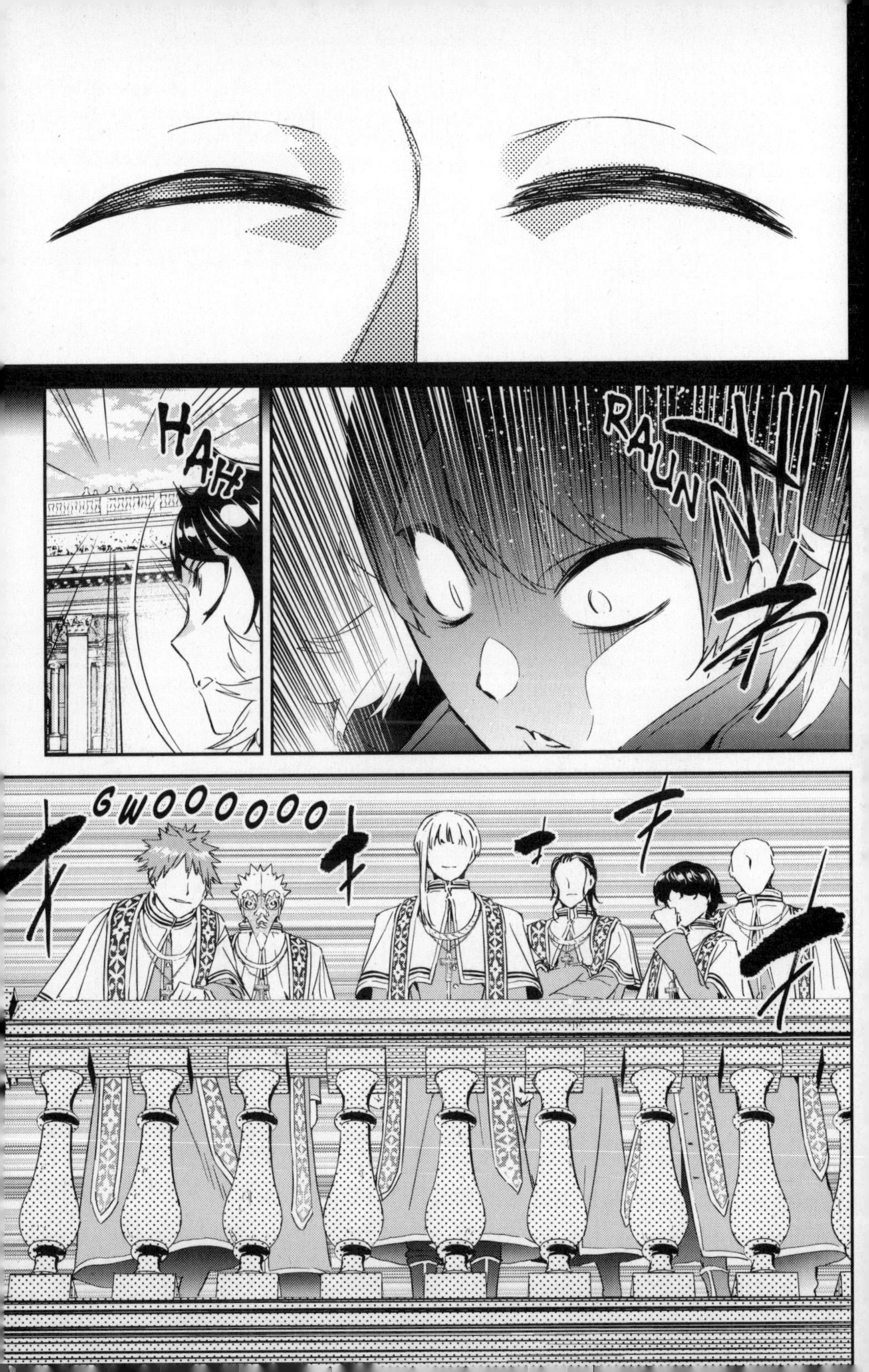
RAUN
HAH
GWOOOOOOO

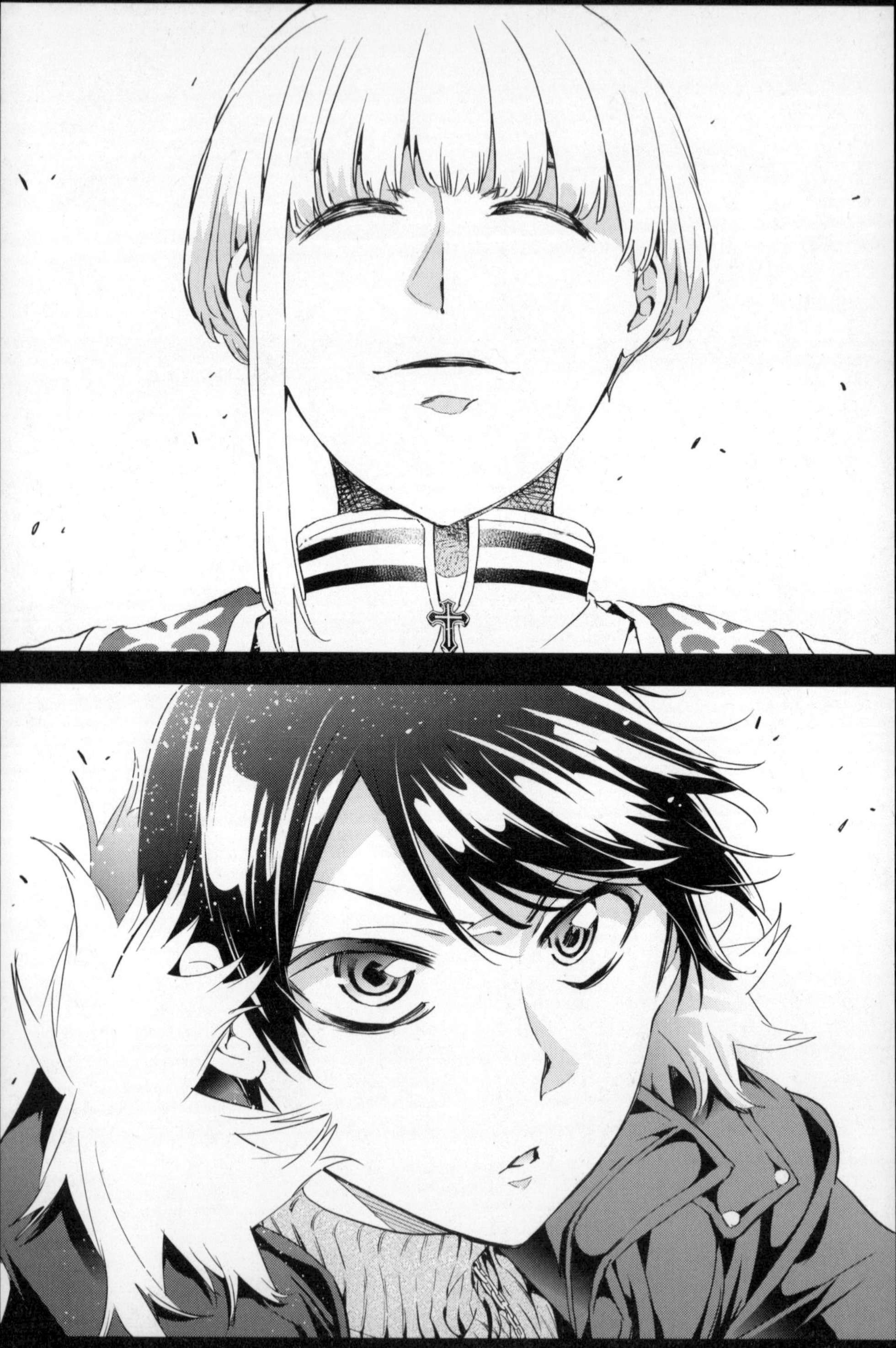

EIN EINBLICK Der Hexen & des Teufels Domizil

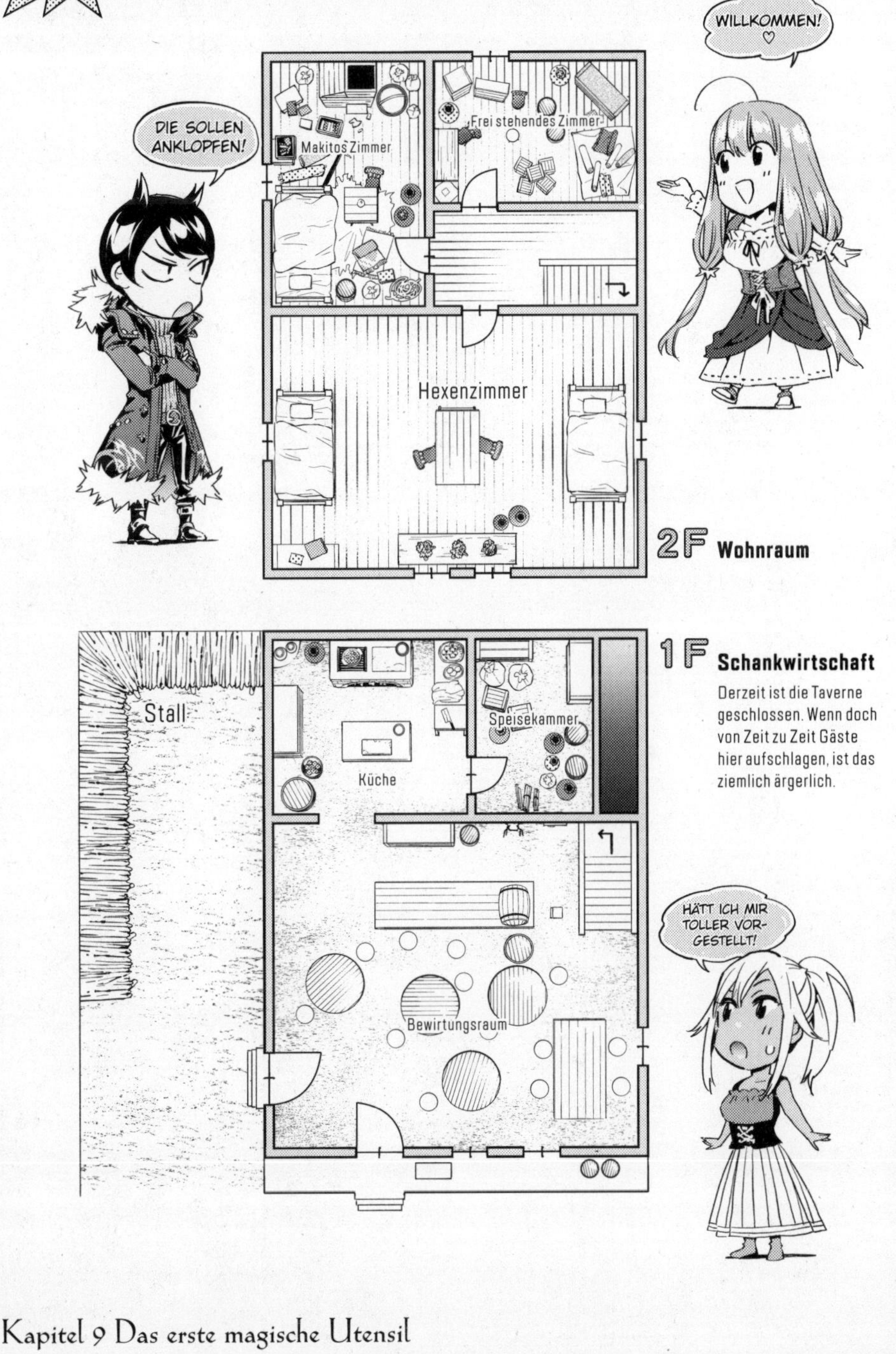

2F Wohnraum

1F Schankwirtschaft

Derzeit ist die Taverne geschlossen. Wenn doch von Zeit zu Zeit Gäste hier aufschlagen, ist das ziemlich ärgerlich.

Kapitel 9 Das erste magische Utensil

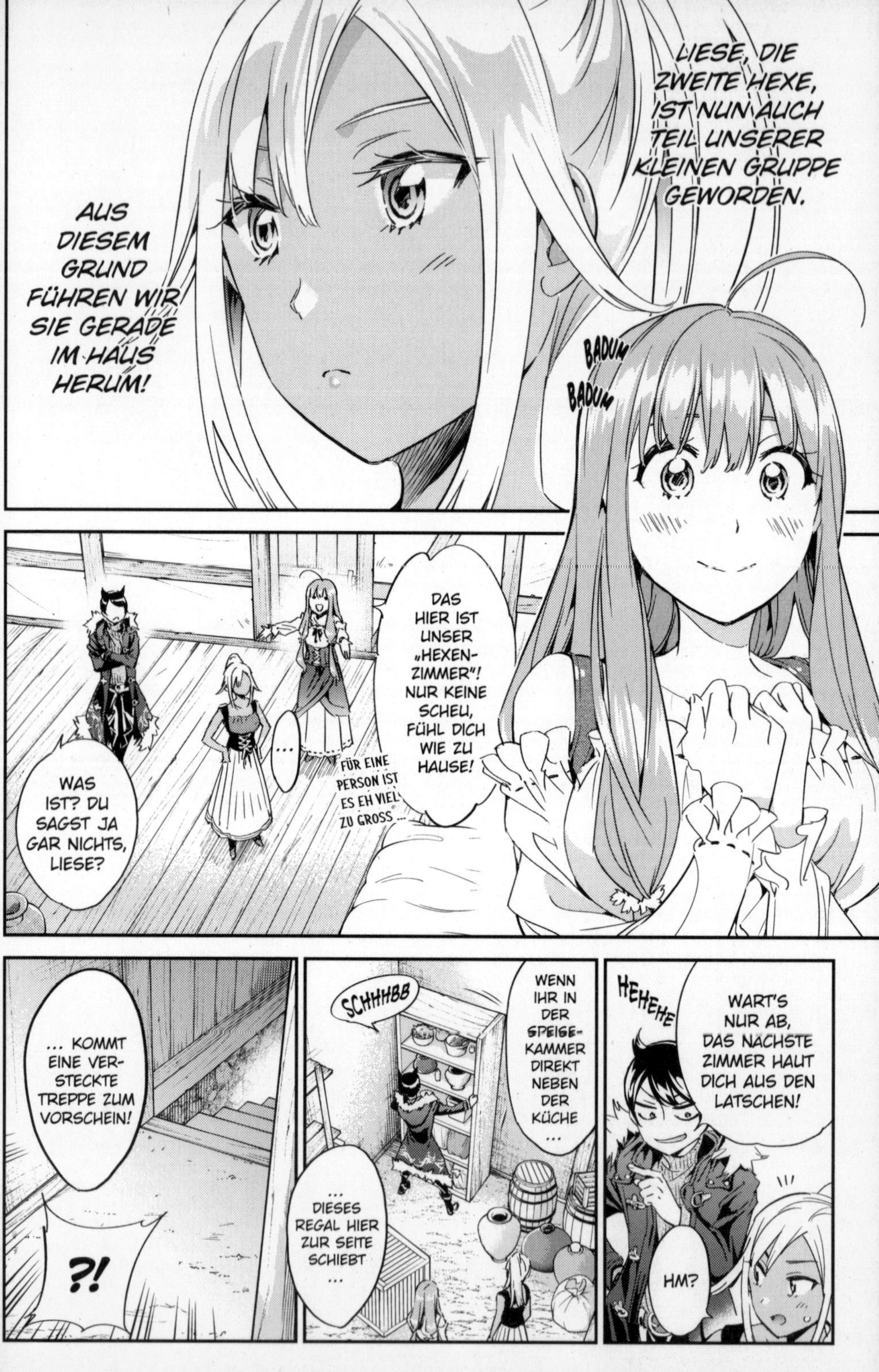
LIESE, DIE ZWEITE HEXE, IST NUN AUCH TEIL UNSERER KLEINEN GRUPPE GEWORDEN.
AUS DIESEM GRUND FÜHREN WIR SIE GERADE IM HAUS HERUM!
BADUM BADUM
DAS HIER IST UNSER „HEXEN-ZIMMER"! NUR KEINE SCHEU, FÜHL DICH WIE ZU HAUSE!
FÜR EINE PERSON IST ES EH VIEL ZU GROSS ...
...
WAS IST? DU SAGST JA GAR NICHTS, LIESE?
WART'S NUR AB, DAS NÄCHSTE ZIMMER HAUT DICH AUS DEN LATSCHEN!
HEHEHE
HM?
WENN IHR IN DER SPEISE-KAMMER DIREKT NEBEN DER KÜCHE ...
SCHHHBB
... DIESES REGAL HIER ZUR SEITE SCHIEBT ...
... KOMMT EINE VER-STECKTE TREPPE ZUM VORSCHEIN!
?!

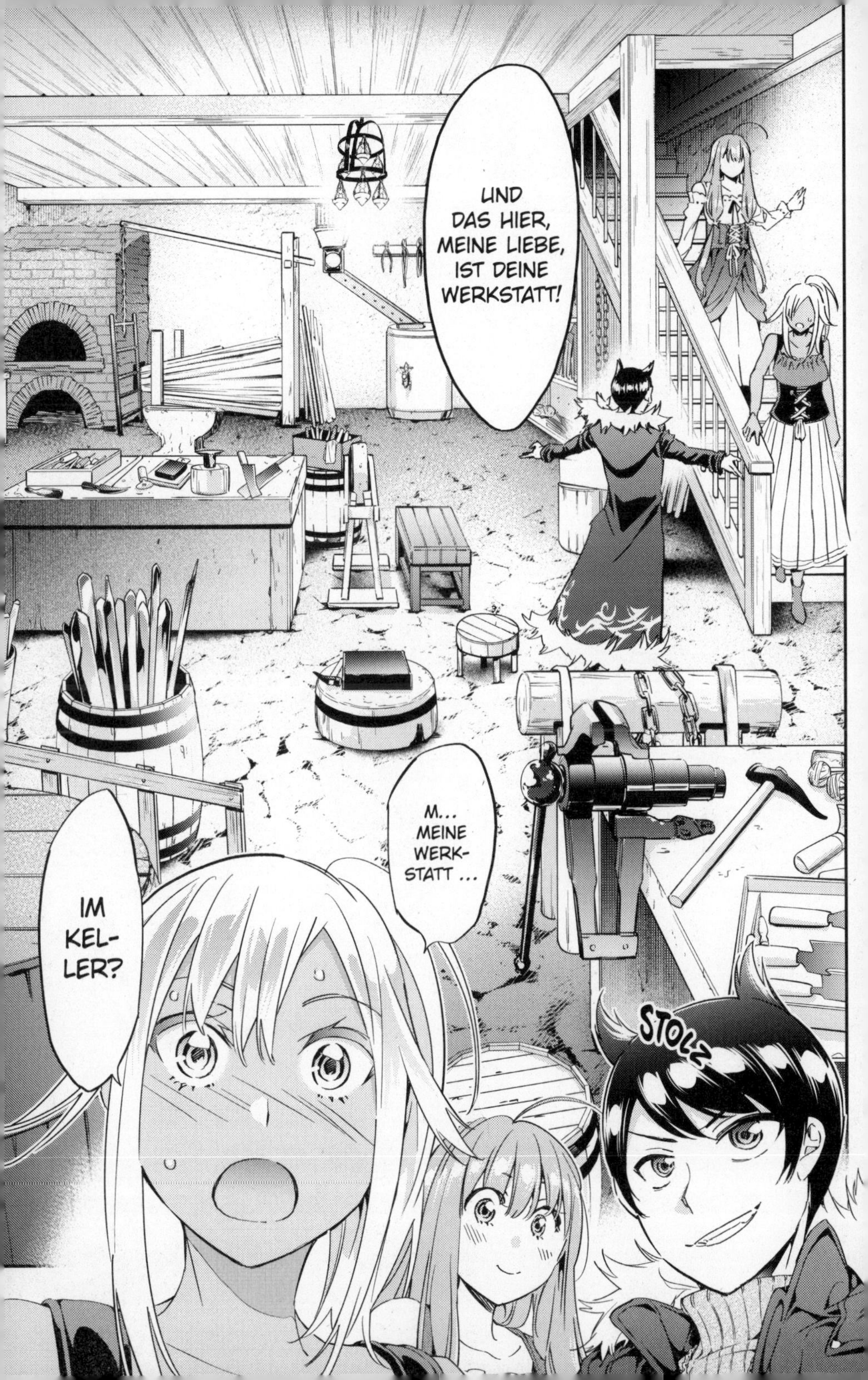
UND DAS HIER, MEINE LIEBE, IST DEINE WERKSTATT!
M... MEINE WERK-STATT ...
IM KEL-LER?
STOLZ

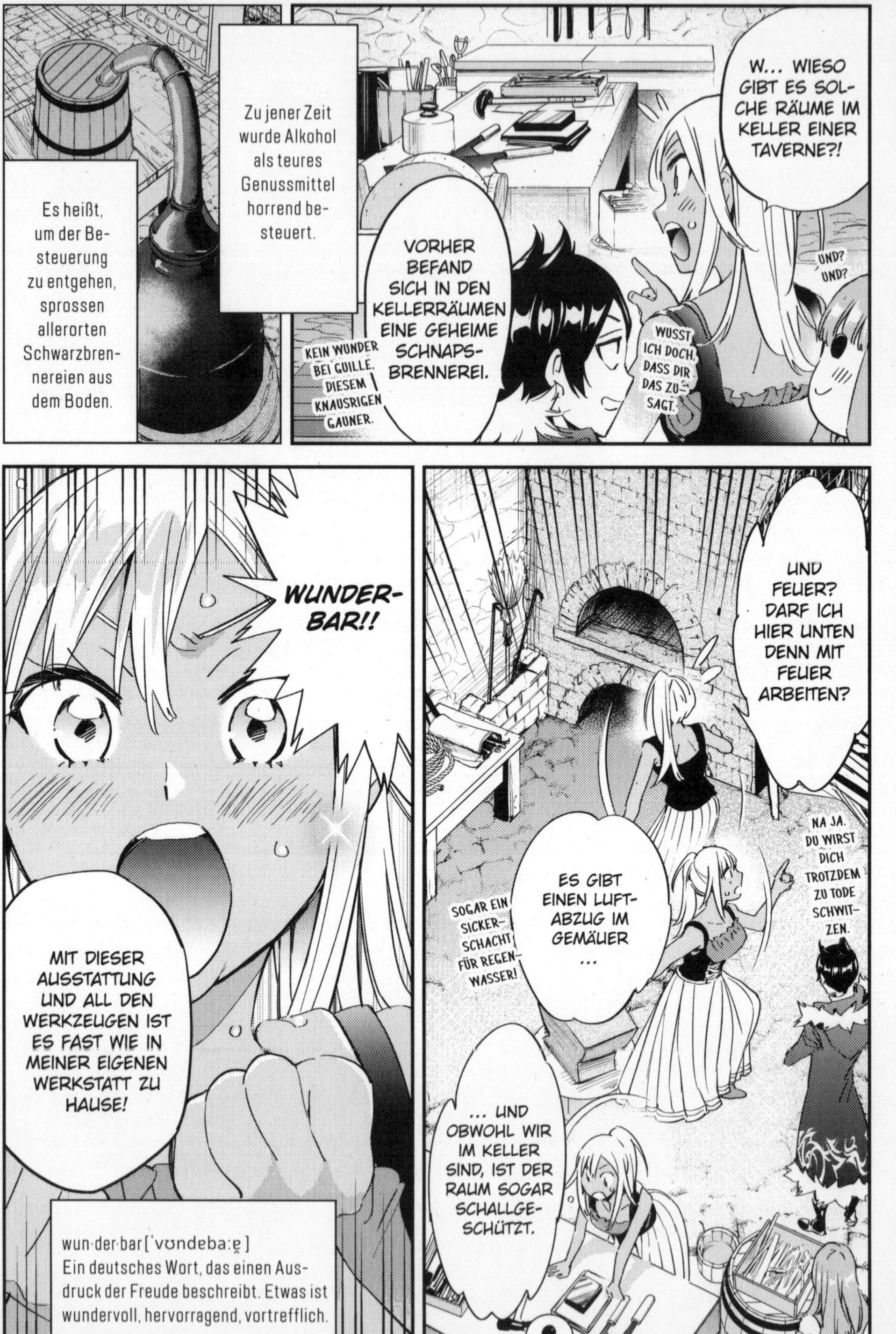
W… WIESO GIBT ES SOLCHE RÄUME IM KELLER EINER TAVERNE?!
UND? UND?
VORHER BEFAND SICH IN DEN KELLERRÄUMEN EINE GEHEIME SCHNAPSBRENNEREI.
WUSST ICH DOCH, DASS DIR DAS ZUSAGT.
KEIN WUNDER BEI GUILLE, DIESEM KNAUSRIGEN GAUNER.
Zu jener Zeit wurde Alkohol als teures Genussmittel horrend besteuert.
Es heißt, um der Besteuerung zu entgehen, sprossen allerorten Schwarzbrennereien aus dem Boden.
UND FEUER? DARF ICH HIER UNTEN DENN MIT FEUER ARBEITEN?
NA JA. DU WIRST DICH TROTZDEM ZU TODE SCHWITZEN.
ES GIBT EINEN LUFTABZUG IM GEMÄUER …
SOGAR EIN SICKERSCHACHT FÜR REGENWASSER!
… UND OBWOHL WIR IM KELLER SIND, IST DER RAUM SOGAR SCHALLGESCHÜTZT.
WUNDERBAR!!
MIT DIESER AUSSTATTUNG UND ALL DEN WERKZEUGEN IST ES FAST WIE IN MEINER EIGENEN WERKSTATT ZU HAUSE!
wun·der·bar [ˈvʊndebaːɐ̯]
Ein deutsches Wort, das einen Ausdruck der Freude beschreibt. Etwas ist wundervoll, hervorragend, vortrefflich.

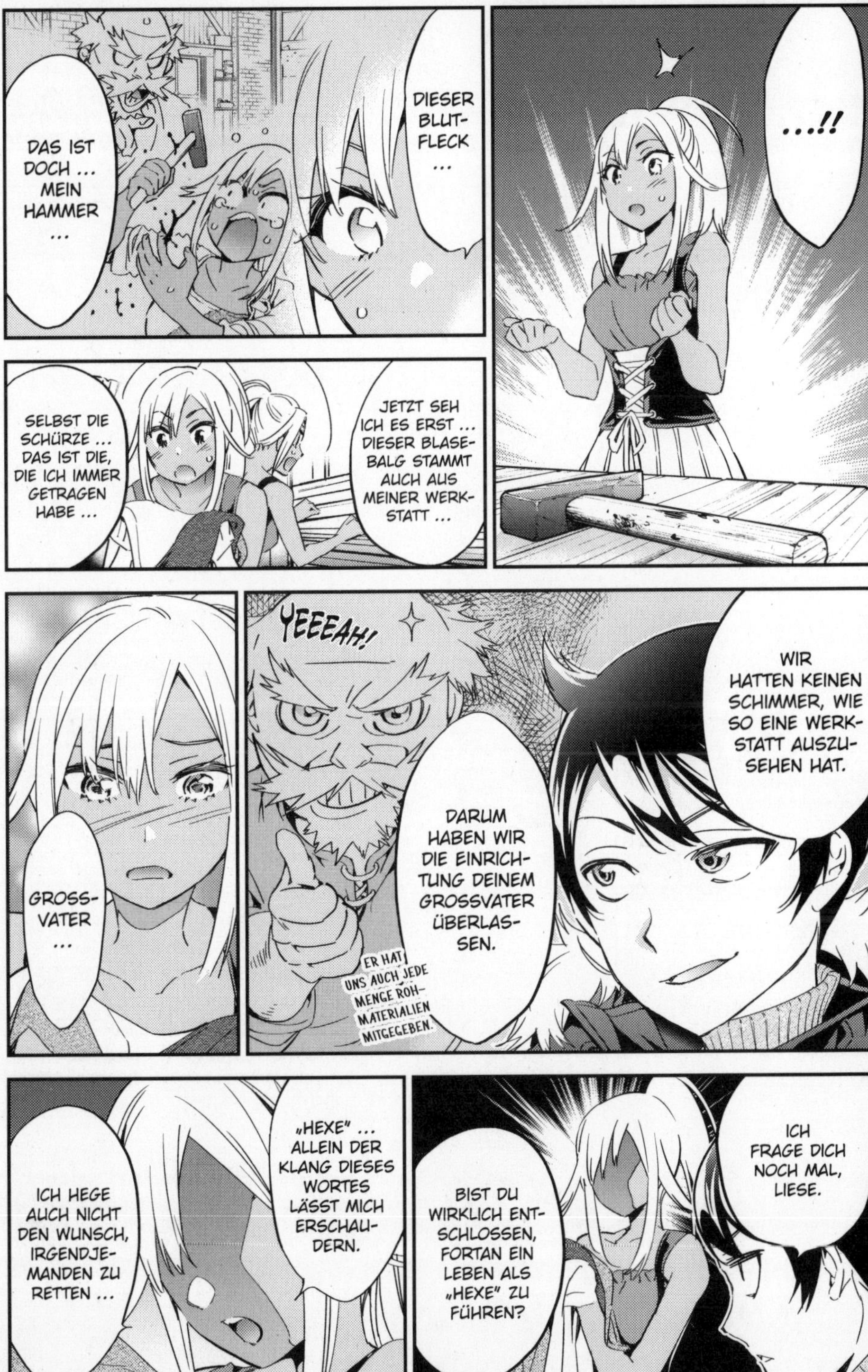
...!!
DIESER BLUTFLECK ...
DAS IST DOCH ... MEIN HAMMER ...
JETZT SEH ICH ES ERST ... DIESER BLASEBALG STAMMT AUCH AUS MEINER WERKSTATT ...
SELBST DIE SCHÜRZE ... DAS IST DIE, DIE ICH IMMER GETRAGEN HABE ...
WIR HATTEN KEINEN SCHIMMER, WIE SO EINE WERKSTATT AUSZUSEHEN HAT.
DARUM HABEN WIR DIE EINRICHTUNG DEINEM GROSSVATER ÜBERLASSEN.
YEEEAH!
ER HAT UNS AUCH JEDE MENGE ROHMATERIALIEN MITGEGEBEN.
GROSSVATER ...
ICH FRAGE DICH NOCH MAL, LIESE.
BIST DU WIRKLICH ENTSCHLOSSEN, FORTAN EIN LEBEN ALS „HEXE“ ZU FÜHREN?
„HEXE“ ... ALLEIN DER KLANG DIESES WORTES LÄSST MICH ERSCHAUDERN.
ICH HEGE AUCH NICHT DEN WUNSCH, IRGENDJEMANDEN ZU RETTEN ...

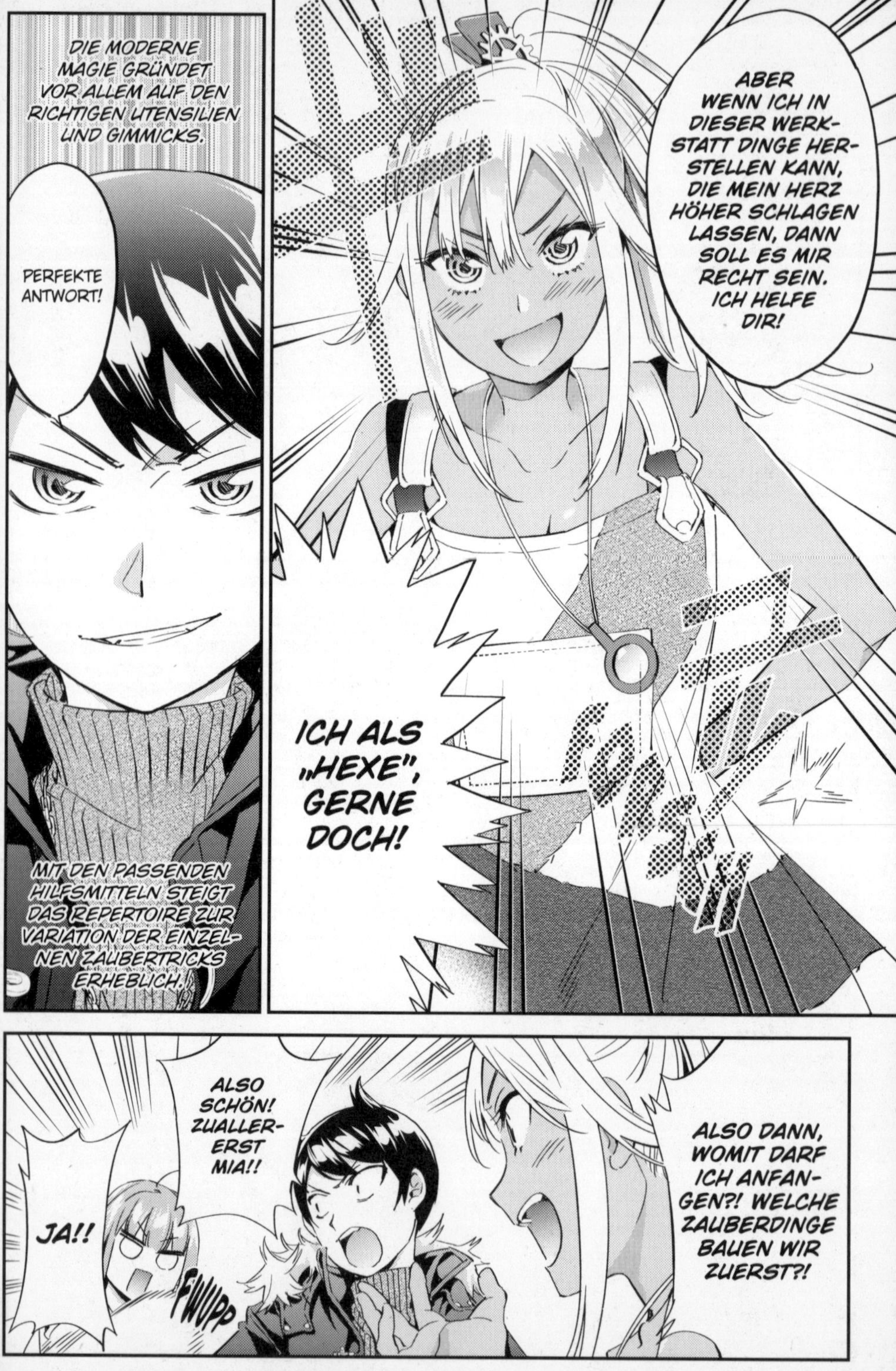
ABER WENN ICH IN DIESER WERK-STATT DINGE HER-STELLEN KANN, DIE MEIN HERZ HÖHER SCHLAGEN LASSEN, DANN SOLL ES MIR RECHT SEIN. ICH HELFE DIR!
ICH ALS „HEXE", GERNE DOCH!
DIE MODERNE MAGIE GRÜNDET VOR ALLEM AUF DEN RICHTIGEN UTENSILIEN UND GIMMICKS.
PERFEKTE ANTWORT!
MIT DEN PASSENDEN HILFSMITTELN STEIGT DAS REPERTOIRE ZUR VARIATION DER EINZEL-NEN ZAUBERTRICKS ERHEBLICH.
ALSO DANN, WOMIT DARF ICH ANFAN-GEN?! WELCHE ZAUBERDINGE BAUEN WIR ZUERST?!
ALSO SCHÖN! ZUALLER-ERST MIA!!
FWUPP
JA!!

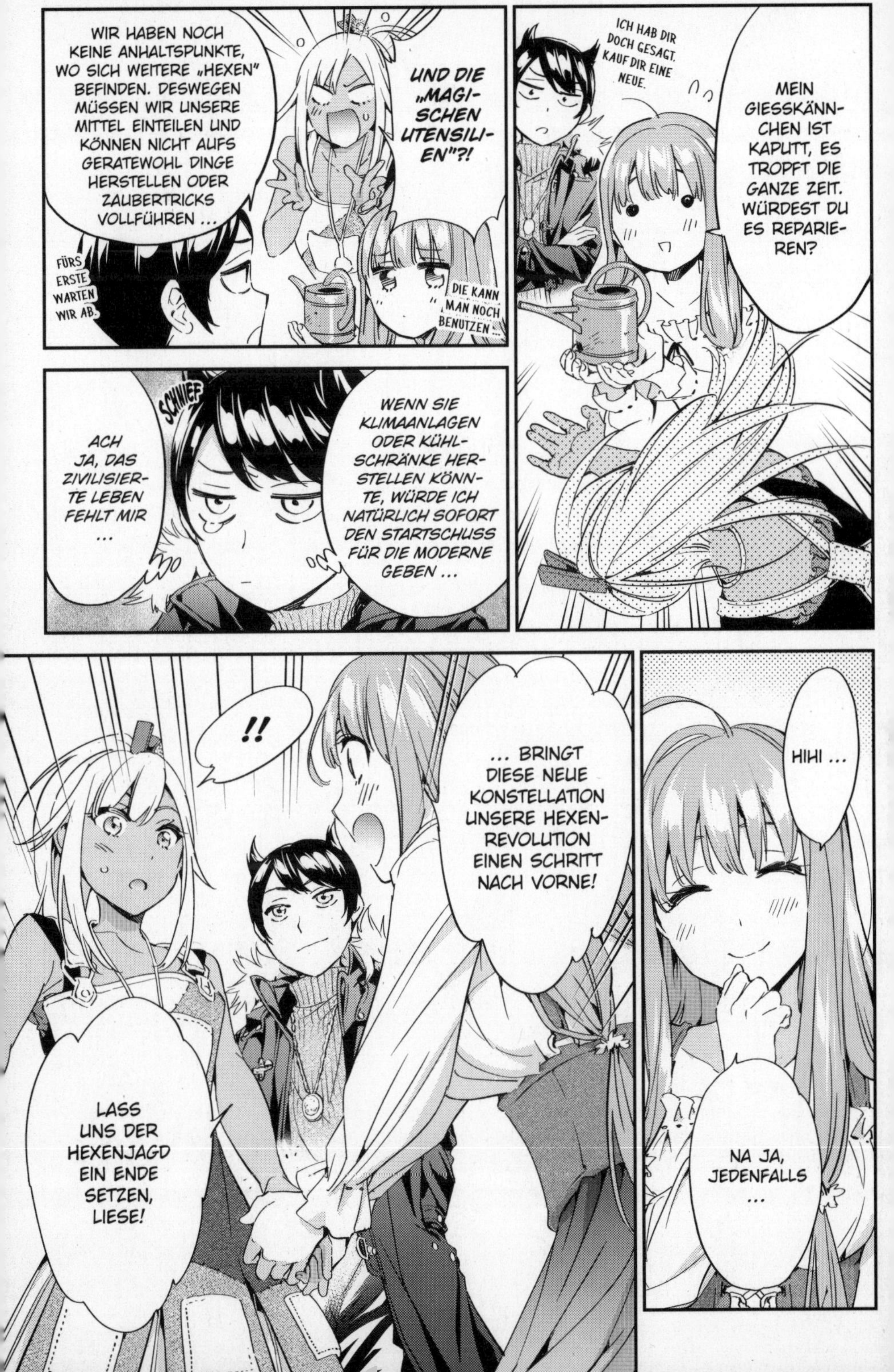
MEIN GIESSKÄNNCHEN IST KAPUTT, ES TROPFT DIE GANZE ZEIT. WÜRDEST DU ES REPARIEREN?
ICH HAB DIR DOCH GESAGT. KAUF DIR EINE NEUE.
DIE KANN MAN NOCH BENUTZEN ...
WIR HABEN NOCH KEINE ANHALTSPUNKTE, WO SICH WEITERE „HEXEN" BEFINDEN. DESWEGEN MÜSSEN WIR UNSERE MITTEL EINTEILEN UND KÖNNEN NICHT AUFS GERATEWOHL DINGE HERSTELLEN ODER ZAUBERTRICKS VOLLFÜHREN ...
UND DIE „MAGISCHEN UTENSILIEN"?!
FÜRS ERSTE WARTEN WIR AB.
WENN SIE KLIMAANLAGEN ODER KÜHLSCHRÄNKE HERSTELLEN KÖNNTE, WÜRDE ICH NATÜRLICH SOFORT DEN STARTSCHUSS FÜR DIE MODERNE GEBEN ...
SCHNIEF
ACH JA, DAS ZIVILISIERTE LEBEN FEHLT MIR ...
HIHI ...
NA JA, JEDENFALLS ...
... BRINGT DIESE NEUE KONSTELLATION UNSERE HEXENREVOLUTION EINEN SCHRITT NACH VORNE!
!!
LASS UNS DER HEXENJAGD EIN ENDE SETZEN, LIESE!

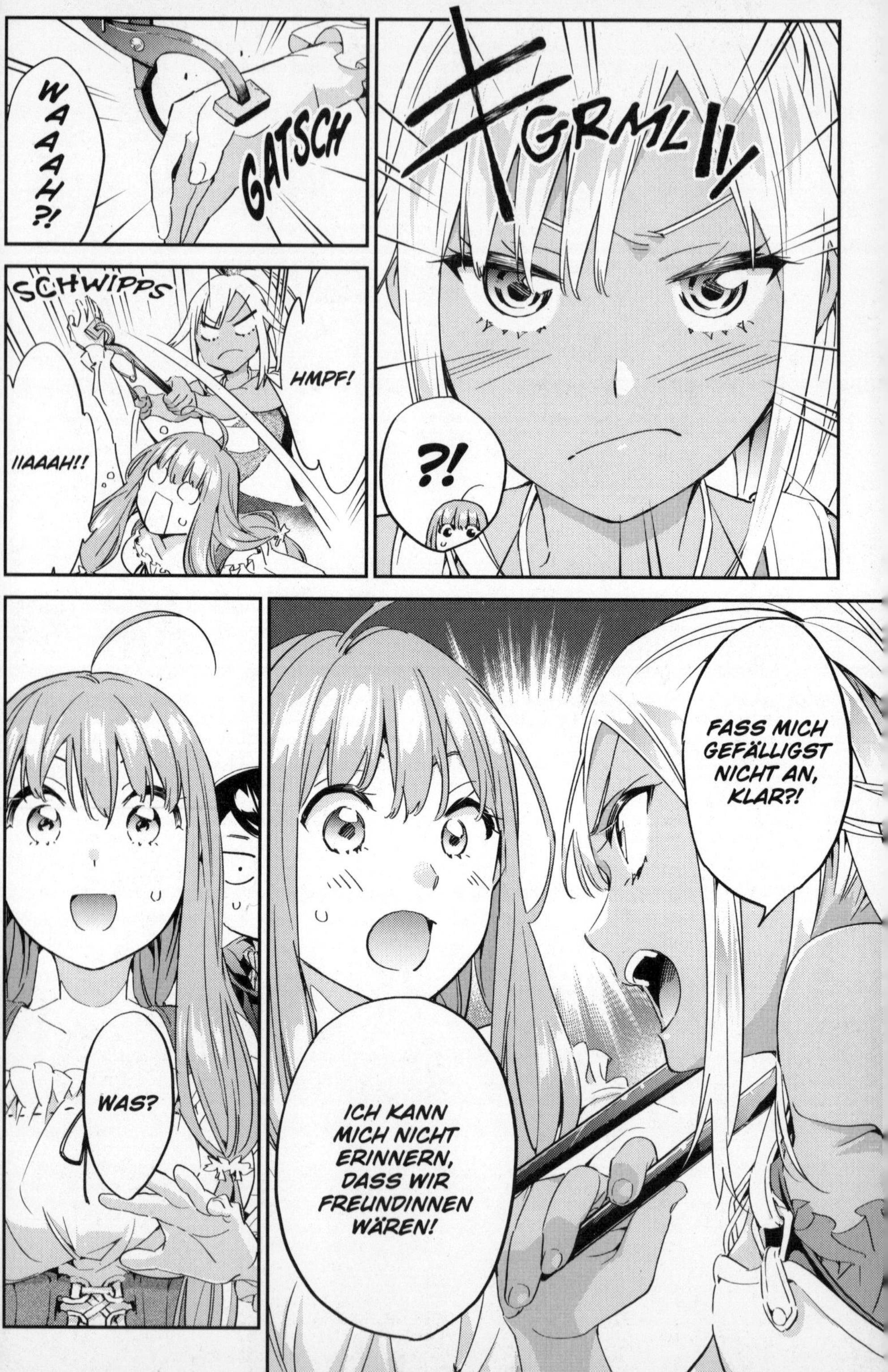
GRML
?!
GATSCH
WAAAAH?!
SCHWIPPS
HMPF!
IIAAAH!!
FASS MICH GEFÄLLIGST NICHT AN, KLAR?!
ICH KANN MICH NICHT ERINNERN, DASS WIR FREUNDINNEN WÄREN!
WAS?

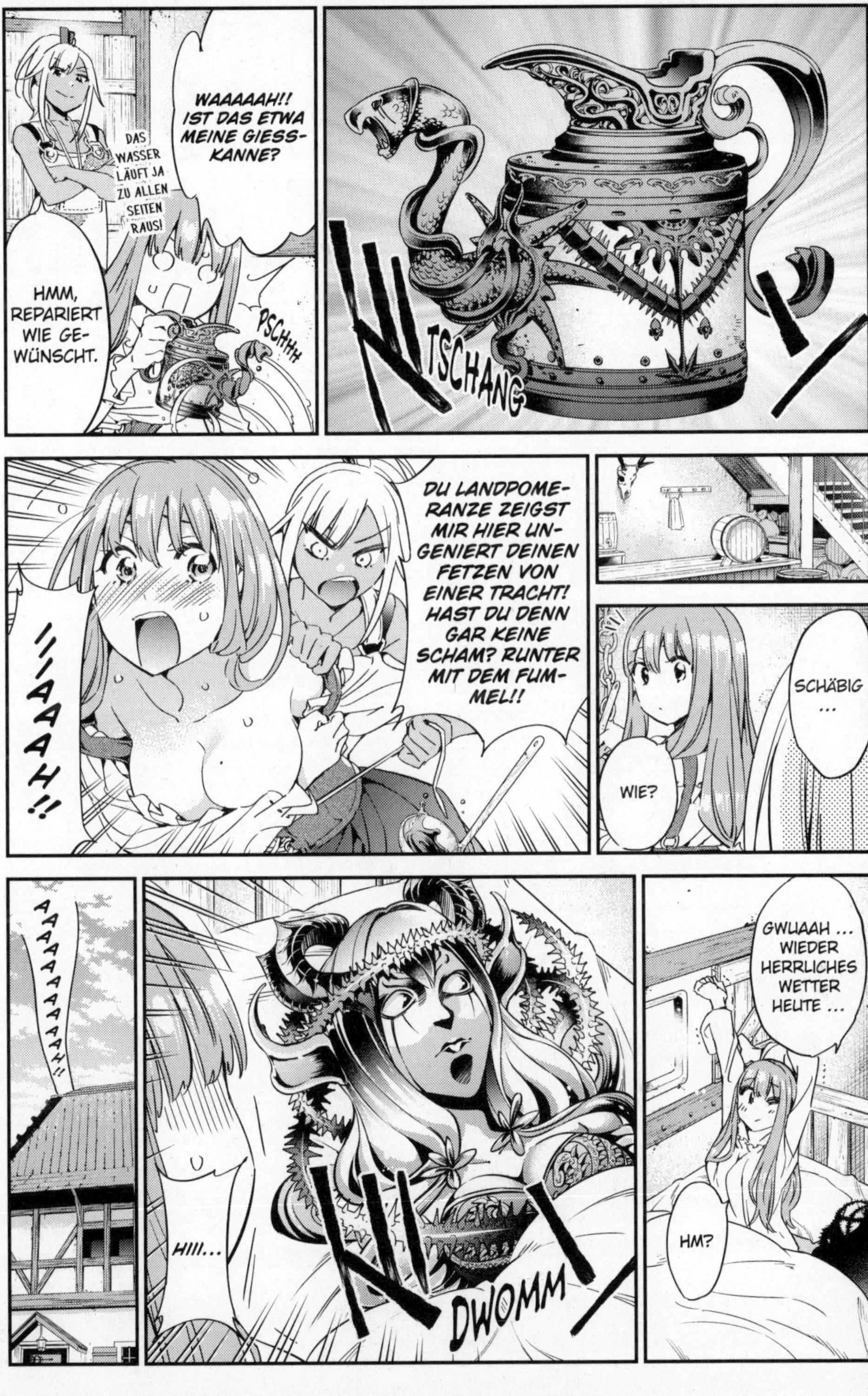
NITSCHANG
WAAAAAH!! IST DAS ETWA MEINE GIESS-KANNE?
DAS WASSER LÄUFT JA ZU ALLEN SEITEN RAUS!
PSCHHH
HMM, REPARIERT WIE GE-WÜNSCHT.
SCHÄBIG …
WIE?
DU LANDPOME-RANZE ZEIGST MIR HIER UN-GENIERT DEINEN FETZEN VON EINER TRACHT! HAST DU DENN GAR KEINE SCHAM? RUNTER MIT DEM FUM-MEL!!
IIIAAAAH!!
GWUAAH … WIEDER HERRLICHES WETTER HEUTE …
HM?
DWOMM
HIII…
AAAAAAAAAAAH!!

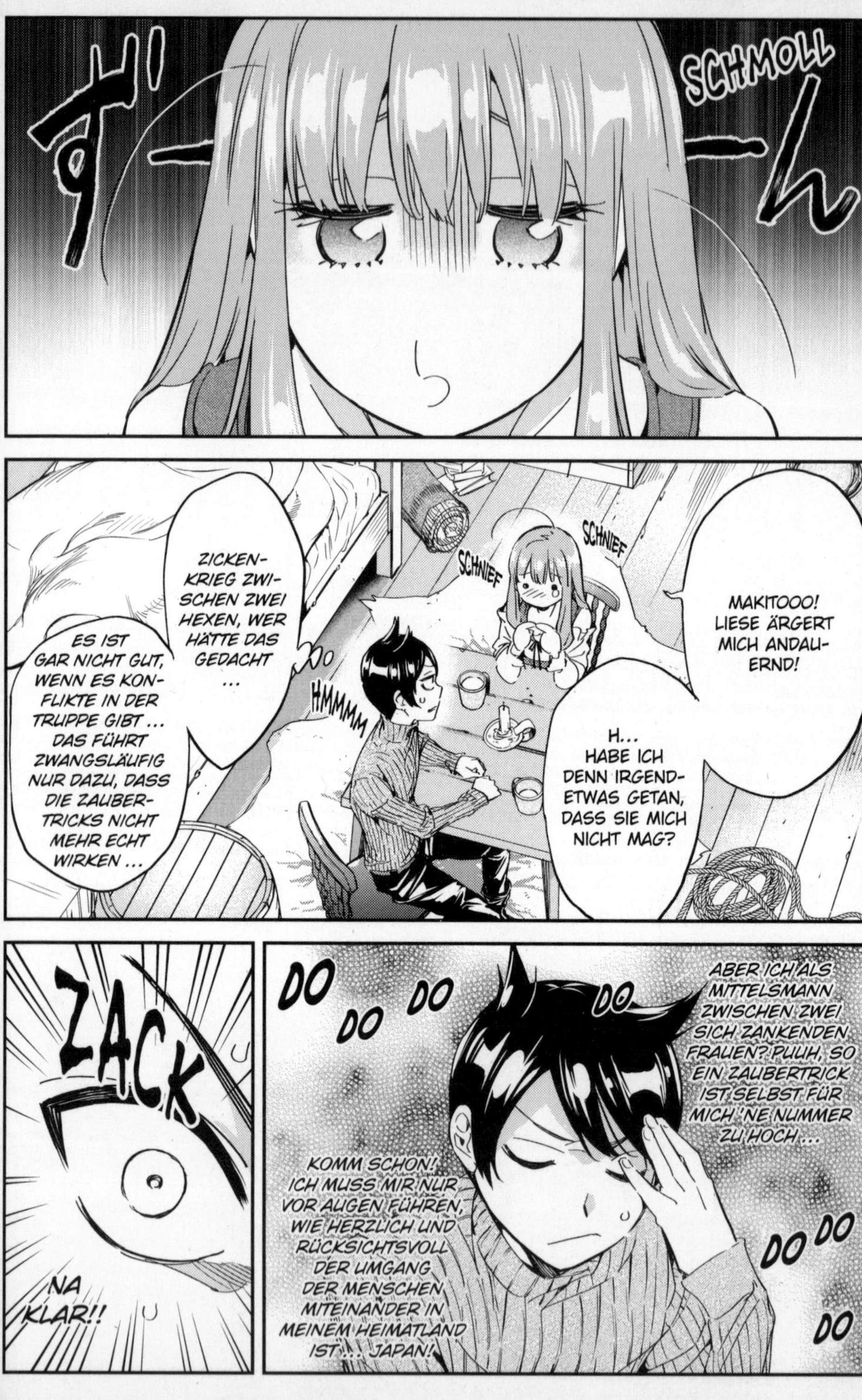

すー
SCHMOLL
ん
MAKITOOO! LIESE ÄRGERT MICH ANDAUERND!
SCHNIEF
SCHNIEF
H... HABE ICH DENN IRGENDETWAS GETAN, DASS SIE MICH NICHT MAG?
ZICKENKRIEG ZWISCHEN ZWEI HEXEN, WER HÄTTE DAS GEDACHT ...
HMMMM
ES IST GAR NICHT GUT, WENN ES KONFLIKTE IN DER TRUPPE GIBT ... DAS FÜHRT ZWANGSLÄUFIG NUR DAZU, DASS DIE ZAUBERTRICKS NICHT MEHR ECHT WIRKEN ...
DO DO DO DO
ABER ICH ALS MITTELSMANN ZWISCHEN ZWEI SICH ZANKENDEN FRAUEN? PUUH, SO EIN ZAUBERTRICK IST SELBST FÜR MICH 'NE NUMMER ZU HOCH ...
KOMM SCHON! ICH MUSS MIR NUR VOR AUGEN FÜHREN, WIE HERZLICH UND RÜCKSICHTSVOLL DER UMGANG DER MENSCHEN MITEINANDER IN MEINEM HEIMATLAND IST ... JAPAN!
DO DO DO DO
ZACK
NA KLAR!!

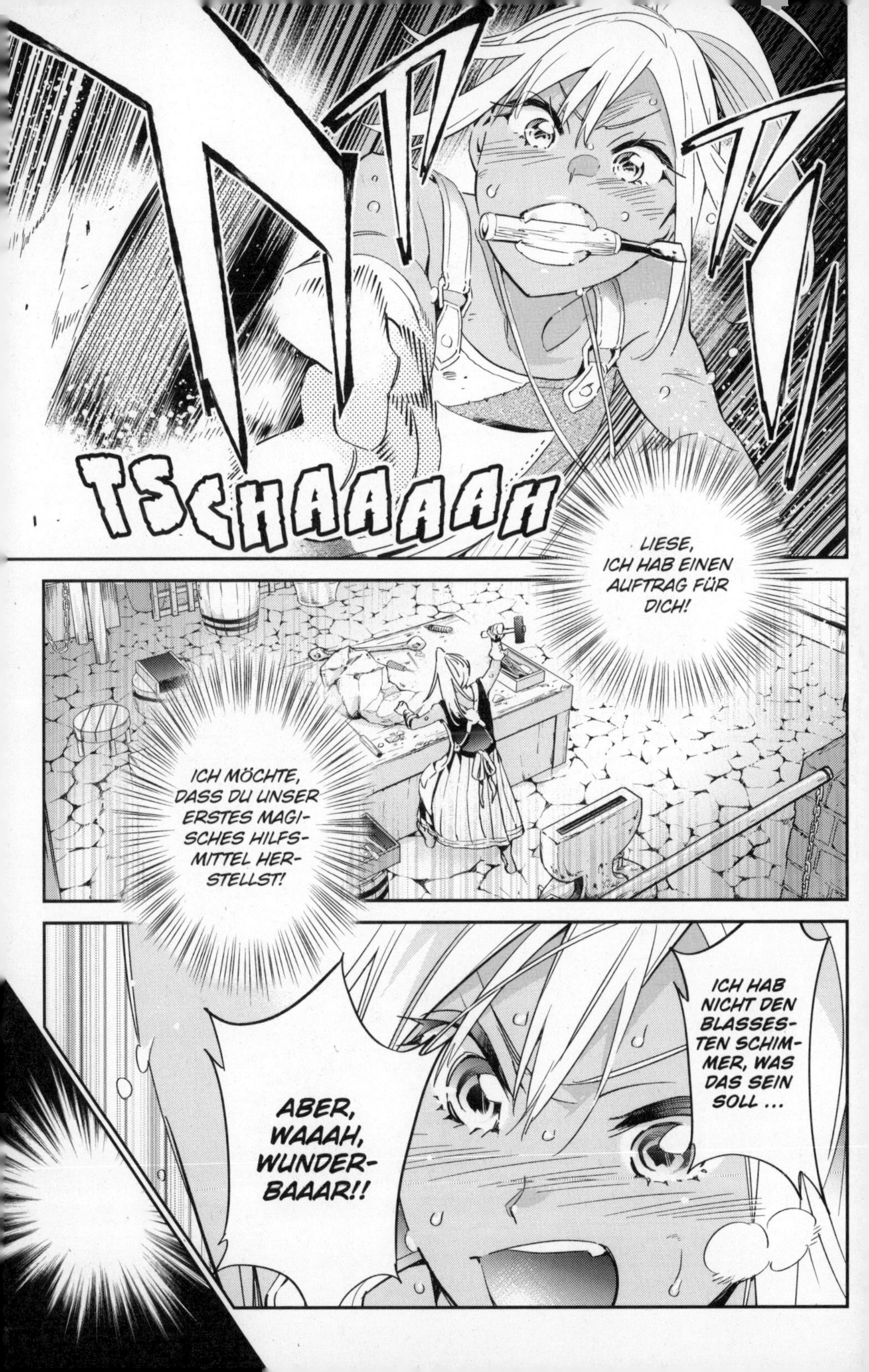
TSCHAAAAAH
LIESE, ICH HAB EINEN AUFTRAG FÜR DICH!
ICH MÖCHTE, DASS DU UNSER ERSTES MAGI-SCHES HILFS-MITTEL HER-STELLST!
ICH HAB NICHT DEN BLASSES-TEN SCHIM-MER, WAS DAS SEIN SOLL …
ABER, WAAAH, WUNDER-BAAAR!!

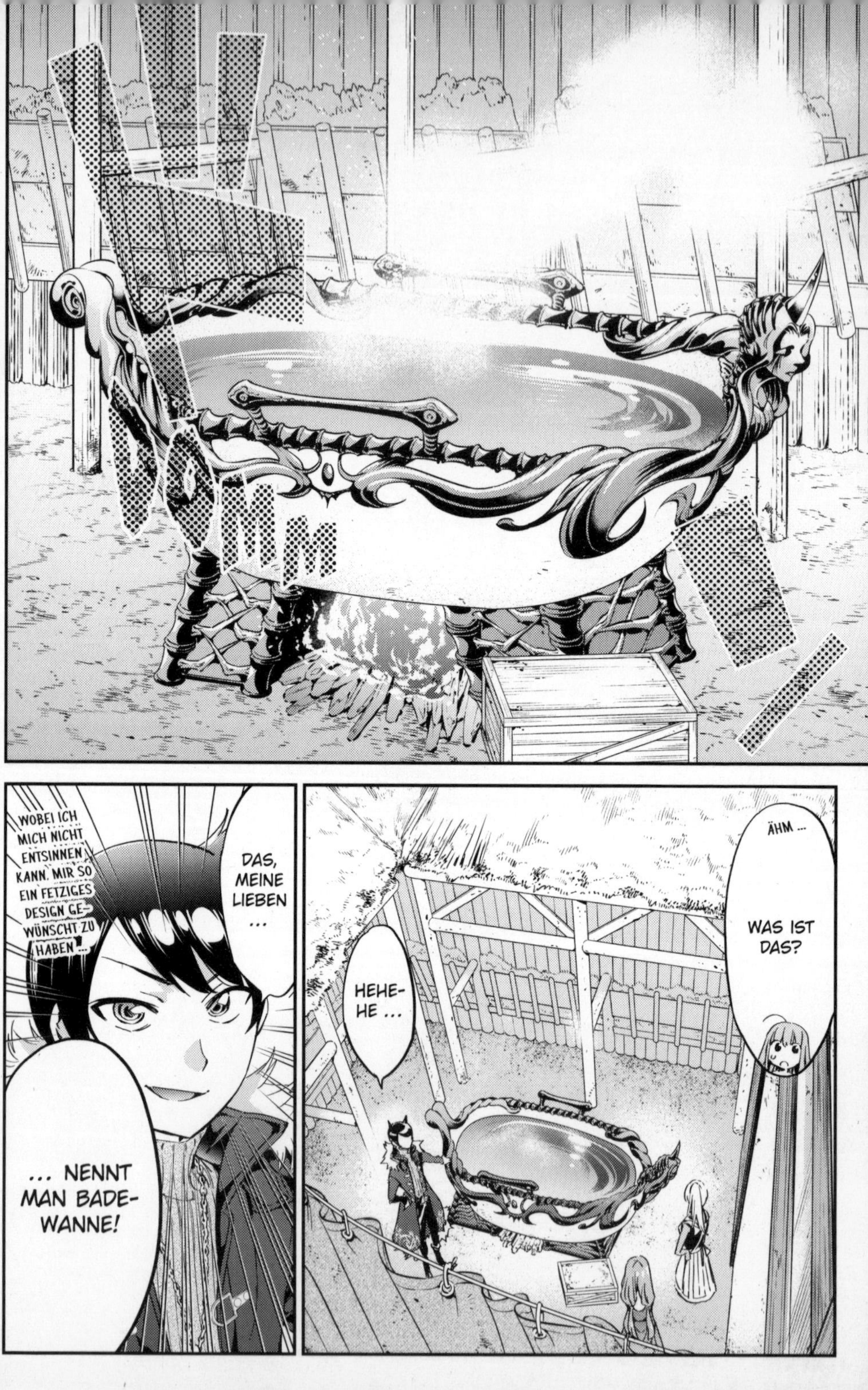
ÄHM …
WAS IST DAS?
HEHEHE …
DAS, MEINE LIEBEN …
… NENNT MAN BADEWANNE!
WOBEI ICH MICH NICHT ENTSINNEN KANN, MIR SO EIN FETZIGES DESIGN GEWÜNSCHT ZU HABEN …

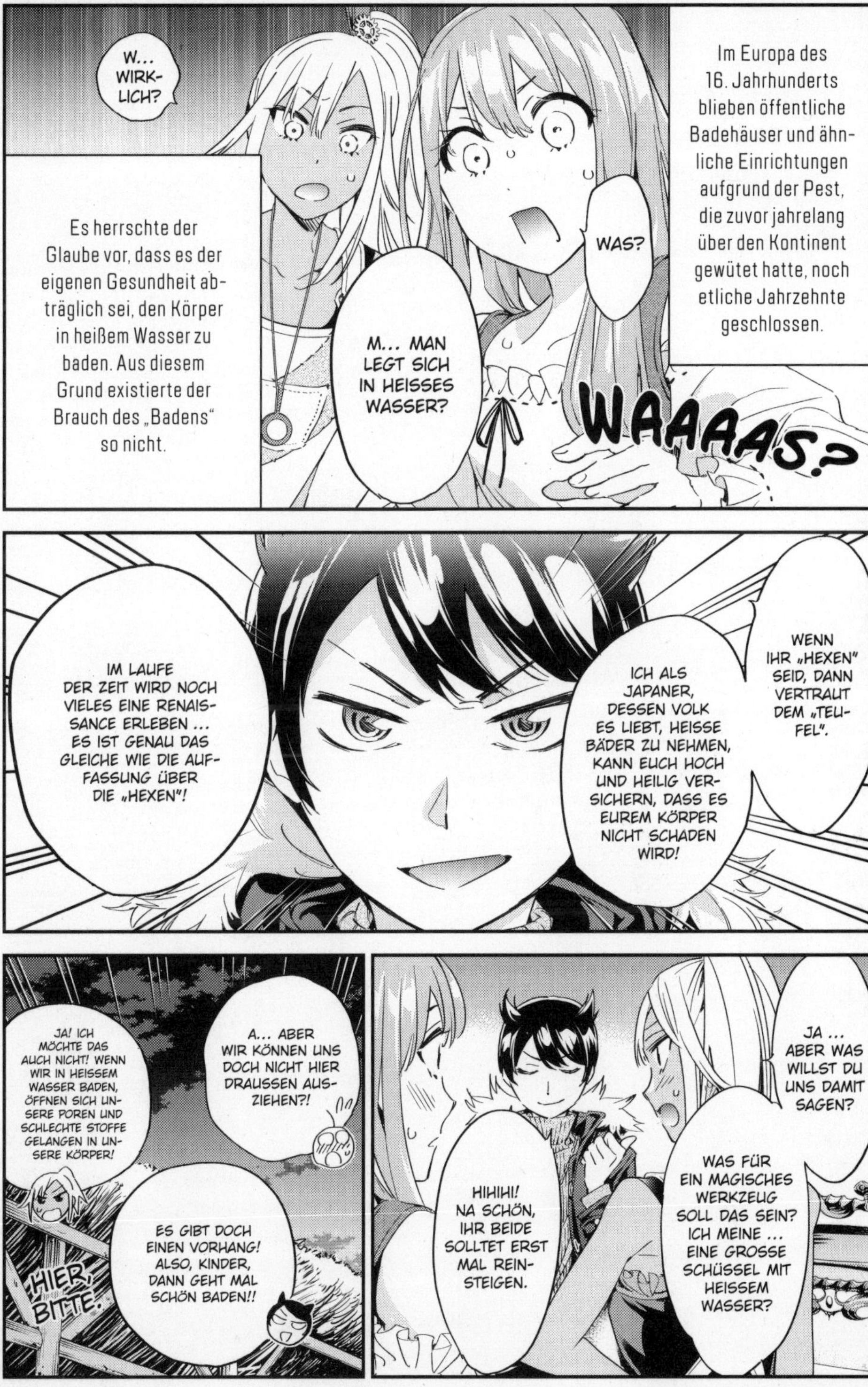
Im Europa des 16. Jahrhunderts blieben öffentliche Badehäuser und ähnliche Einrichtungen aufgrund der Pest, die zuvor jahrelang über den Kontinent gewütet hatte, noch etliche Jahrzehnte geschlossen.
WAS?
WAAAAS?
W… WIRKLICH?
M… MAN LEGT SICH IN HEISSES WASSER?
Es herrschte der Glaube vor, dass es der eigenen Gesundheit abträglich sei, den Körper in heißem Wasser zu baden. Aus diesem Grund existierte der Brauch des „Badens“ so nicht.
WENN IHR „HEXEN“ SEID, DANN VERTRAUT DEM „TEUFEL“.
ICH ALS JAPANER, DESSEN VOLK ES LIEBT, HEISSE BÄDER ZU NEHMEN, KANN EUCH HOCH UND HEILIG VERSICHERN, DASS ES EUREM KÖRPER NICHT SCHADEN WIRD!
IM LAUFE DER ZEIT WIRD NOCH VIELES EINE RENAISSANCE ERLEBEN … ES IST GENAU DAS GLEICHE WIE DIE AUFFASSUNG ÜBER DIE „HEXEN“!
JA … ABER WAS WILLST DU UNS DAMIT SAGEN?
WAS FÜR EIN MAGISCHES WERKZEUG SOLL DAS SEIN? ICH MEINE … EINE GROSSE SCHÜSSEL MIT HEISSEM WASSER?
HIHIHI! NA SCHÖN, IHR BEIDE SOLLTET ERST MAL REINSTEIGEN.
A… ABER WIR KÖNNEN UNS DOCH NICHT HIER DRAUSSEN AUSZIEHEN?!
JA! ICH MÖCHTE DAS AUCH NICHT! WENN WIR IN HEISSEM WASSER BADEN, ÖFFNEN SICH UNSERE POREN UND SCHLECHTE STOFFE GELANGEN IN UNSERE KÖRPER!
ES GIBT DOCH EINEN VORHANG! ALSO, KINDER, DANN GEHT MAL SCHÖN BADEN!!
HIER, BITTE.

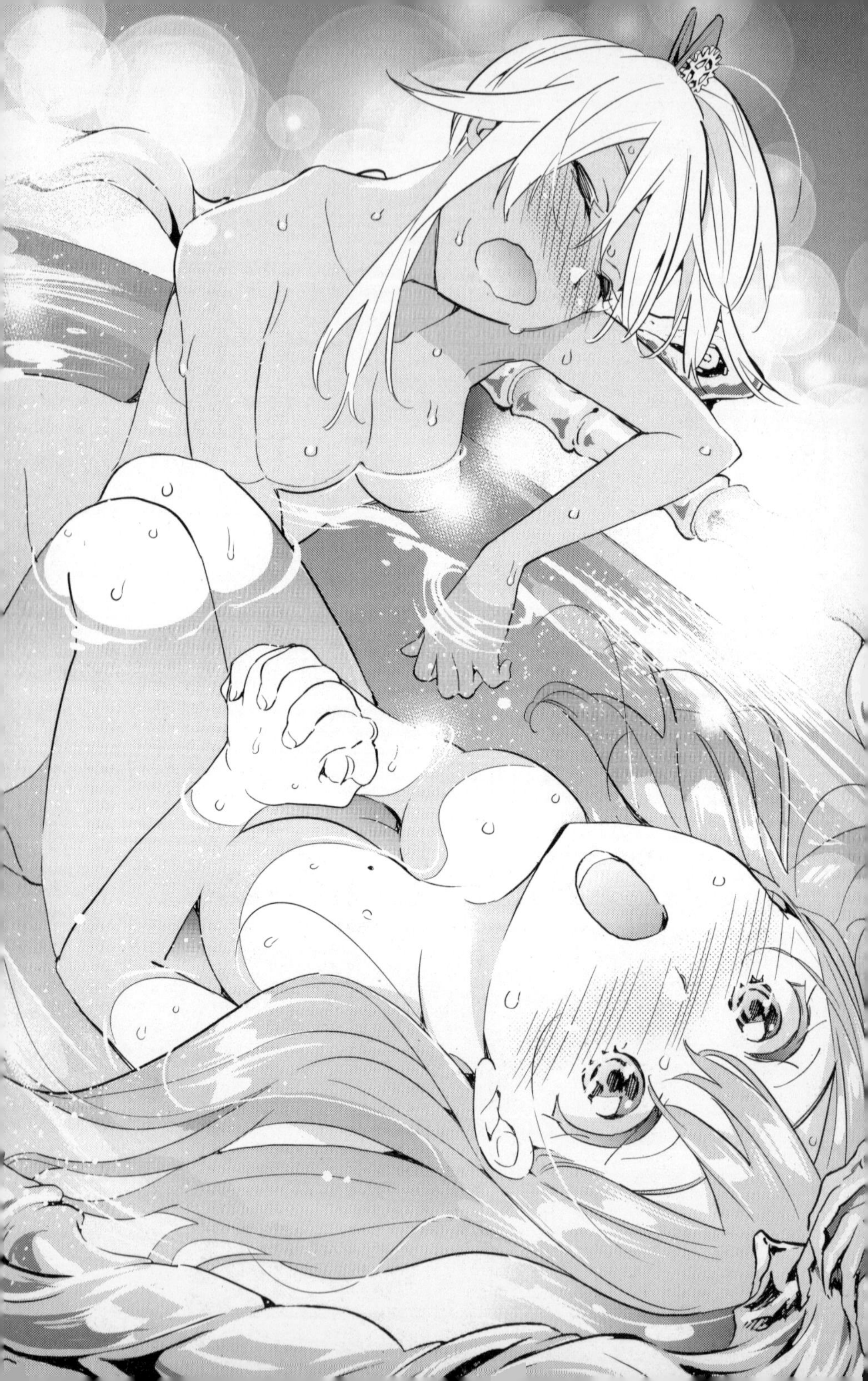

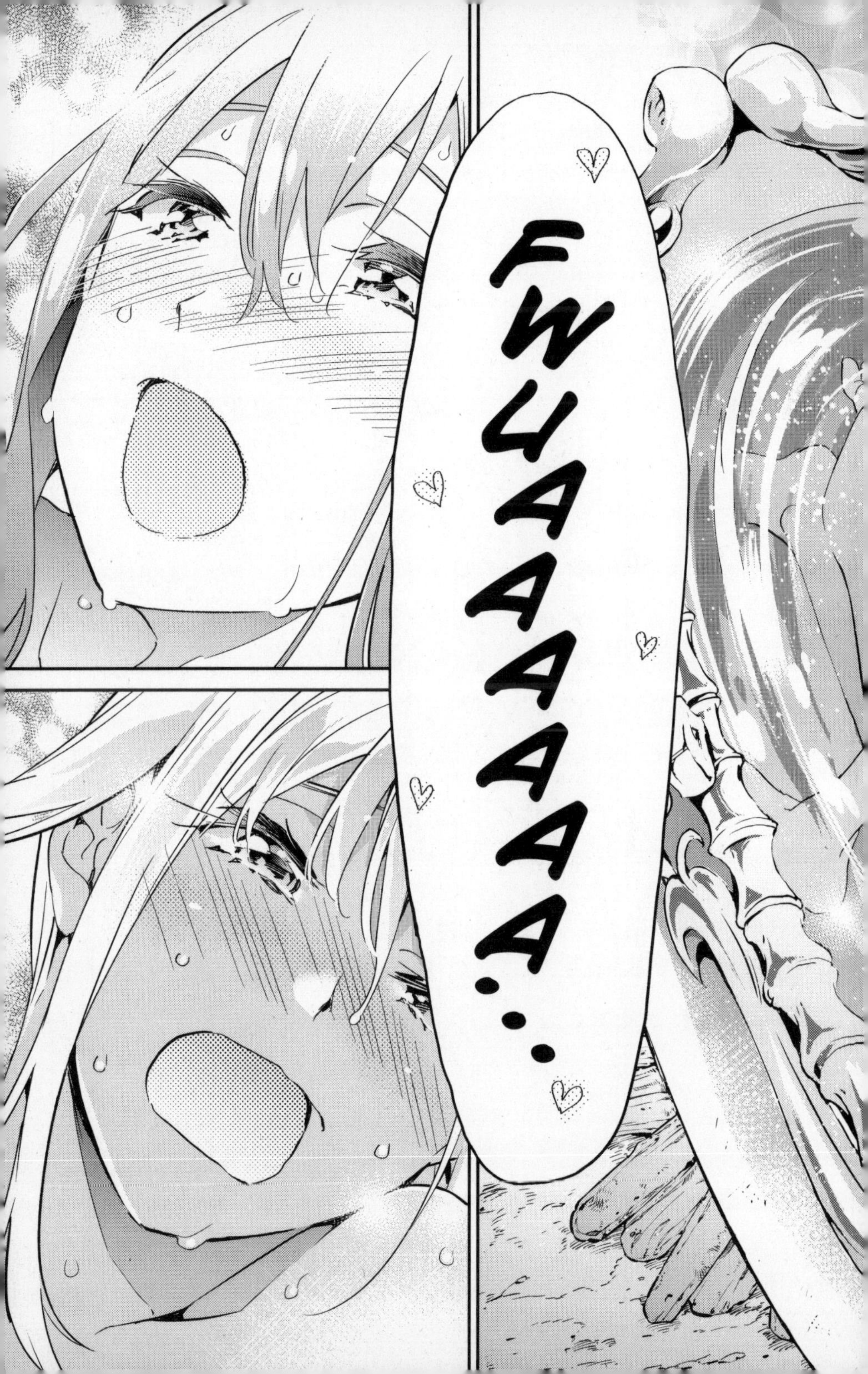
FWUAAAAAAA...

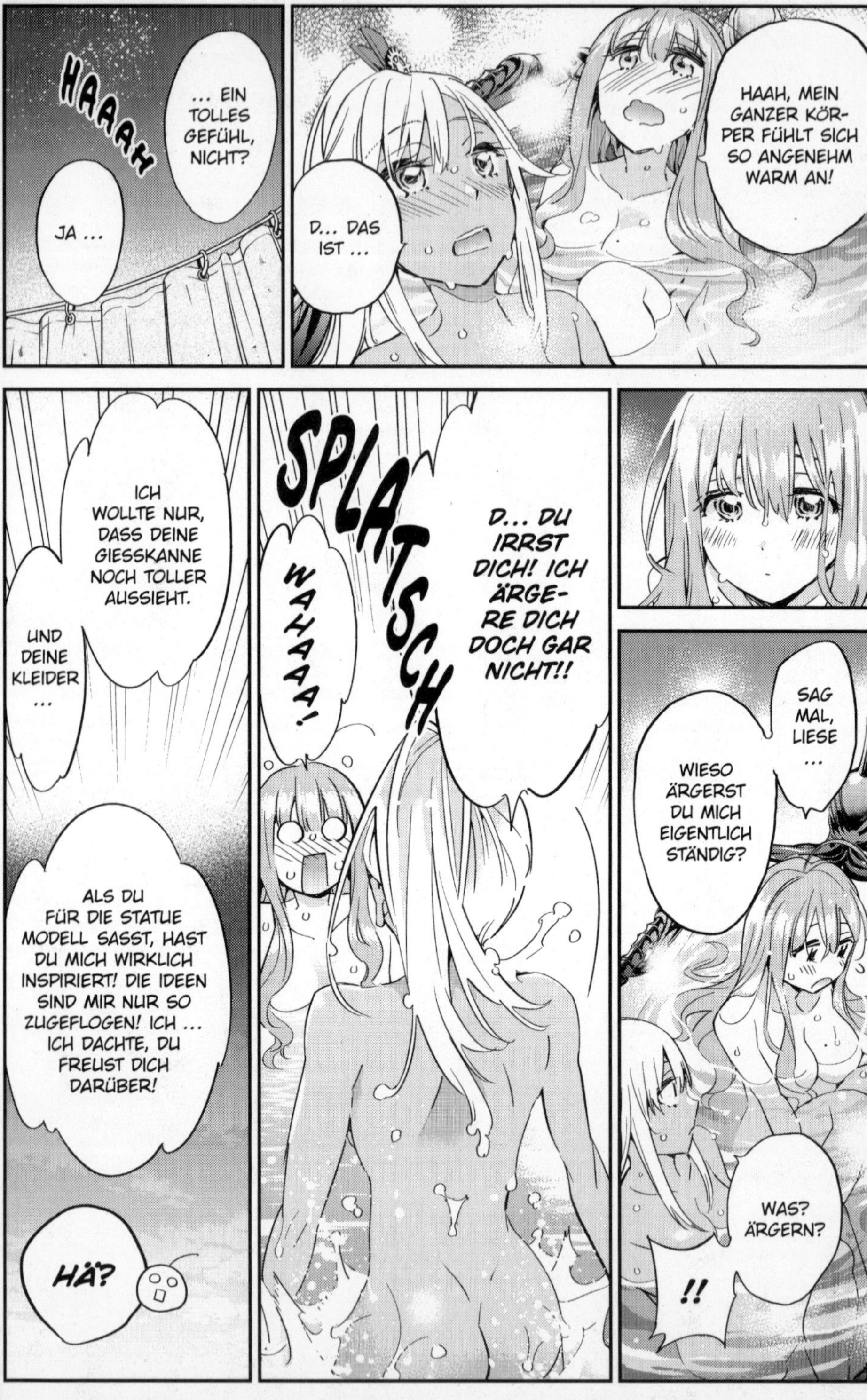

HAAH, MEIN GANZER KÖRPER FÜHLT SICH SO ANGENEHM WARM AN!
D… DAS IST …
HAAAAH
… EIN TOLLES GEFÜHL, NICHT?
JA …
SAG MAL, LIESE …
WIESO ÄRGERST DU MICH EIGENTLICH STÄNDIG?
WAS? ÄRGERN?
!!
SPLATSCH
D… DU IRRST DICH! ICH ÄRGERE DICH DOCH GAR NICHT!!
WAHAAAA!
ICH WOLLTE NUR, DASS DEINE GIESSKANNE NOCH TOLLER AUSSIEHT.
UND DEINE KLEIDER …
ALS DU FÜR DIE STATUE MODELL SASST, HAST DU MICH WIRKLICH INSPIRIERT! DIE IDEEN SIND MIR NUR SO ZUGEFLOGEN! ICH … ICH DACHTE, DU FREUST DICH DARÜBER!
HÄ?

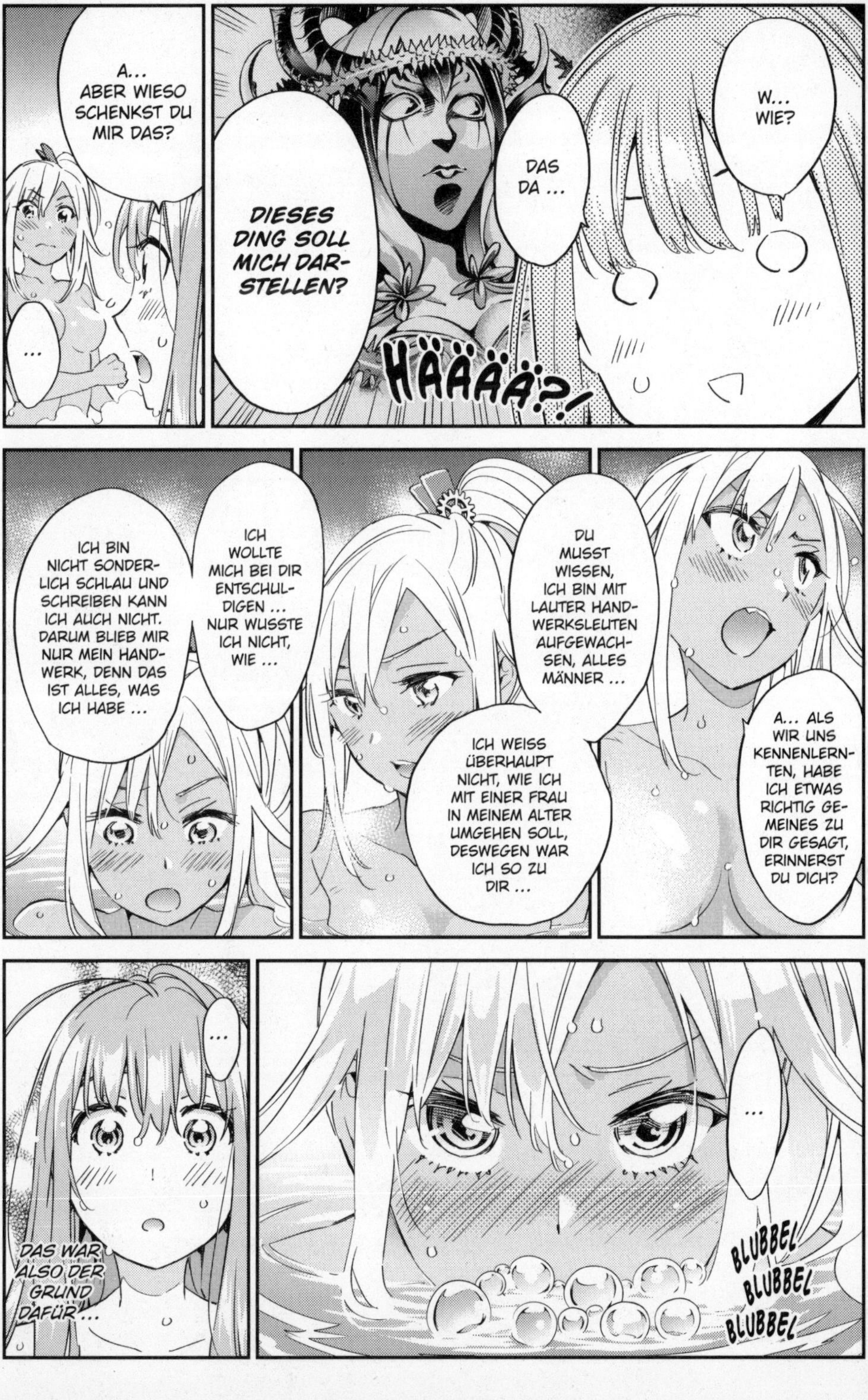
W… WIE?
DAS DA …
DIESES DING SOLL MICH DARSTELLEN?
HÄÄÄÄ?!
A… ABER WIESO SCHENKST DU MIR DAS?
…
DU MUSST WISSEN, ICH BIN MIT LAUTER HANDWERKSLEUTEN AUFGEWACHSEN, ALLES MÄNNER …
A… ALS WIR UNS KENNENLERNTEN, HABE ICH ETWAS RICHTIG GEMEINES ZU DIR GESAGT, ERINNERST DU DICH?
ICH WEISS ÜBERHAUPT NICHT, WIE ICH MIT EINER FRAU IN MEINEM ALTER UMGEHEN SOLL, DESWEGEN WAR ICH SO ZU DIR …
ICH WOLLTE MICH BEI DIR ENTSCHULDIGEN … NUR WUSSTE ICH NICHT, WIE …
ICH BIN NICHT SONDERLICH SCHLAU UND SCHREIBEN KANN ICH AUCH NICHT. DARUM BLIEB MIR NUR MEIN HANDWERK, DENN DAS IST ALLES, WAS ICH HABE …
…
BLUBBEL BLUBBEL BLUBBEL
…
!
DAS WAR ALSO DER GRUND DAFÜR …

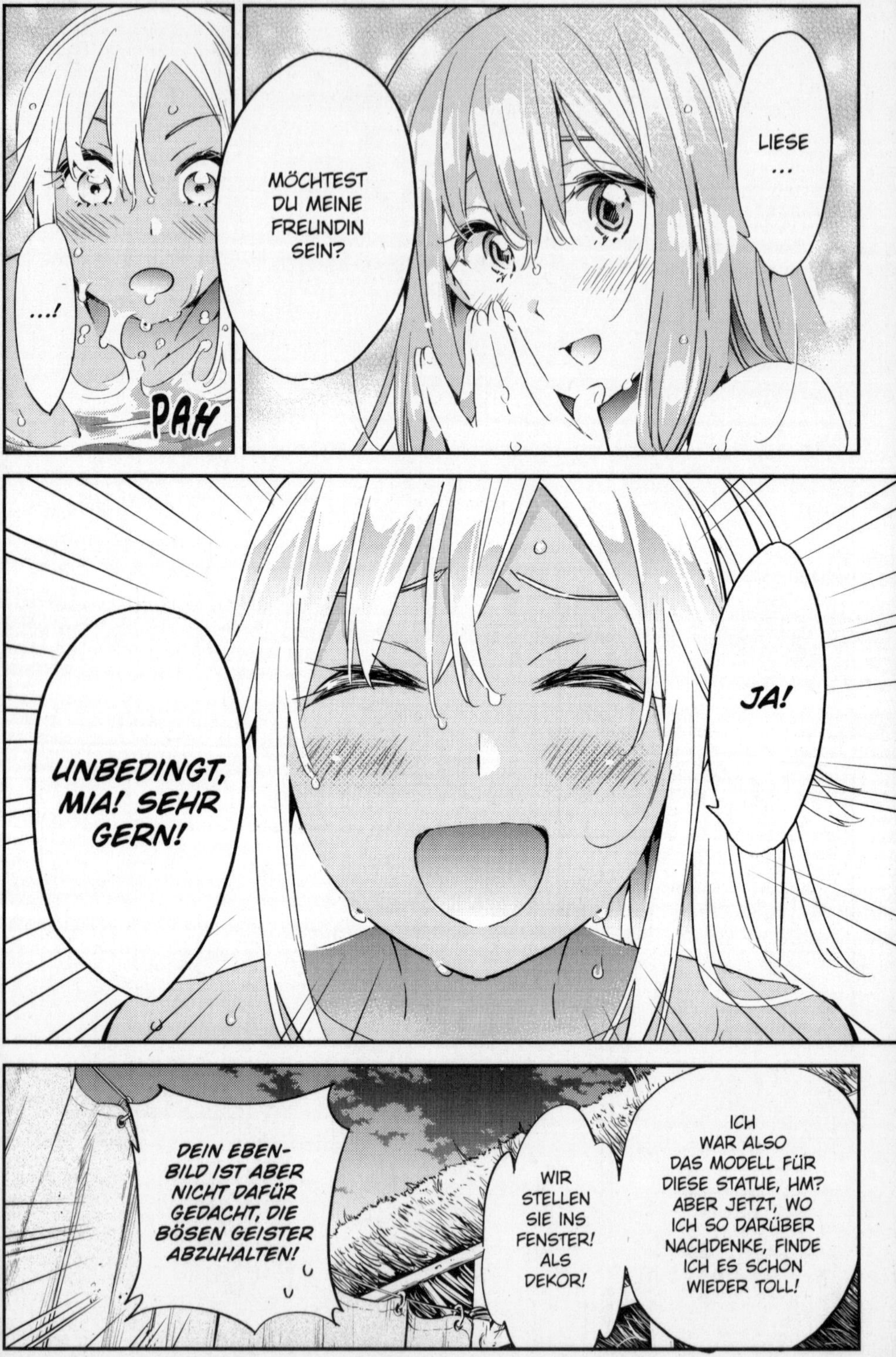
LIESE ...
MÖCHTEST DU MEINE FREUNDIN SEIN?
...!
PAH
JA!
UNBEDINGT, MIA! SEHR GERN!
ICH WAR ALSO DAS MODELL FÜR DIESE STATUE, HM? ABER JETZT, WO ICH SO DARÜBER NACHDENKE, FINDE ICH ES SCHON WIEDER TOLL!
WIR STELLEN SIE INS FENSTER! ALS DEKOR!
DEIN EBEN-BILD IST ABER NICHT DAFÜR GEDACHT, DIE BÖSEN GEISTER ABZUHALTEN!

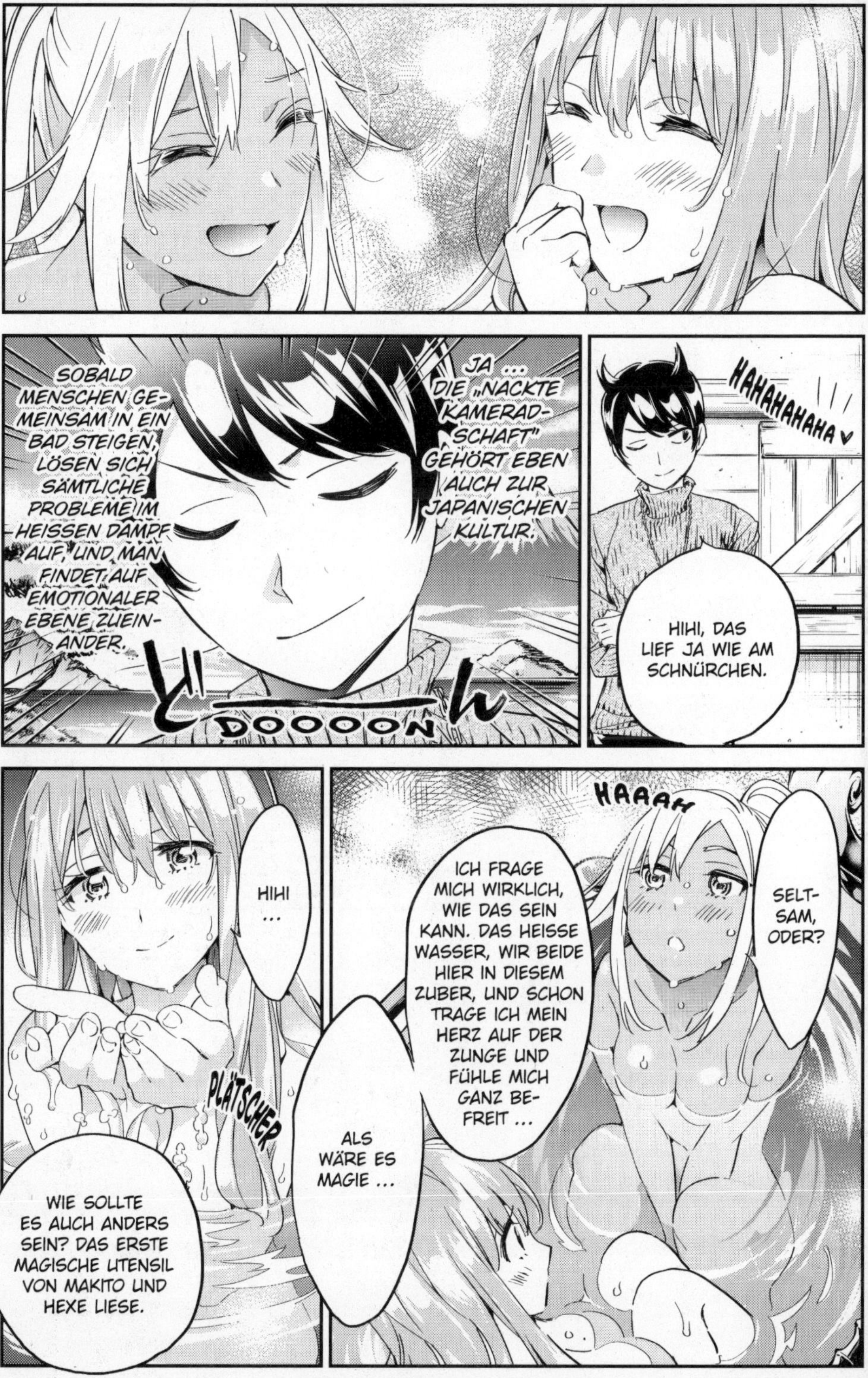
HAHAHAHAHA♥
HIHI, DAS LIEF JA WIE AM SCHNÜRCHEN.
JA ... DIE „NACKTE KAMERADSCHAFT" GEHÖRT EBEN AUCH ZUR JAPANISCHEN KULTUR.
SOBALD MENSCHEN GEMEINSAM IN EIN BAD STEIGEN, LÖSEN SICH SÄMTLICHE PROBLEME IM HEISSEN DAMPF AUF, UND MAN FINDET AUF EMOTIONALER EBENE ZUEINANDER.
DOOOOON
HAAAH
SELTSAM, ODER?
ICH FRAGE MICH WIRKLICH, WIE DAS SEIN KANN. DAS HEISSE WASSER, WIR BEIDE HIER IN DIESEM ZUBER, UND SCHON TRAGE ICH MEIN HERZ AUF DER ZUNGE UND FÜHLE MICH GANZ BEFREIT ...
ALS WÄRE ES MAGIE ...
HIHI ...
PLÄTSCHER
WIE SOLLTE ES AUCH ANDERS SEIN? DAS ERSTE MAGISCHE UTENSIL VON MAKITO UND HEXE LIESE.

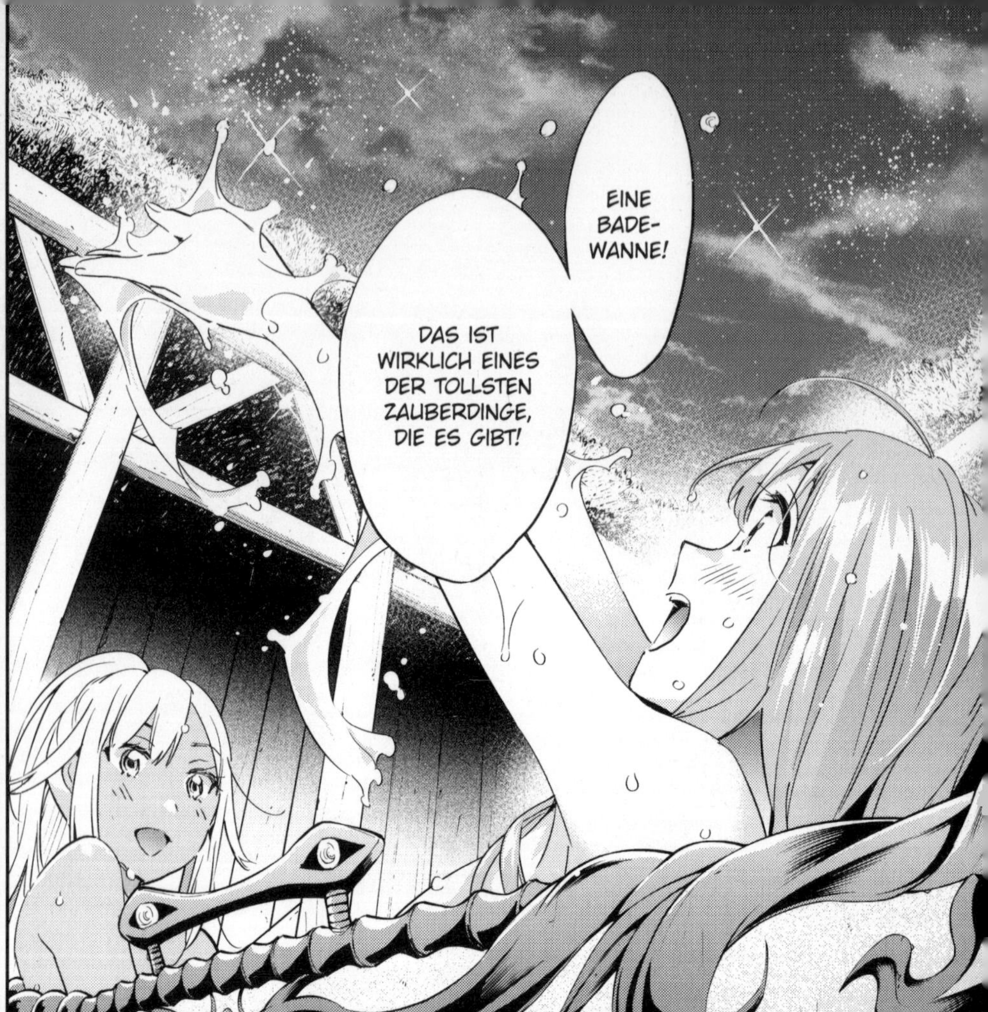
EINE BADE-WANNE!
DAS IST WIRKLICH EINES DER TOLLSTEN ZAUBERDINGE, DIE ES GIBT!

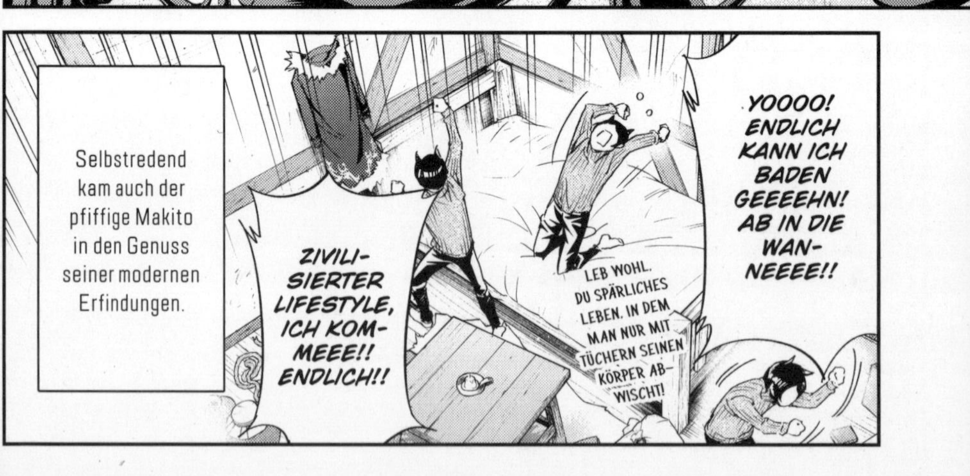
Selbstredend kam auch der pfiffige Makito in den Genuss seiner modernen Erfindungen.
YOOOO! ENDLICH KANN ICH BADEN GEEEEHN! AB IN DIE WAN-NEEEE!!
LEB WOHL, DU SPÄRLICHES LEBEN, IN DEM MAN NUR MIT TÜCHERN SEINEN KÖRPER AB-WISCHT!
ZIVILI-SIERTER LIFESTYLE, ICH KOM-MEEE!! ENDLICH!!

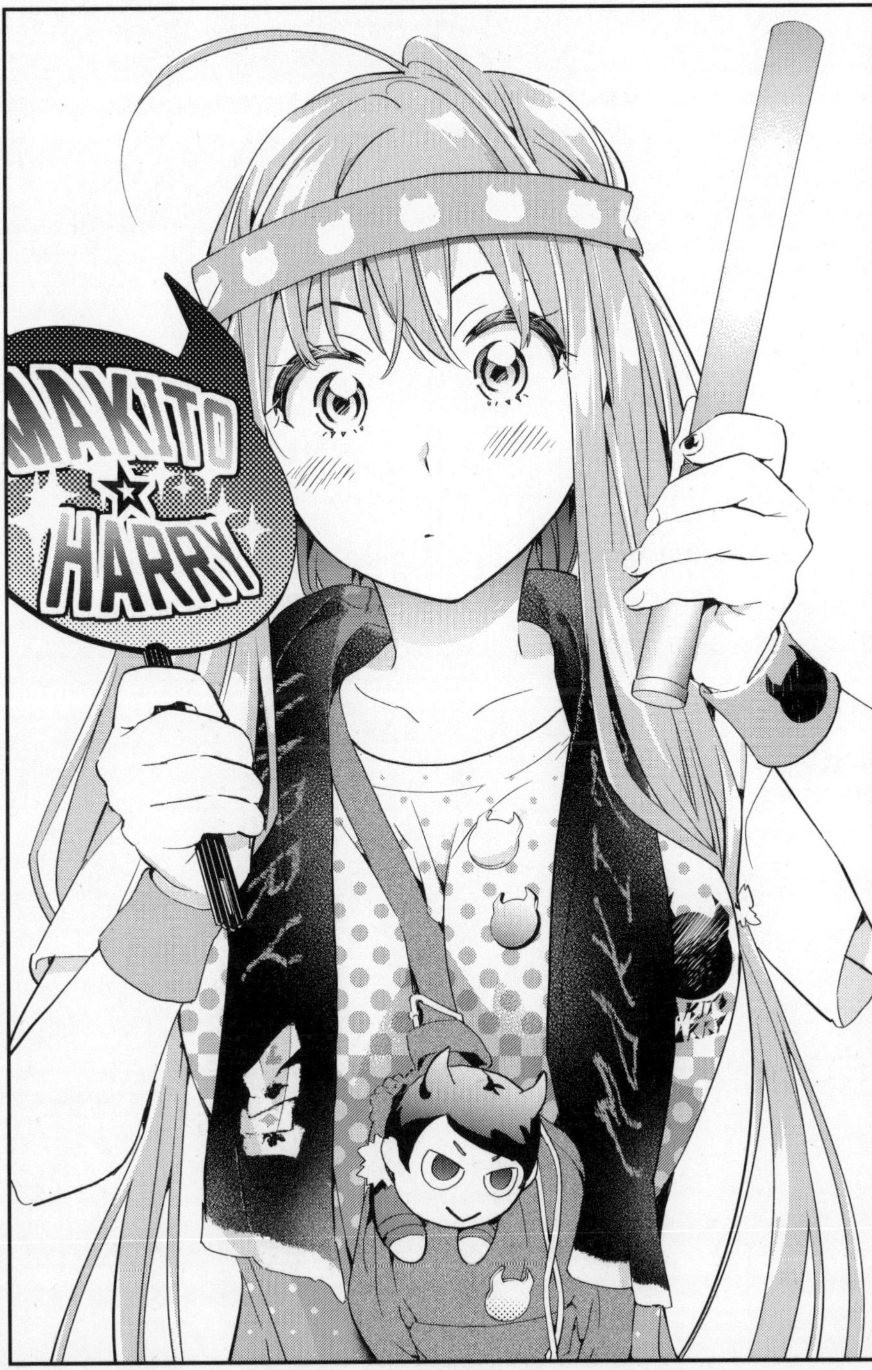

Kapitel 10 Das Mal des Teufels

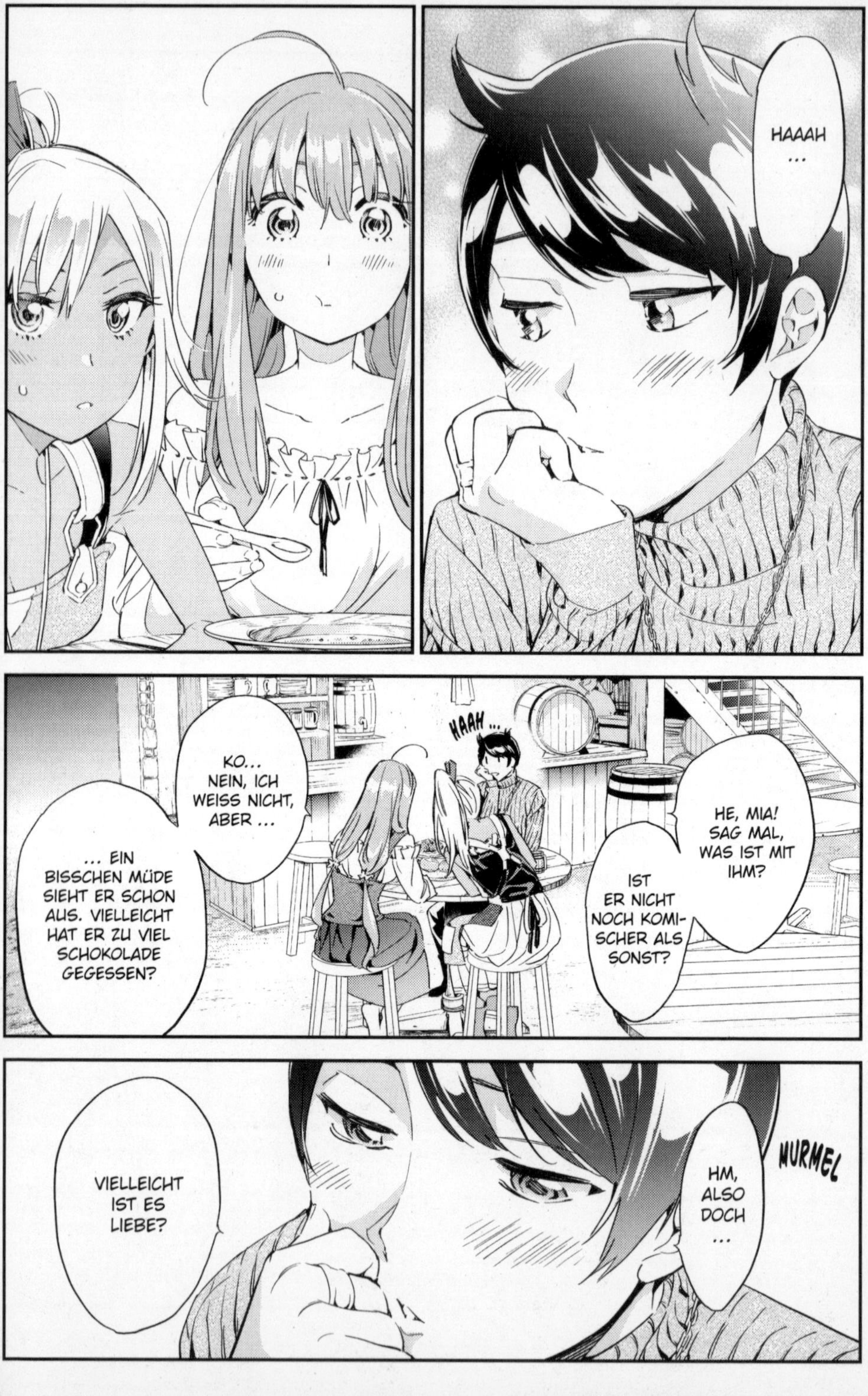
HAAAH …
HAAH …
HE, MIA! SAG MAL, WAS IST MIT IHM?
IST ER NICHT NOCH KOMISCHER ALS SONST?
KO… NEIN, ICH WEISS NICHT, ABER …
… EIN BISSCHEN MÜDE SIEHT ER SCHON AUS. VIELLEICHT HAT ER ZU VIEL SCHOKOLADE GEGESSEN?
MURMEL
HM, ALSO DOCH …
VIELLEICHT IST ES LIEBE?

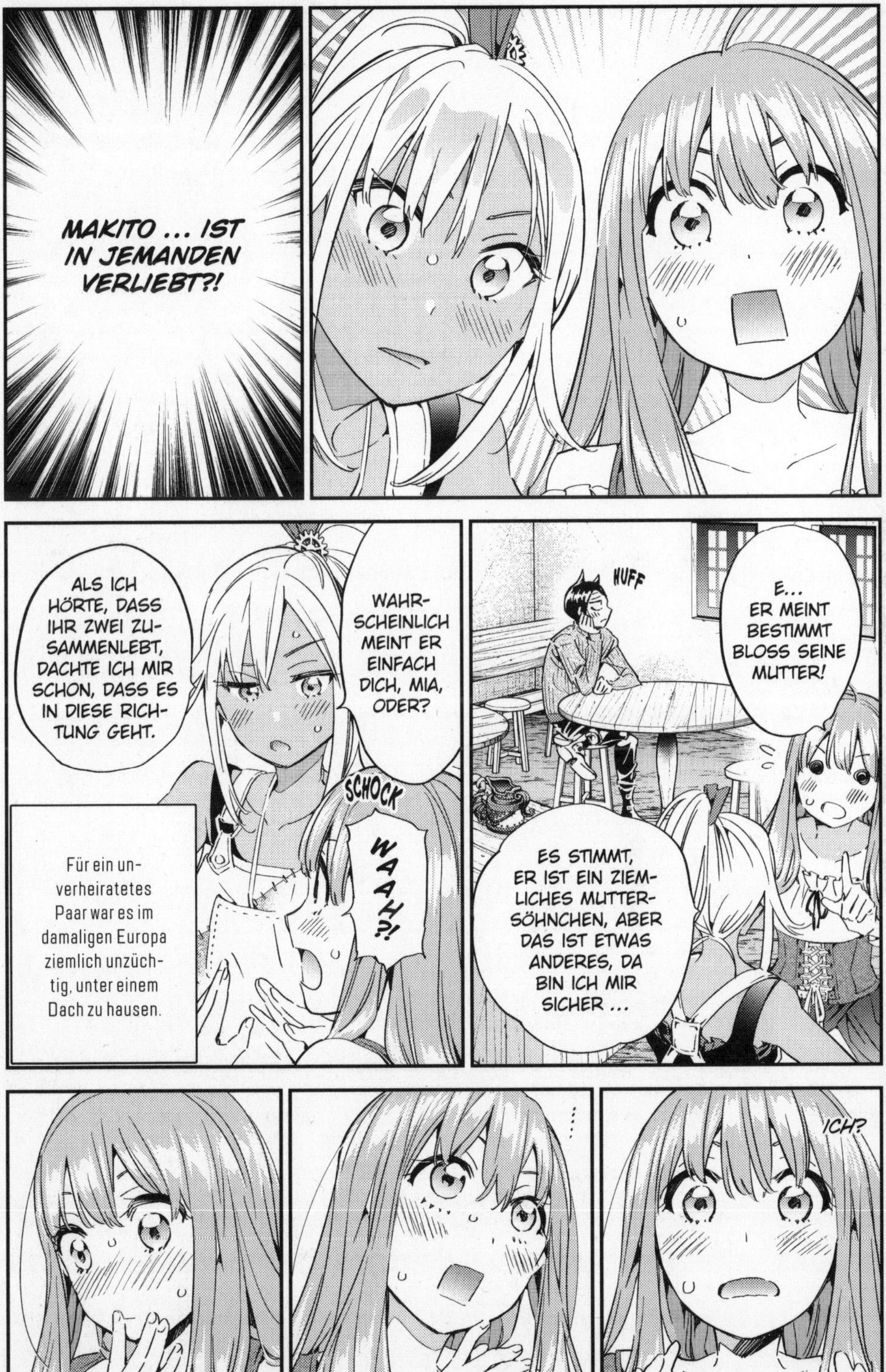

MAKITO … IST IN JEMANDEN VERLIEBT?!
E… ER MEINT BESTIMMT BLOSS SEINE MUTTER!
HUFF
ES STIMMT, ER IST EIN ZIEMLICHES MUTTERSÖHNCHEN, ABER DAS IST ETWAS ANDERES, DA BIN ICH MIR SICHER …
WAHRSCHEINLICH MEINT ER EINFACH DICH, MIA, ODER?
ALS ICH HÖRTE, DASS IHR ZWEI ZUSAMMENLEBT, DACHTE ICH MIR SCHON, DASS ES IN DIESE RICHTUNG GEHT.
SCHOCK
WAAAH?!
Für ein unverheiratetes Paar war es im damaligen Europa ziemlich unzüchtig, unter einem Dach zu hausen.
ICH?

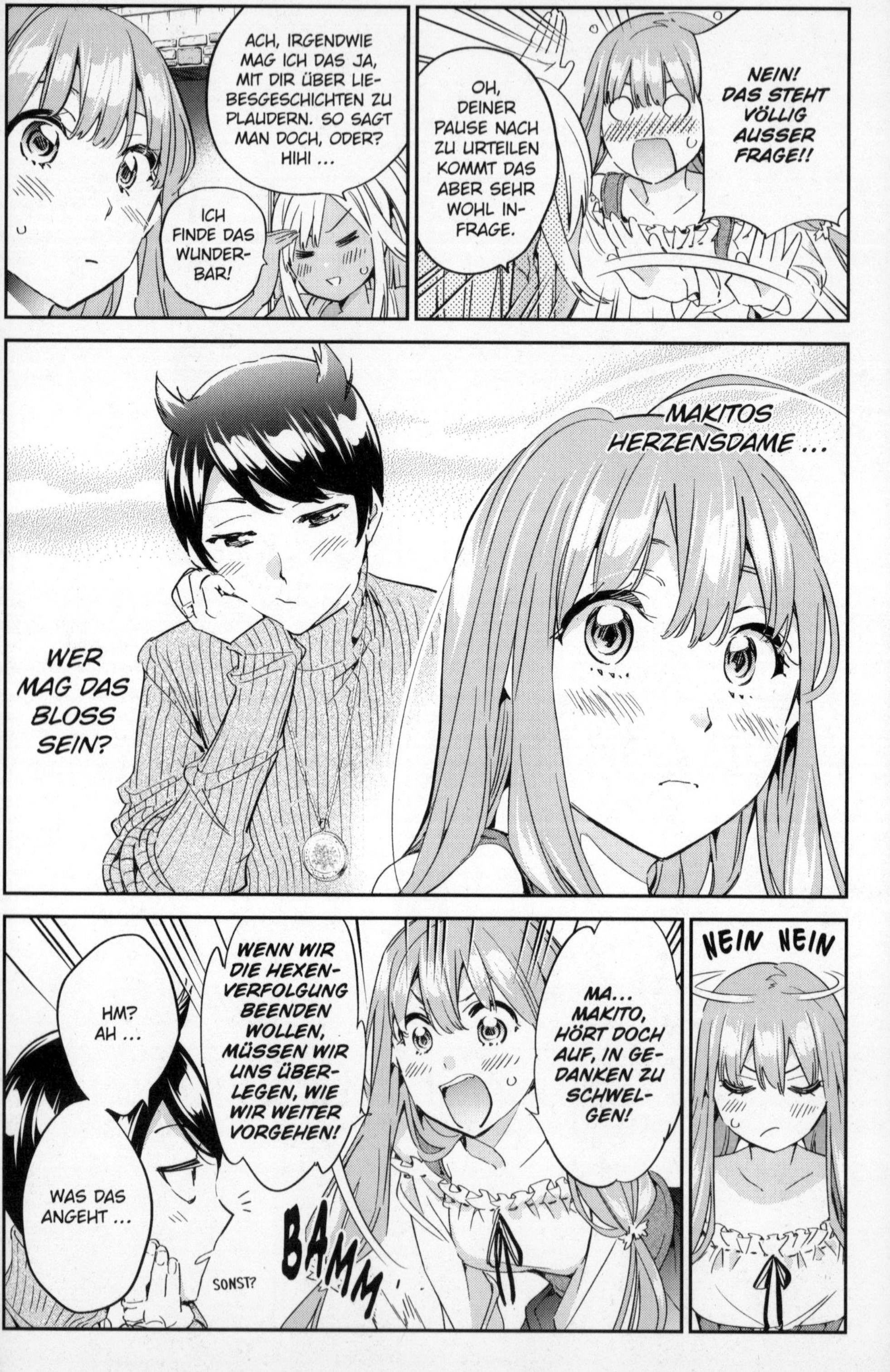
NEIN! DAS STEHT VÖLLIG AUSSER FRAGE!!
OH, DEINER PAUSE NACH ZU URTEILEN KOMMT DAS ABER SEHR WOHL INFRAGE.
ACH, IRGENDWIE MAG ICH DAS JA, MIT DIR ÜBER LIEBESGESCHICHTEN ZU PLAUDERN. SO SAGT MAN DOCH, ODER? HIHI …
ICH FINDE DAS WUNDERBAR!
MAKITOS HERZENSDAME …
WER MAG DAS BLOSS SEIN?
NEIN NEIN
MA… MAKITO, HÖRT DOCH AUF, IN GEDANKEN ZU SCHWELGEN!
WENN WIR DIE HEXENVERFOLGUNG BEENDEN WOLLEN, MÜSSEN WIR UNS ÜBERLEGEN, WIE WIR WEITER VORGEHEN!
BAMM
HM? AH …
WAS DAS ANGEHT …
SONST?

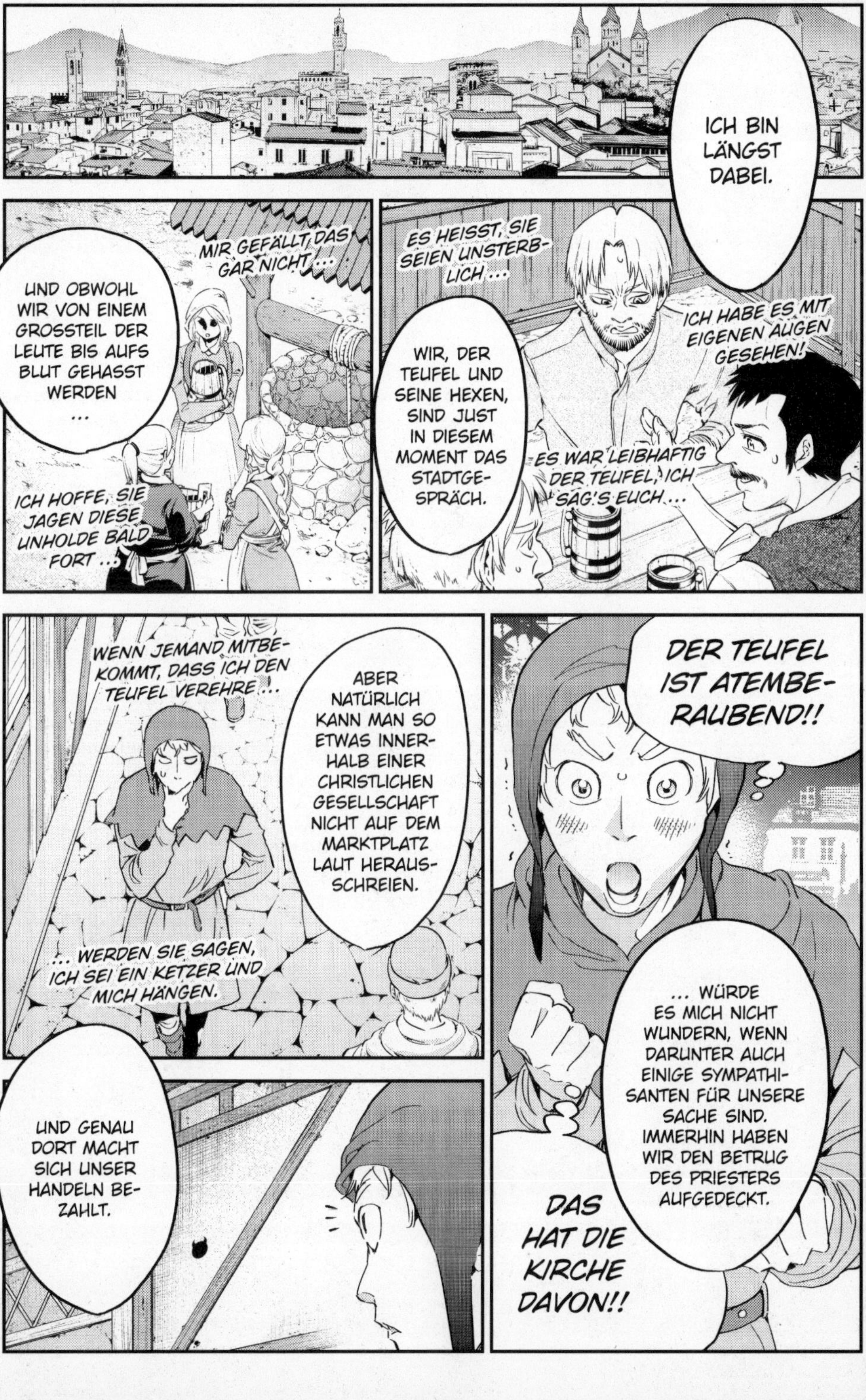
ICH BIN LÄNGST DABEI.
ES HEISST, SIE SEIEN UNSTERBLICH …
ICH HABE ES MIT EIGENEN AUGEN GESEHEN!
WIR, DER TEUFEL UND SEINE HEXEN, SIND JUST IN DIESEM MOMENT DAS STADTGESPRÄCH.
ES WAR LEIBHAFTIG DER TEUFEL, ICH SAG'S EUCH …
MIR GEFÄLLT DAS GAR NICHT …
UND OBWOHL WIR VON EINEM GROSSTEIL DER LEUTE BIS AUFS BLUT GEHASST WERDEN …
ICH HOFFE, SIE JAGEN DIESE UNHOLDE BALD FORT …
DER TEUFEL IST ATEMBERAUBEND!!
… WÜRDE ES MICH NICHT WUNDERN, WENN DARUNTER AUCH EINIGE SYMPATHISANTEN FÜR UNSERE SACHE SIND. IMMERHIN HABEN WIR DEN BETRUG DES PRIESTERS AUFGEDECKT.
DAS HAT DIE KIRCHE DAVON!!
WENN JEMAND MITBEKOMMT, DASS ICH DEN TEUFEL VEREHRE …
ABER NATÜRLICH KANN MAN SO ETWAS INNERHALB EINER CHRISTLICHEN GESELLSCHAFT NICHT AUF DEM MARKTPLATZ LAUT HERAUSSCHREIEN.
… WERDEN SIE SAGEN, ICH SEI EIN KETZER UND MICH HÄNGEN.
UND GENAU DORT MACHT SICH UNSER HANDELN BEZAHLT.

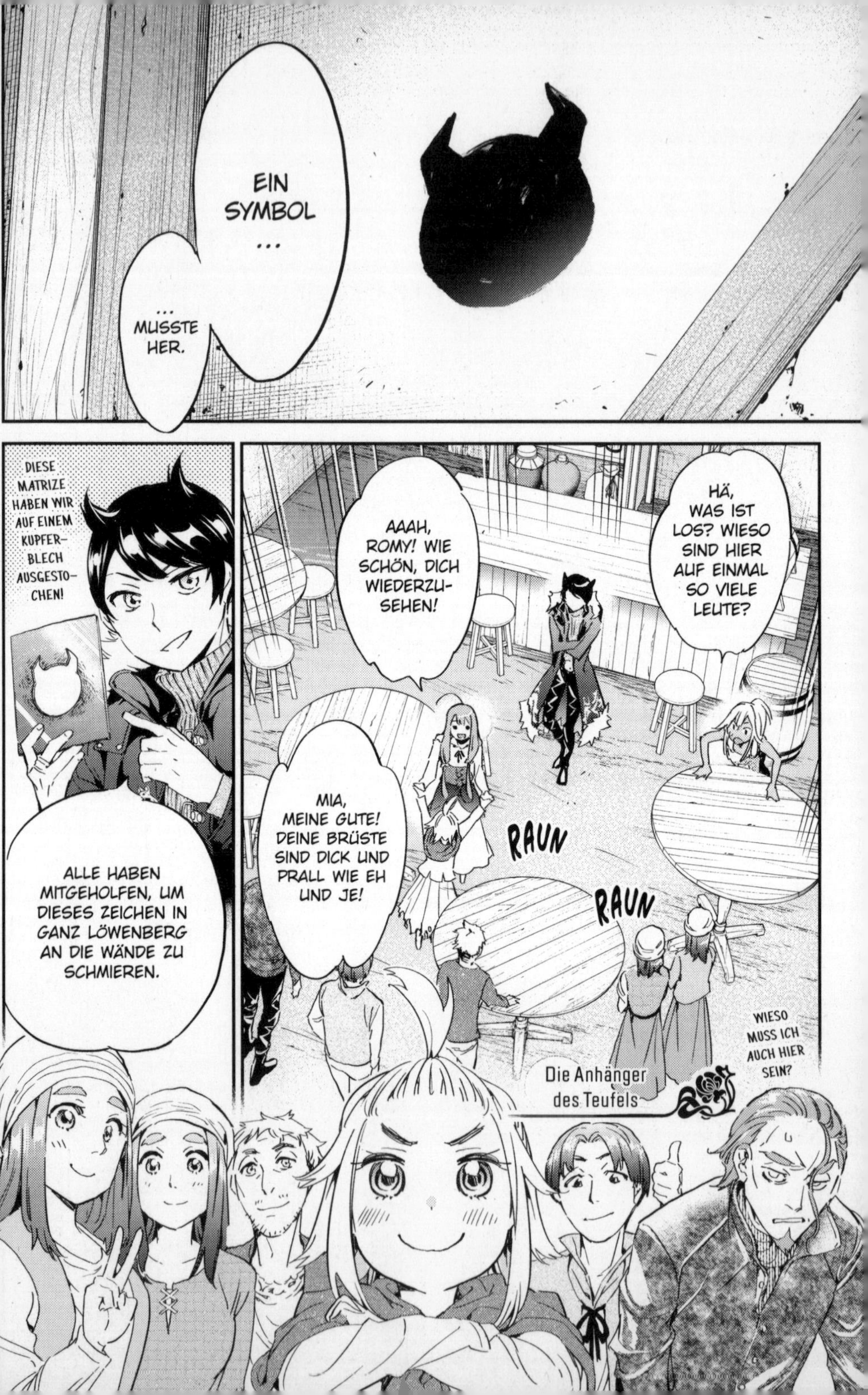

EIN SYMBOL ...
... MUSSTE HER.
HÄ, WAS IST LOS? WIESO SIND HIER AUF EINMAL SO VIELE LEUTE?
AAAH, ROMY! WIE SCHÖN, DICH WIEDERZUSEHEN!
MIA, MEINE GUTE! DEINE BRÜSTE SIND DICK UND PRALL WIE EH UND JE!
RAUN
RAUN
DIESE MATRIZE HABEN WIR AUF EINEM KUPFERBLECH AUSGESTOCHEN!
ALLE HABEN MITGEHOLFEN, UM DIESES ZEICHEN IN GANZ LÖWENBERG AN DIE WÄNDE ZU SCHMIEREN.
WIESO MUSS ICH AUCH HIER SEIN?
Die Anhänger des Teufels

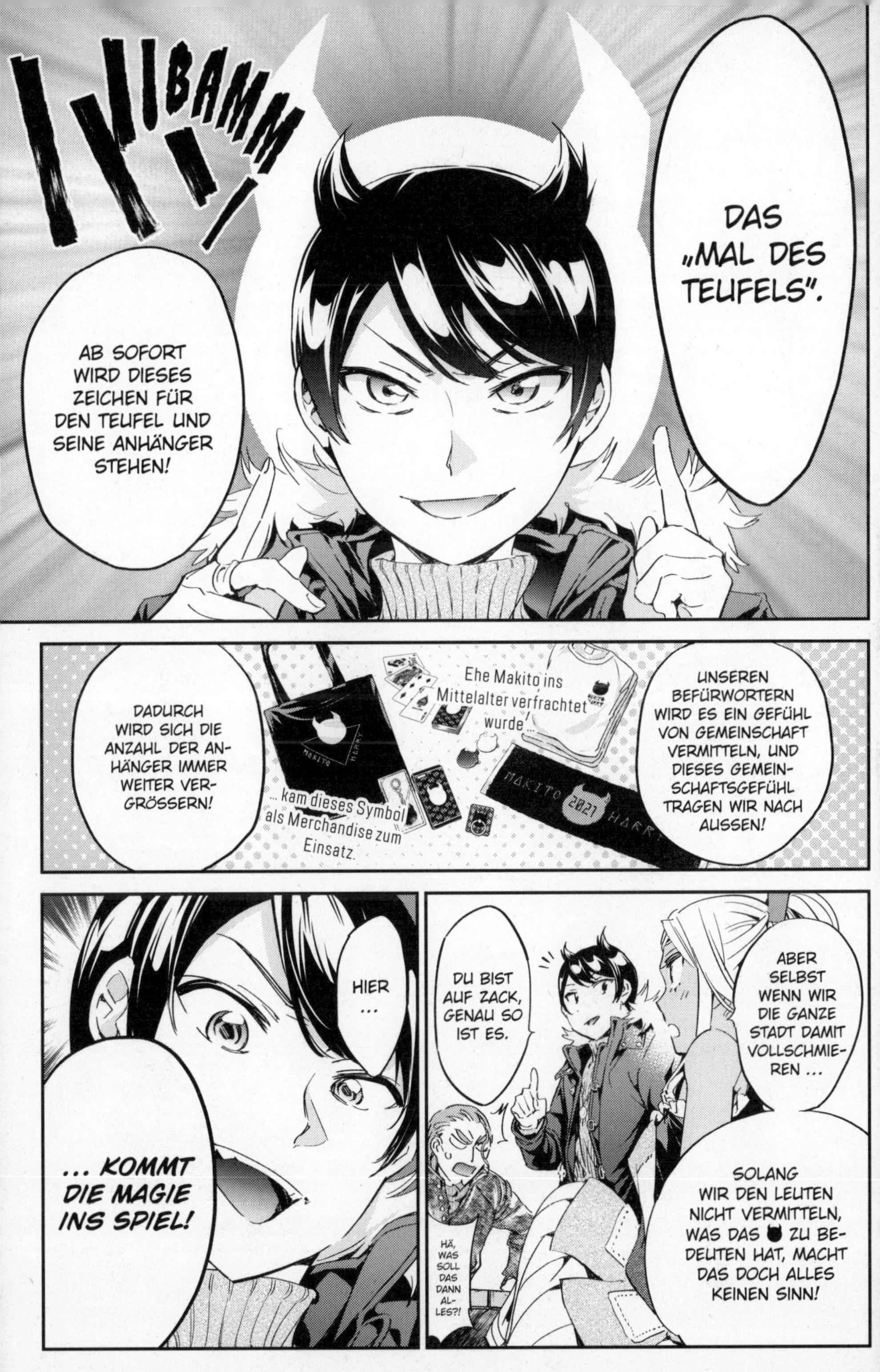
BAMM
DAS „MAL DES TEUFELS".
AB SOFORT WIRD DIESES ZEICHEN FÜR DEN TEUFEL UND SEINE ANHÄNGER STEHEN!
UNSEREN BEFÜRWORTERN WIRD ES EIN GEFÜHL VON GEMEINSCHAFT VERMITTELN, UND DIESES GEMEIN-SCHAFTSGEFÜHL TRAGEN WIR NACH AUSSEN!
Ehe Makito ins Mittelalter verfrachtet wurde ...
... kam dieses Symbol als Merchandise zum Einsatz.
MAKITO HARRY
MAKITO 2021 HARRY
DADURCH WIRD SICH DIE ANZAHL DER AN-HÄNGER IMMER WEITER VER-GRÖSSERN!
ABER SELBST WENN WIR DIE GANZE STADT DAMIT VOLLSCHMIE-REN ...
DU BIST AUF ZACK, GENAU SO IST ES.
SOLANG WIR DEN LEUTEN NICHT VERMITTELN, WAS DAS ZU BE-DEUTEN HAT, MACHT DAS DOCH ALLES KEINEN SINN!
HÄ, WAS SOLL DAS DANN AL-LES?!
HIER ...
... KOMMT DIE MAGIE INS SPIEL!

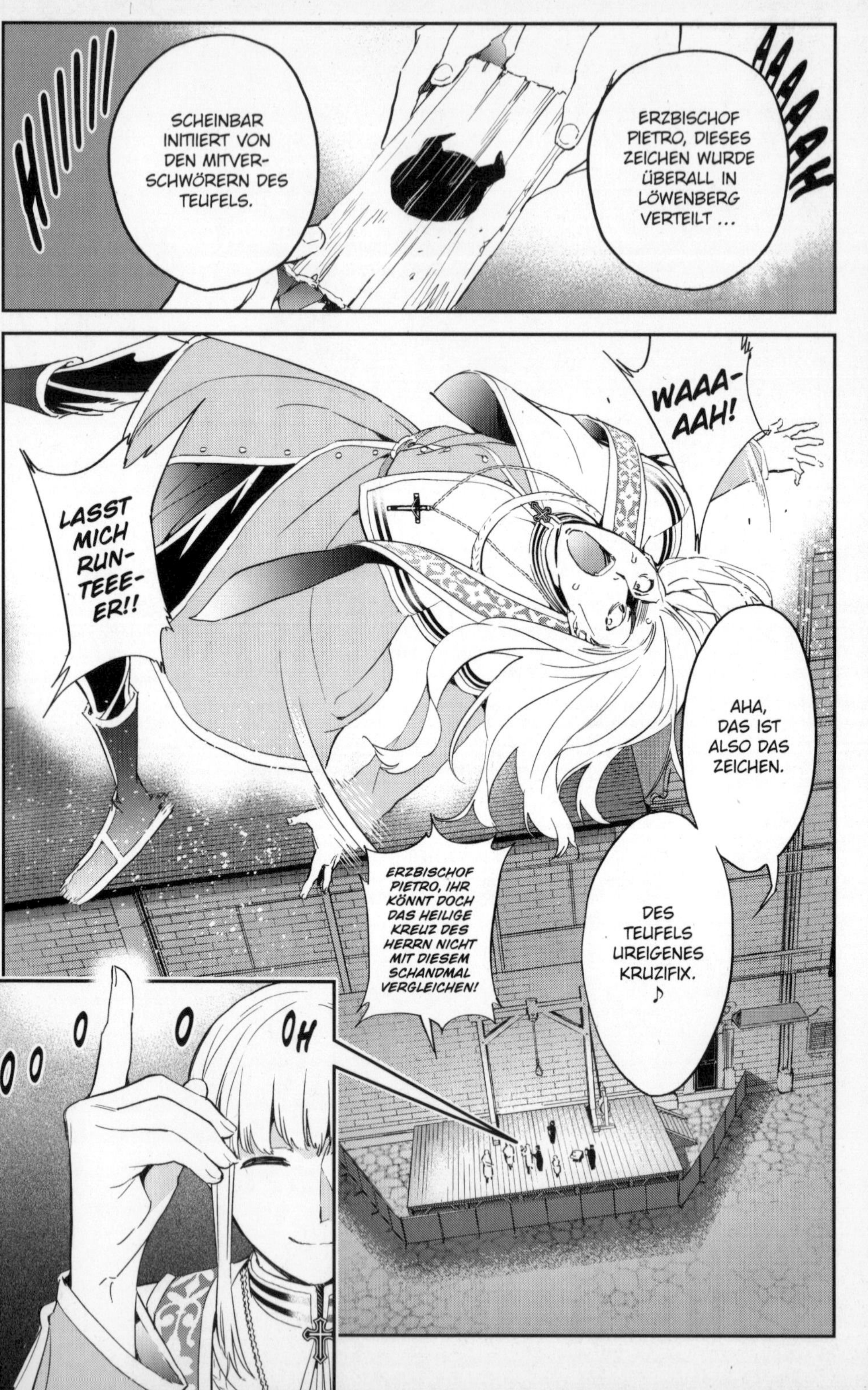
AAAAAAH
ERZBISCHOF PIETRO, DIESES ZEICHEN WURDE ÜBERALL IN LÖWENBERG VERTEILT …
SCHEINBAR INITIIERT VON DEN MITVERSCHWÖRERN DES TEUFELS.
HIIIIII
WAAA-AAH!
LASST MICH RUN-TEEEE-ER!!
AHA, DAS IST ALSO DAS ZEICHEN.
DES TEUFELS UREIGENES KRUZIFIX. ♪
ERZBISCHOF PIETRO, IHR KÖNNT DOCH DAS HEILIGE KREUZ DES HERRN NICHT MIT DIESEM SCHANDMAL VERGLEICHEN!
OH
O
O
O O

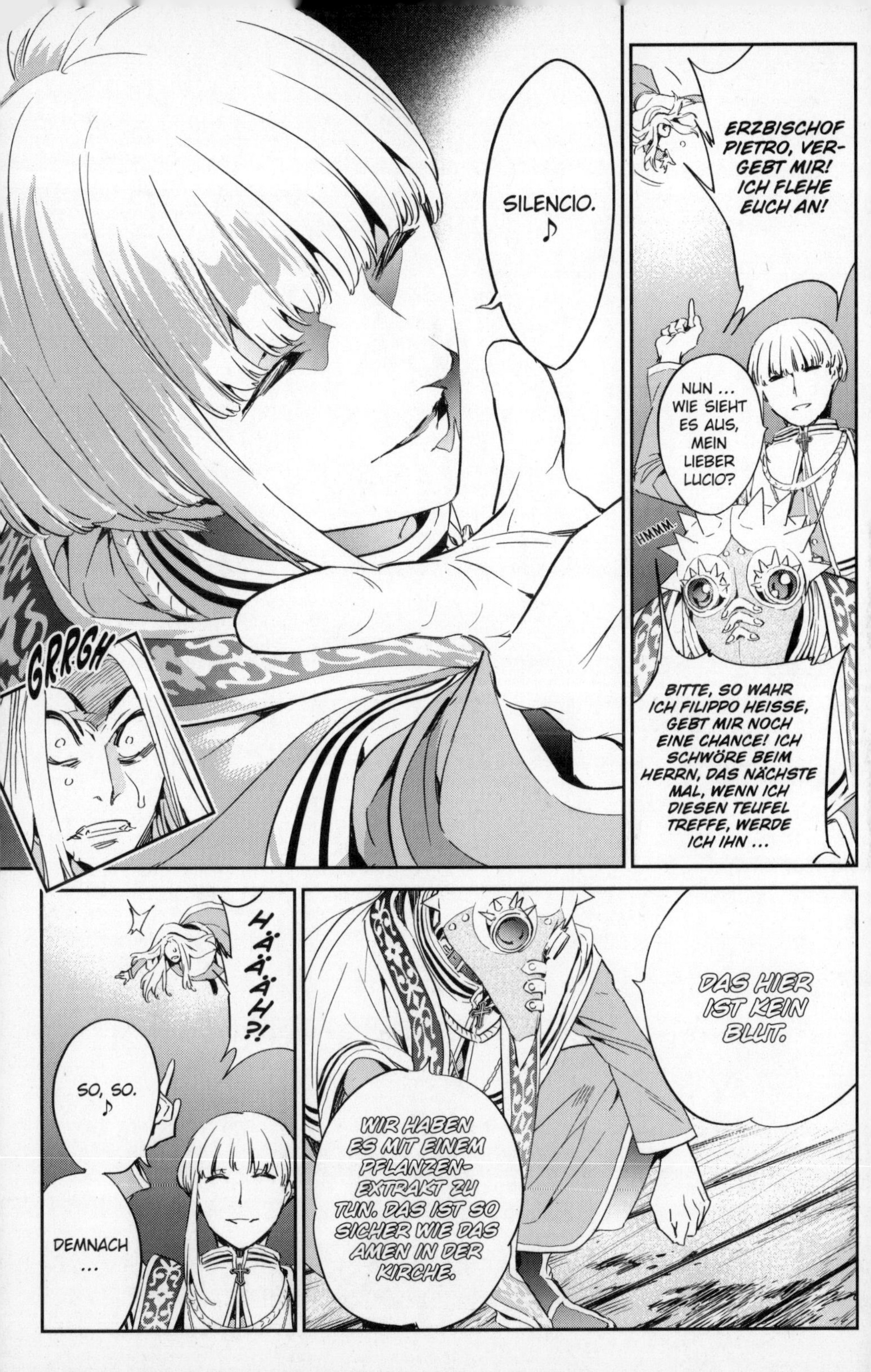
ERZBISCHOF PIETRO, VERGEBT MIR! ICH FLEHE EUCH AN!
NUN … WIE SIEHT ES AUS, MEIN LIEBER LUCIO?
HMMM.
BITTE, SO WAHR ICH FILIPPO HEISSE, GEBT MIR NOCH EINE CHANCE! ICH SCHWÖRE BEIM HERRN, DAS NÄCHSTE MAL, WENN ICH DIESEN TEUFEL TREFFE, WERDE ICH IHN …
SILENCIO. ♪
GRRGH
DAS HIER IST KEIN BLUT.
WIR HABEN ES MIT EINEM PFLANZENEXTRAKT ZU TUN. DAS IST SO SICHER WIE DAS AMEN IN DER KIRCHE.
HÄÄÄH?!
SO, SO. ♪
DEMNACH …

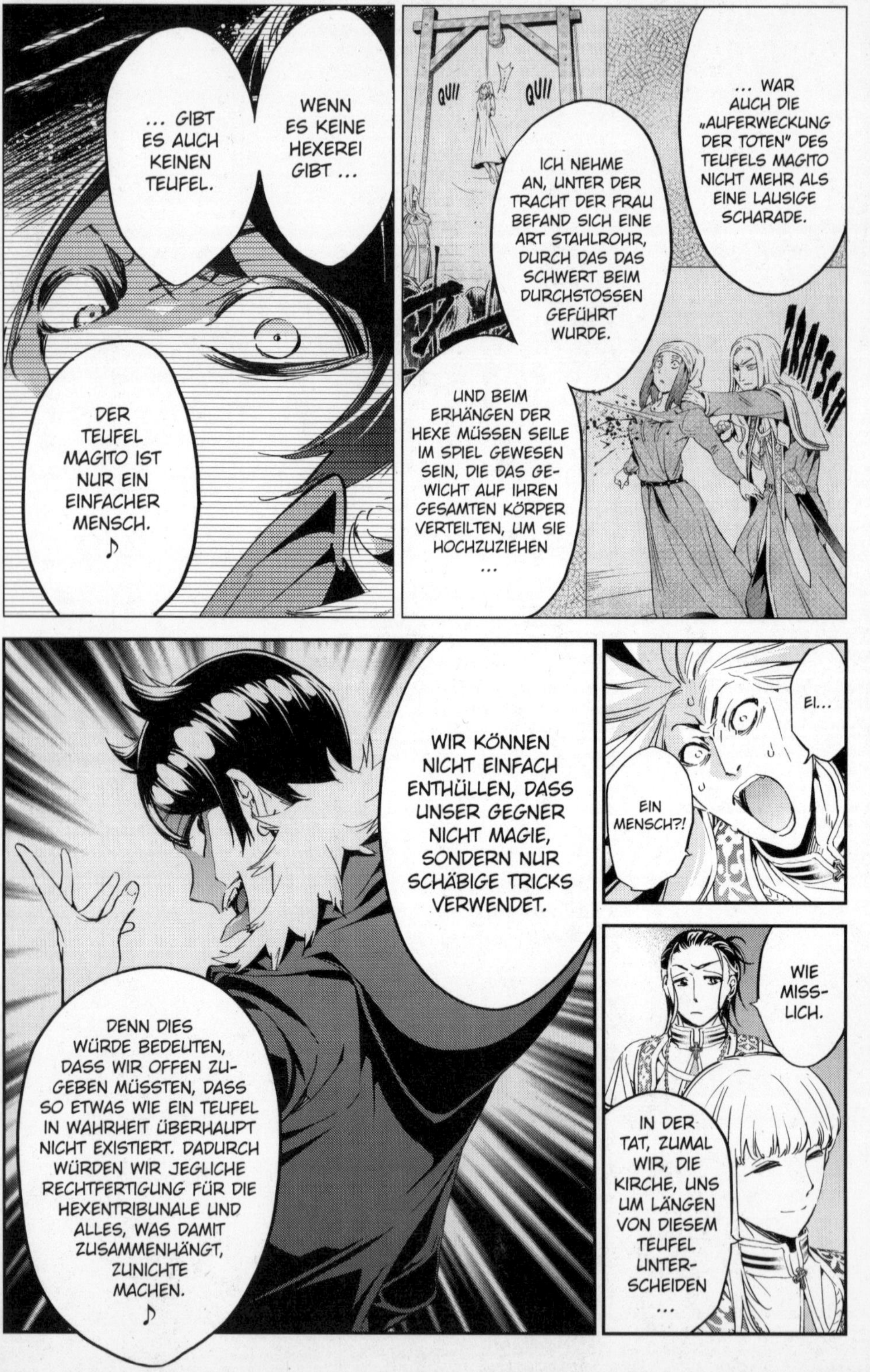
… WAR AUCH DIE „AUFERWECKUNG DER TOTEN“ DES TEUFELS MAGITO NICHT MEHR ALS EINE LAUSIGE SCHARADE.
ZRATSCH
ICH NEHME AN, UNTER DER TRACHT DER FRAU BEFAND SICH EINE ART STAHLROHR, DURCH DAS DAS SCHWERT BEIM DURCHSTOSSEN GEFÜHRT WURDE.
QUII
QUII
UND BEIM ERHÄNGEN DER HEXE MÜSSEN SEILE IM SPIEL GEWESEN SEIN, DIE DAS GEWICHT AUF IHREN GESAMTEN KÖRPER VERTEILTEN, UM SIE HOCHZUZIEHEN …
WENN ES KEINE HEXEREI GIBT …
… GIBT ES AUCH KEINEN TEUFEL.
DER TEUFEL MAGITO IST NUR EIN EINFACHER MENSCH. ♪
EI…
EIN MENSCH?!
WIE MISSLICH.
IN DER TAT, ZUMAL WIR, DIE KIRCHE, UNS UM LÄNGEN VON DIESEM TEUFEL UNTERSCHEIDEN …
WIR KÖNNEN NICHT EINFACH ENTHÜLLEN, DASS UNSER GEGNER NICHT MAGIE, SONDERN NUR SCHÄBIGE TRICKS VERWENDET.
DENN DIES WÜRDE BEDEUTEN, DASS WIR OFFEN ZUGEBEN MÜSSTEN, DASS SO ETWAS WIE EIN TEUFEL IN WAHRHEIT ÜBERHAUPT NICHT EXISTIERT. DADURCH WÜRDEN WIR JEGLICHE RECHTFERTIGUNG FÜR DIE HEXENTRIBUNALE UND ALLES, WAS DAMIT ZUSAMMENHÄNGT, ZUNICHTE MACHEN. ♪

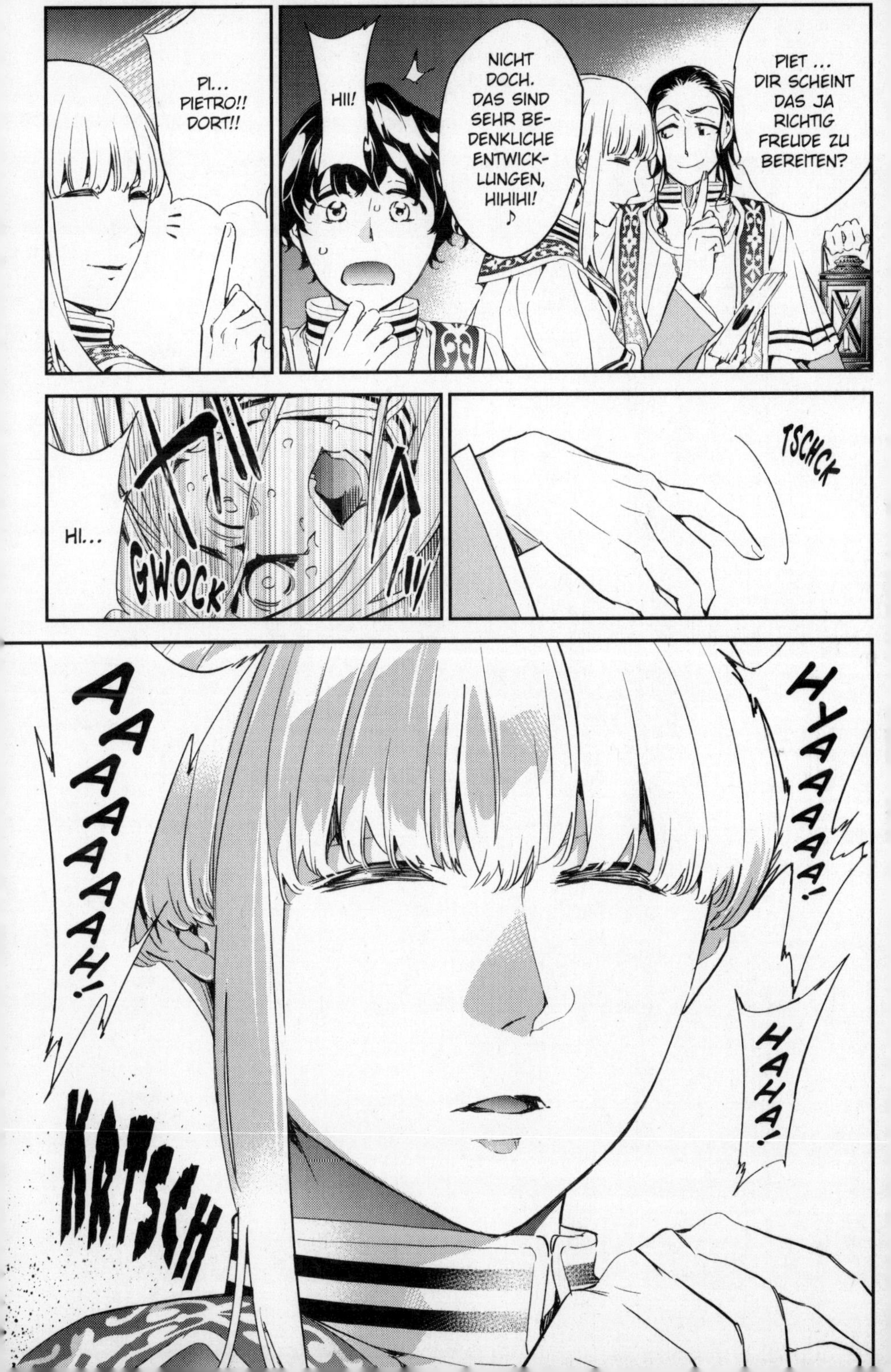
PIET … DIR SCHEINT DAS JA RICHTIG FREUDE ZU BEREITEN?
NICHT DOCH. DAS SIND SEHR BEDENKLICHE ENTWICKLUNGEN, HIHIHI! ♪
HII!
PI… PIETRO!! DORT!!
TSCHCK
HI…
GWOCK
HYAAAAAA!
HAHAHA!
AAAAAAAAH!
KRTSCH

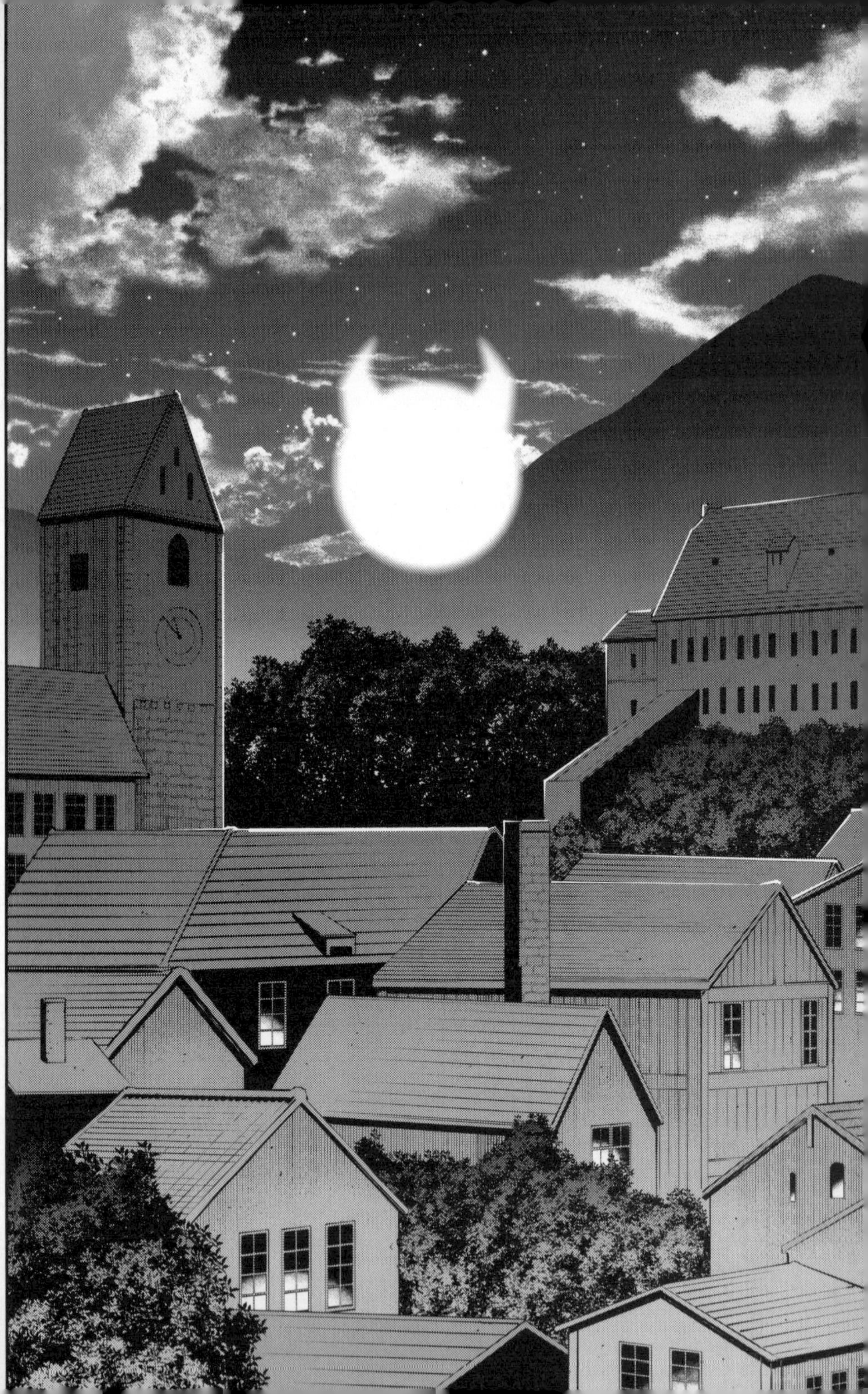

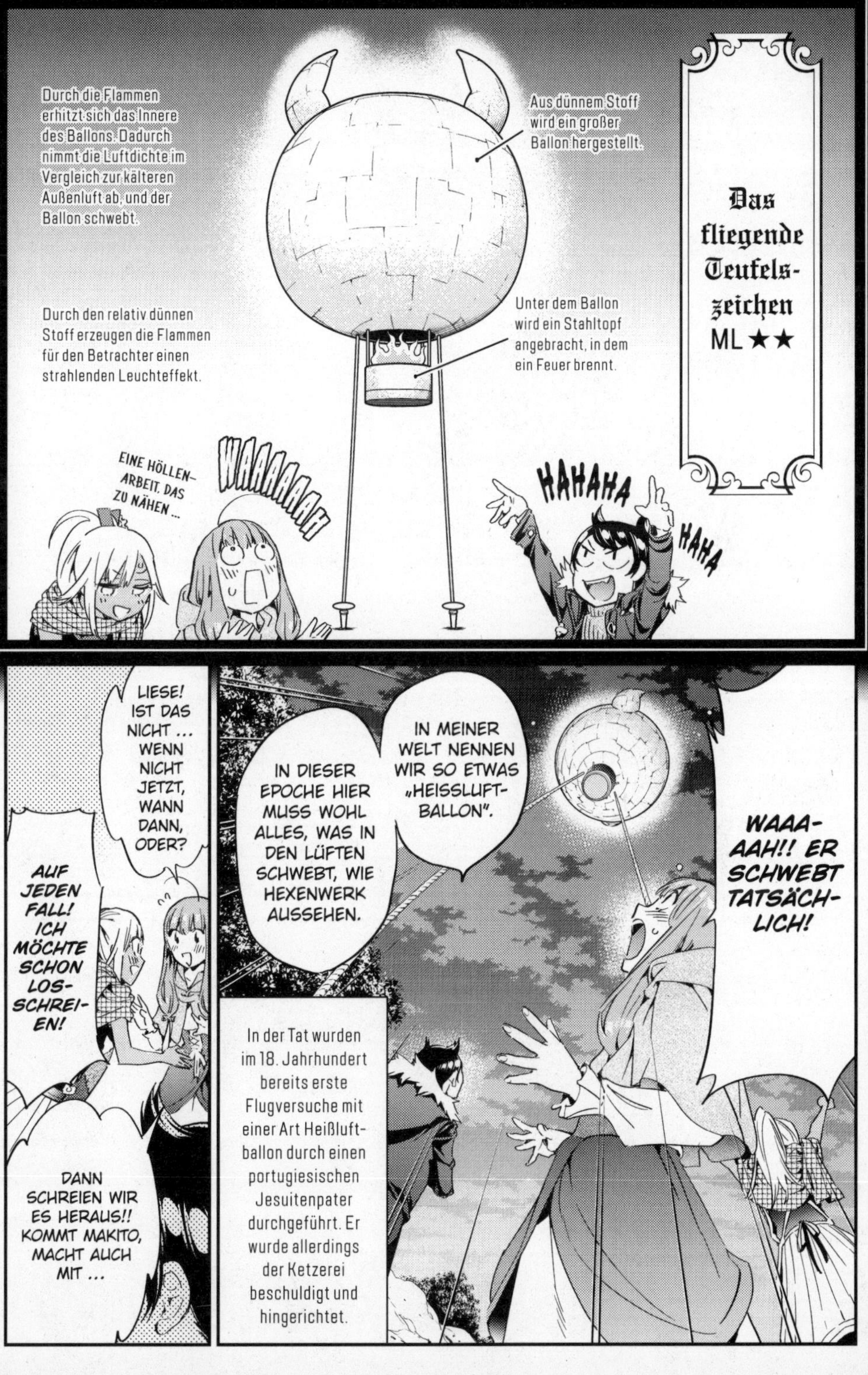
Das fliegende Teufelszeichen
ML ★★
Aus dünnem Stoff wird ein großer Ballon hergestellt.
Durch die Flammen erhitzt sich das Innere des Ballons. Dadurch nimmt die Luftdichte im Vergleich zur kälteren Außenluft ab, und der Ballon schwebt.
Unter dem Ballon wird ein Stahltopf angebracht, in dem ein Feuer brennt.
Durch den relativ dünnen Stoff erzeugen die Flammen für den Betrachter einen strahlenden Leuchteffekt.
HAHAHA
HAHA
WAAAAAAAH
EINE HÖLLENARBEIT, DAS ZU NÄHEN …
WAAAAAH!! ER SCHWEBT TATSÄCHLICH!
IN MEINER WELT NENNEN WIR SO ETWAS „HEISSLUFTBALLON".
IN DIESER EPOCHE HIER MUSS WOHL ALLES, WAS IN DEN LÜFTEN SCHWEBT, WIE HEXENWERK AUSSEHEN.
In der Tat wurden im 18. Jahrhundert bereits erste Flugversuche mit einer Art Heißluftballon durch einen portugiesischen Jesuitenpater durchgeführt. Er wurde allerdings der Ketzerei beschuldigt und hingerichtet.
LIESE! IST DAS NICHT … WENN NICHT JETZT, WANN DANN, ODER?
AUF JEDEN FALL! ICH MÖCHTE SCHON LOSSCHREIEN!
DANN SCHREIEN WIR ES HERAUS!! KOMMT MAKITO, MACHT AUCH MIT …

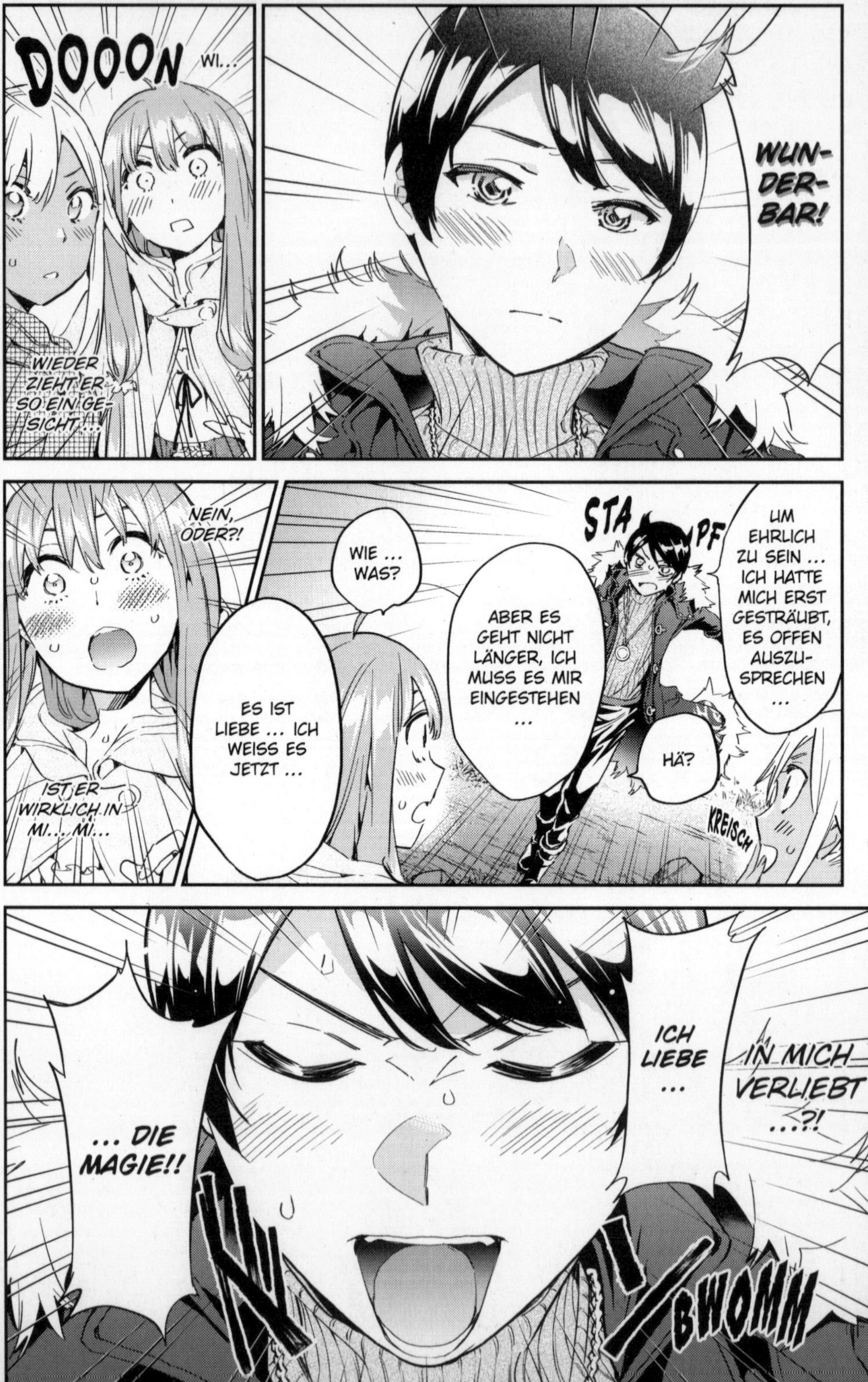
WUNDERBAR!
DOOON
WI...
WIEDER ZIEHT ER SO EIN GESICHT ...
STAPF
UM EHRLICH ZU SEIN ... ICH HATTE MICH ERST GESTRÄUBT, ES OFFEN AUSZUSPRECHEN ...
HÄ?
KREISCH
ABER ES GEHT NICHT LÄNGER, ICH MUSS ES MIR EINGESTEHEN ...
WIE ... WAS?
ES IST LIEBE ... ICH WEISS ES JETZT ...
NEIN, ODER?!
IST ER WIRKLICH IN MI... MI...
ICH LIEBE ...
IN MICH VERLIEBT ...?!
... DIE MAGIE!!
BWOMM

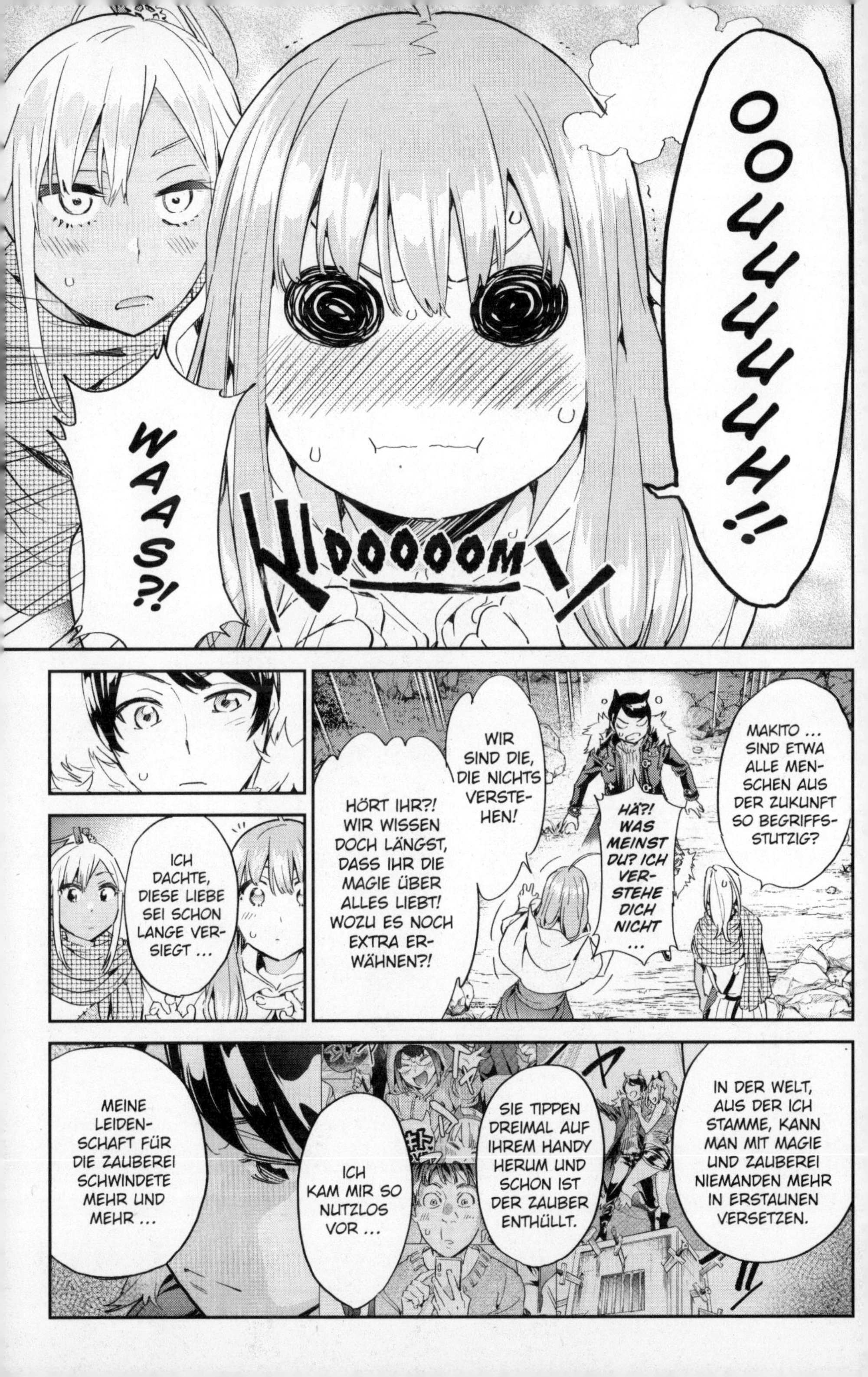
OOUUUUUH!!
DOOOOM
WAAS?!
MAKITO … SIND ETWA ALLE MENSCHEN AUS DER ZUKUNFT SO BEGRIFFSSTUTZIG?
HÄ?! WAS MEINST DU? ICH VERSTEHE DICH NICHT …
WIR SIND DIE, DIE NICHTS VERSTEHEN!
HÖRT IHR?! WIR WISSEN DOCH LÄNGST, DASS IHR DIE MAGIE ÜBER ALLES LIEBT! WOZU ES NOCH EXTRA ERWÄHNEN?!
ICH DACHTE, DIESE LIEBE SEI SCHON LANGE VERSIEGT …
IN DER WELT, AUS DER ICH STAMME, KANN MAN MIT MAGIE UND ZAUBEREI NIEMANDEN MEHR IN ERSTAUNEN VERSETZEN.
SIE TIPPEN DREIMAL AUF IHREM HANDY HERUM UND SCHON IST DER ZAUBER ENTHÜLLT.
ICH KAM MIR SO NUTZLOS VOR …
MEINE LEIDENSCHAFT FÜR DIE ZAUBEREI SCHWINDETE MEHR UND MEHR …

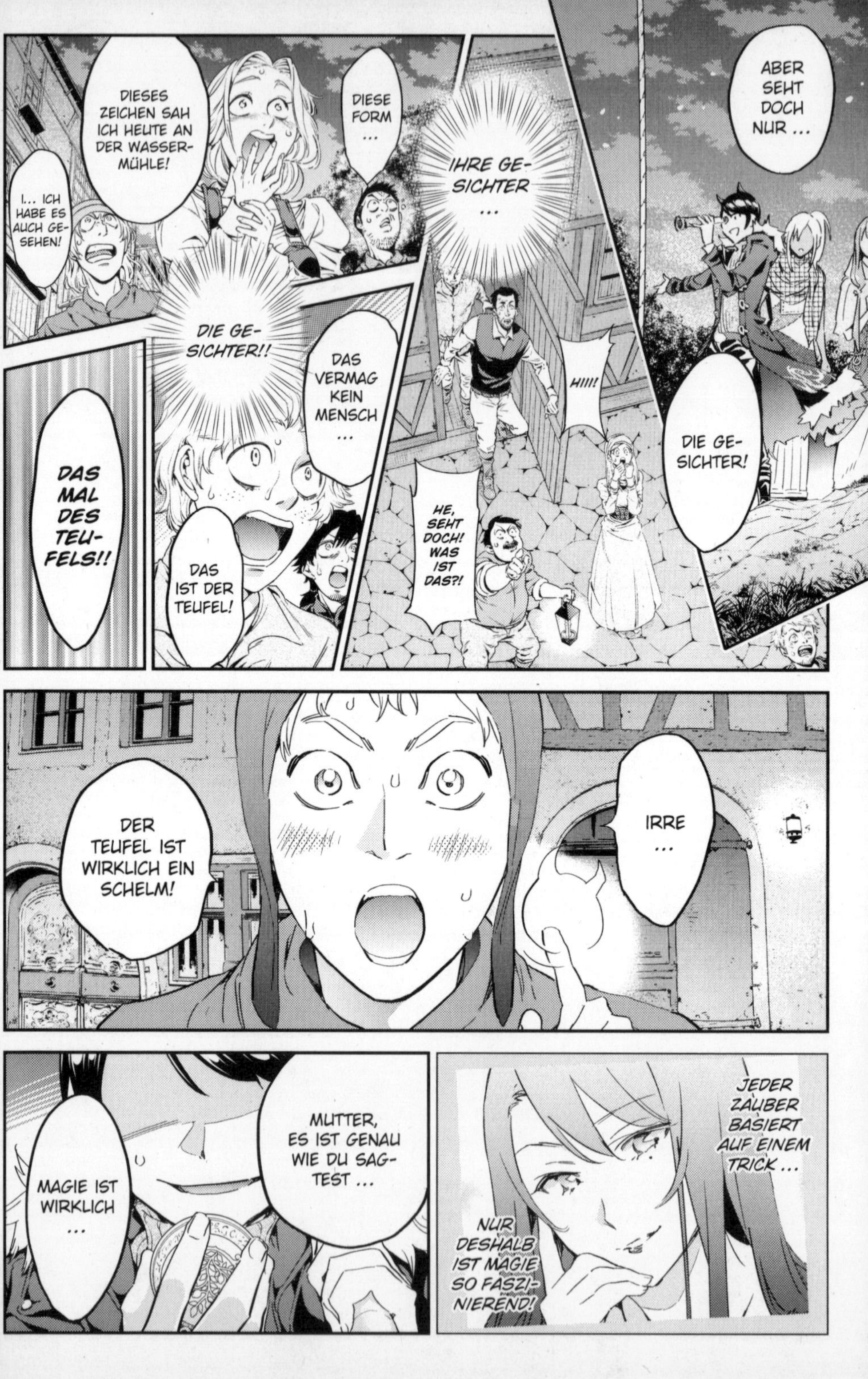

ABER SEHT DOCH NUR …
DIE GESICHTER!
IHRE GESICHTER …
HIII!
HE, SEHT DOCH! WAS IST DAS?!
DIESE FORM …
DIESES ZEICHEN SAH ICH HEUTE AN DER WASSERMÜHLE!
I… ICH HABE ES AUCH GESEHEN!
DIE GESICHTER!!
DAS VERMAG KEIN MENSCH …
DAS IST DER TEUFEL!
DAS MAL DES TEUFELS!!
IRRE …
DER TEUFEL IST WIRKLICH EIN SCHELM!
JEDER ZAUBER BASIERT AUF EINEM TRICK …
NUR DESHALB IST MAGIE SO FASZINIEREND!
MUTTER, ES IST GENAU WIE DU SAGTEST …
MAGIE IST WIRKLICH …

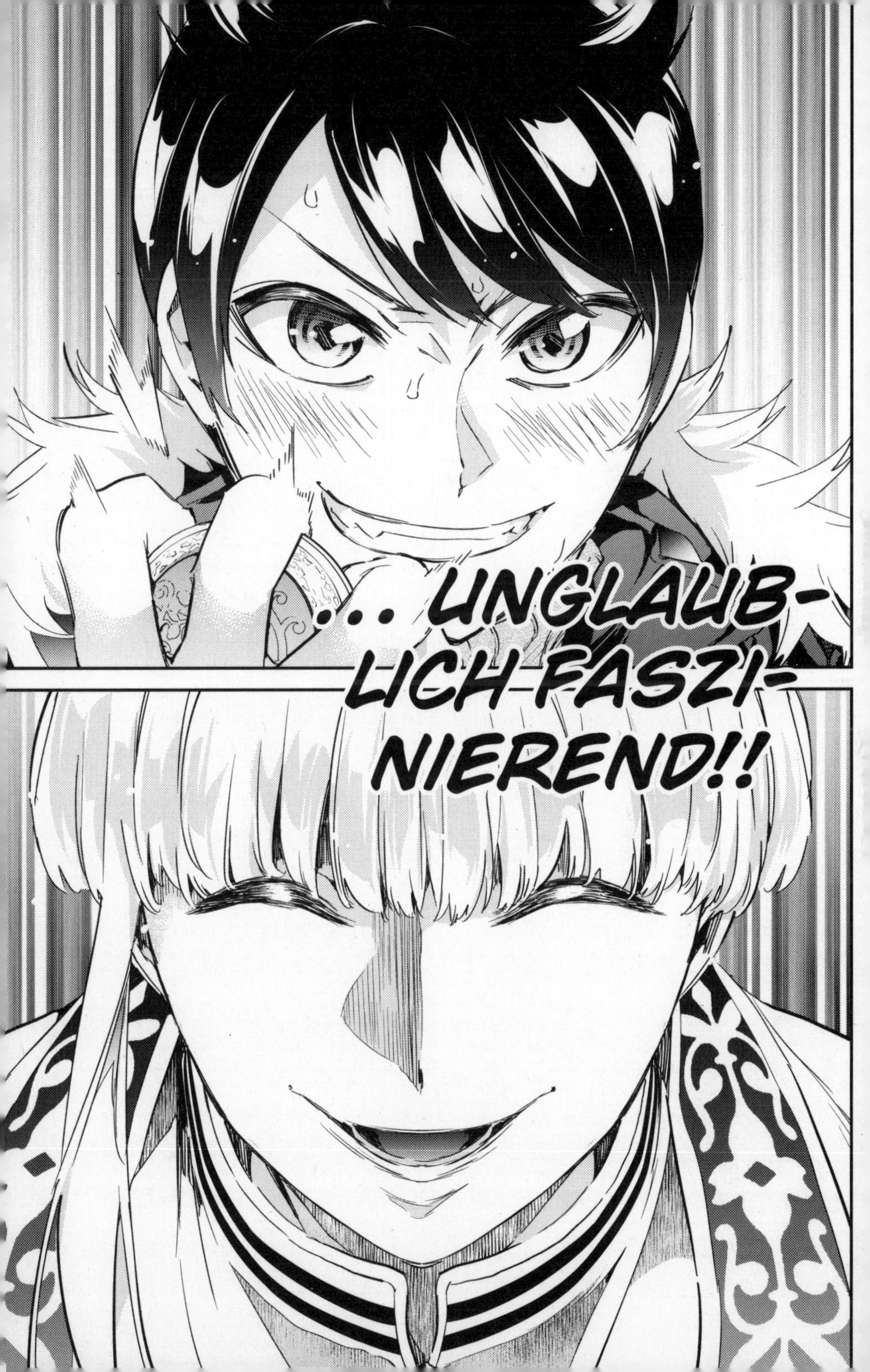
... UNGLAUB-
LICH FASZI-
NIEREND!!

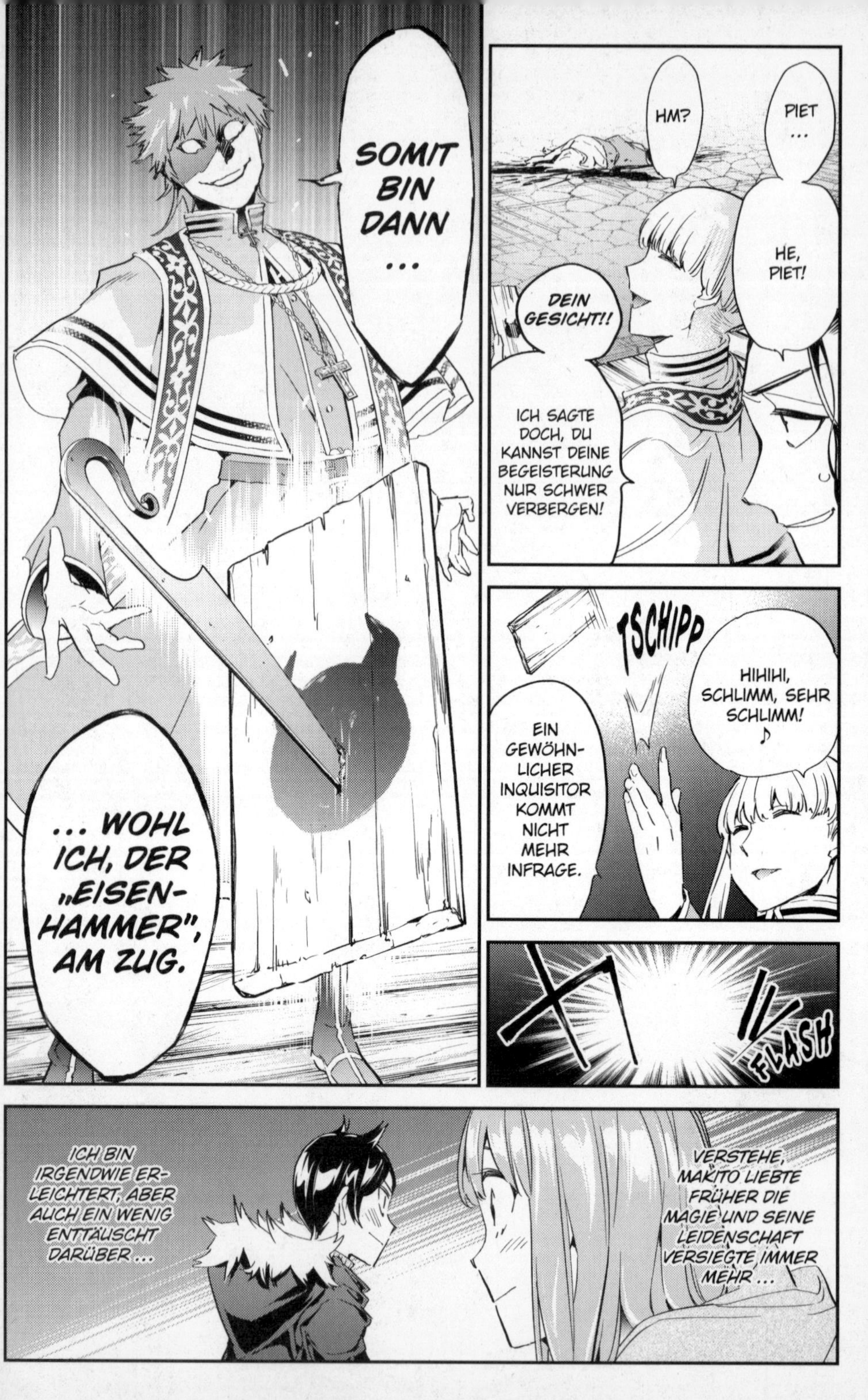
PIET …
HM?
HE, PIET!
DEIN GESICHT!!
ICH SAGTE DOCH, DU KANNST DEINE BEGEISTERUNG NUR SCHWER VERBERGEN!
SOMIT BIN DANN …
… WOHL ICH, DER „EISEN-HAMMER", AM ZUG.
TSCHIPP
HIHIHI, SCHLIMM, SEHR SCHLIMM! ♪
EIN GEWÖHN-LICHER INQUISITOR KOMMT NICHT MEHR INFRAGE.
FLASH
VERSTEHE, MAKITO LIEBTE FRÜHER DIE MAGIE UND SEINE LEIDENSCHAFT VERSIEGTE IMMER MEHR …
ICH BIN IRGENDWIE ER-LEICHTERT, ABER AUCH EIN WENIG ENTTÄUSCHT DARÜBER …

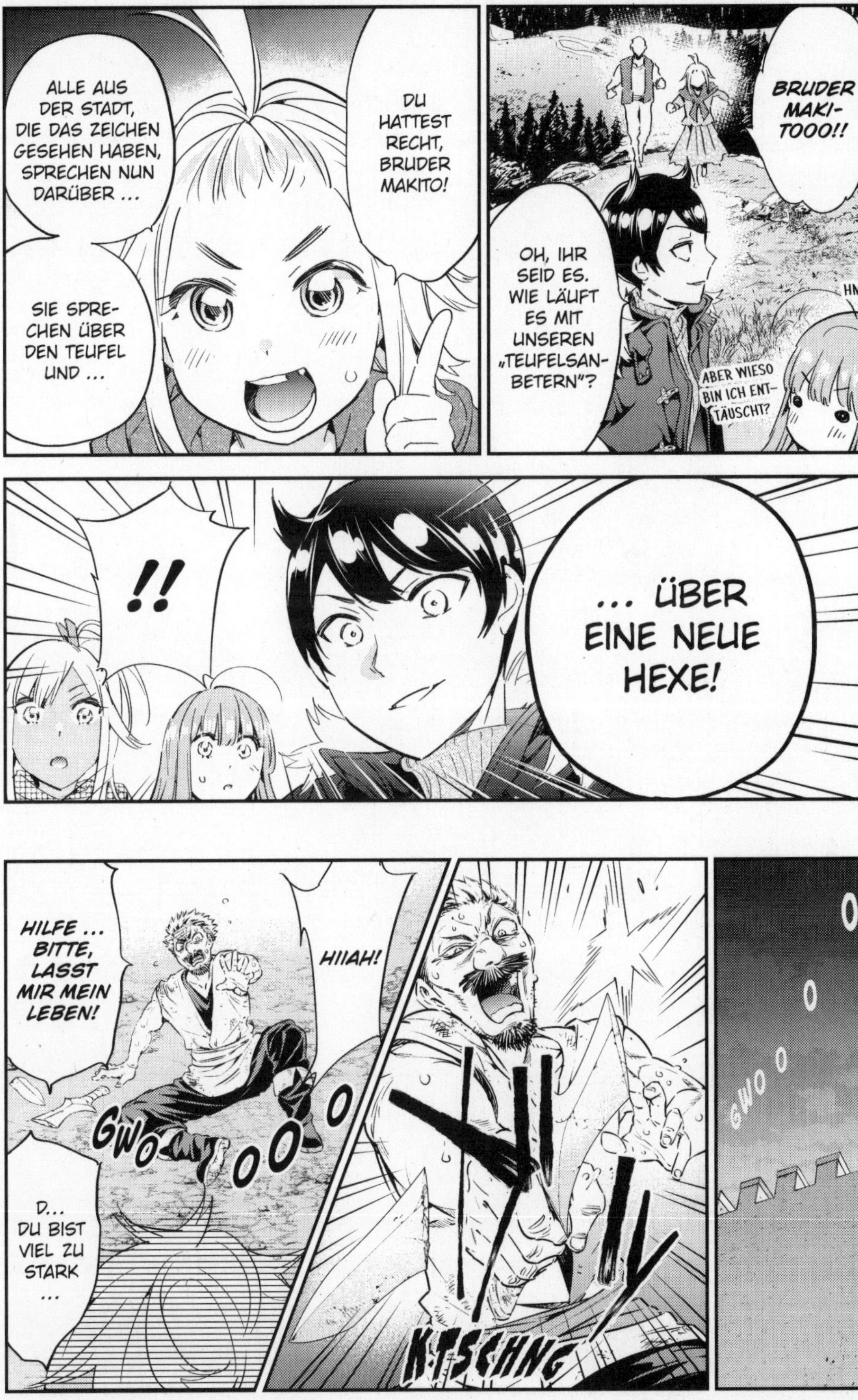
BRUDER MAKI-TOOO!!
OH, IHR SEID ES. WIE LÄUFT ES MIT UNSEREN „TEUFELSANBETERN"?
HM?
ABER WIESO BIN ICH ENTTÄUSCHT?
DU HATTEST RECHT, BRUDER MAKITO!
ALLE AUS DER STADT, DIE DAS ZEICHEN GESEHEN HABEN, SPRECHEN NUN DARÜBER …
SIE SPRECHEN ÜBER DEN TEUFEL UND …
… ÜBER EINE NEUE HEXE!
!!
GWO O O O
HIIAH!
KTSCHNG
HILFE … BITTE, LASST MIR MEIN LEBEN!
GWOOOOO
D… DU BIST VIEL ZU STARK …

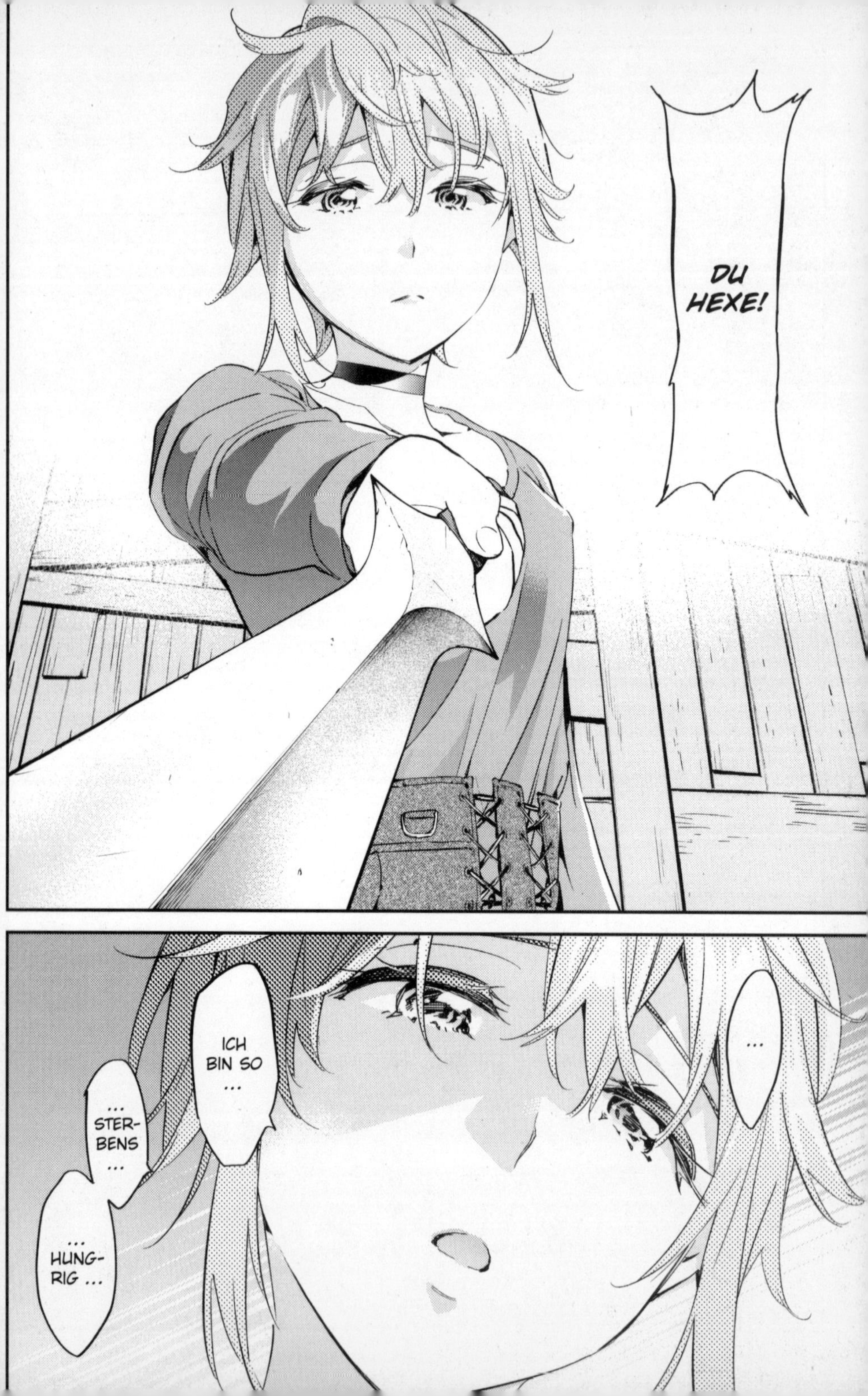
DU HEXE!
...
ICH BIN SO ...
... STER-BENS ...
... HUNG-RIG ...

Kapitel 11 Die stärkste Hexe

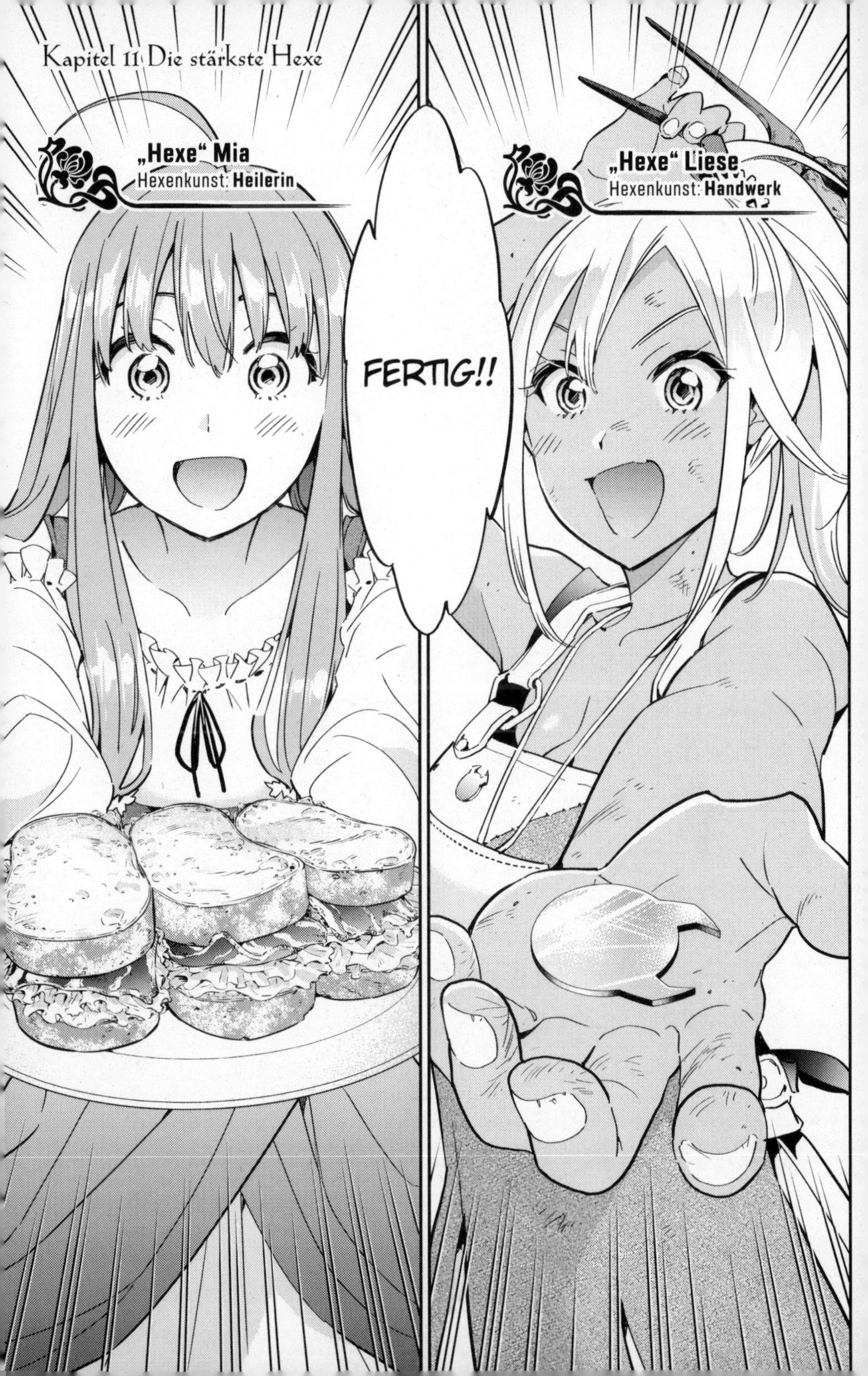

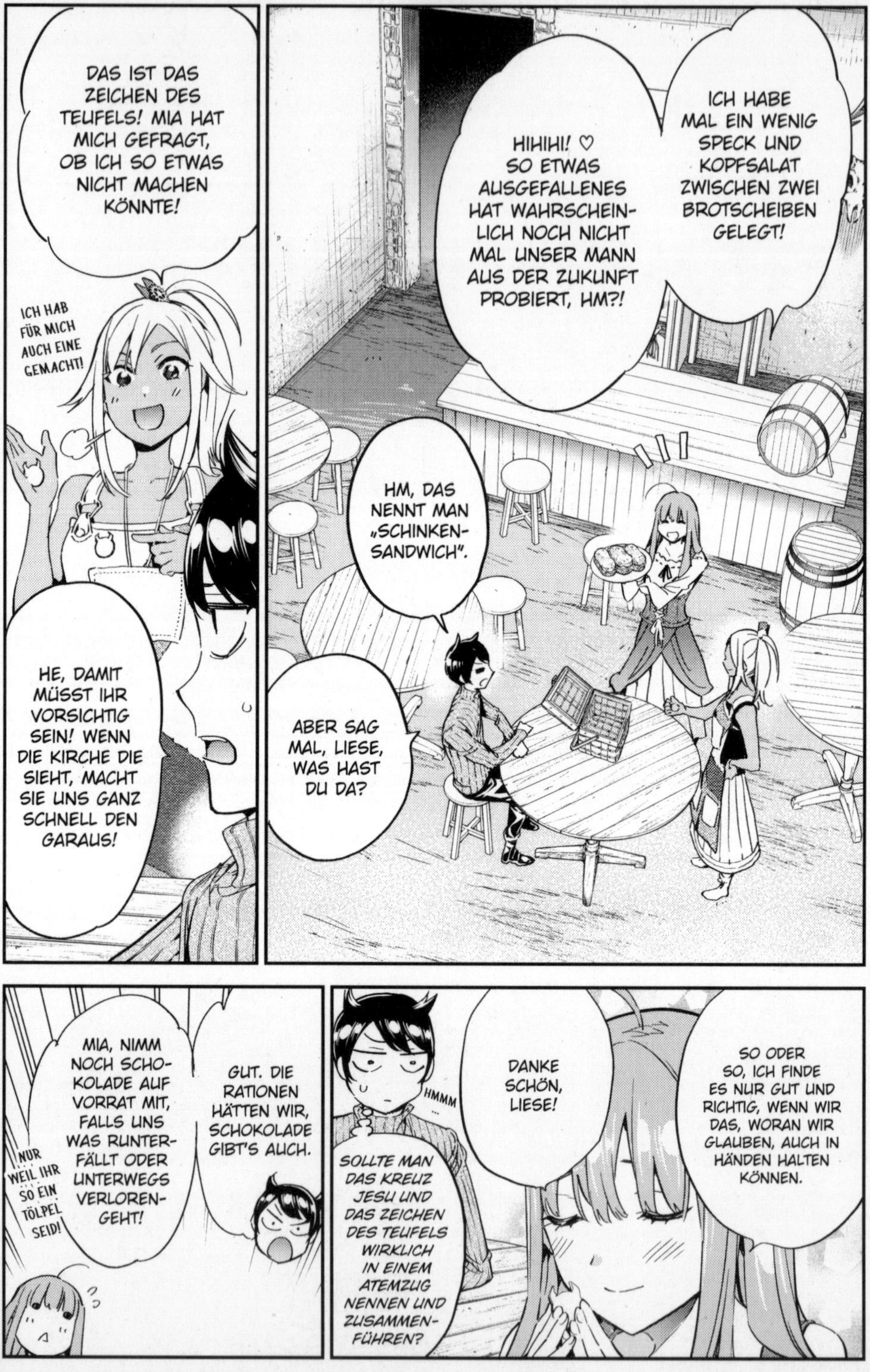
ICH HABE MAL EIN WENIG SPECK UND KOPFSALAT ZWISCHEN ZWEI BROTSCHEIBEN GELEGT!
HIHIHI! ♡ SO ETWAS AUSGEFALLENES HAT WAHRSCHEIN-LICH NOCH NICHT MAL UNSER MANN AUS DER ZUKUNFT PROBIERT, HM?!
HM, DAS NENNT MAN „SCHINKEN-SANDWICH".
ABER SAG MAL, LIESE, WAS HAST DU DA?
DAS IST DAS ZEICHEN DES TEUFELS! MIA HAT MICH GEFRAGT, OB ICH SO ETWAS NICHT MACHEN KÖNNTE!
ICH HAB FÜR MICH AUCH EINE GEMACHT!
HE, DAMIT MÜSST IHR VORSICHTIG SEIN! WENN DIE KIRCHE DIE SIEHT, MACHT SIE UNS GANZ SCHNELL DEN GARAUS!
SO ODER SO, ICH FINDE ES NUR GUT UND RICHTIG, WENN WIR DAS, WORAN WIR GLAUBEN, AUCH IN HÄNDEN HALTEN KÖNNEN.
DANKE SCHÖN, LIESE!
HMMM ...
SOLLTE MAN DAS KREUZ JESU UND DAS ZEICHEN DES TEUFELS WIRKLICH IN EINEM ATEMZUG NENNEN UND ZUSAMMEN-FÜHREN?
GUT. DIE RATIONEN HÄTTEN WIR, SCHOKOLADE GIBT'S AUCH.
MIA, NIMM NOCH SCHO-KOLADE AUF VORRAT MIT, FALLS UNS WAS RUNTER-FÄLLT ODER UNTERWEGS VERLOREN-GEHT!
NUR WEIL IHR SO EIN TÖLPEL SEID!

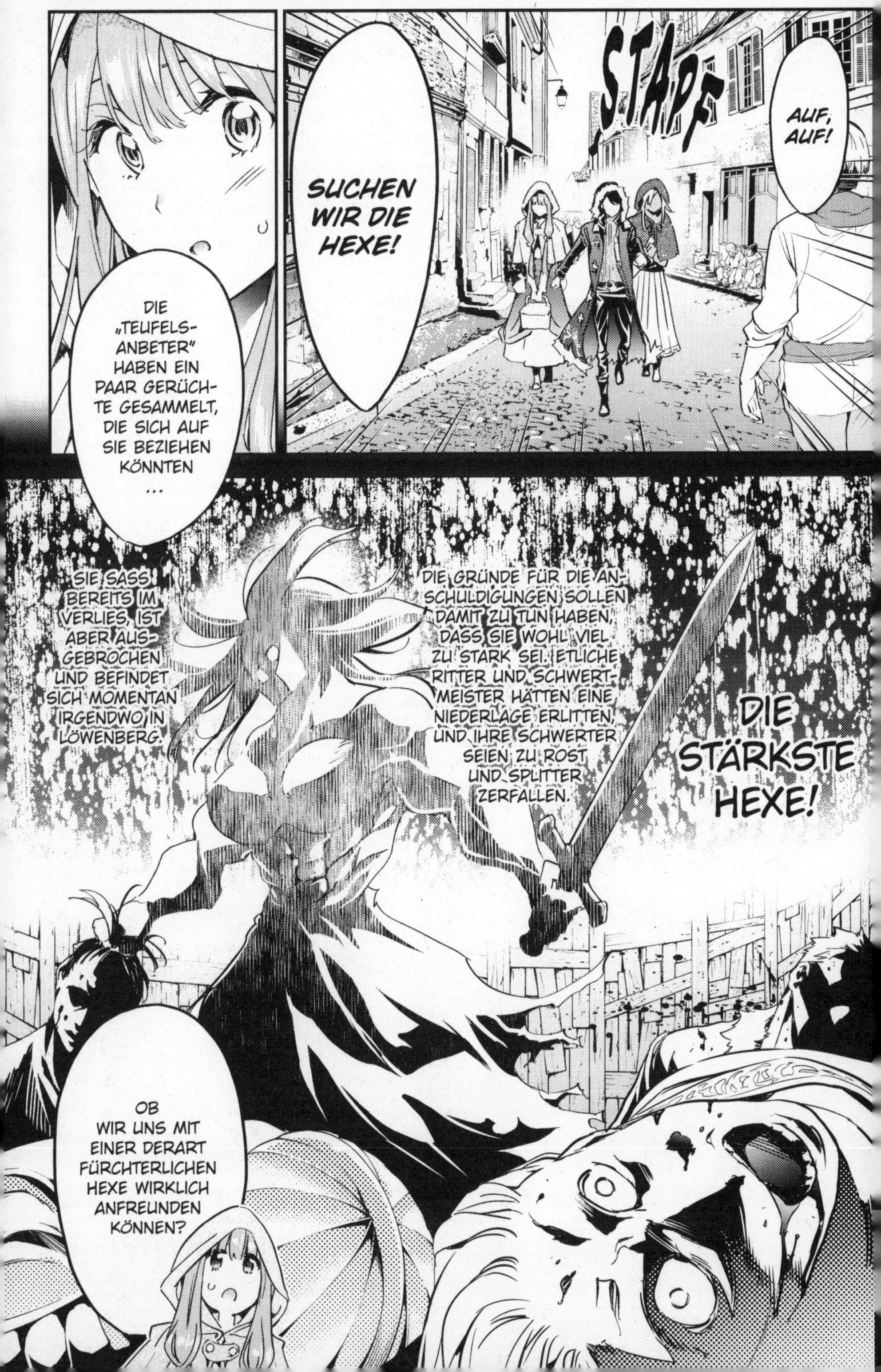
AUF, AUF!
STAPF
SUCHEN WIR DIE HEXE!
DIE „TEUFELS-ANBETER" HABEN EIN PAAR GERÜCHTE GESAMMELT, DIE SICH AUF SIE BEZIEHEN KÖNNTEN …
DIE STÄRKSTE HEXE!
DIE GRÜNDE FÜR DIE ANSCHULDIGUNGEN SOLLEN DAMIT ZU TUN HABEN, DASS SIE WOHL VIEL ZU STARK SEI. ETLICHE RITTER UND SCHWERTMEISTER HÄTTEN EINE NIEDERLAGE ERLITTEN, UND IHRE SCHWERTER SEIEN ZU ROST UND SPLITTER ZERFALLEN.
SIE SASS BEREITS IM VERLIES, IST ABER AUSGEBROCHEN UND BEFINDET SICH MOMENTAN IRGENDWO IN LÖWENBERG.
OB WIR UNS MIT EINER DERART FÜRCHTERLICHEN HEXE WIRKLICH ANFREUNDEN KÖNNEN?

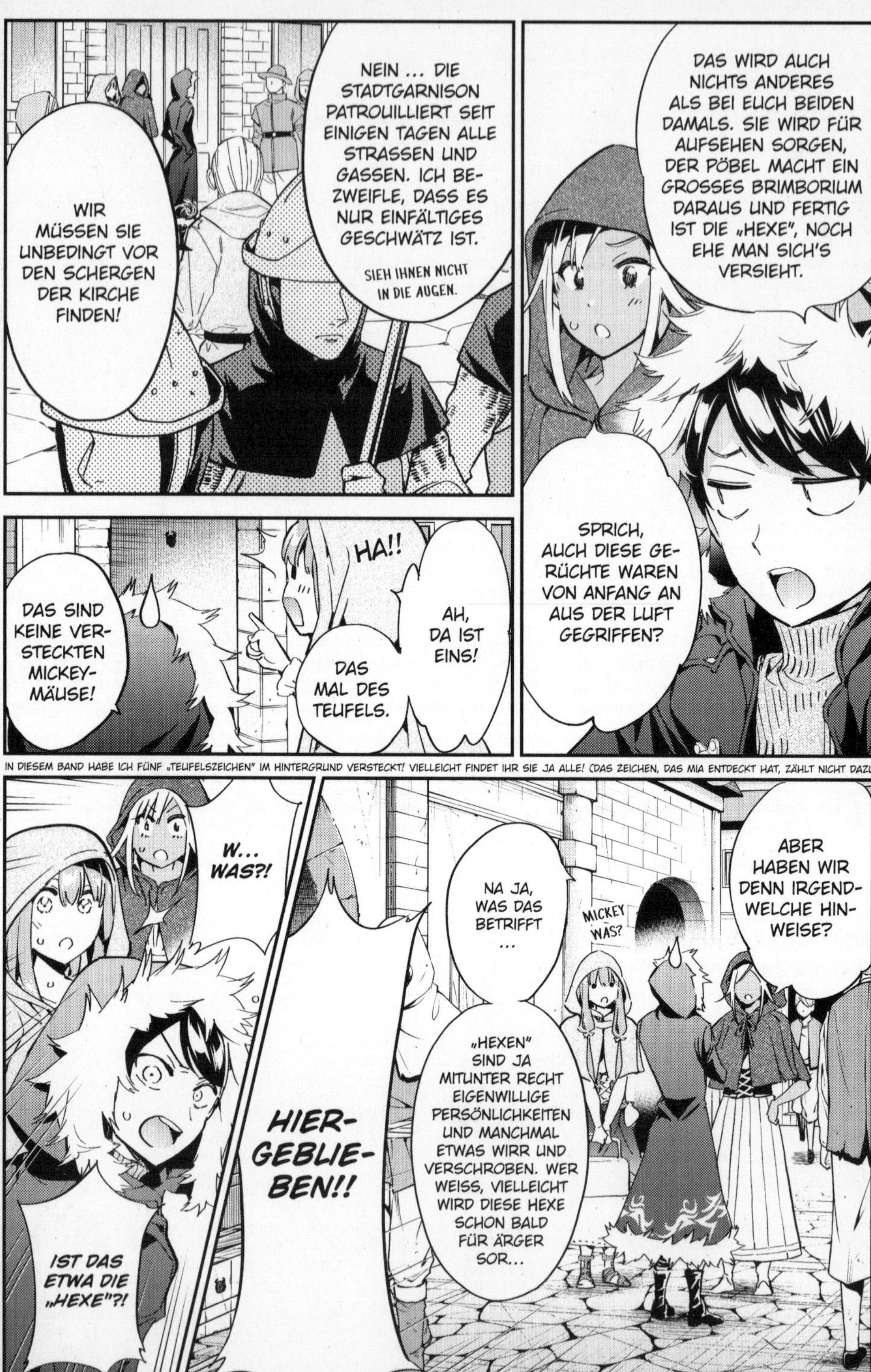
DAS WIRD AUCH NICHTS ANDERES ALS BEI EUCH BEIDEN DAMALS. SIE WIRD FÜR AUFSEHEN SORGEN, DER PÖBEL MACHT EIN GROSSES BRIMBORIUM DARAUS UND FERTIG IST DIE „HEXE", NOCH EHE MAN SICH'S VERSIEHT.
SPRICH, AUCH DIESE GERÜCHTE WAREN VON ANFANG AN AUS DER LUFT GEGRIFFEN?
NEIN … DIE STADTGARNISON PATROUILLIERT SEIT EINIGEN TAGEN ALLE STRASSEN UND GASSEN. ICH BEZWEIFLE, DASS ES NUR EINFÄLTIGES GESCHWÄTZ IST.
SIEH IHNEN NICHT IN DIE AUGEN.
WIR MÜSSEN SIE UNBEDINGT VOR DEN SCHERGEN DER KIRCHE FINDEN!
HA!!
AH, DA IST EINS!
DAS MAL DES TEUFELS.
DAS SIND KEINE VERSTECKTEN MICKEY-MÄUSE!
IN DIESEM BAND HABE ICH FÜNF „TEUFELSZEICHEN" IM HINTERGRUND VERSTECKT! VIELLEICHT FINDET IHR SIE JA ALLE! (DAS ZEICHEN, DAS MIA ENTDECKT HAT, ZÄHLT NICHT DAZU)
ABER HABEN WIR DENN IRGENDWELCHE HINWEISE?
MICKEY WAS?
NA JA, WAS DAS BETRIFFT …
„HEXEN" SIND JA MITUNTER RECHT EIGENWILLIGE PERSÖNLICHKEITEN UND MANCHMAL ETWAS WIRR UND VERSCHROBEN. WER WEISS, VIELLEICHT WIRD DIESE HEXE SCHON BALD FÜR ÄRGER SOR…
HIERGEBLIEBEN!!
W… WAS?!
IST DAS ETWA DIE „HEXE"?!

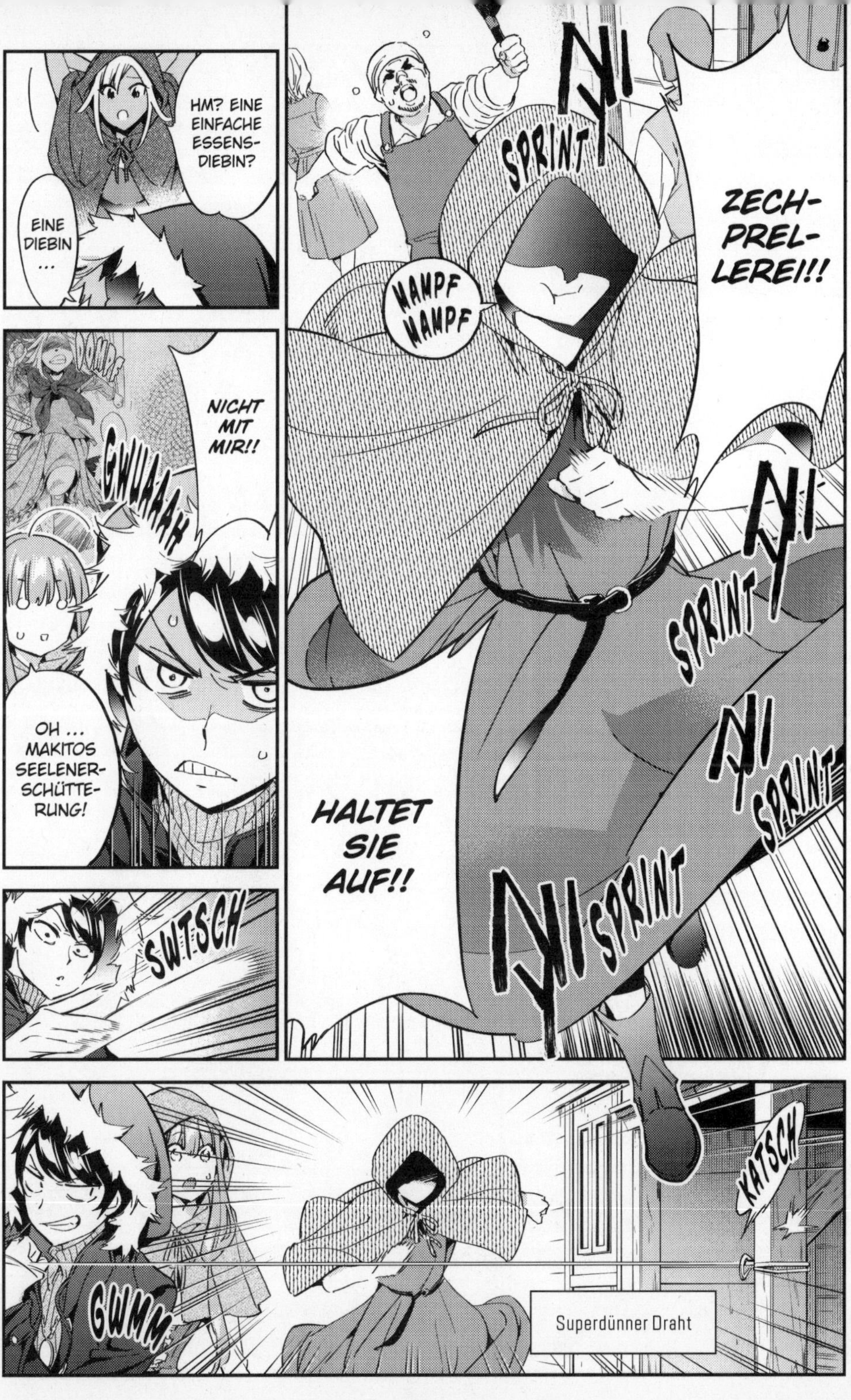
ZECH-PREL-LEREI!!
SPRINT
MAMPF MAMPF
SPRINT
SPRINT
SPRINT
SPRINT
HALTET SIE AUF!!
HM? EINE EINFACHE ESSENS-DIEBIN?
EINE DIEBIN …
NICHT MIT MIR!!
GWUAAAH
OH … MAKITOS SEELENER-SCHÜTTE-RUNG!
SWTSCH
KATSCH
GWMM
Superdünner Draht

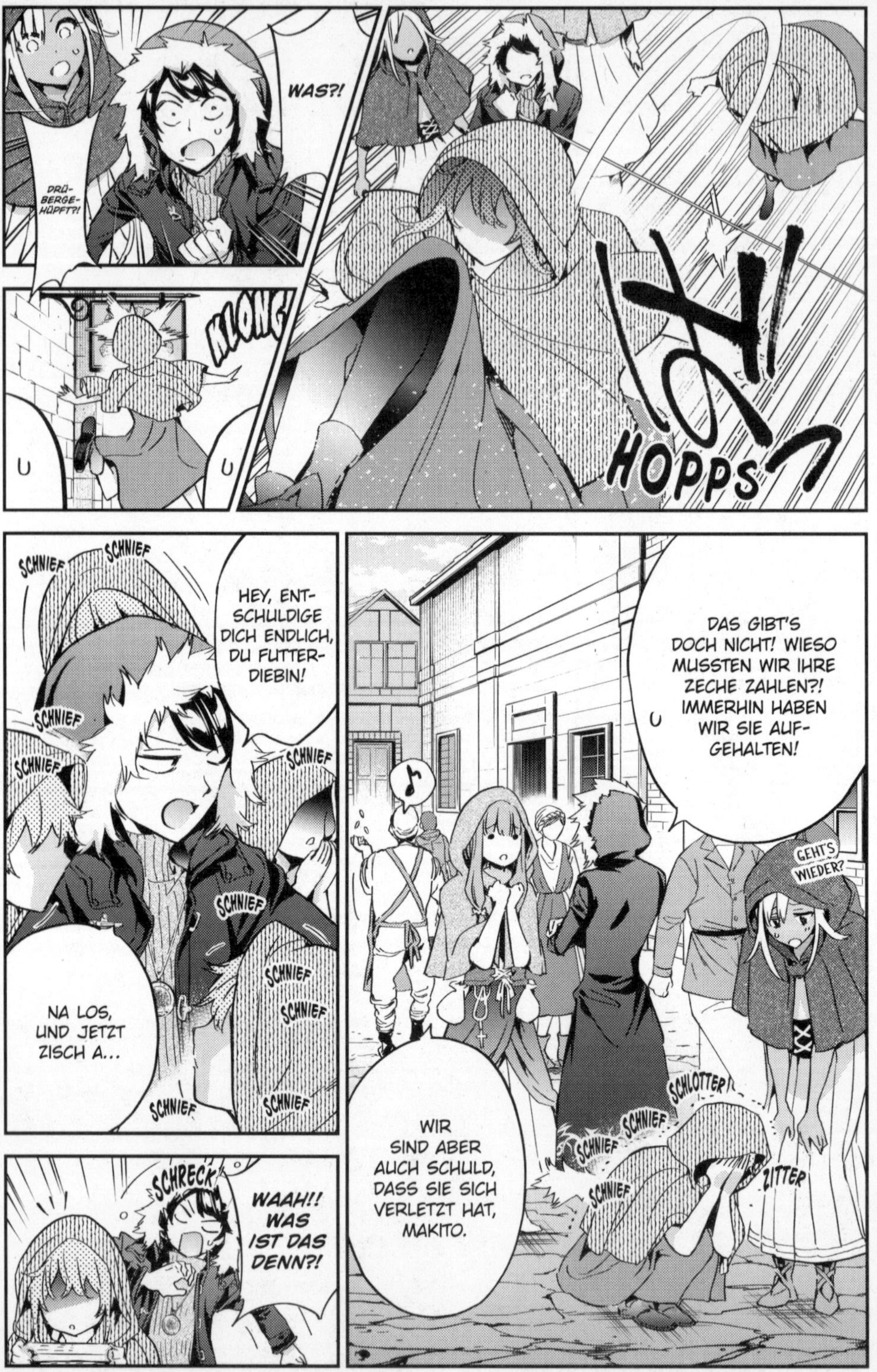

WAS?!
DRÜBERGE-HÜPFT?!
KLONG
HOPPS
HEY, ENT-SCHULDIGE DICH ENDLICH, DU FUTTER-DIEBIN!
SCHNIEF
SCHNIEF
SCHNIEF
SCHNIEF
SCHNIEF
SCHNIEF
NA LOS, UND JETZT ZISCH A…
SCHNIEF
SCHNIEF
SCHNIEF
SCHNIEF
DAS GIBT'S DOCH NICHT! WIESO MUSSTEN WIR IHRE ZECHE ZAHLEN?! IMMERHIN HABEN WIR SIE AUF-GEHALTEN!
GEHTS WIEDER?
SCHLOTTER
SCHNIEF
SCHNIEF
SCHNIEF
ZITTER
WIR SIND ABER AUCH SCHULD, DASS SIE SICH VERLETZT HAT, MAKITO.
SCHRECK
WAAH!! WAS IST DAS DENN?!

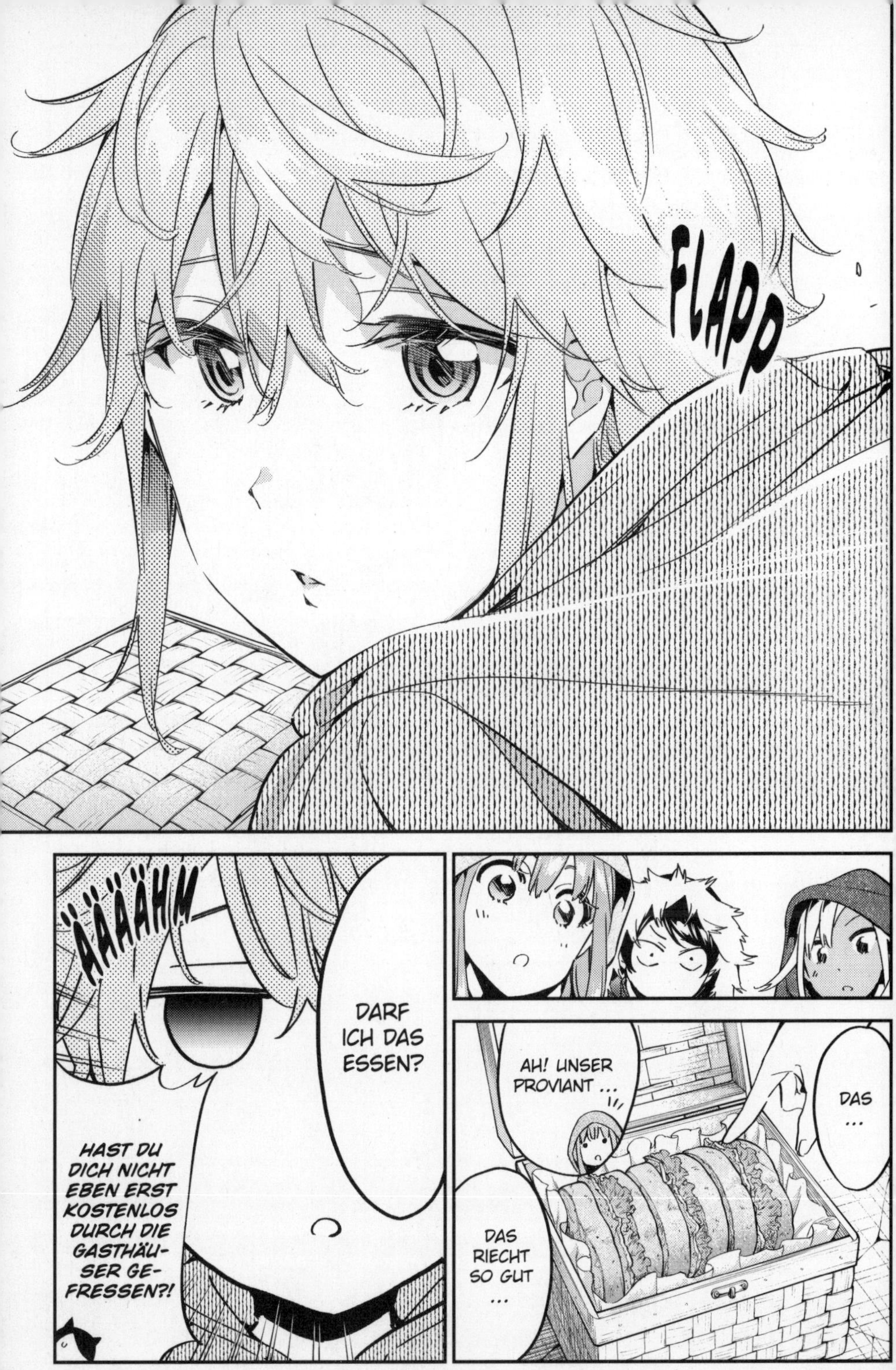
FLAPP
DAS …
AH! UNSER PROVIANT …
DAS RIECHT SO GUT …
DARF ICH DAS ESSEN?
ÄÄÄÄHM
HAST DU DICH NICHT EBEN ERST KOSTENLOS DURCH DIE GASTHÄU-SER GE-FRESSEN?!

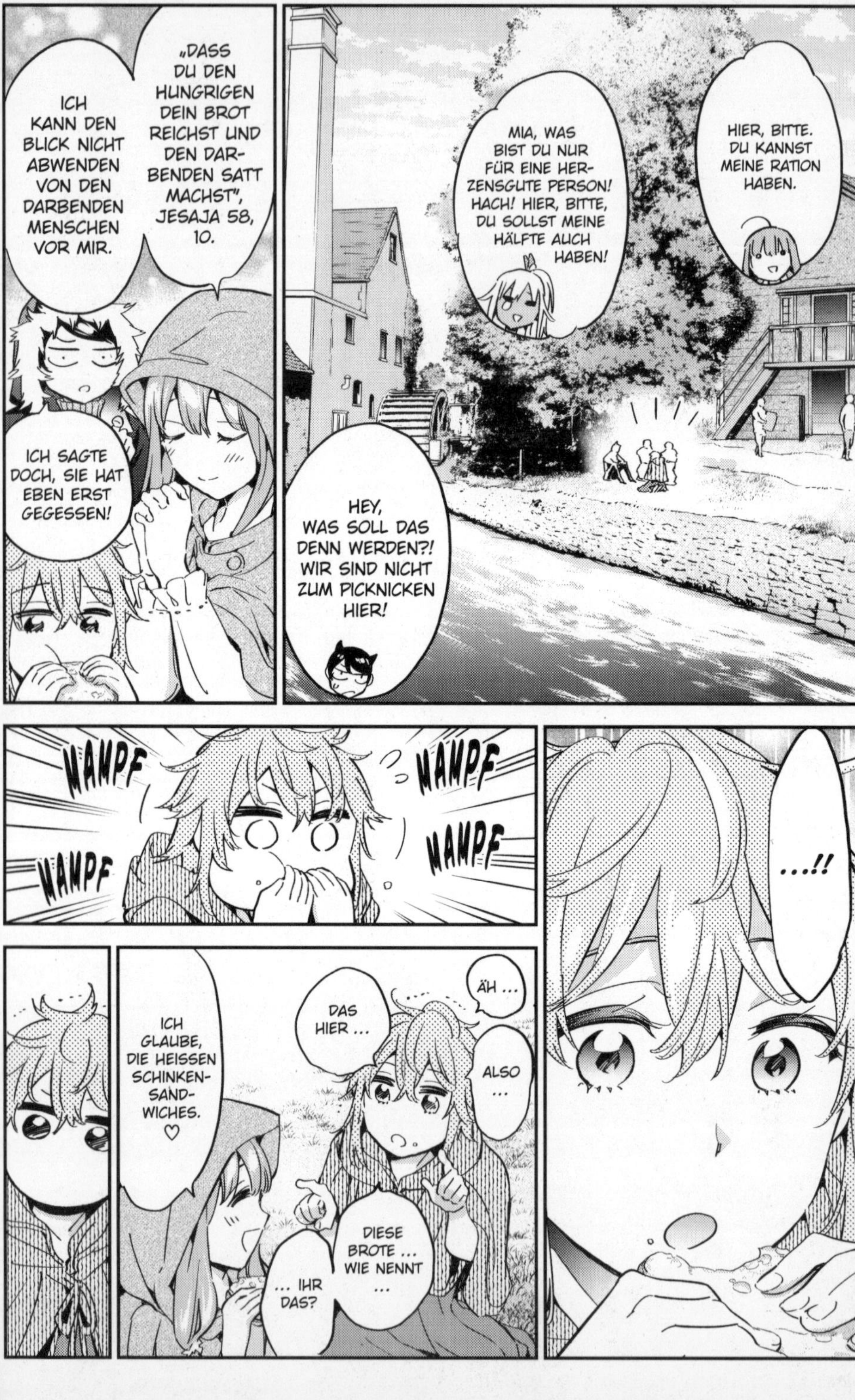
HIER, BITTE. DU KANNST MEINE RATION HABEN.
MIA, WAS BIST DU NUR FÜR EINE HER-ZENSGUTE PERSON! HACH! HIER, BITTE, DU SOLLST MEINE HÄLFTE AUCH HABEN!
HEY, WAS SOLL DAS DENN WERDEN?! WIR SIND NICHT ZUM PICKNICKEN HIER!
„DASS DU DEN HUNGRIGEN DEIN BROT REICHST UND DEN DAR-BENDEN SATT MACHST“, JESAJA 58, 10.
ICH KANN DEN BLICK NICHT ABWENDEN VON DEN DARBENDEN MENSCHEN VOR MIR.
ICH SAGTE DOCH, SIE HAT EBEN ERST GEGESSEN!
...!!
MAMPF
MAMPF
MAMPF
MAMPF
ÄH ...
DAS HIER ...
ALSO ...
DIESE BROTE ... WIE NENNT ...
... IHR DAS?
ICH GLAUBE, DIE HEISSEN SCHINKEN-SAND-WICHES. ♡

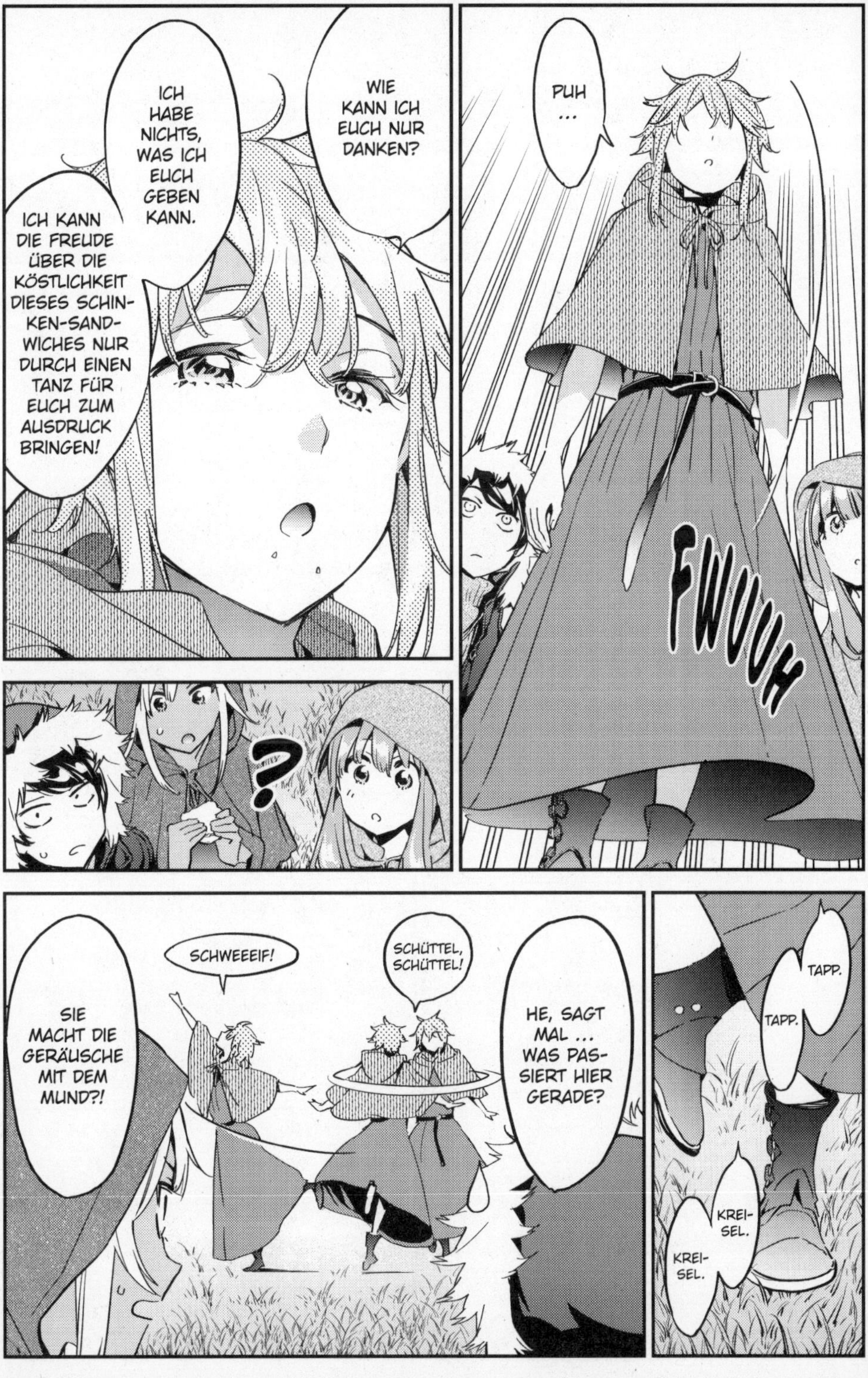
PUH …
FWUUH
WIE KANN ICH EUCH NUR DANKEN?
ICH HABE NICHTS, WAS ICH EUCH GEBEN KANN.
ICH KANN DIE FREUDE ÜBER DIE KÖSTLICHKEIT DIESES SCHINKEN-SANDWICHES NUR DURCH EINEN TANZ FÜR EUCH ZUM AUSDRUCK BRINGEN!
?
TAPP.
TAPP.
KREI-SEL.
KREI-SEL.
HE, SAGT MAL … WAS PASSIERT HIER GERADE?
SCHÜTTEL, SCHÜTTEL!
SCHWEEEIF!
SIE MACHT DIE GERÄUSCHE MIT DEM MUND?!

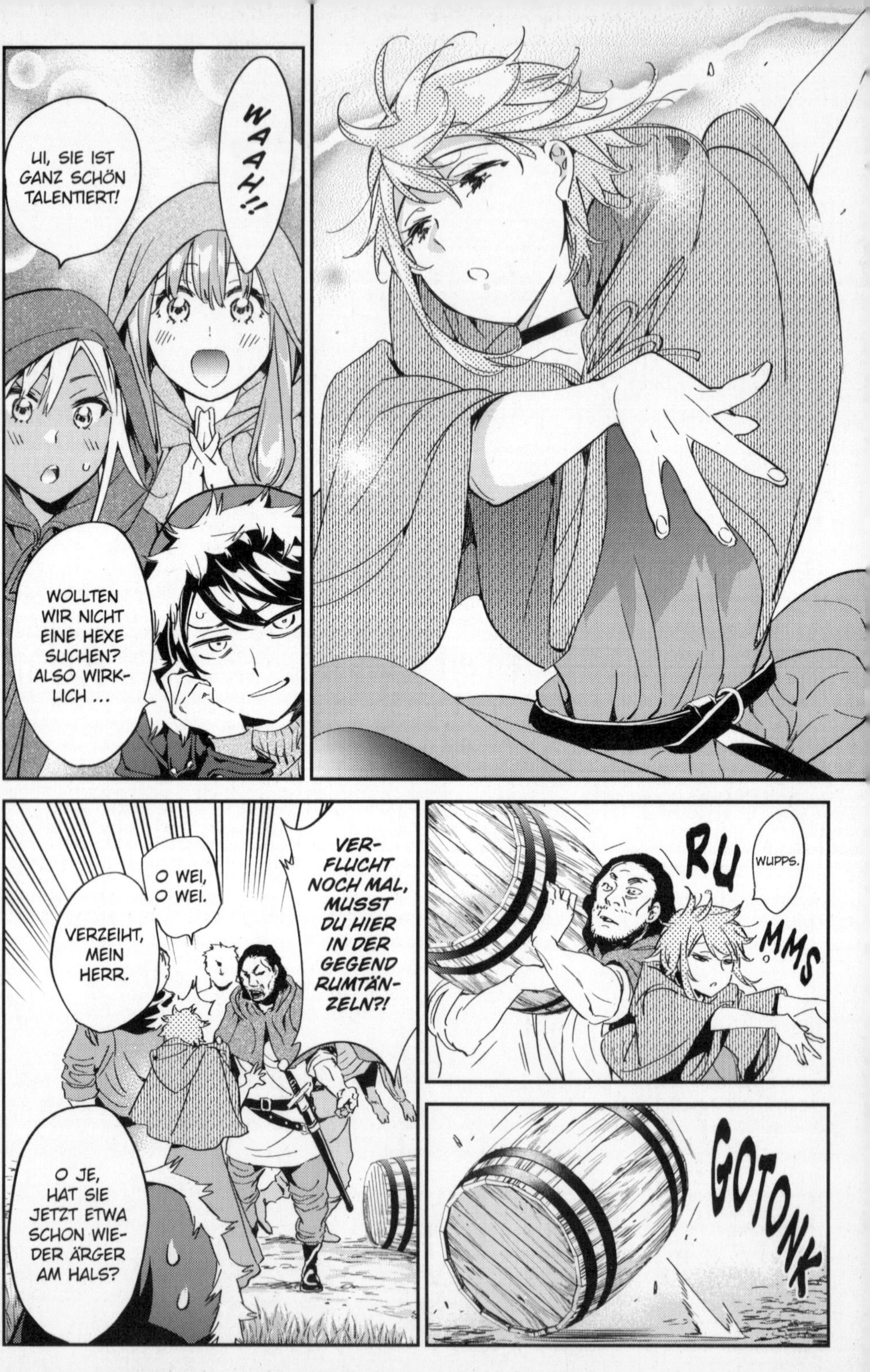
WAAAH!!
UI, SIE IST GANZ SCHÖN TALENTIERT!
WOLLTEN WIR NICHT EINE HEXE SUCHEN? ALSO WIRK-LICH …
WUPPS.
RUMMS
GOTONK
VER-FLUCHT NOCH MAL, MUSST DU HIER IN DER GEGEND RUMTÄN-ZELN?!
O WEI, O WEI.
VERZEIHT, MEIN HERR.
O JE, HAT SIE JETZT ETWA SCHON WIE-DER ÄRGER AM HALS?

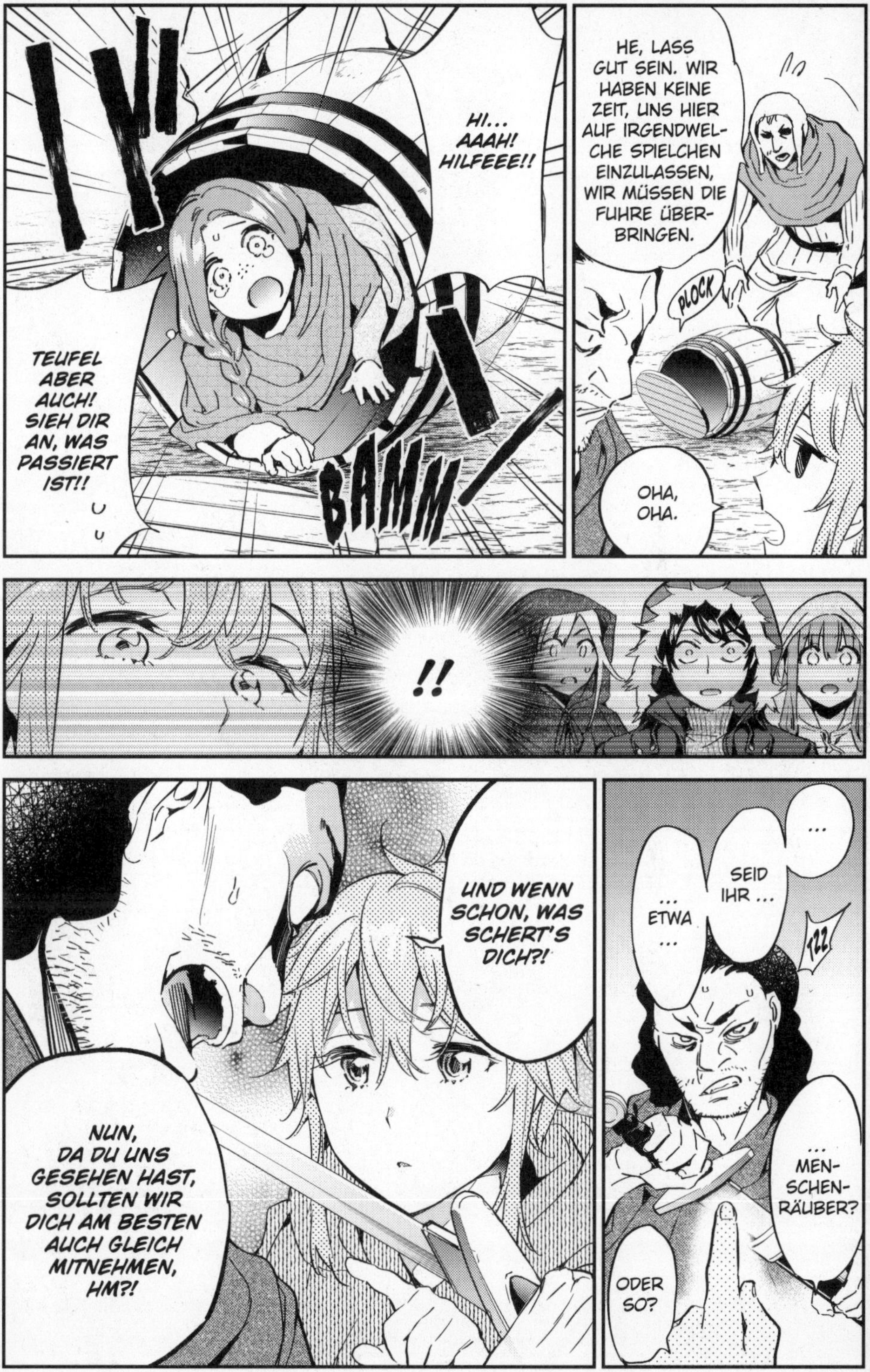
HE, LASS GUT SEIN. WIR HABEN KEINE ZEIT, UNS HIER AUF IRGENDWELCHE SPIELCHEN EINZULASSEN, WIR MÜSSEN DIE FUHRE ÜBERBRINGEN.
PLOCK
OHA, OHA.
HI... AAAH! HILFEEE!!
BAMM
TEUFEL ABER AUCH! SIEH DIR AN, WAS PASSIERT IST!!
!!
...
SEID IHR ...
... ETWA ...
... MENSCHENRÄUBER?
ODER SO?
UND WENN SCHON, WAS SCHERT'S DICH?!
NUN, DA DU UNS GESEHEN HAST, SOLLTEN WIR DICH AM BESTEN AUCH GLEICH MITNEHMEN, HM?!

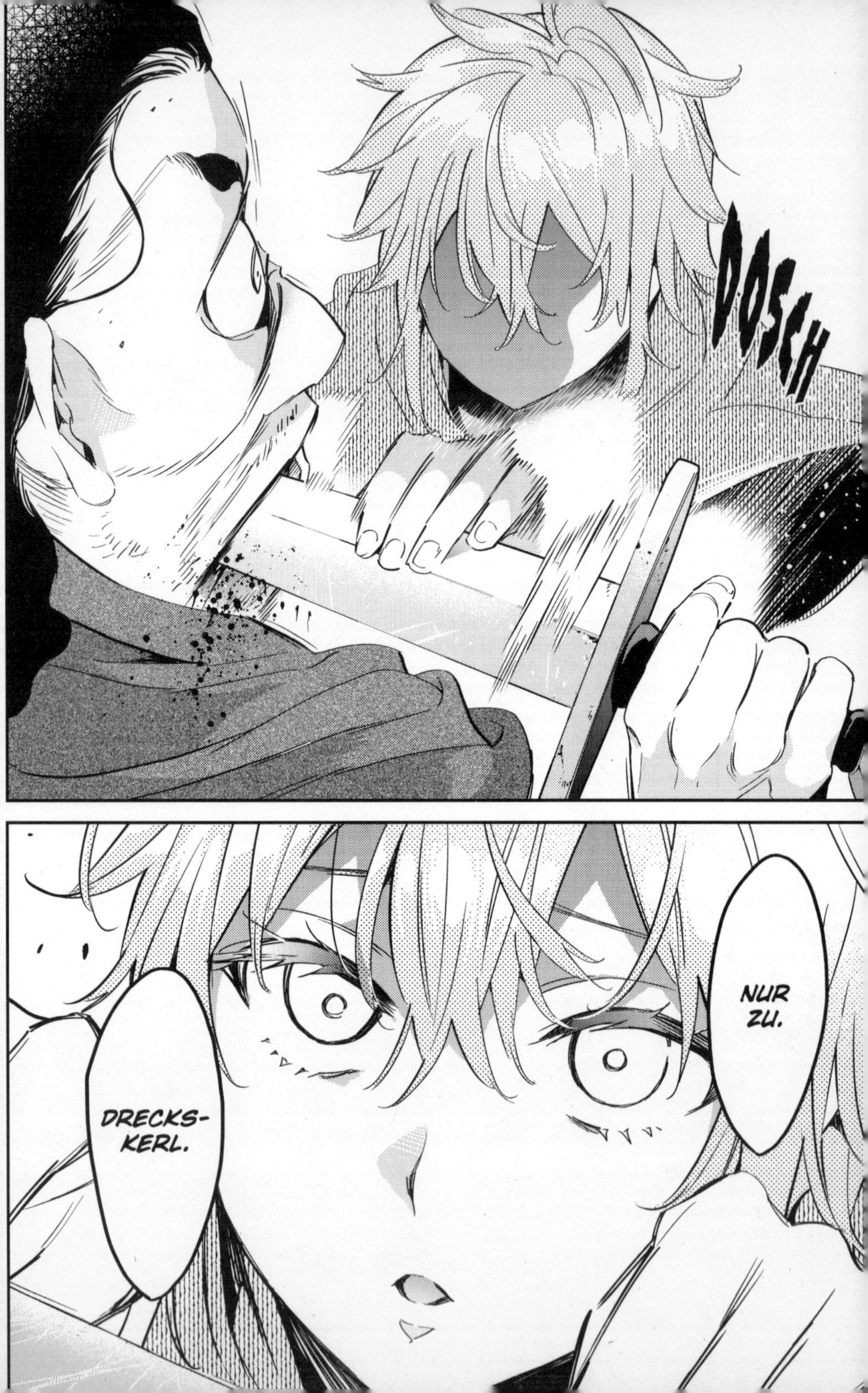
DOSCH
NUR ZU.
DRECKS-KERL.

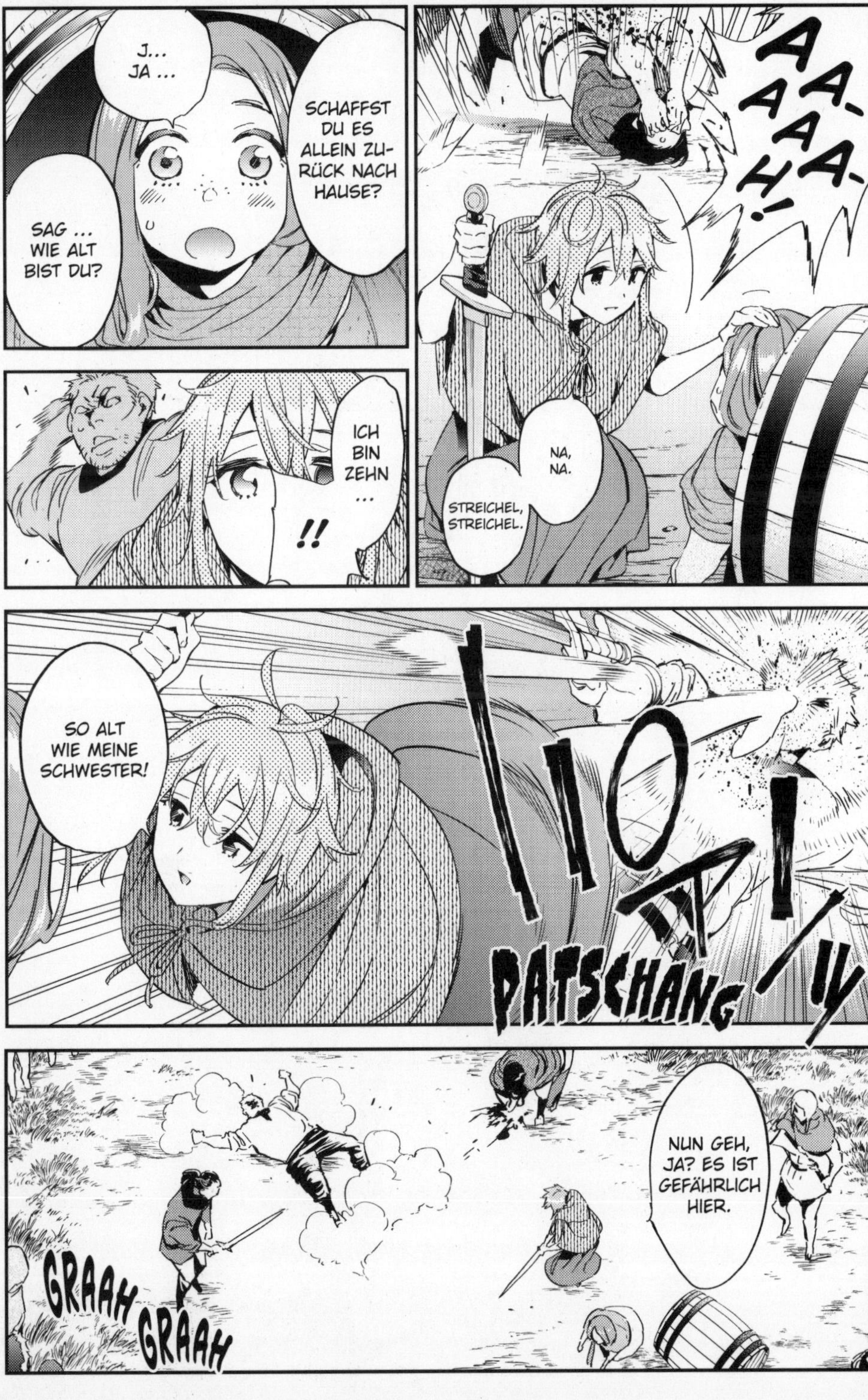
AA-AAAA-AH!!
NA, NA.
STREICHEL, STREICHEL.
SCHAFFST DU ES ALLEIN ZURÜCK NACH HAUSE?
J... JA ...
SAG ... WIE ALT BIST DU?
ICH BIN ZEHN ...
!!
SO ALT WIE MEINE SCHWESTER!
DATSCHANG
NUN GEH, JA? ES IST GEFÄHRLICH HIER.
GRAAH GRAAH

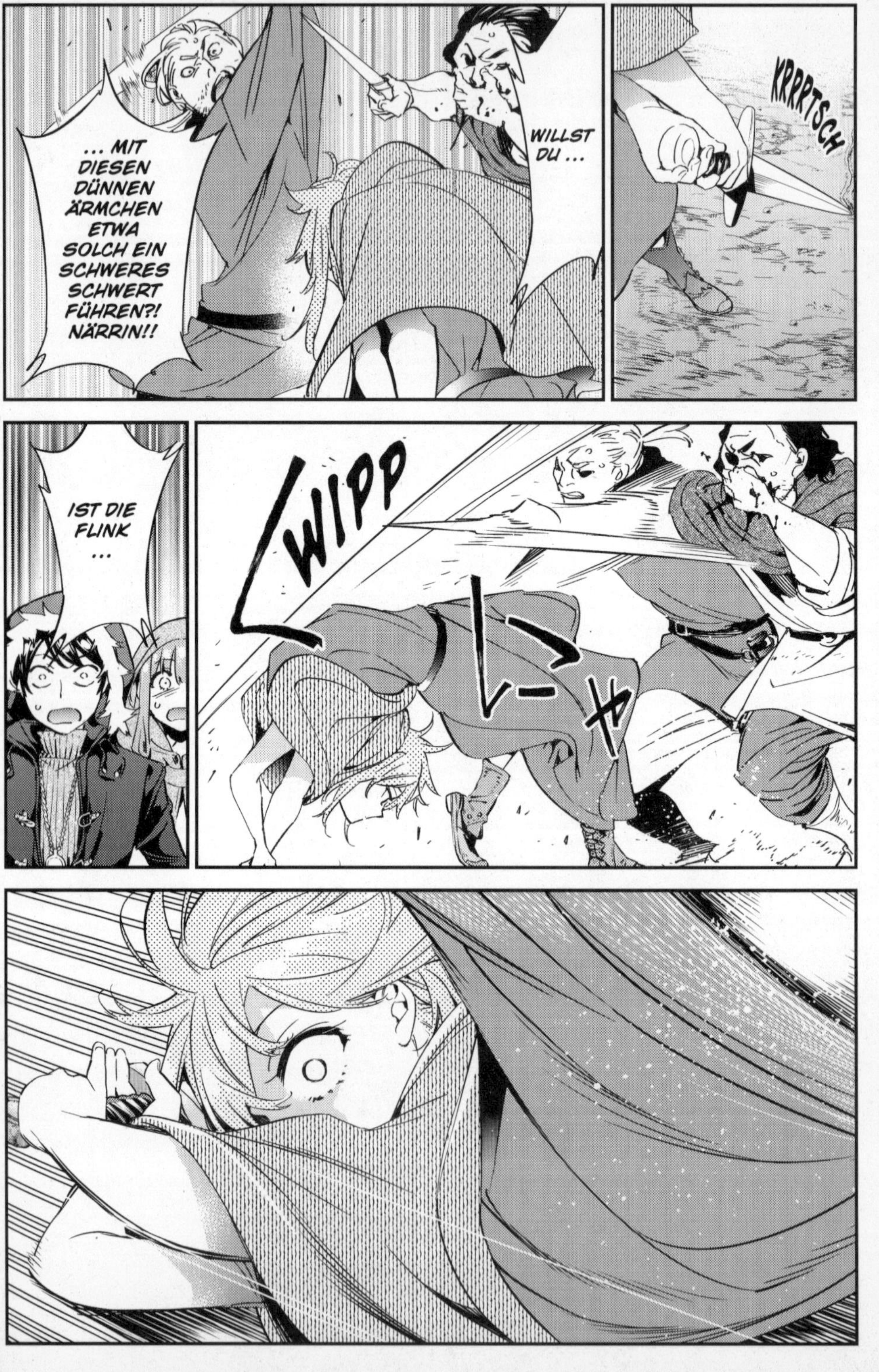

WILLST DU ...
... MIT DIESEN DÜNNEN ÄRMCHEN ETWA SOLCH EIN SCHWERES SCHWERT FÜHREN?! NÄRRIN!!
KRRRTSCH
WIPP
IST DIE FLINK ...

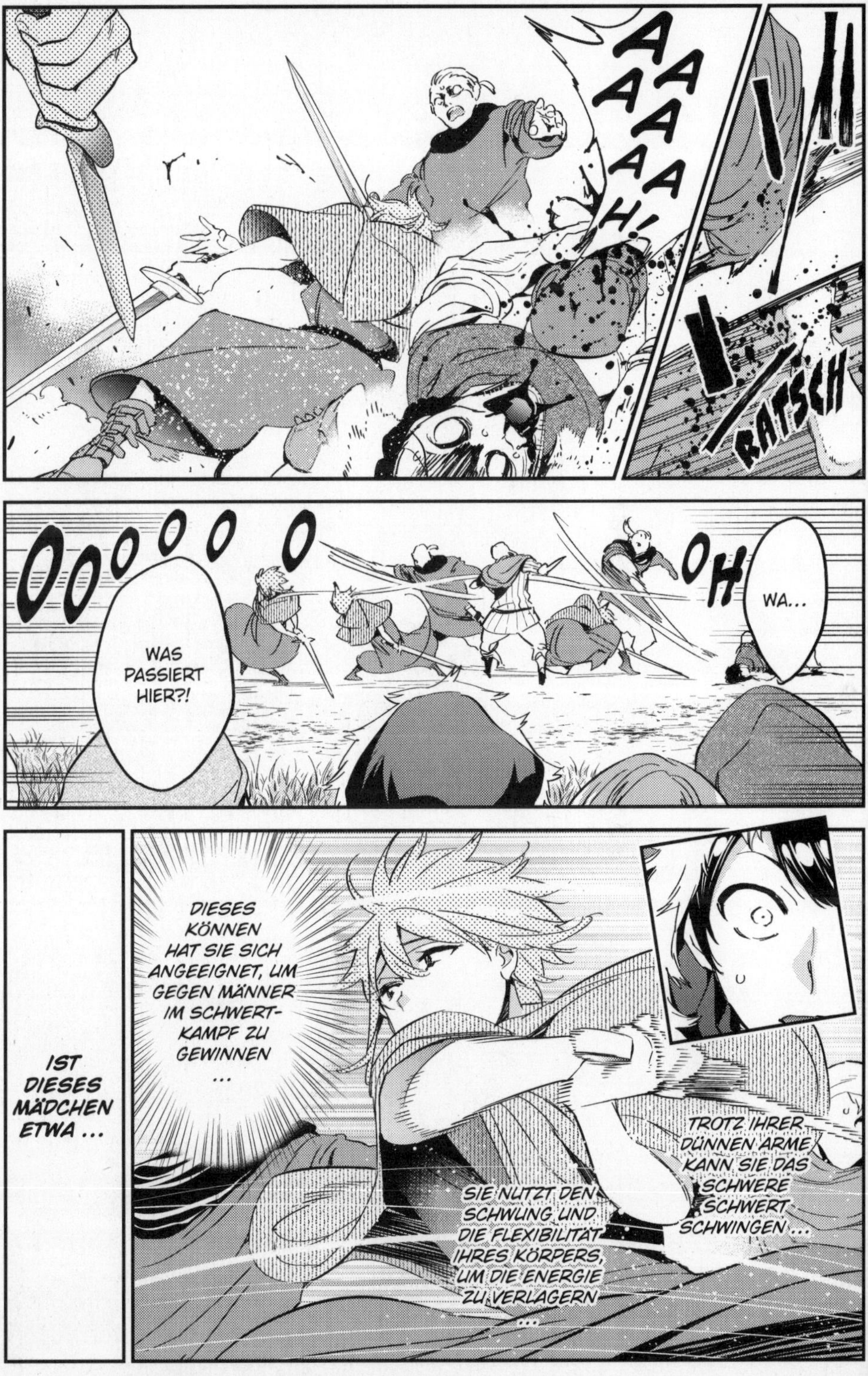

AAAAAAH!!
RATSCH
WA…
OH
OOOOOO
WAS PASSIERT HIER?!
DIESES KÖNNEN HAT SIE SICH ANGEEIGNET, UM GEGEN MÄNNER IM SCHWERT-KAMPF ZU GEWINNEN …
TROTZ IHRER DÜNNEN ARME KANN SIE DAS SCHWERE SCHWERT SCHWINGEN …
SIE NUTZT DEN SCHWUNG UND DIE FLEXIBILITÄT IHRES KÖRPERS, UM DIE ENERGIE ZU VERLAGERN …
IST DIESES MÄDCHEN ETWA …

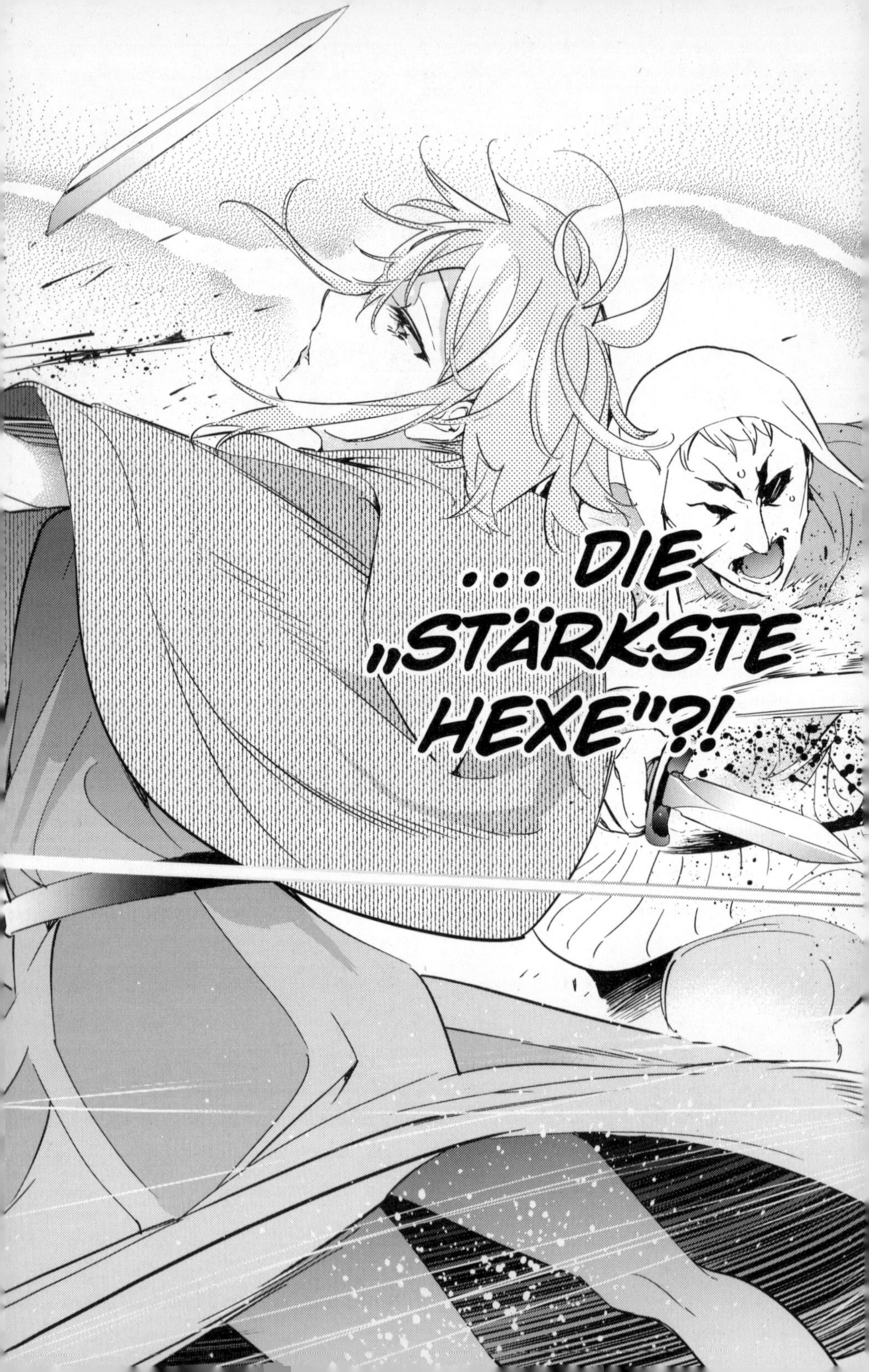
... DIE „STÄRKSTE HEXE"?!

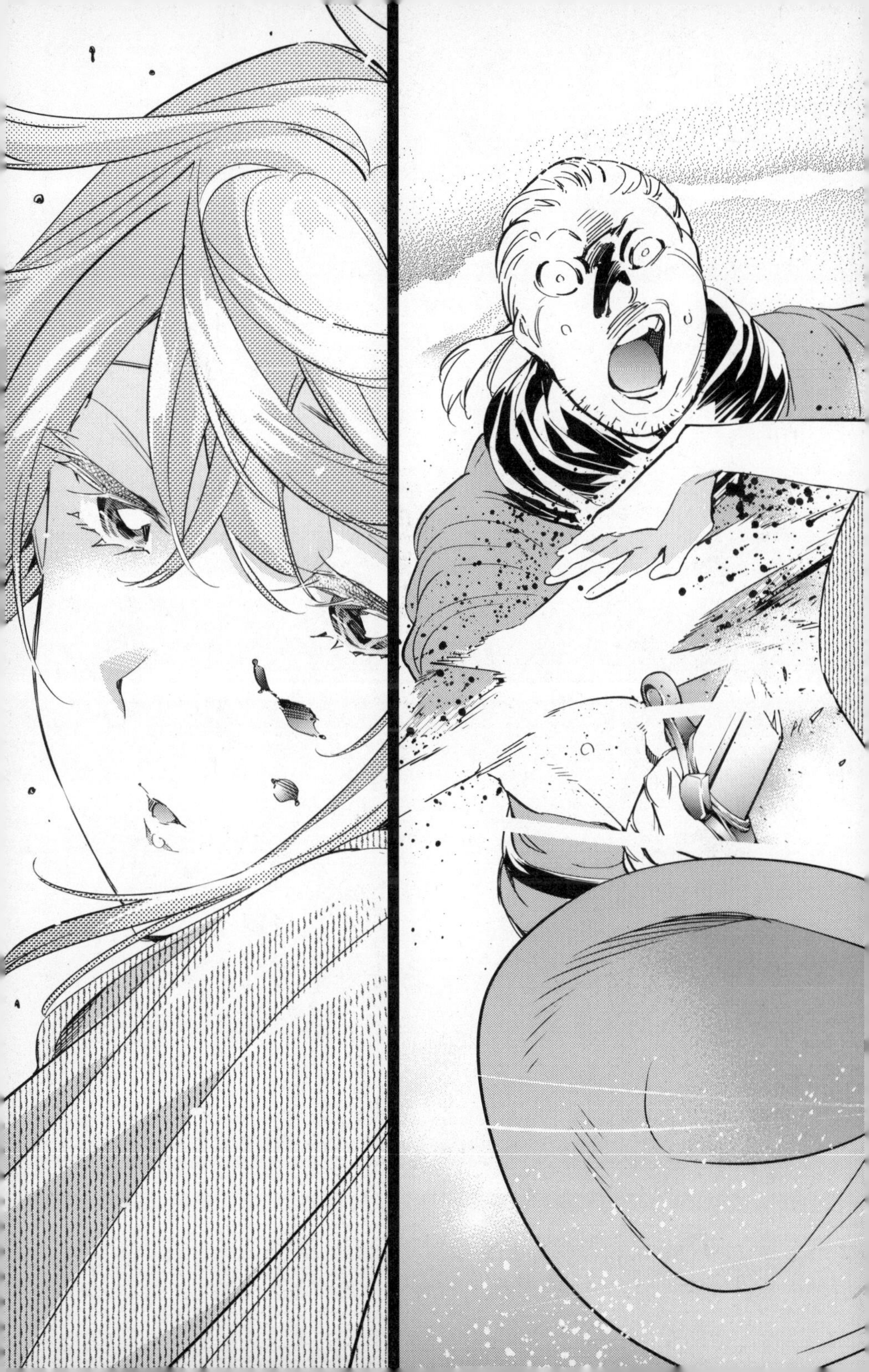

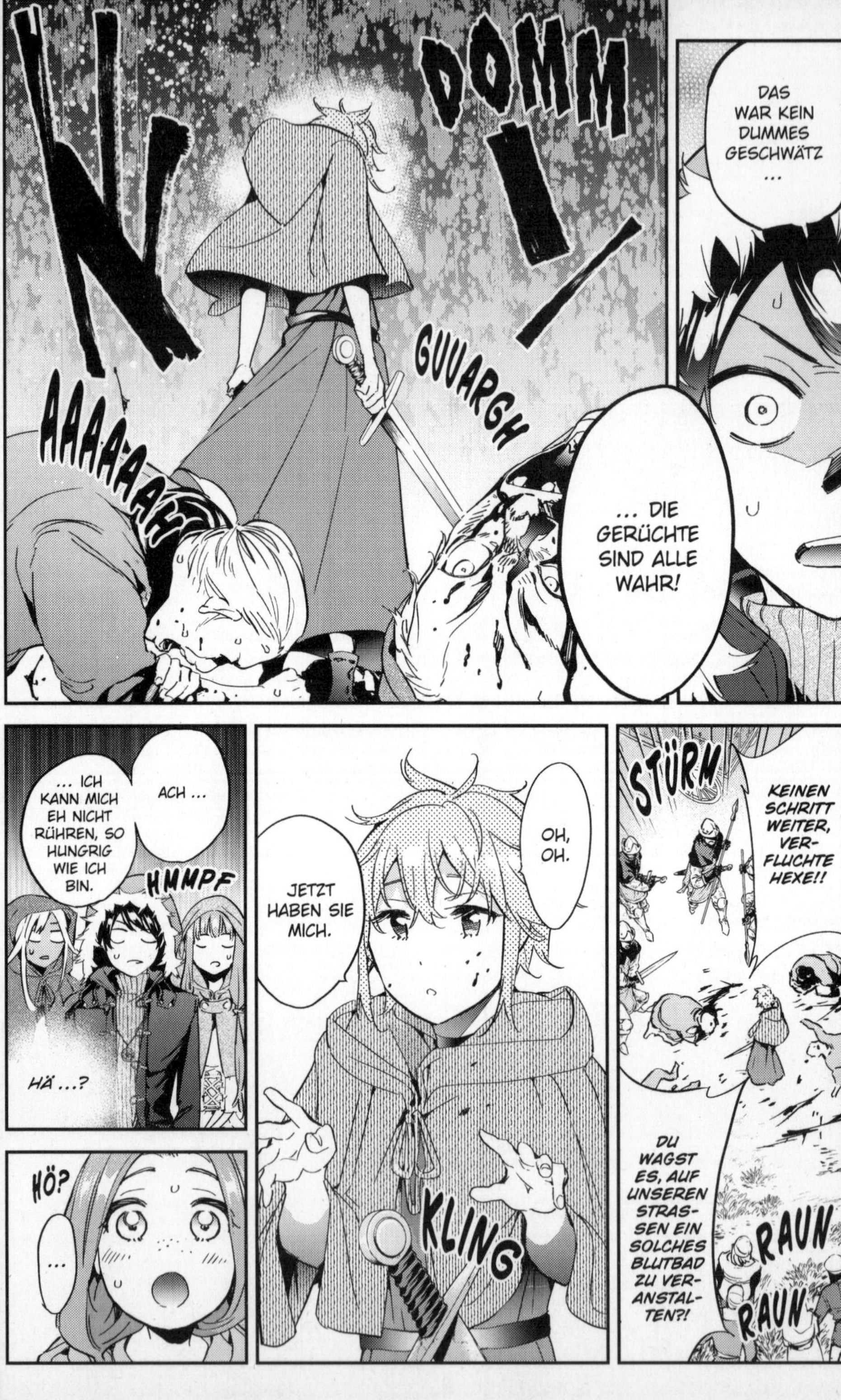
DAS WAR KEIN DUMMES GESCHWÄTZ ...
... DIE GERÜCHTE SIND ALLE WAHR!
DOMM
GUUARGH
AAAAAAH
STÜRM
KEINEN SCHRITT WEITER, VERFLUCHTE HEXE!!
DU WAGST ES, AUF UNSEREN STRASSEN EIN SOLCHES BLUTBAD ZU VERANSTALTEN?!
RAUN
RAUN
OH, OH.
JETZT HABEN SIE MICH.
KLING
ACH ...
... ICH KANN MICH EH NICHT RÜHREN, SO HUNGRIG WIE ICH BIN.
HMMPF
HÄ ...?
HÖ?
...

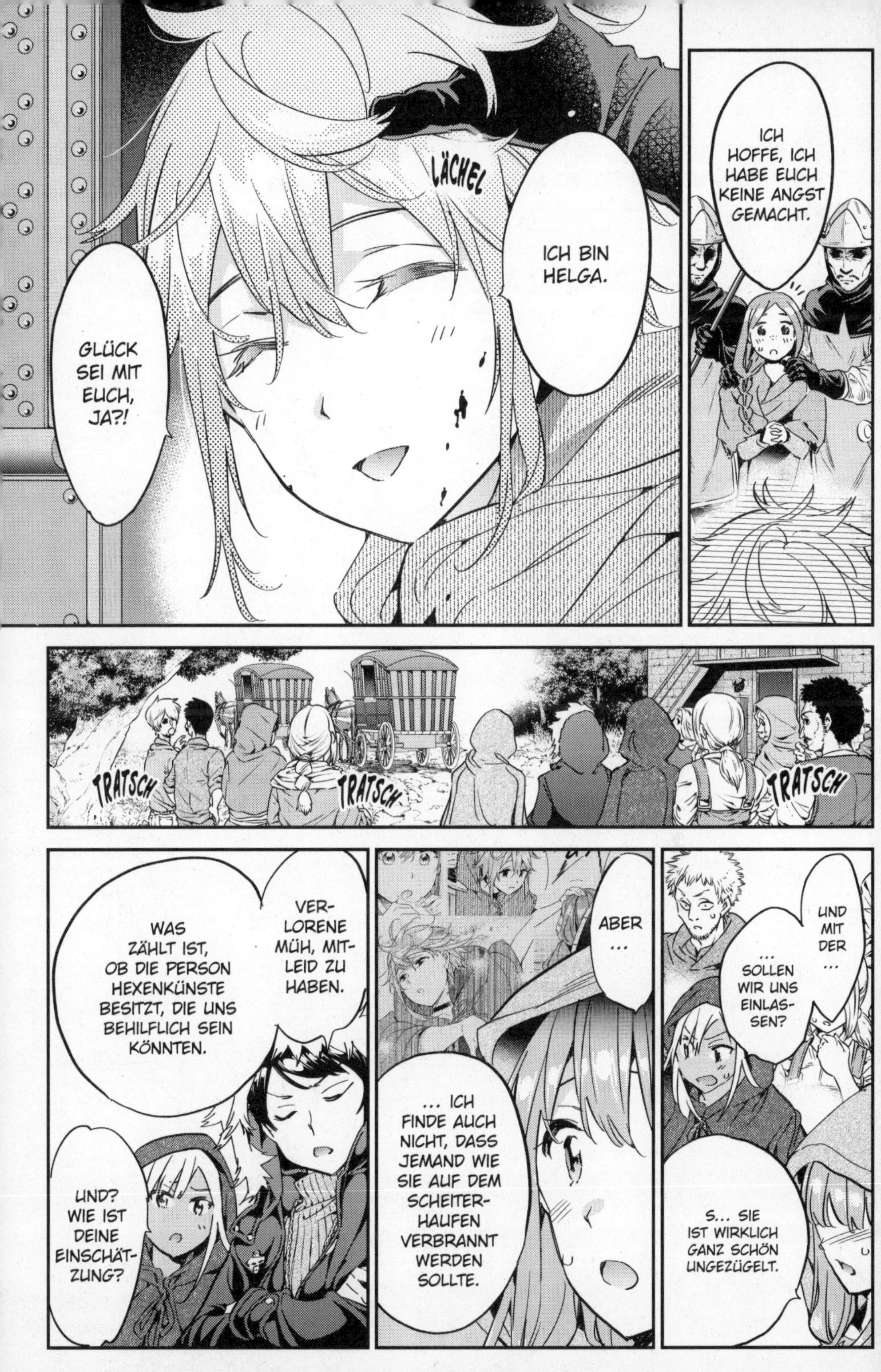
ICH HOFFE, ICH HABE EUCH KEINE ANGST GEMACHT.
LÄCHEL
ICH BIN HELGA.
GLÜCK SEI MIT EUCH, JA?!
TRATSCH
TRATSCH
TRATSCH
UND MIT DER …
… SOLLEN WIR UNS EINLAS-SEN?
S… SIE IST WIRKLICH GANZ SCHÖN UNGEZÜGELT.
ABER …
… ICH FINDE AUCH NICHT, DASS JEMAND WIE SIE AUF DEM SCHEITER-HAUFEN VERBRANNT WERDEN SOLLTE.
VER-LORENE MÜH, MIT-LEID ZU HABEN.
WAS ZÄHLT IST, OB DIE PERSON HEXENKÜNSTE BESITZT, DIE UNS BEHILFLICH SEIN KÖNNTEN.
UND? WIE IST DEINE EINSCHÄT-ZUNG?

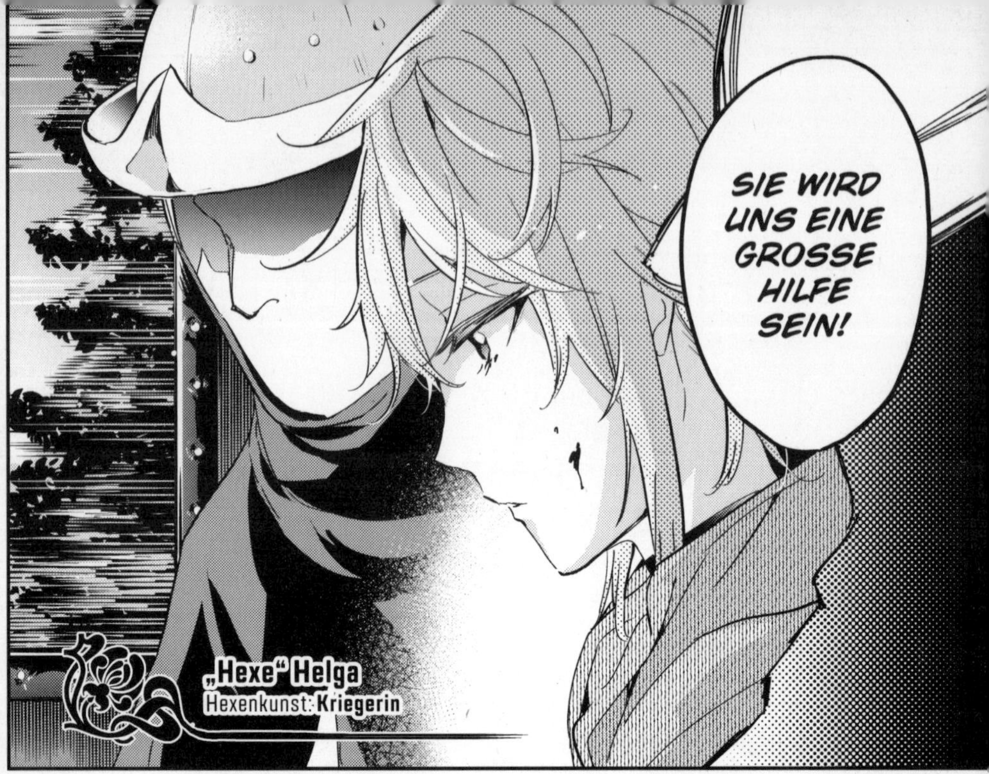
SIE WIRD UNS EINE GROSSE HILFE SEIN!
„Hexe“ Helga
Hexenkunst: Kriegerin

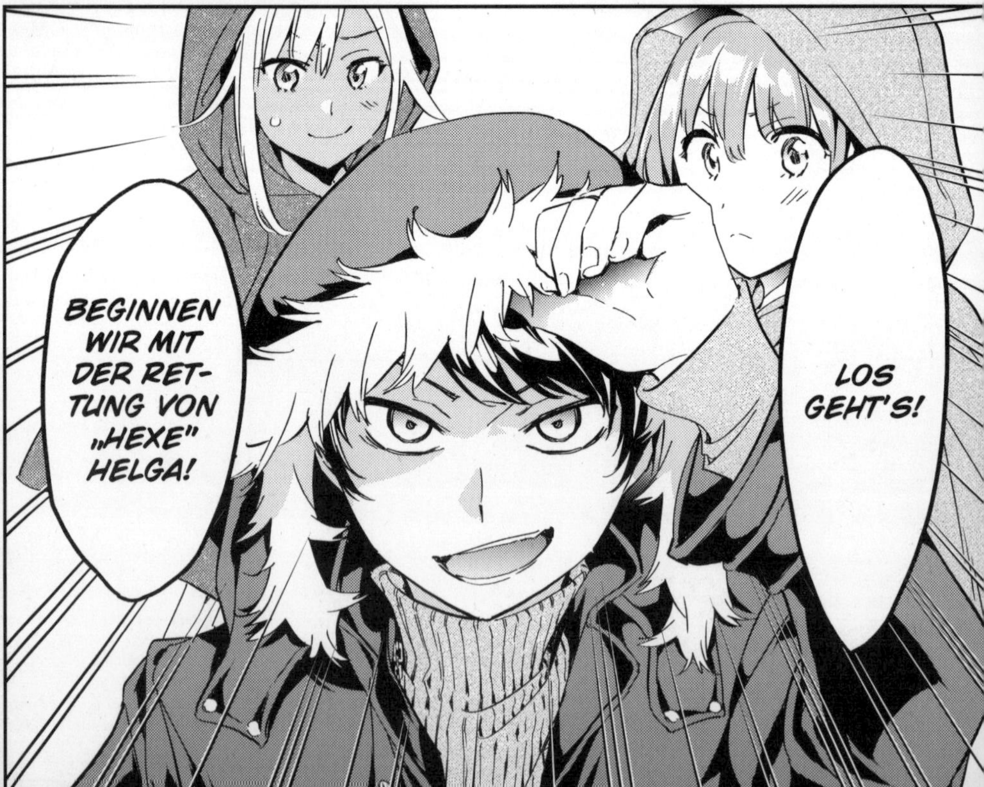
LOS GEHT'S!
BEGINNEN WIR MIT DER RET-TUNG VON „HEXE“ HELGA!

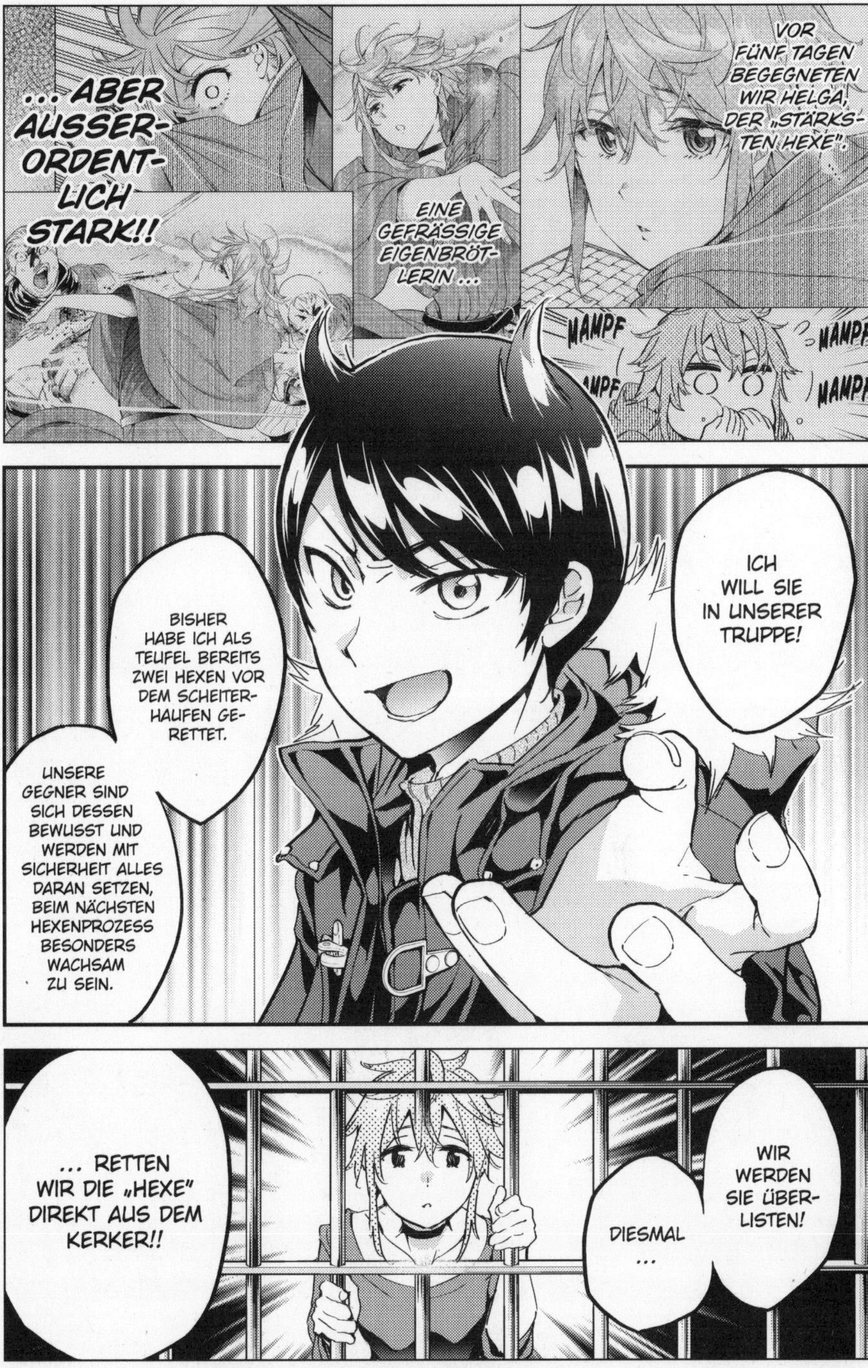

Kapitel 12 Eine Hexe hinter Schloss und Riegel

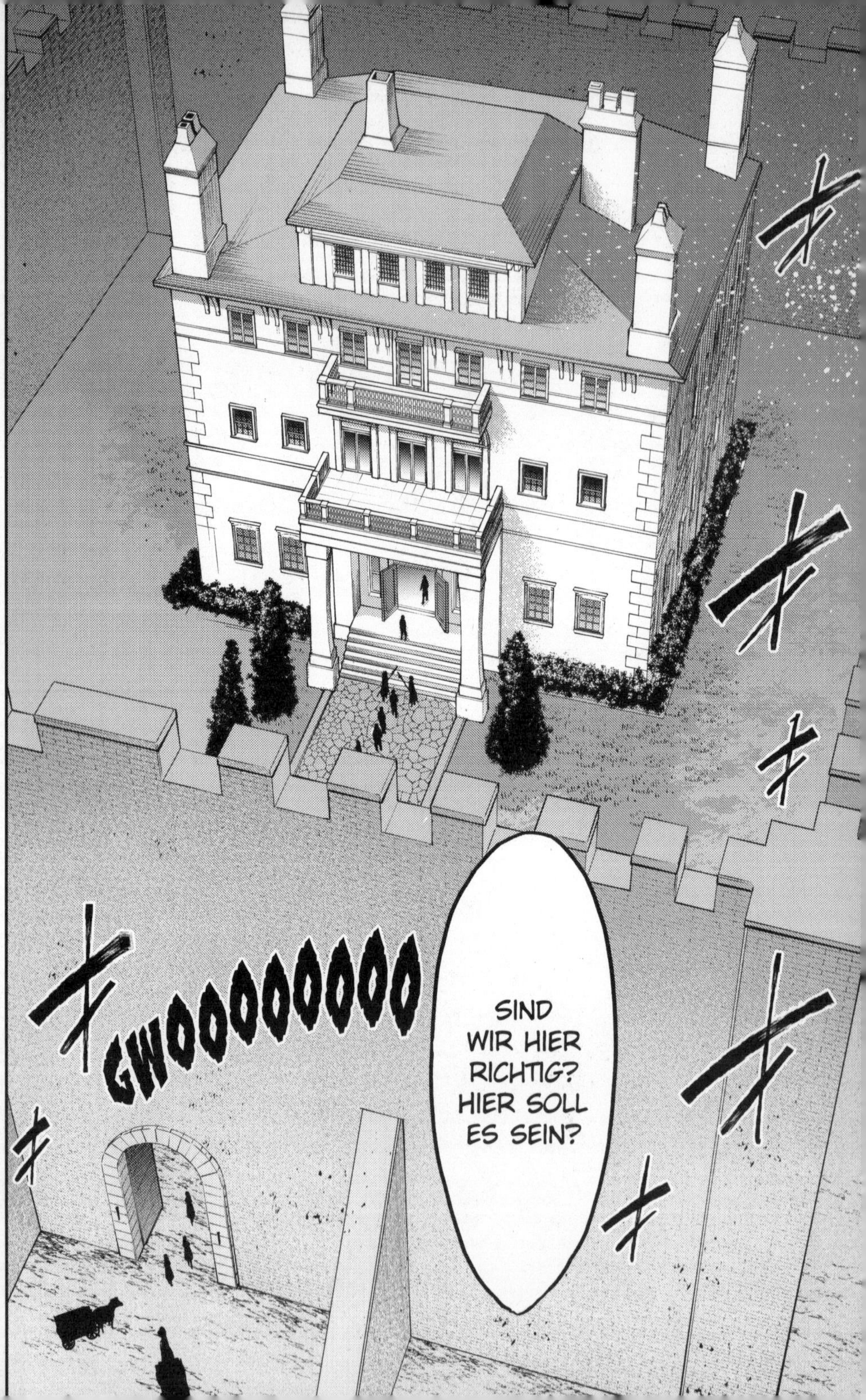
SIND WIR HIER RICHTIG? HIER SOLL ES SEIN?
GWOOOOOOOO

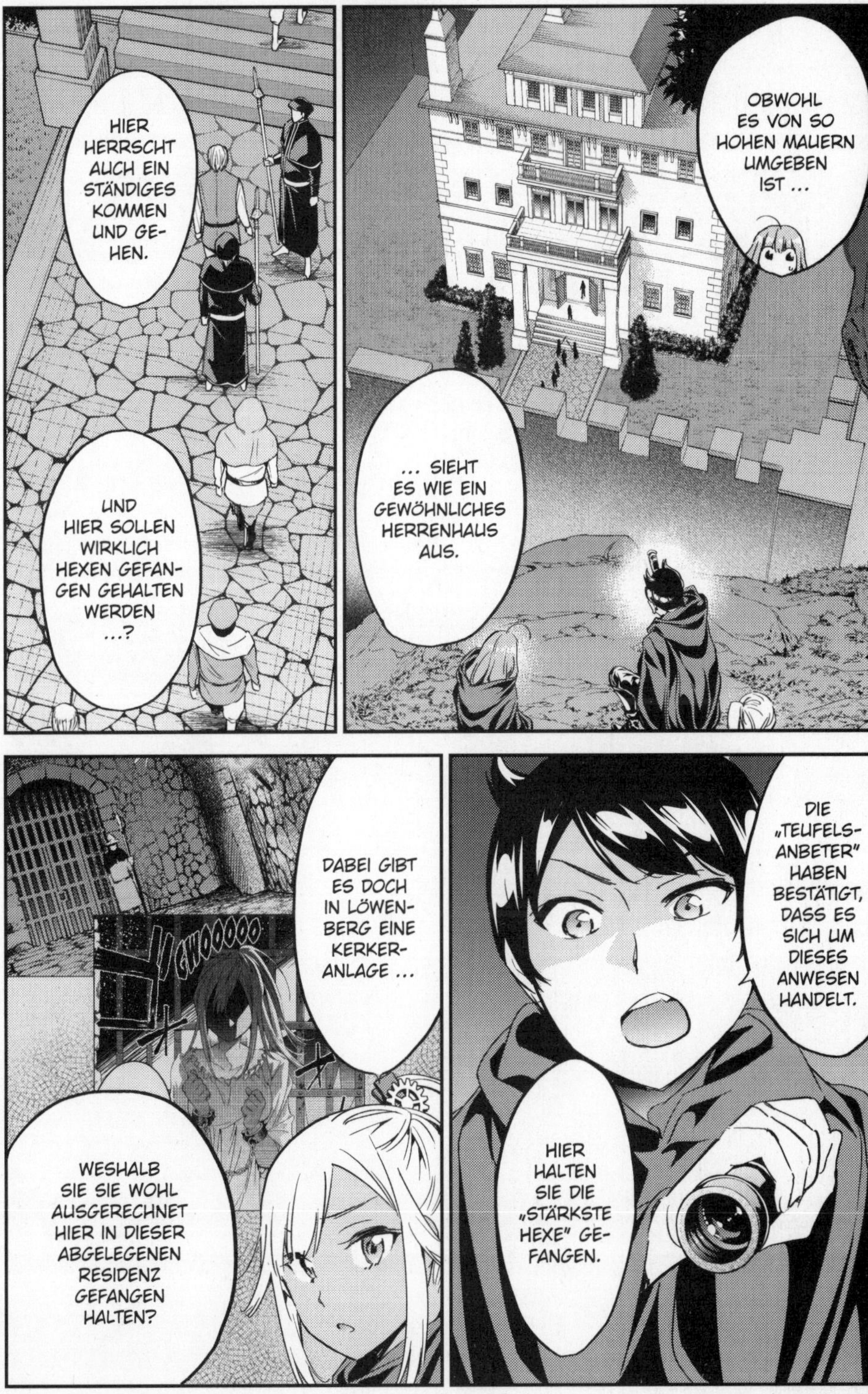
OBWOHL ES VON SO HOHEN MAUERN UMGEBEN IST …
… SIEHT ES WIE EIN GEWÖHNLICHES HERRENHAUS AUS.
HIER HERRSCHT AUCH EIN STÄNDIGES KOMMEN UND GEHEN.
UND HIER SOLLEN WIRKLICH HEXEN GEFANGEN GEHALTEN WERDEN …?
DIE „TEUFELSANBETER" HABEN BESTÄTIGT, DASS ES SICH UM DIESES ANWESEN HANDELT.
HIER HALTEN SIE DIE „STÄRKSTE HEXE" GEFANGEN.
DABEI GIBT ES DOCH IN LÖWENBERG EINE KERKERANLAGE …
GWOOOOO
WESHALB SIE SIE WOHL AUSGERECHNET HIER IN DIESER ABGELEGENEN RESIDENZ GEFANGEN HALTEN?

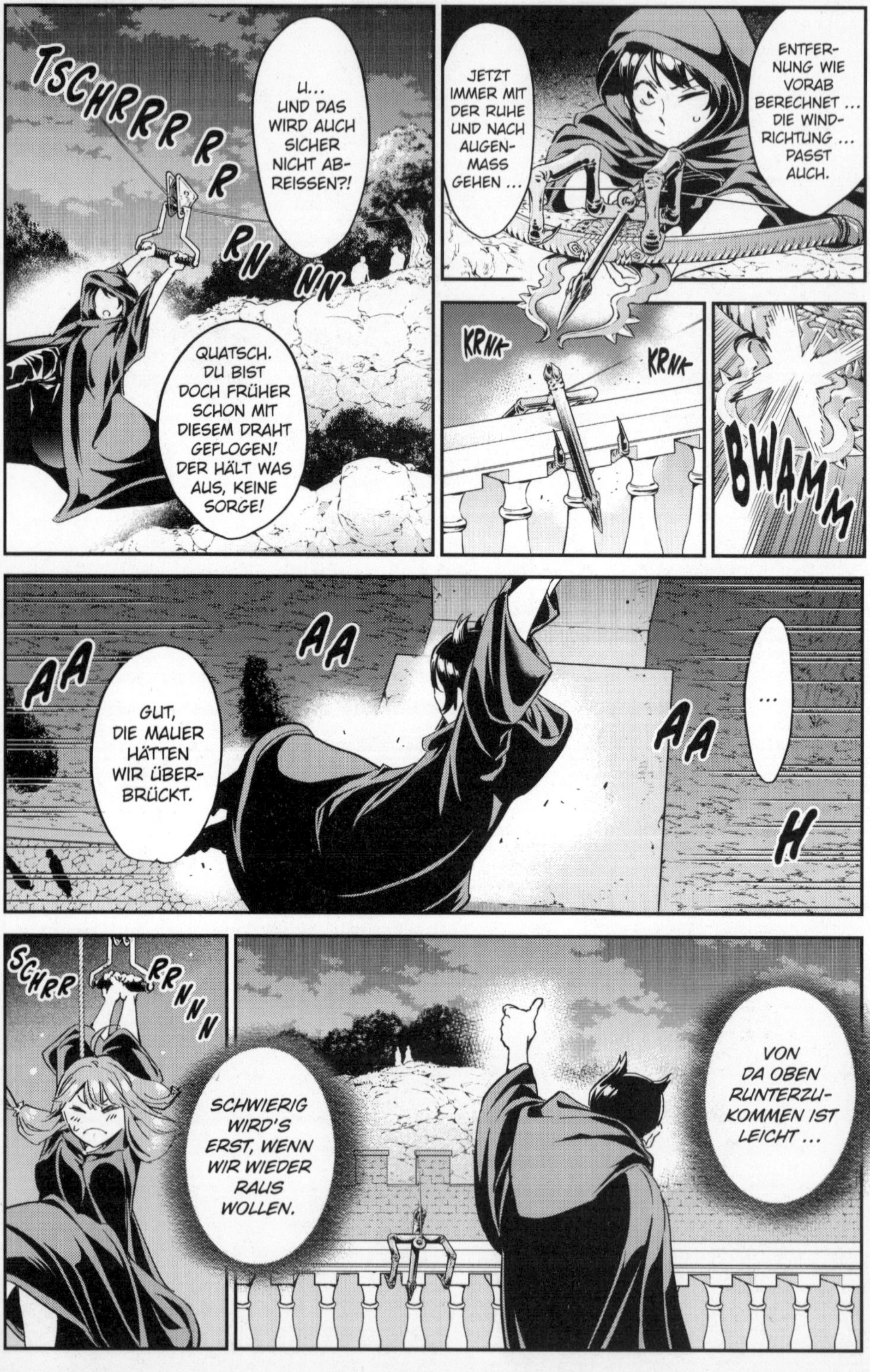
ENTFERNUNG WIE VORAB BERECHNET … DIE WINDRICHTUNG … PASST AUCH.
JETZT IMMER MIT DER RUHE UND NACH AUGENMASS GEHEN …
BWAMM
KRNK
KRNK
U… UND DAS WIRD AUCH SICHER NICHT ABREISSEN?!
TSCHRRRRRRRNNN
QUATSCH. DU BIST DOCH FRÜHER SCHON MIT DIESEM DRAHT GEFLOGEN! DER HÄLT WAS AUS, KEINE SORGE!
…
AAAAAAH
GUT, DIE MAUER HÄTTEN WIR ÜBERBRÜCKT.
VON DA OBEN RUNTERZUKOMMEN IST LEICHT …
SCHWIERIG WIRD'S ERST, WENN WIR WIEDER RAUS WOLLEN.
SCHRRRNNN

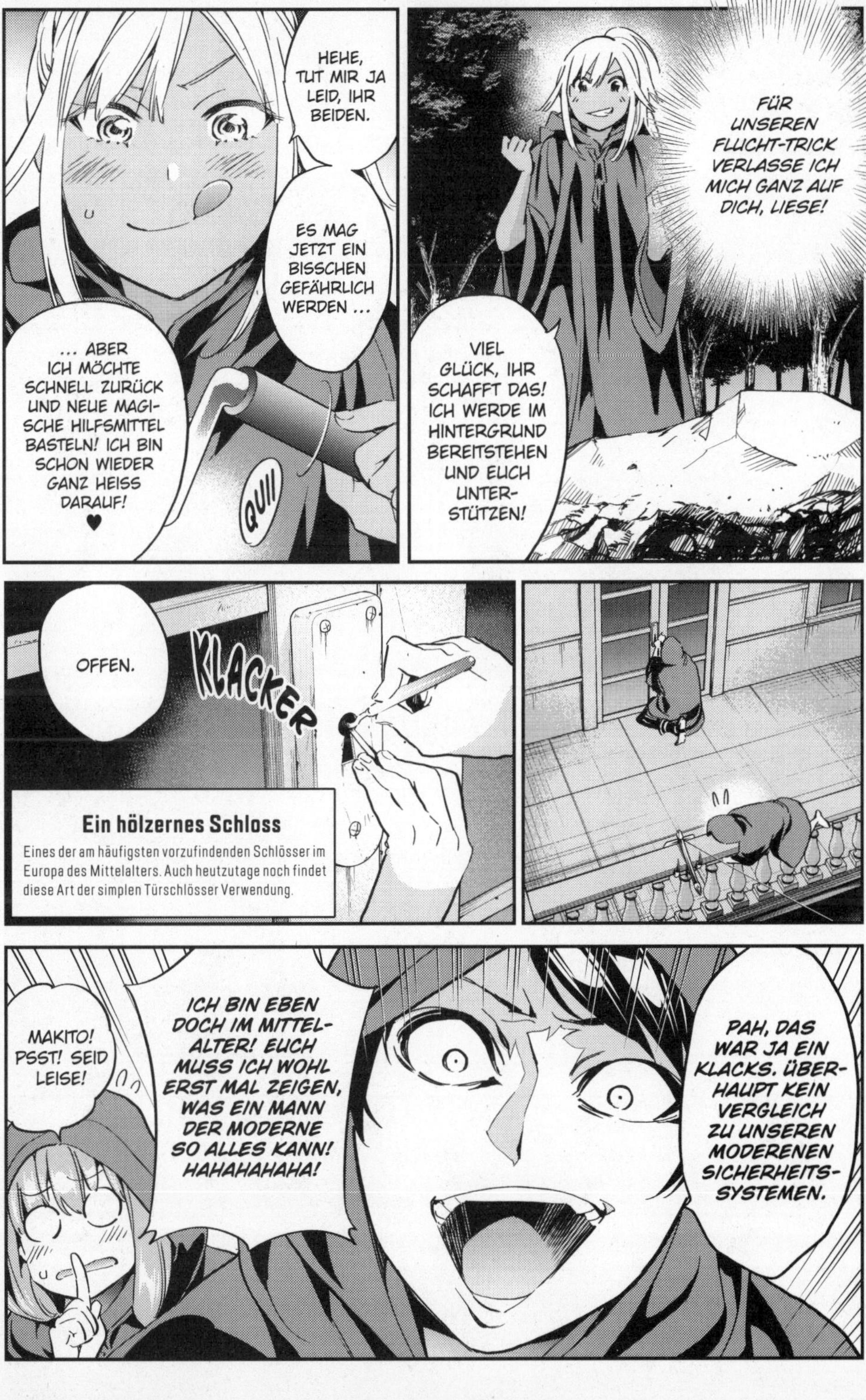

FÜR UNSEREN FLUCHT-TRICK VERLASSE ICH MICH GANZ AUF DICH, LIESE!
VIEL GLÜCK, IHR SCHAFFT DAS! ICH WERDE IM HINTERGRUND BEREITSTEHEN UND EUCH UNTER-STÜTZEN!
HEHE, TUT MIR JA LEID, IHR BEIDEN.
ES MAG JETZT EIN BISSCHEN GEFÄHRLICH WERDEN …
… ABER ICH MÖCHTE SCHNELL ZURÜCK UND NEUE MAGI-SCHE HILFSMITTEL BASTELN! ICH BIN SCHON WIEDER GANZ HEISS DARAUF! ♥
QUII
KLACKER
OFFEN.
Ein hölzernes Schloss
Eines der am häufigsten vorzufindenden Schlösser im Europa des Mittelalters. Auch heutzutage noch findet diese Art der simplen Türschlösser Verwendung.
PAH, DAS WAR JA EIN KLACKS. ÜBER-HAUPT KEIN VERGLEICH ZU UNSEREN MODERENEN SICHERHEITS-SYSTEMEN.
ICH BIN EBEN DOCH IM MITTEL-ALTER! EUCH MUSS ICH WOHL ERST MAL ZEIGEN, WAS EIN MANN DER MODERNE SO ALLES KANN! HAHAHAHAHA!
MAKITO! PSST! SEID LEISE!

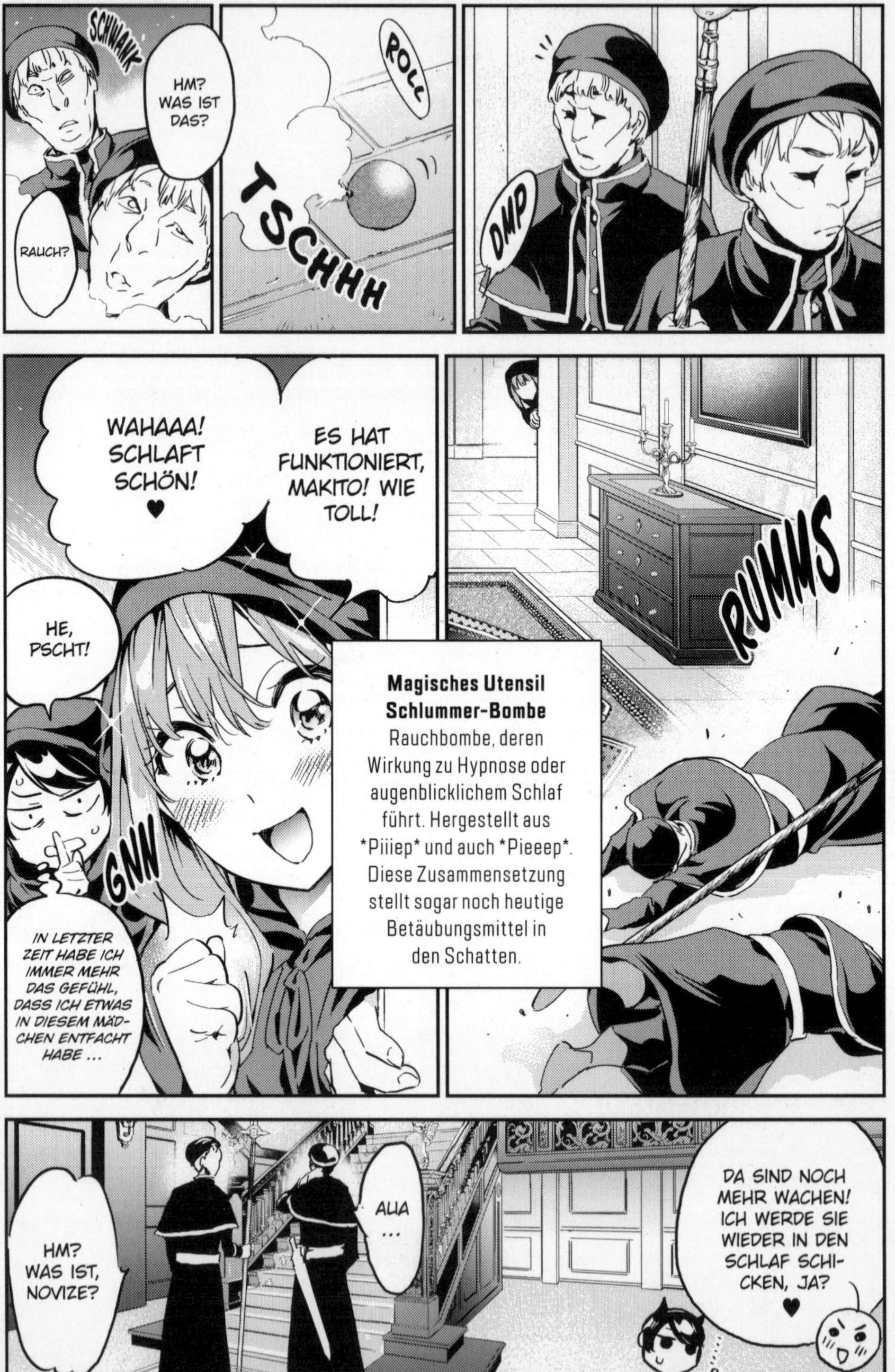

DMP
ROLL
TSCHHH
SCHWANK
HM? WAS IST DAS?
RAUCH?
RUMMS
ES HAT FUNKTIONIERT, MAKITO! WIE TOLL!
WAHAAA! SCHLAFT SCHÖN! ♥
HE, PSCHT!
GNN
Magisches Utensil Schlummer-Bombe
Rauchbombe, deren Wirkung zu Hypnose oder augenblicklichem Schlaf führt. Hergestellt aus *Piiiep* und auch *Pieeep*. Diese Zusammensetzung stellt sogar noch heutige Betäubungsmittel in den Schatten.
IN LETZTER ZEIT HABE ICH IMMER MEHR DAS GEFÜHL, DASS ICH ETWAS IN DIESEM MÄDCHEN ENTFACHT HABE …
DA SIND NOCH MEHR WACHEN! ICH WERDE SIE WIEDER IN DEN SCHLAF SCHICKEN, JA? ♥
AUA …
HM? WAS IST, NOVIZE?

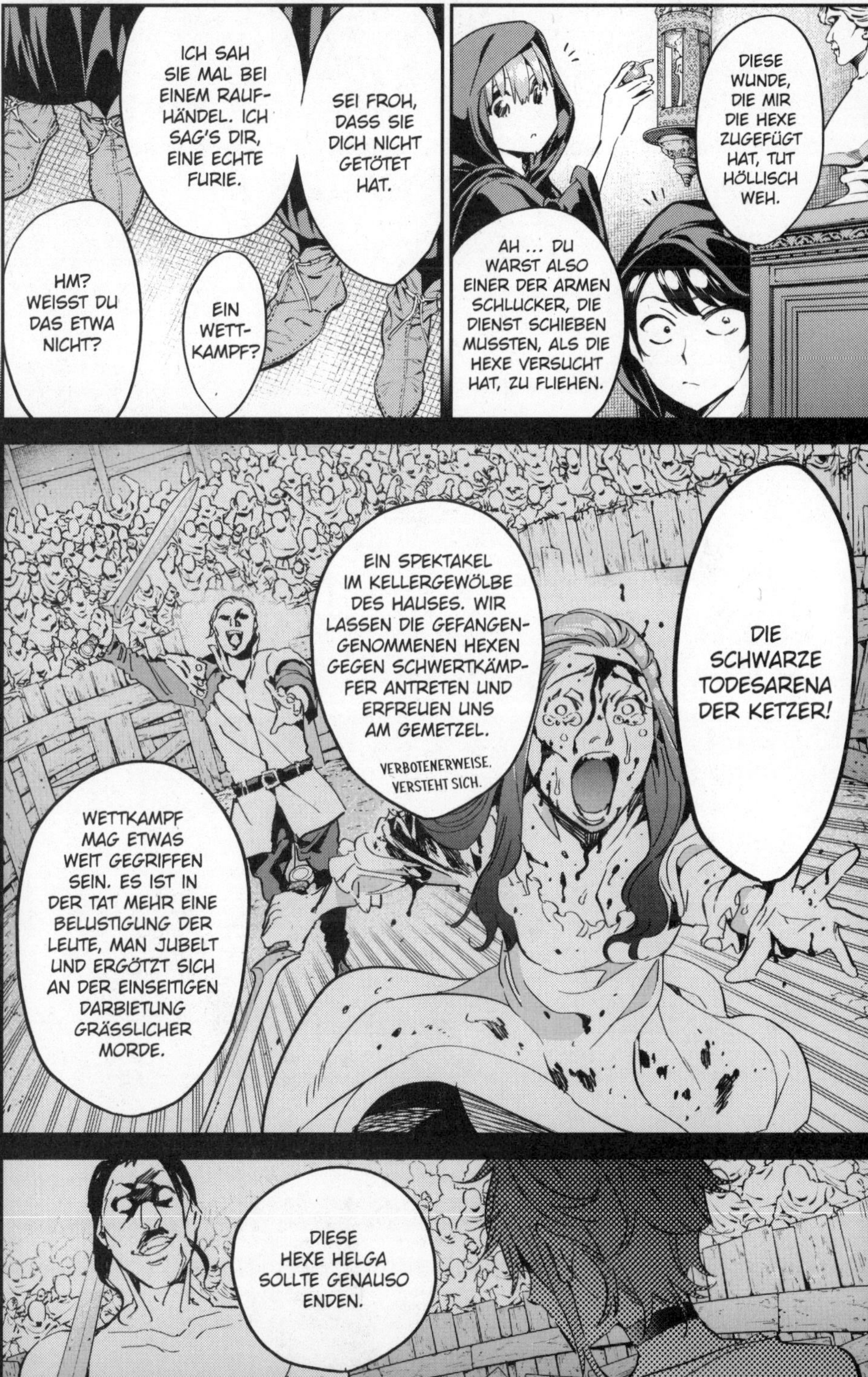
DIESE WUNDE, DIE MIR DIE HEXE ZUGEFÜGT HAT, TUT HÖLLISCH WEH.
AH … DU WARST ALSO EINER DER ARMEN SCHLUCKER, DIE DIENST SCHIEBEN MUSSTEN, ALS DIE HEXE VERSUCHT HAT, ZU FLIEHEN.
SEI FROH, DASS SIE DICH NICHT GETÖTET HAT.
ICH SAH SIE MAL BEI EINEM RAUF-HÄNDEL. ICH SAG'S DIR, EINE ECHTE FURIE.
EIN WETT-KAMPF?
HM? WEISST DU DAS ETWA NICHT?
DIE SCHWARZE TODESARENA DER KETZER!
EIN SPEKTAKEL IM KELLERGEWÖLBE DES HAUSES. WIR LASSEN DIE GEFANGEN-GENOMMENEN HEXEN GEGEN SCHWERTKÄMP-FER ANTRETEN UND ERFREUEN UNS AM GEMETZEL.
VERBOTENERWEISE, VERSTEHT SICH.
WETTKAMPF MAG ETWAS WEIT GEGRIFFEN SEIN. ES IST IN DER TAT MEHR EINE BELUSTIGUNG DER LEUTE, MAN JUBELT UND ERGÖTZT SICH AN DER EINSEITIGEN DARBIETUNG GRÄSSLICHER MORDE.
DIESE HEXE HELGA SOLLTE GENAUSO ENDEN.

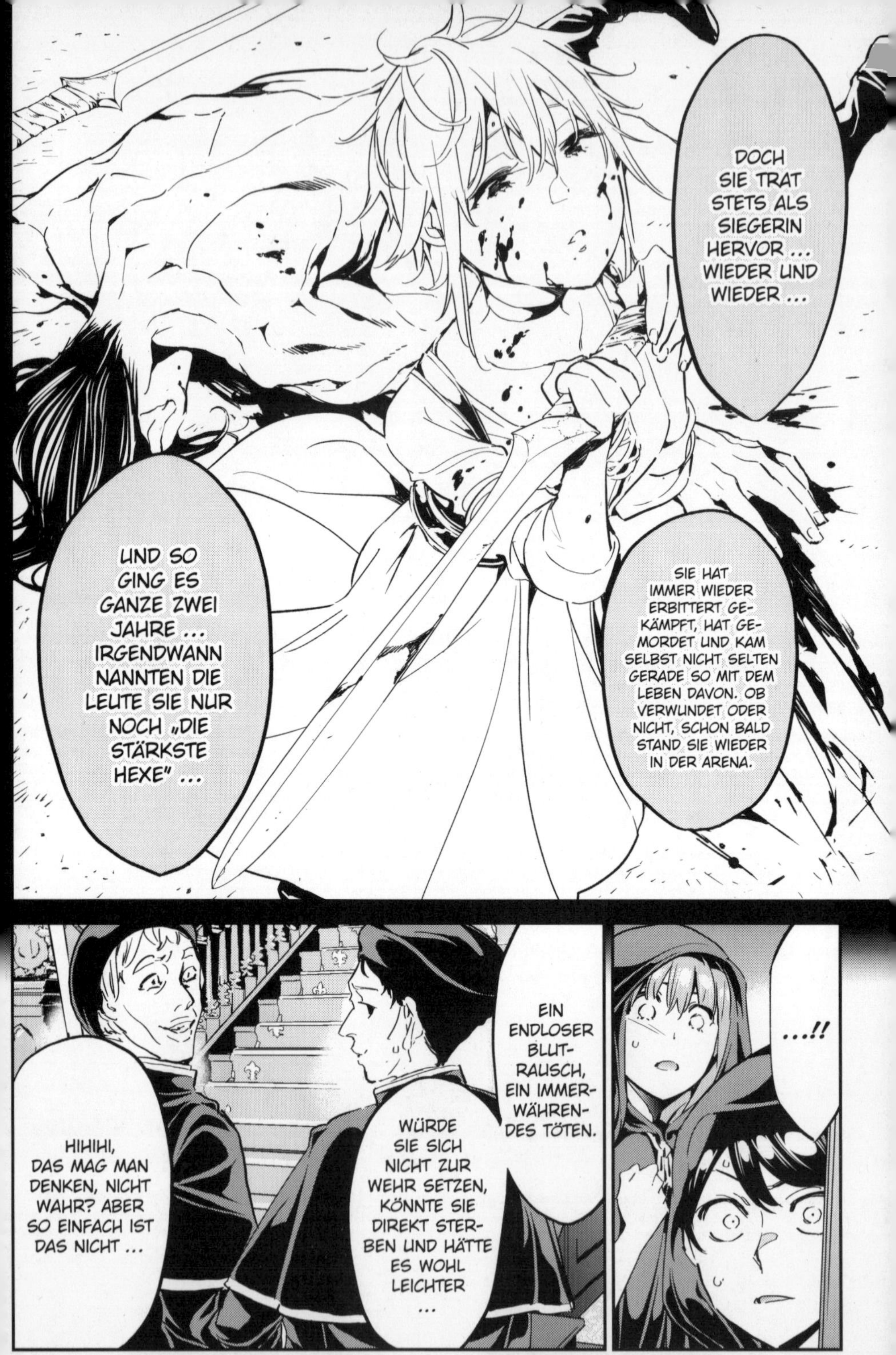
DOCH SIE TRAT STETS ALS SIEGERIN HERVOR … WIEDER UND WIEDER …
SIE HAT IMMER WIEDER ERBITTERT GE-KÄMPFT, HAT GE-MORDET UND KAM SELBST NICHT SELTEN GERADE SO MIT DEM LEBEN DAVON. OB VERWUNDET ODER NICHT, SCHON BALD STAND SIE WIEDER IN DER ARENA.
UND SO GING ES GANZE ZWEI JAHRE … IRGENDWANN NANNTEN DIE LEUTE SIE NUR NOCH „DIE STÄRKSTE HEXE" …
…!!
EIN ENDLOSER BLUT-RAUSCH, EIN IMMER-WÄHREN-DES TÖTEN.
WÜRDE SIE SICH NICHT ZUR WEHR SETZEN, KÖNNTE SIE DIREKT STER-BEN UND HÄTTE ES WOHL LEICHTER …
HIHIHI, DAS MAG MAN DENKEN, NICHT WAHR? ABER SO EINFACH IST DAS NICHT …

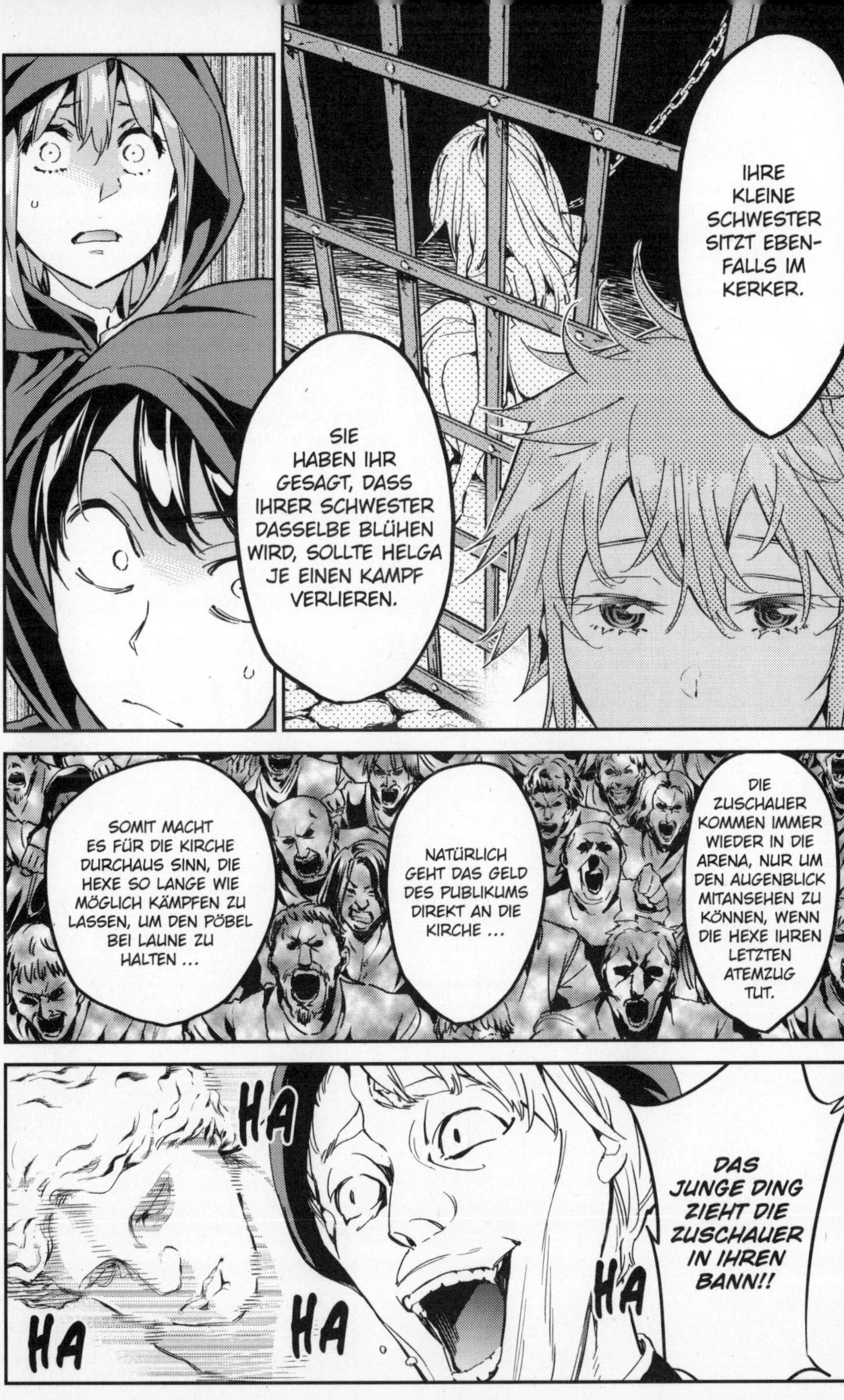

IHRE KLEINE SCHWESTER SITZT EBEN-FALLS IM KERKER.
SIE HABEN IHR GESAGT, DASS IHRER SCHWESTER DASSELBE BLÜHEN WIRD, SOLLTE HELGA JE EINEN KAMPF VERLIEREN.
DIE ZUSCHAUER KOMMEN IMMER WIEDER IN DIE ARENA, NUR UM DEN AUGENBLICK MITANSEHEN ZU KÖNNEN, WENN DIE HEXE IHREN LETZTEN ATEMZUG TUT.
NATÜRLICH GEHT DAS GELD DES PUBLIKUMS DIREKT AN DIE KIRCHE ...
SOMIT MACHT ES FÜR DIE KIRCHE DURCHAUS SINN, DIE HEXE SO LANGE WIE MÖGLICH KÄMPFEN ZU LASSEN, UM DEN PÖBEL BEI LAUNE ZU HALTEN ...
HA
HA
HA
HA
DAS JUNGE DING ZIEHT DIE ZUSCHAUER IN IHREN BANN!!

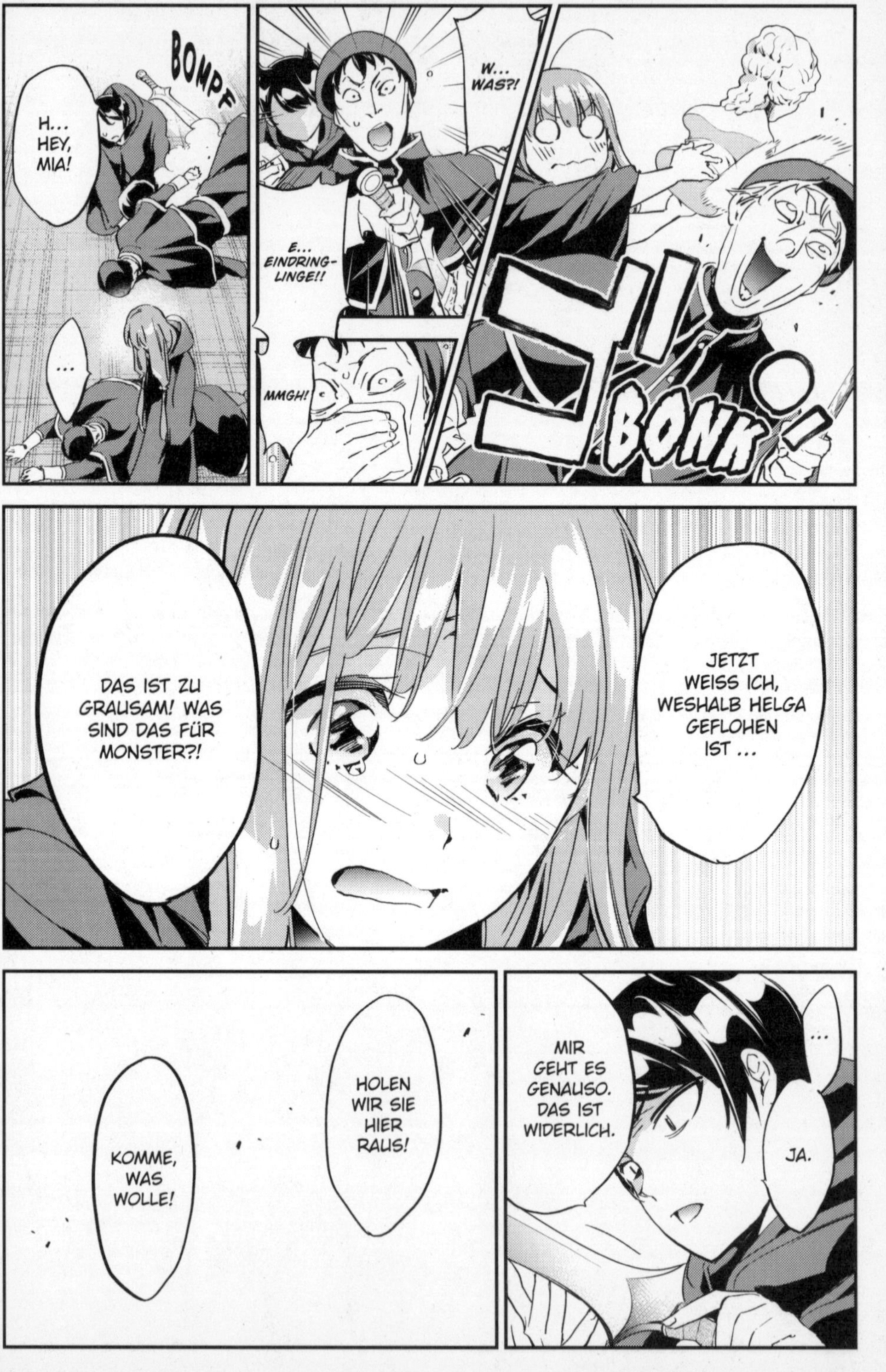

W... WAS?!
BONK!
E... EINDRING-LINGE!!
MMGH!
BOMPF
H... HEY, MIA!
...
JETZT WEISS ICH, WESHALB HELGA GEFLOHEN IST ...
DAS IST ZU GRAUSAM! WAS SIND DAS FÜR MONSTER?!
...
JA.
MIR GEHT ES GENAUSO. DAS IST WIDERLICH.
HOLEN WIR SIE HIER RAUS!
KOMME, WAS WOLLE!

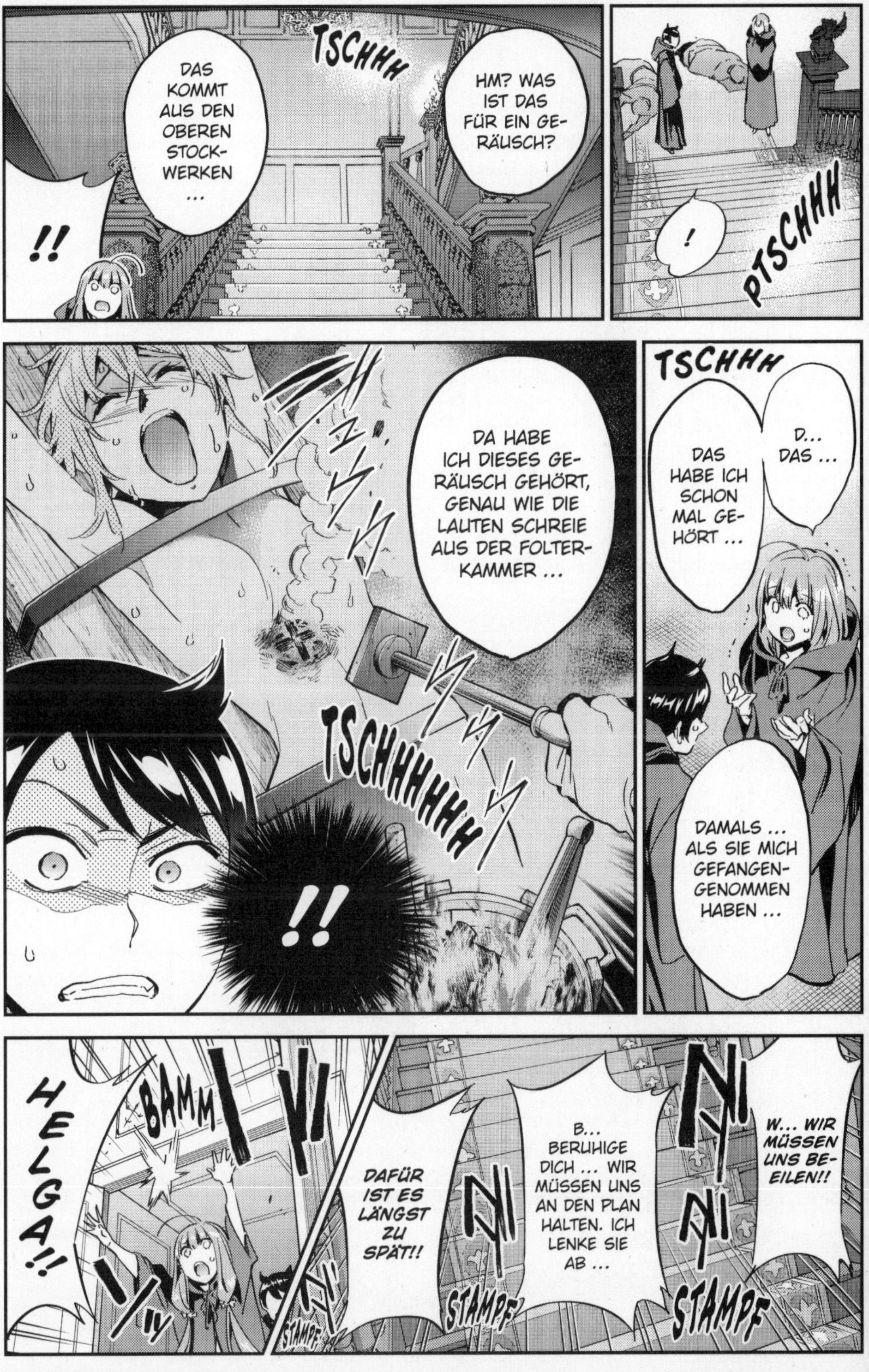
!
PTSCHHH
TSCHHH
HM? WAS IST DAS FÜR EIN GERÄUSCH?
DAS KOMMT AUS DEN OBEREN STOCKWERKEN …
!!
TSCHHH
D… DAS …
DAS HABE ICH SCHON MAL GEHÖRT …
DAMALS … ALS SIE MICH GEFANGENGENOMMEN HABEN …
DA HABE ICH DIESES GERÄUSCH GEHÖRT, GENAU WIE DIE LAUTEN SCHREIE AUS DER FOLTERKAMMER …
TSCHHHHHHH
!!
W… WIR MÜSSEN UNS BEEILEN!!
STAMPF
B… BERUHIGE DICH … WIR MÜSSEN UNS AN DEN PLAN HALTEN. ICH LENKE SIE AB …
STAMPF
DAFÜR IST ES LÄNGST ZU SPÄT!!
STAMPF
BAMM
HELGA!!

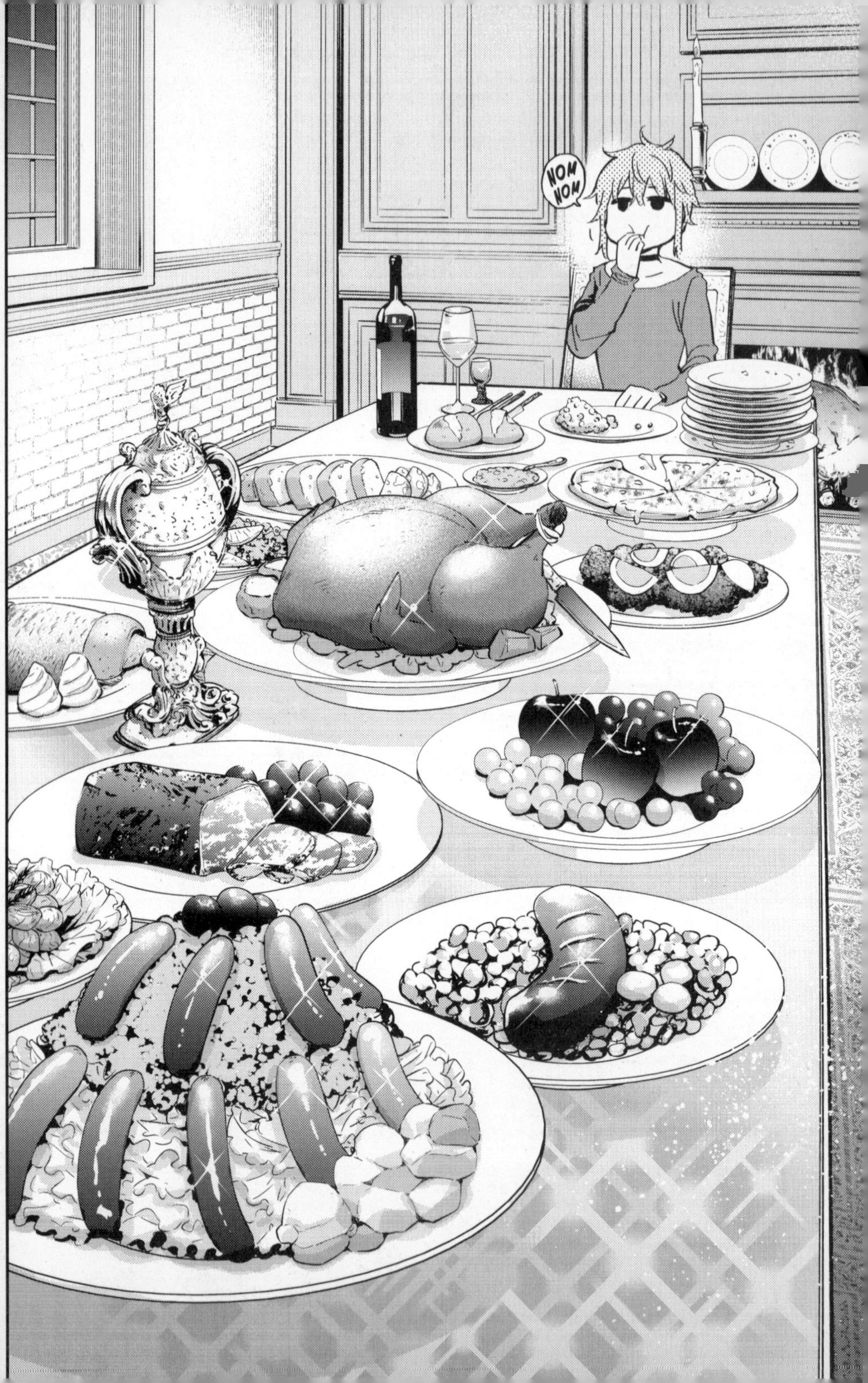
NOM NOM

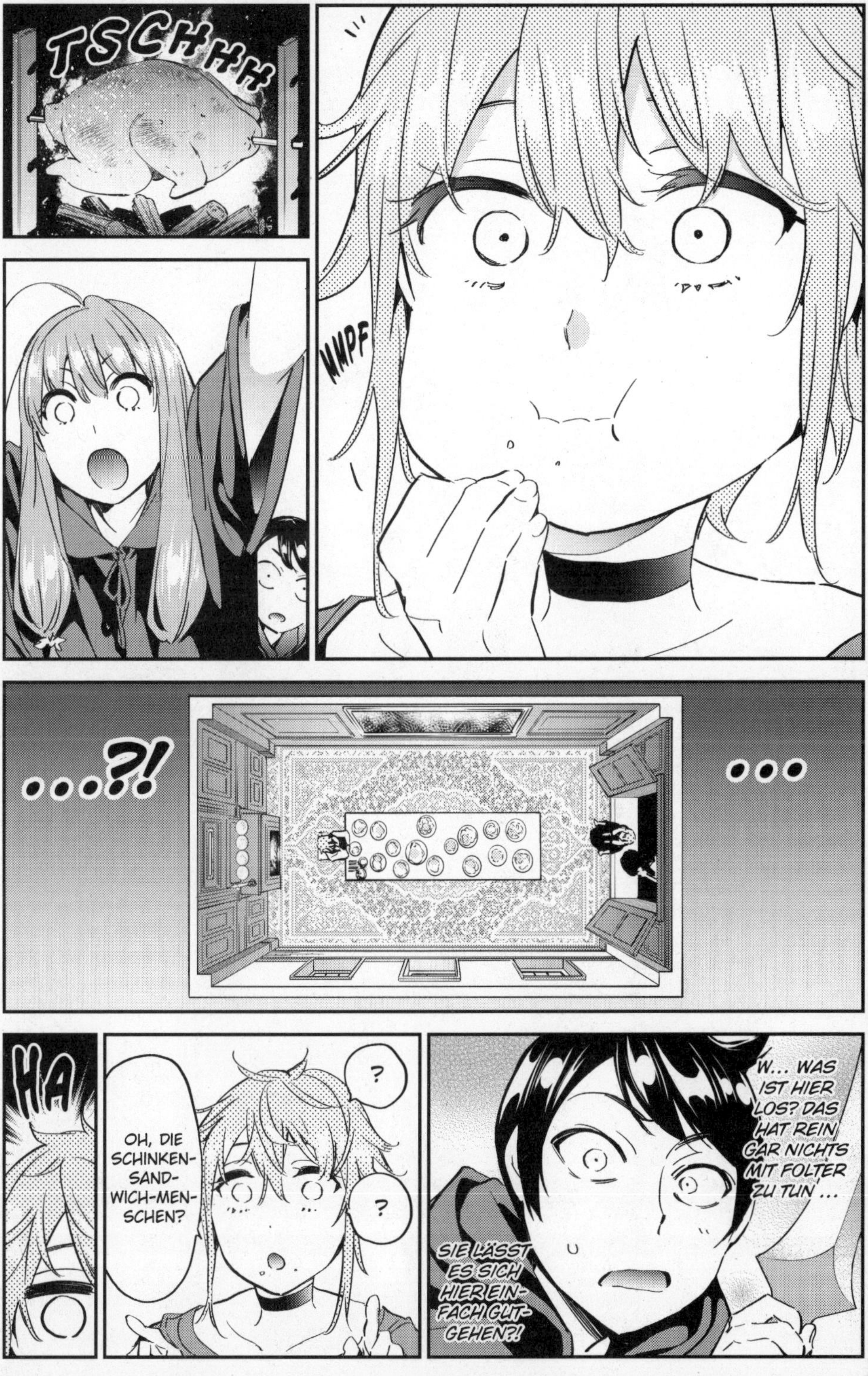
TSCHHH
MMPF
...
...?!
W... WAS IST HIER LOS? DAS HAT REIN GAR NICHTS MIT FOLTER ZU TUN ...
SIE LÄSST ES SICH HIER EINFACH GUTGEHEN?!
?
?
OH, DIE SCHINKEN-SANDWICH-MENSCHEN?
HA

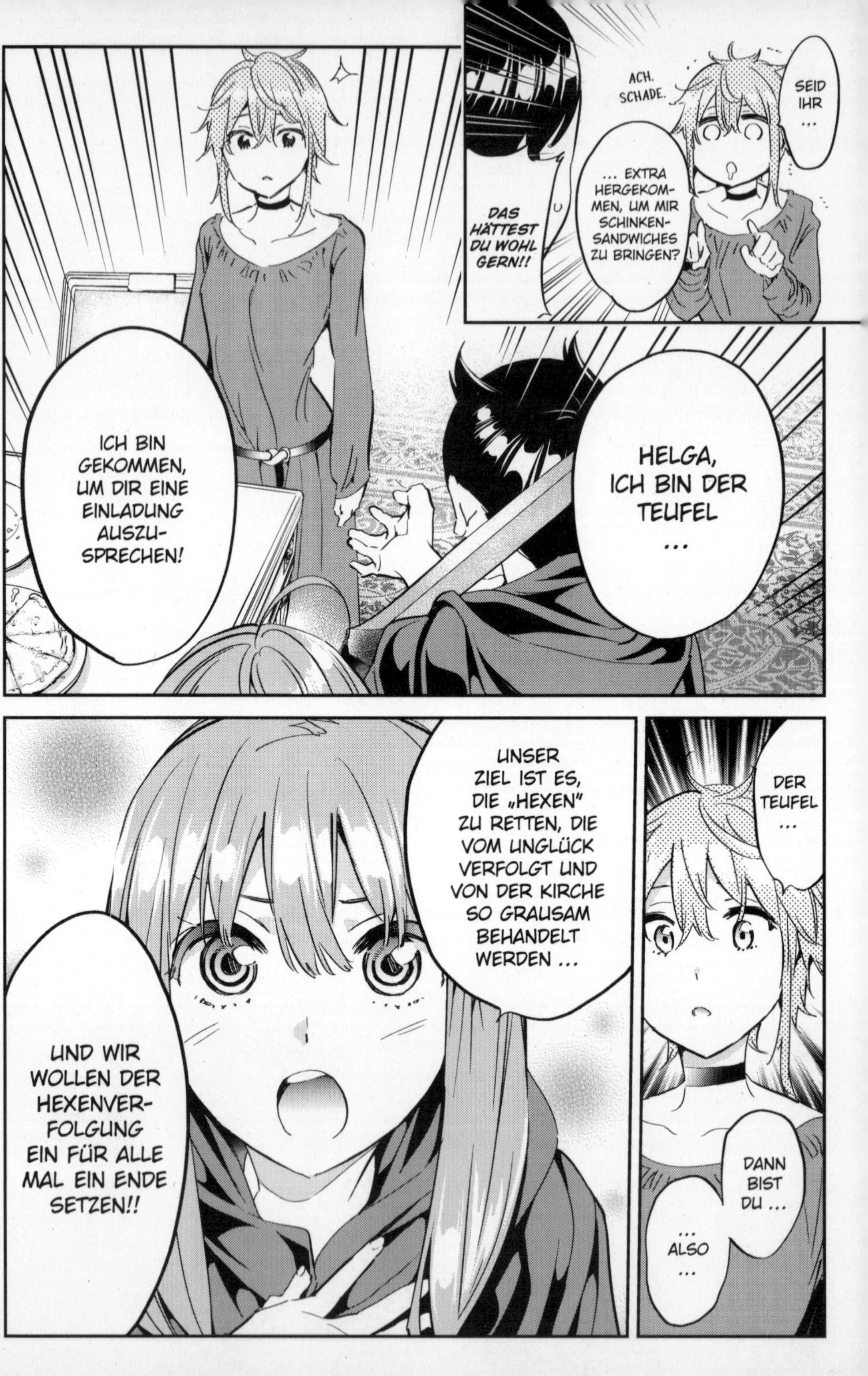

Seid ihr …
Ach. Schade.
… extra hergekommen, um mir Schinkensandwiches zu bringen?
Das hättest du wohl gern!!
Helga, ich bin der Teufel …
Ich bin gekommen, um dir eine Einladung auszusprechen!
Der Teufel …
Unser Ziel ist es, die „Hexen" zu retten, die vom Unglück verfolgt und von der Kirche so grausam behandelt werden …
Und wir wollen der Hexenverfolgung ein für alle Mal ein Ende setzen!!
Dann bist du …
… also …

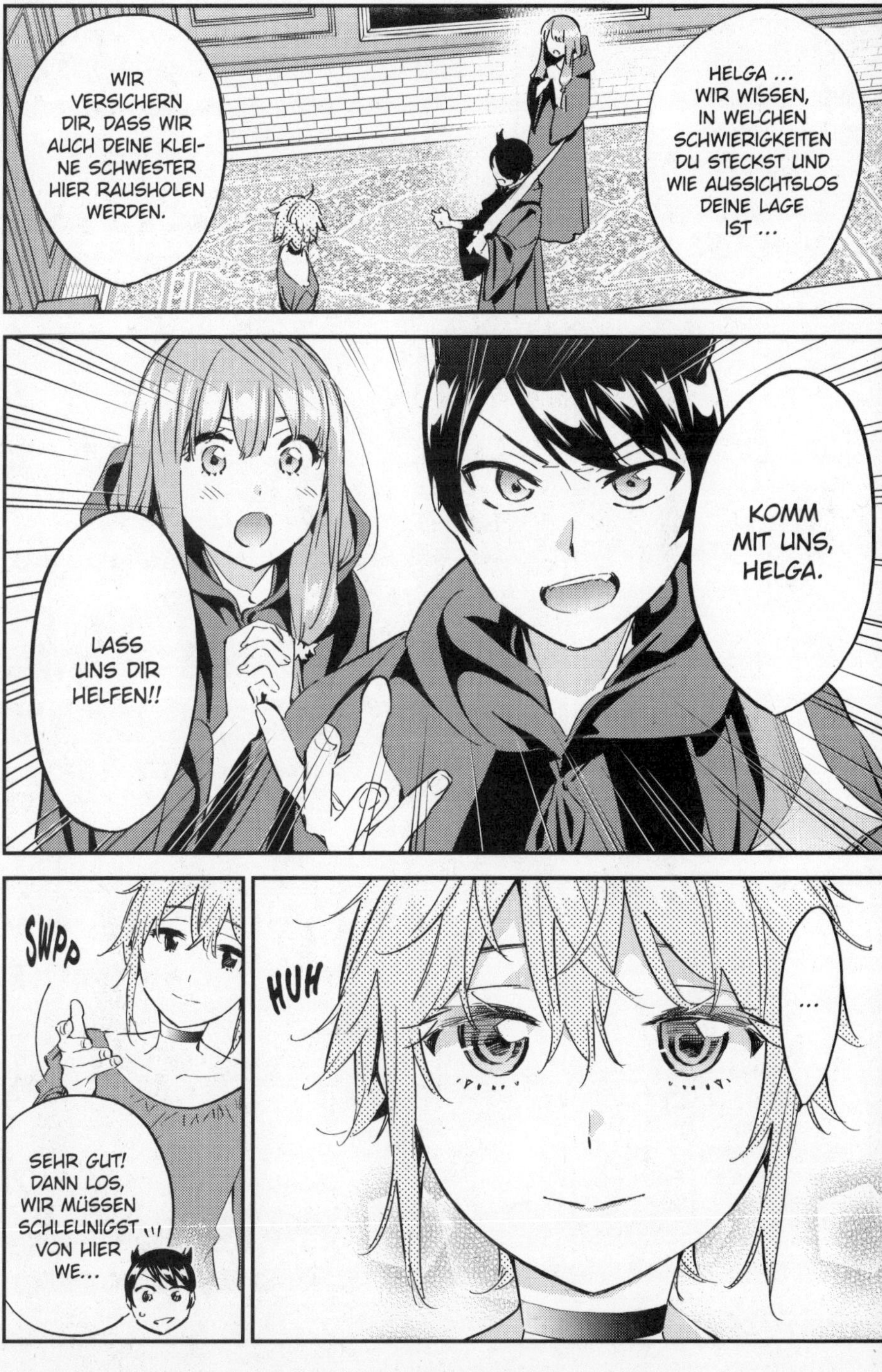

HELGA ... WIR WISSEN, IN WELCHEN SCHWIERIGKEITEN DU STECKST UND WIE AUSSICHTSLOS DEINE LAGE IST ...
WIR VERSICHERN DIR, DASS WIR AUCH DEINE KLEI-NE SCHWESTER HIER RAUSHOLEN WERDEN.
KOMM MIT UNS, HELGA.
LASS UNS DIR HELFEN!!
...
HUH
SWPP
SEHR GUT! DANN LOS, WIR MÜSSEN SCHLEUNIGST VON HIER WE...

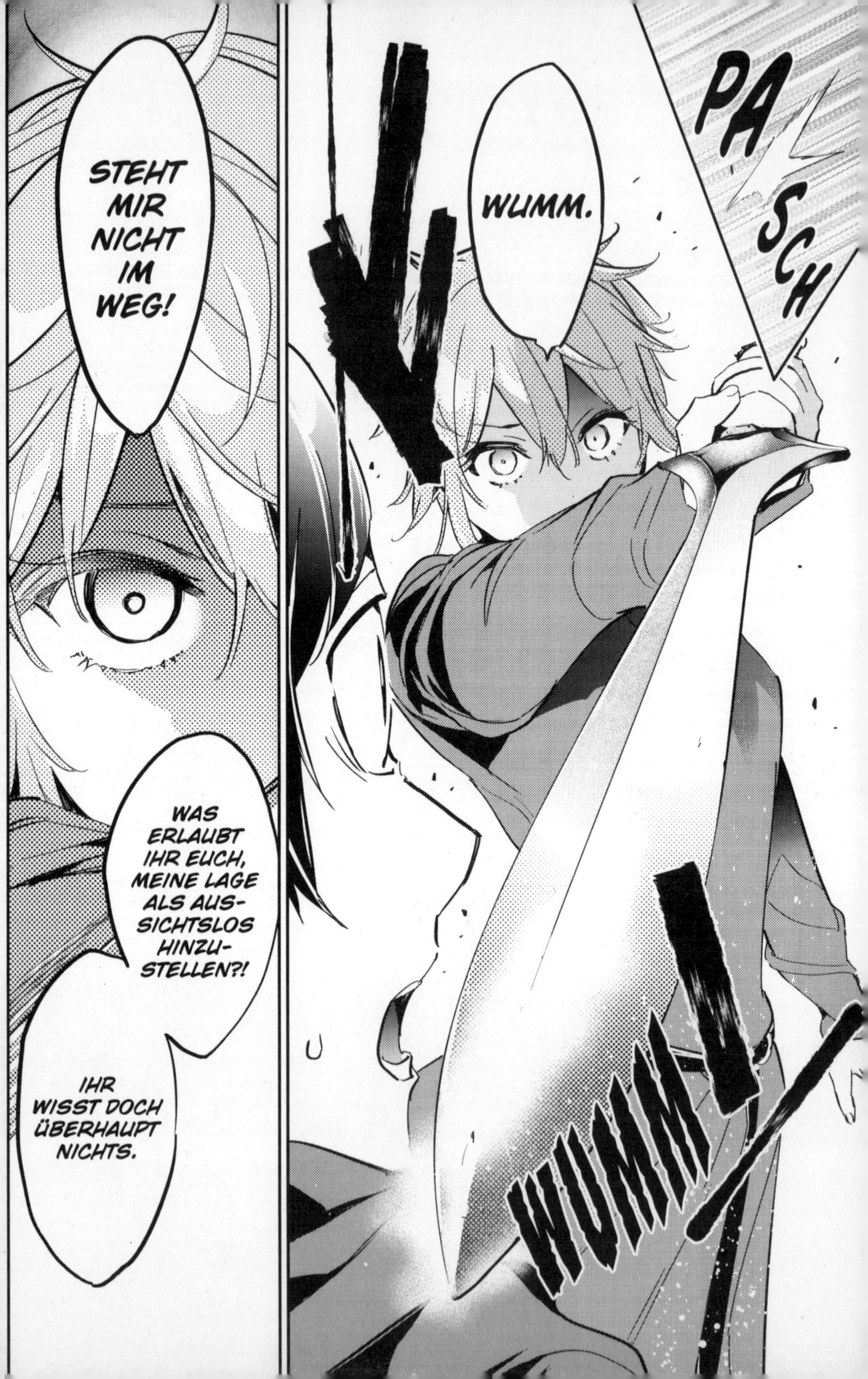

PASCH
WUMM.
WUMM!
STEHT MIR NICHT IM WEG!
WAS ERLAUBT IHR EUCH, MEINE LAGE ALS AUS-SICHTSLOS HINZU-STELLEN?!
IHR WISST DOCH ÜBERHAUPT NICHTS.

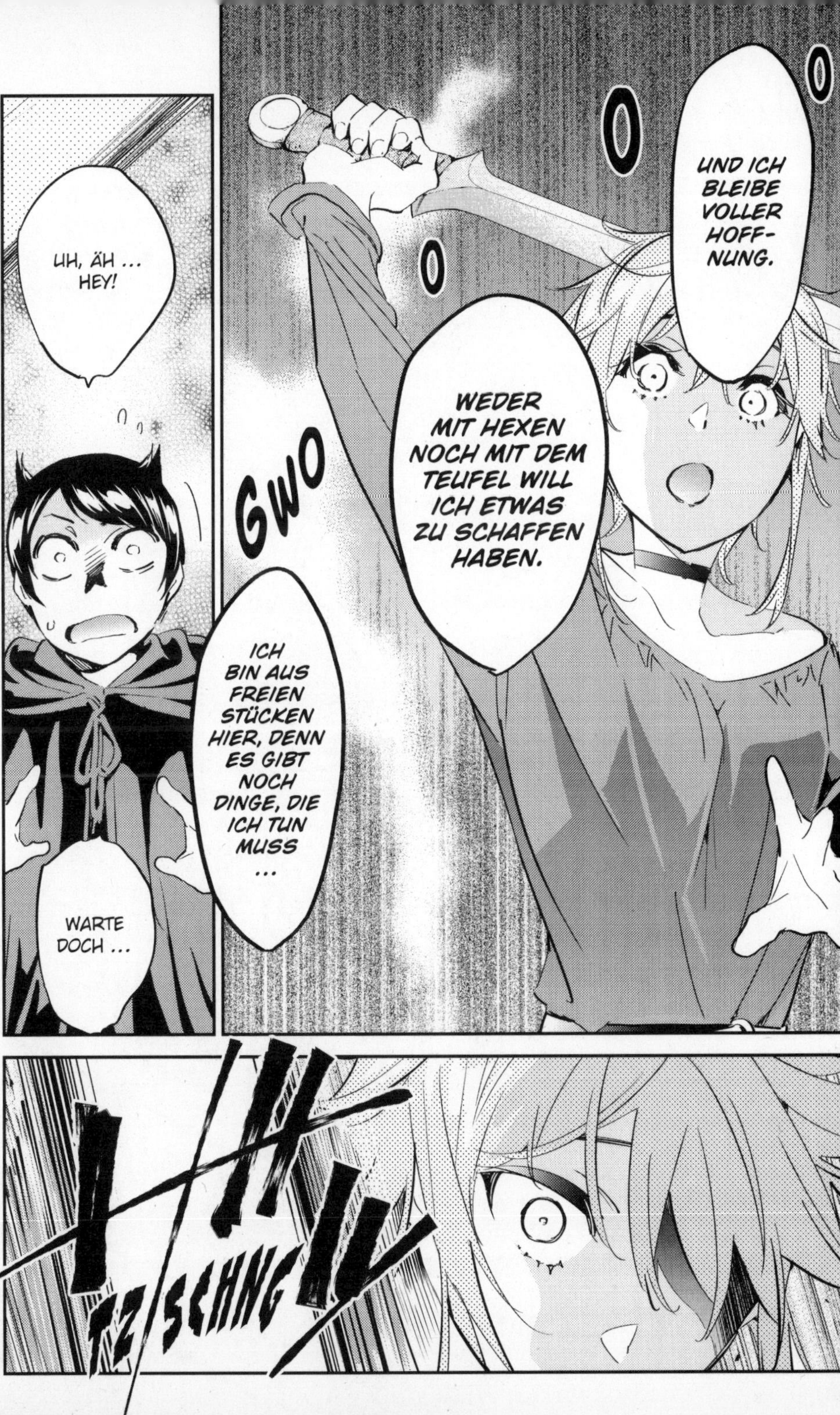
UND ICH BLEIBE VOLLER HOFF-NUNG.
WEDER MIT HEXEN NOCH MIT DEM TEUFEL WILL ICH ETWAS ZU SCHAFFEN HABEN.
GWO
ICH BIN AUS FREIEN STÜCKEN HIER, DENN ES GIBT NOCH DINGE, DIE ICH TUN MUSS …
UH, ÄH … HEY!
WARTE DOCH …
TZ SCHNG

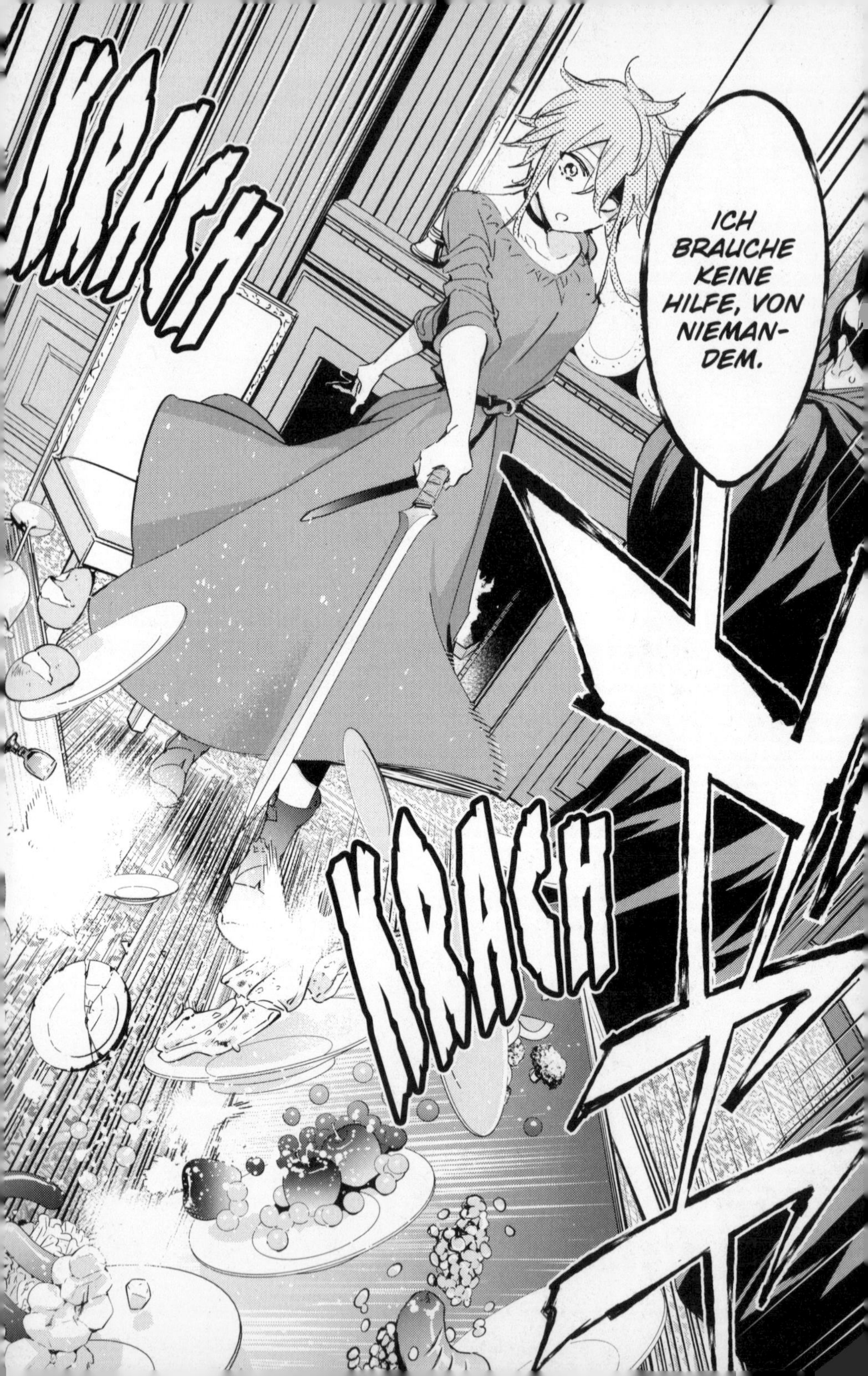
ICH BRAUCHE KEINE HILFE, VON NIEMAN-DEM.
KRACH
KRACH

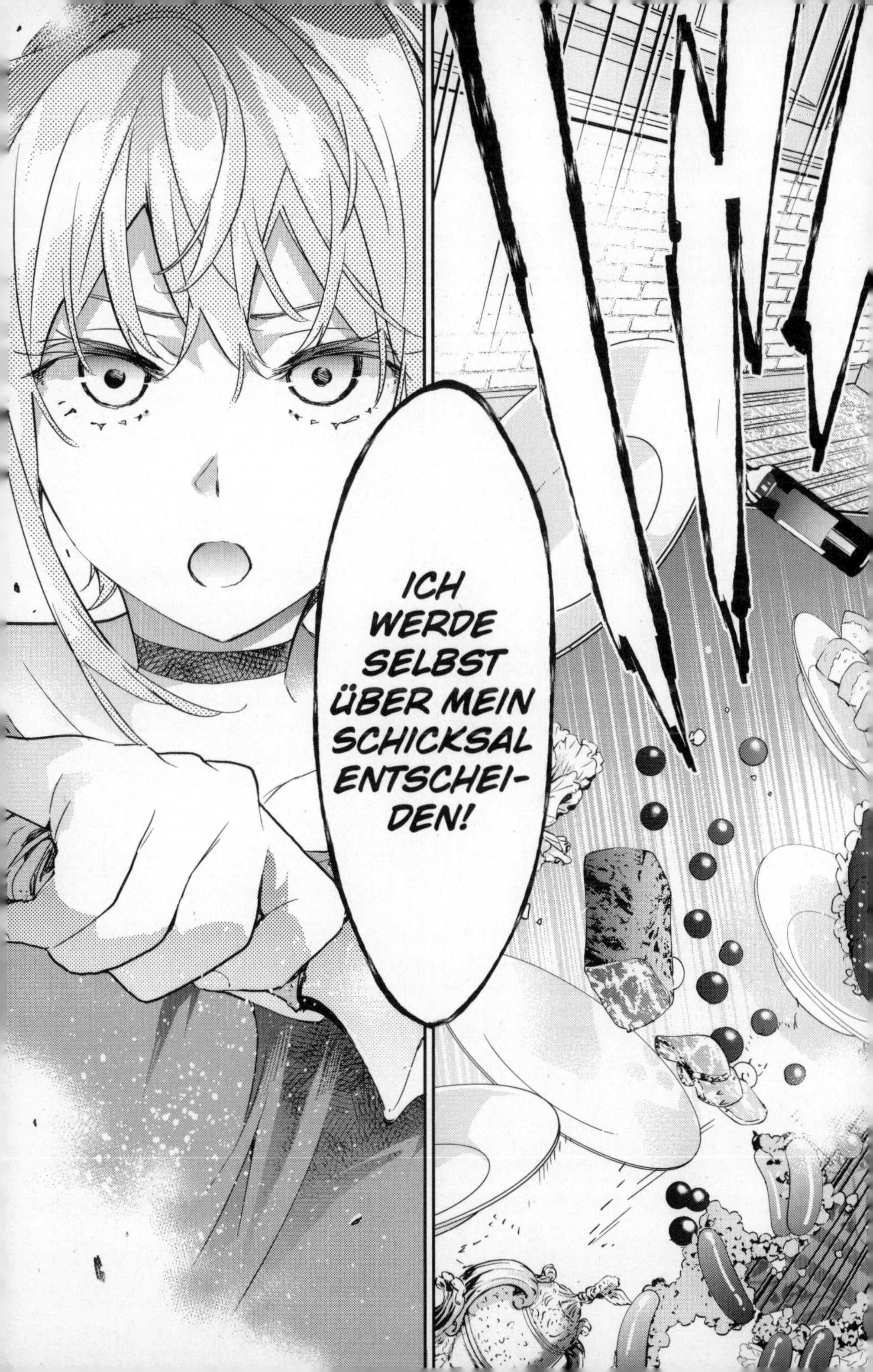
ICH WERDE SELBST ÜBER MEIN SCHICKSAL ENTSCHEI-DEN!

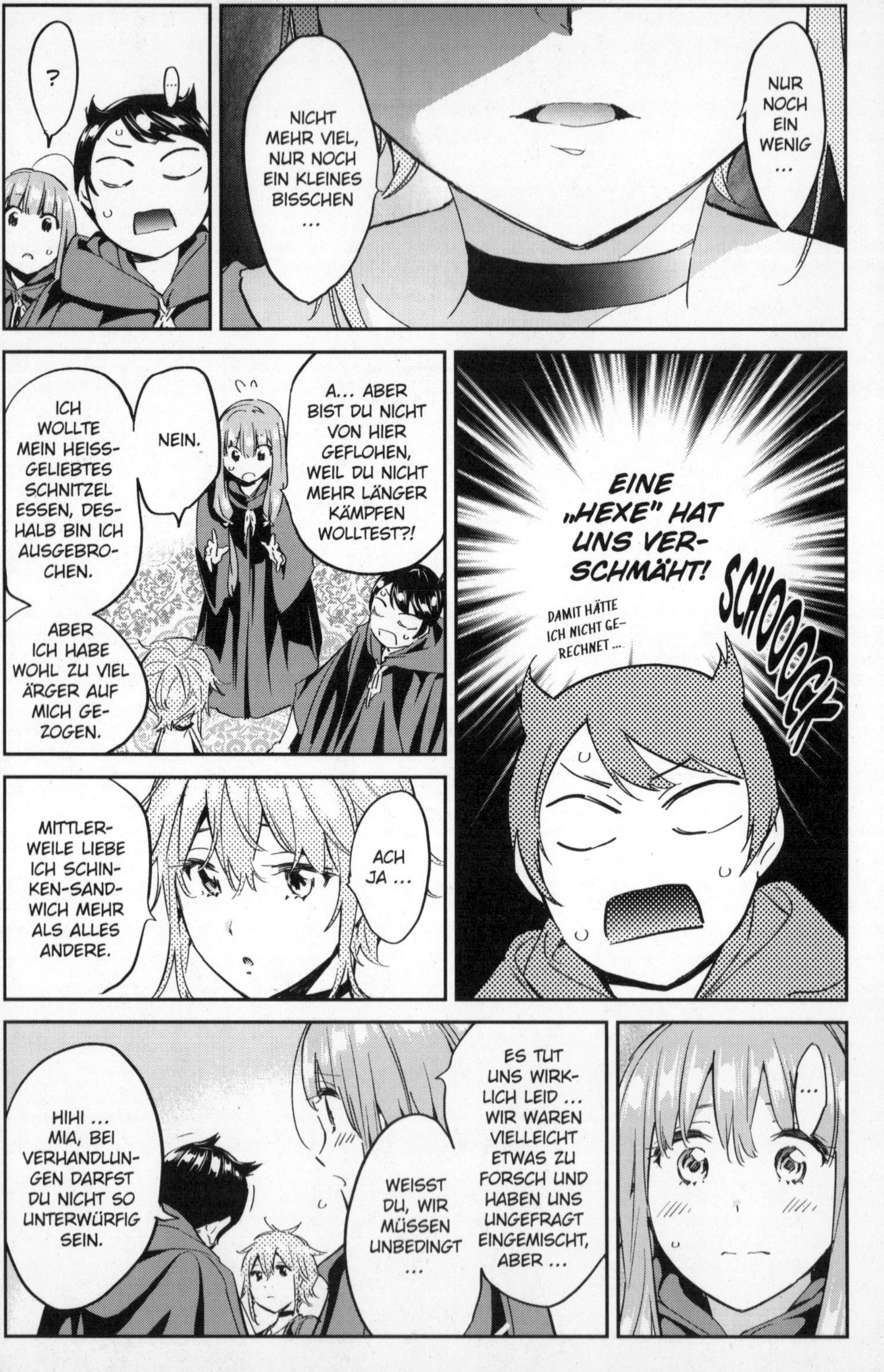
NUR NOCH EIN WENIG …
NICHT MEHR VIEL, NUR NOCH EIN KLEINES BISSCHEN …
…
?
EINE „HEXE" HAT UNS VERSCHMÄHT!
SCHOOOCK
DAMIT HÄTTE ICH NICHT GERECHNET …
A… ABER BIST DU NICHT VON HIER GEFLOHEN, WEIL DU NICHT MEHR LÄNGER KÄMPFEN WOLLTEST?!
NEIN.
ICH WOLLTE MEIN HEISSGELIEBTES SCHNITZEL ESSEN, DESHALB BIN ICH AUSGEBROCHEN.
ABER ICH HABE WOHL ZU VIEL ÄRGER AUF MICH GEZOGEN.
ACH JA …
MITTLERWEILE LIEBE ICH SCHINKEN-SANDWICH MEHR ALS ALLES ANDERE.
…
ES TUT UNS WIRKLICH LEID … WIR WAREN VIELLEICHT ETWAS ZU FORSCH UND HABEN UNS UNGEFRAGT EINGEMISCHT, ABER …
WEISST DU, WIR MÜSSEN UNBEDINGT …
HIHI … MIA, BEI VERHANDLUNGEN DARFST DU NICHT SO UNTERWÜRFIG SEIN.

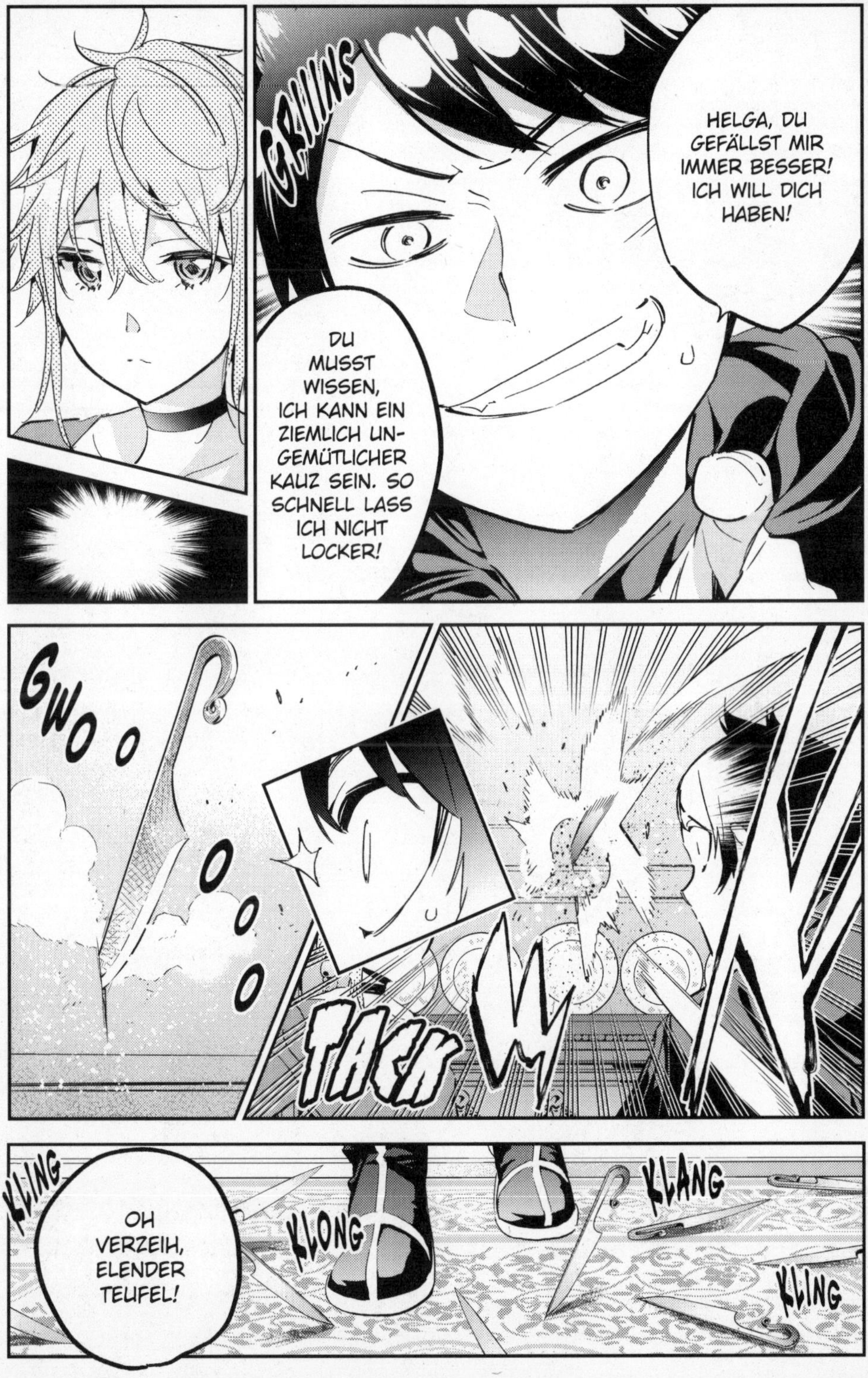
GRINS
HELGA, DU GEFÄLLST MIR IMMER BESSER! ICH WILL DICH HABEN!
DU MUSST WISSEN, ICH KANN EIN ZIEMLICH UN-GEMÜTLICHER KAUZ SEIN. SO SCHNELL LASS ICH NICHT LOCKER!
GWOOOOOO
TACK
KLANG
KLING
KLONG
KLING
OH VERZEIH, ELENDER TEUFEL!

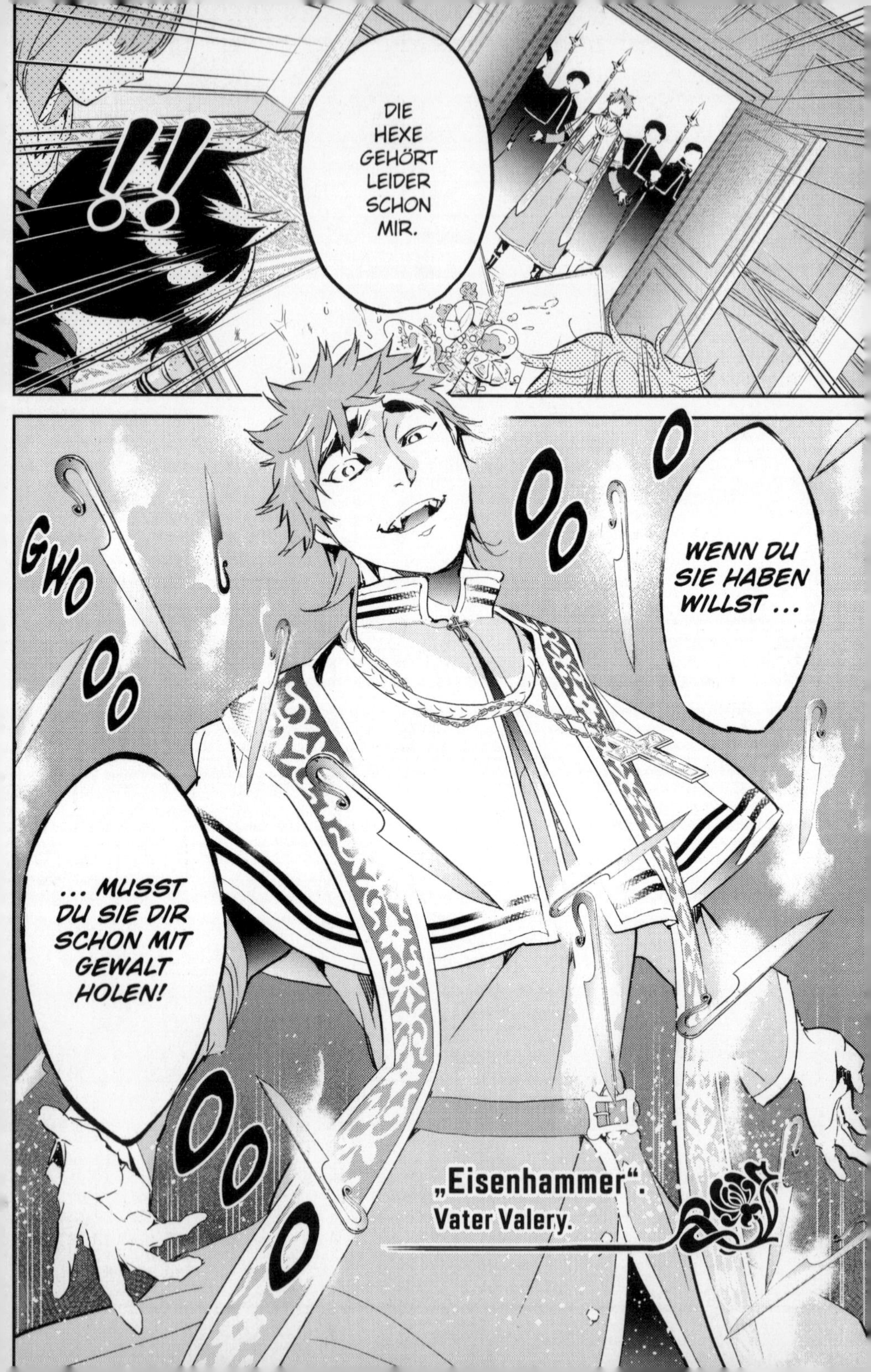
!!
DIE HEXE GEHÖRT LEIDER SCHON MIR.
GWOOOOOOOOOOO
WENN DU SIE HABEN WILLST …
… MUSST DU SIE DIR SCHON MIT GEWALT HOLEN!
„Eisenhammer“.
Vater Valery.

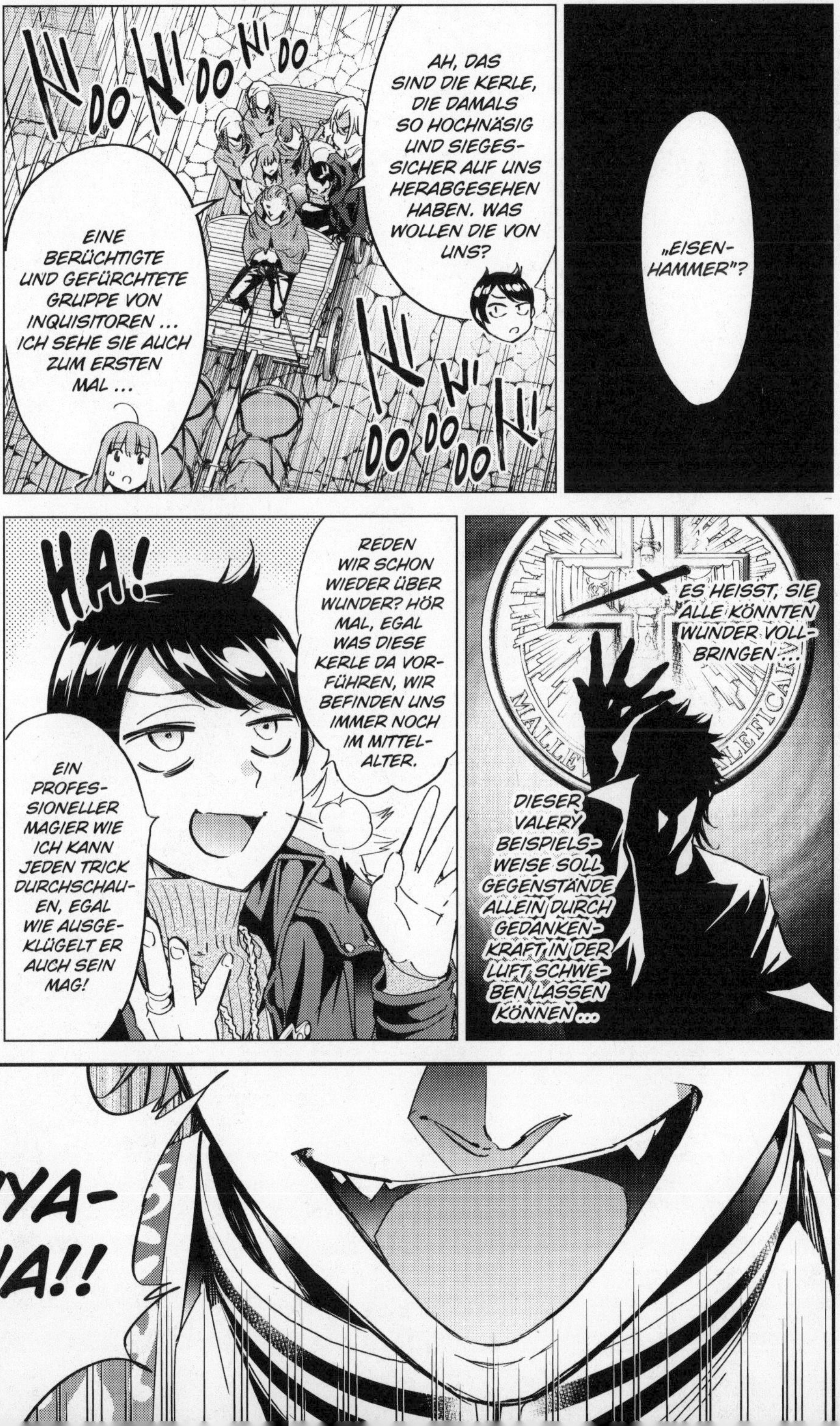
„EISEN-HAMMER"?
AH, DAS SIND DIE KERLE, DIE DAMALS SO HOCHNÄSIG UND SIEGES-SICHER AUF UNS HERABGESEHEN HABEN. WAS WOLLEN DIE VON UNS?
EINE BERÜCHTIGTE UND GEFÜRCHTETE GRUPPE VON INQUISITOREN … ICH SEHE SIE AUCH ZUM ERSTEN MAL …
DO DO DO
ES HEISST, SIE ALLE KÖNNTEN WUNDER VOLL-BRINGEN …
DIESER VALERY BEISPIELS-WEISE SOLL GEGENSTÄNDE ALLEIN DURCH GEDANKEN-KRAFT IN DER LUFT SCHWE-BEN LASSEN KÖNNEN …
HA!
REDEN WIR SCHON WIEDER ÜBER WUNDER? HÖR MAL, EGAL WAS DIESE KERLE DA VOR-FÜHREN, WIR BEFINDEN UNS IMMER NOCH IM MITTEL-ALTER.
EIN PROFES-SIONELLER MAGIER WIE ICH KANN JEDEN TRICK DURCHSCHAU-EN, EGAL WIE AUSGE-KLÜGELT ER AUCH SEIN MAG!
HYA-HA!!

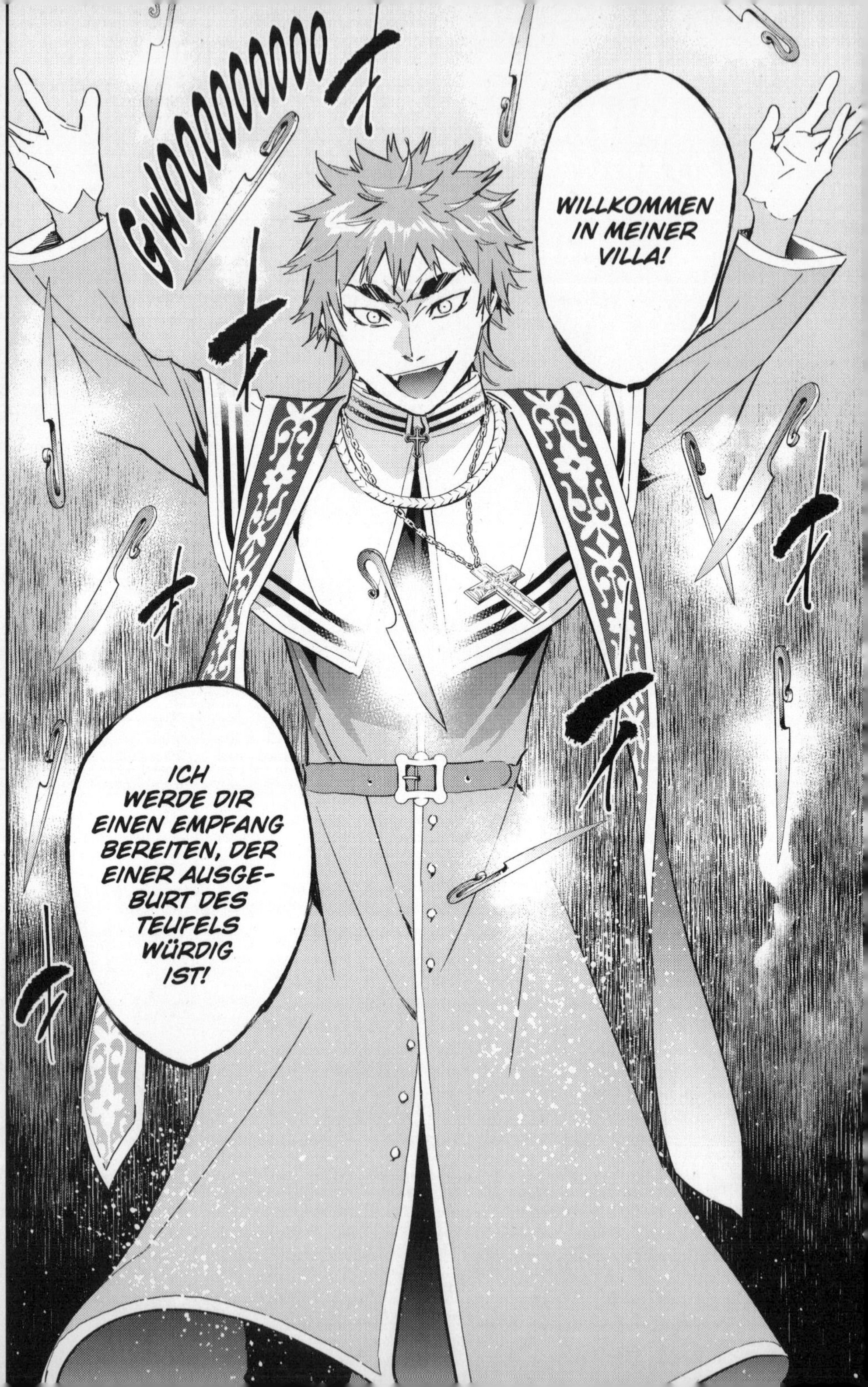
GWOOOOOOOO
WILLKOMMEN IN MEINER VILLA!
ICH WERDE DIR EINEN EMPFANG BEREITEN, DER EINER AUSGE-BURT DES TEUFELS WÜRDIG IST!

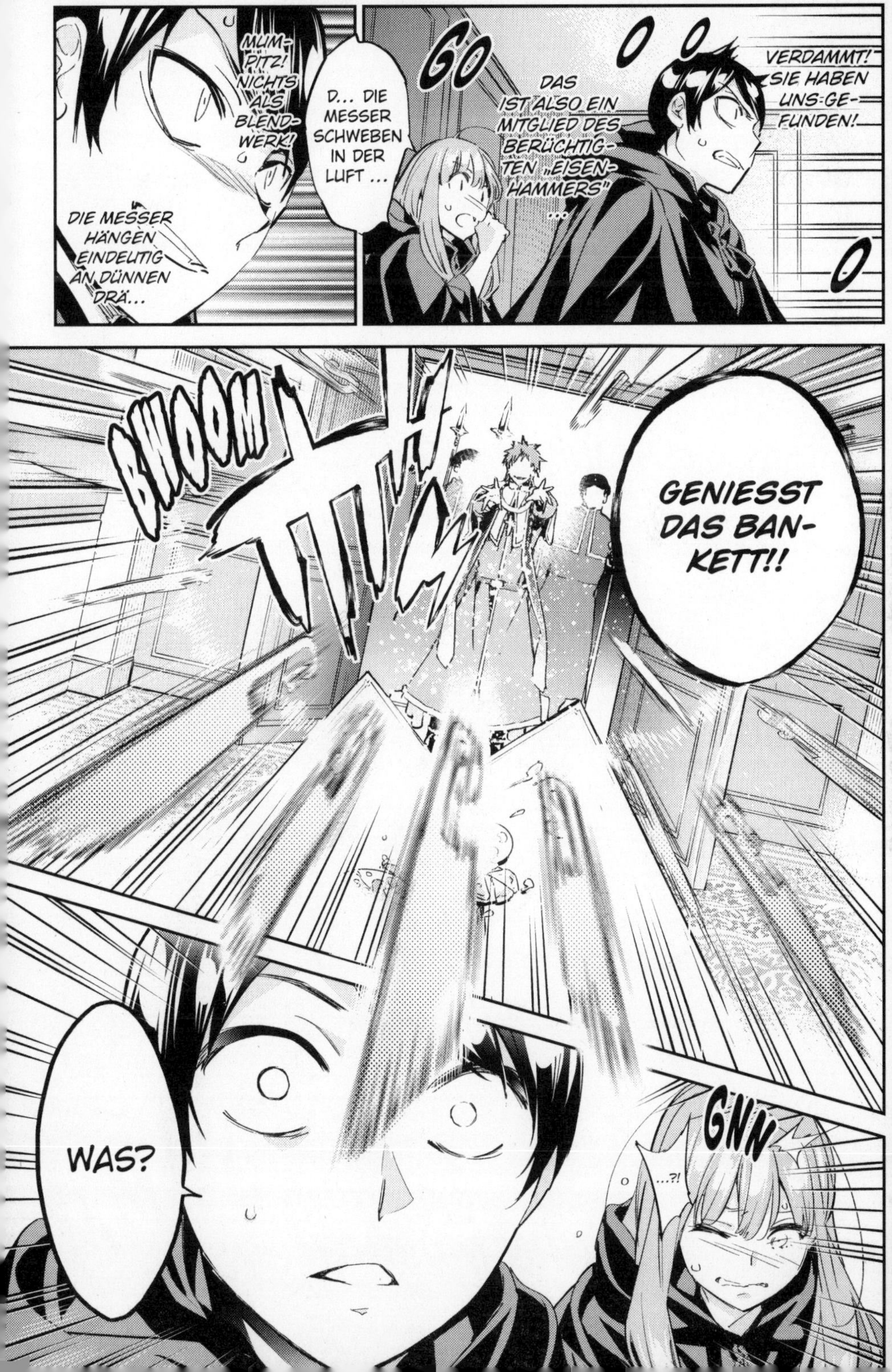
VERDAMMT! SIE HABEN UNS GE-FUNDEN!
DAS IST ALSO EIN MITGLIED DES BERÜCHTIGTEN „EISEN-HAMMERS“ …
GO
D… DIE MESSER SCHWEBEN IN DER LUFT …
MUM-PITZ! NICHTS ALS BLEND-WERK!
DIE MESSER HÄNGEN EINDEUTIG AN DÜNNEN DRÄ…
GENIESST DAS BAN-KETT!!
BWOOM
GNN
…?!
WAS?

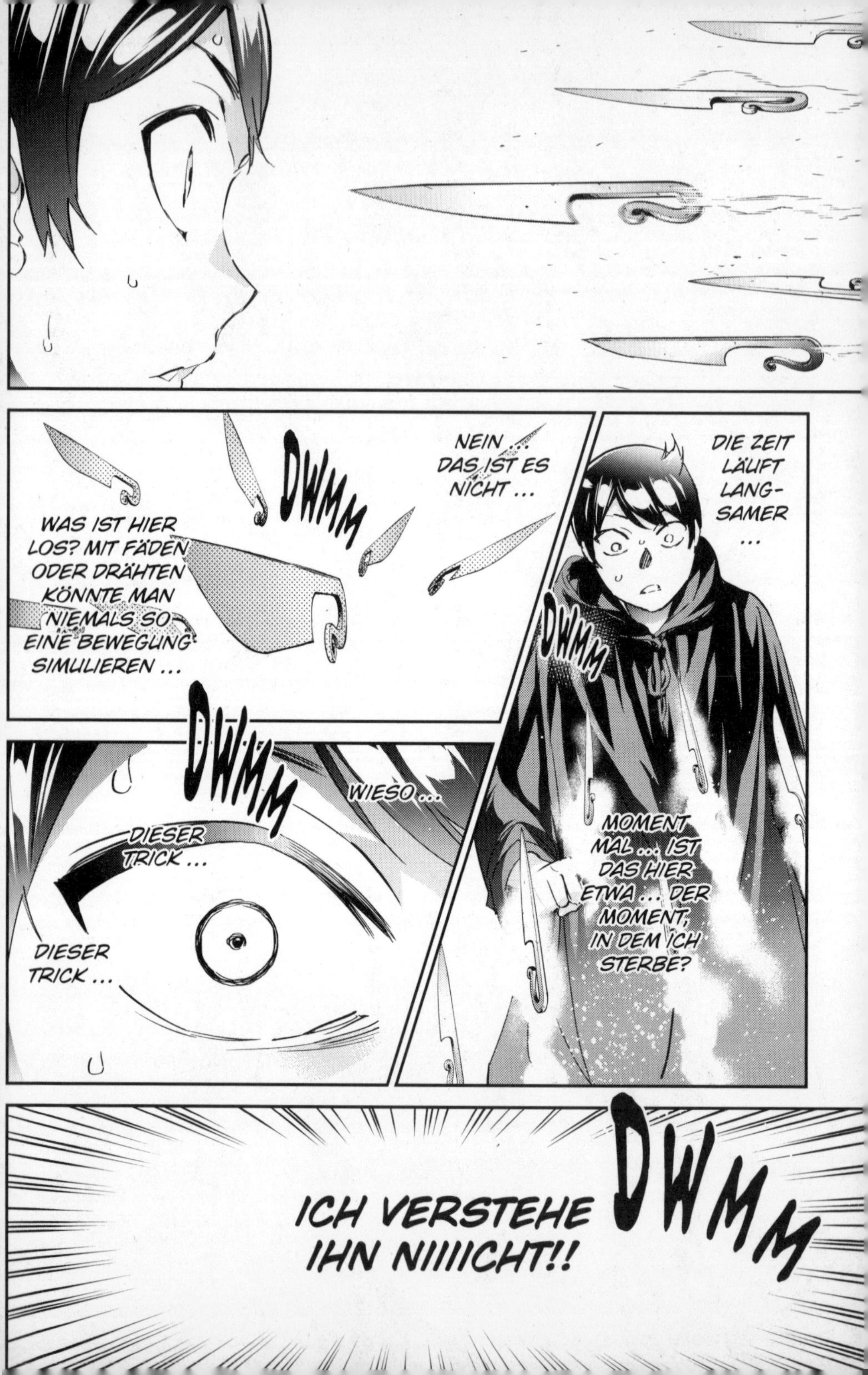
DIE ZEIT LÄUFT LANG-SAMER ...
NEIN ... DAS IST ES NICHT ...
DWMM
WAS IST HIER LOS? MIT FÄDEN ODER DRÄHTEN KÖNNTE MAN NIEMALS SO EINE BEWEGUNG SIMULIEREN ...
DWMM
MOMENT MAL ... IST DAS HIER ETWA ... DER MOMENT, IN DEM ICH STERBE?
DWMM
WIESO ...
DIESER TRICK ...
DIESER TRICK ...
DWMM
ICH VERSTEHE IHN NIIIICHT!!

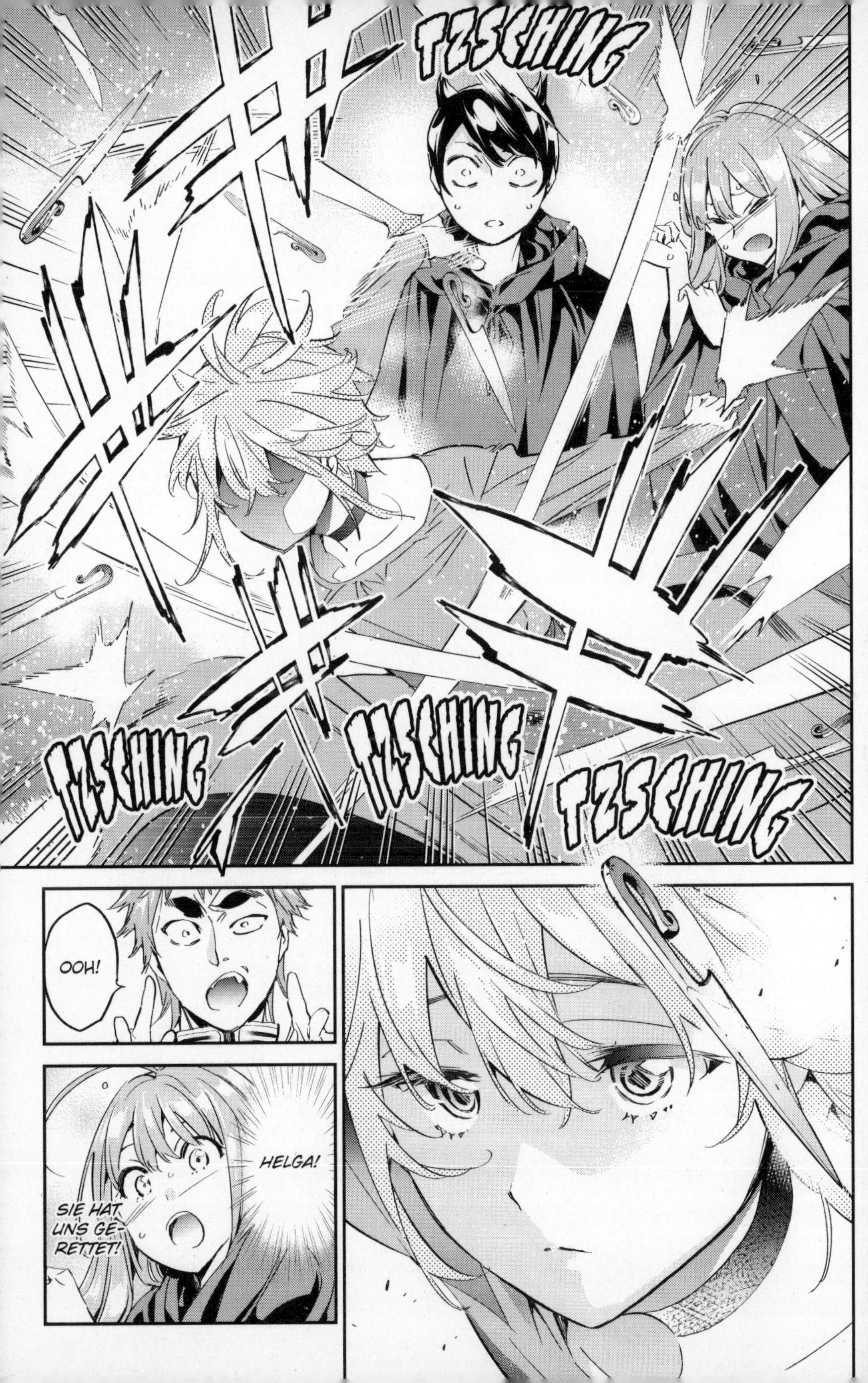
TZSCHING
TZSCHING
TZSCHING
TZSCHING
OOH!
HELGA!
SIE HAT UNS GE-RETTET!

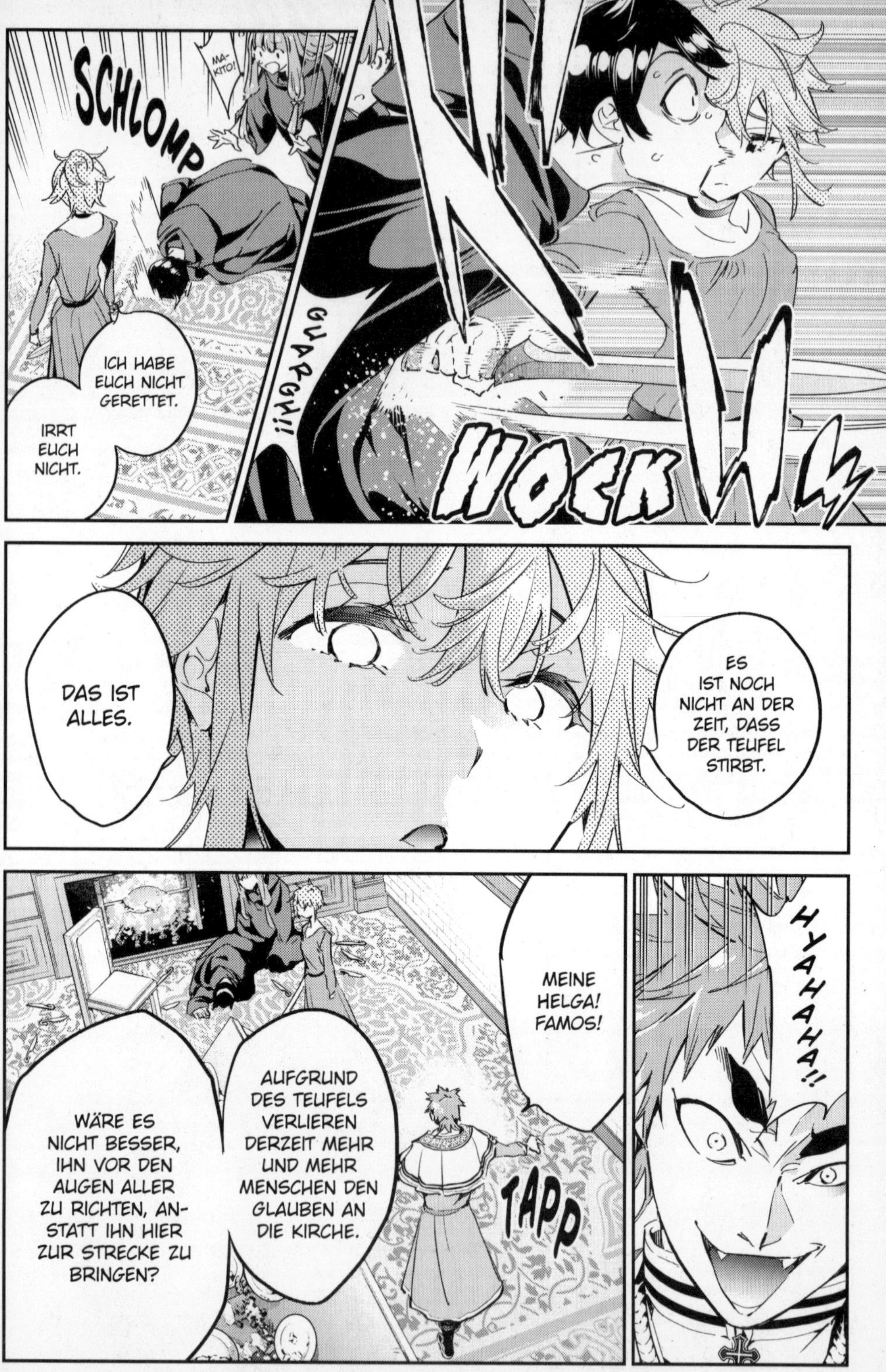
MA-KITO!
SCHLOMP
GWARGH!!
WOCK
ICH HABE EUCH NICHT GERETTET.
IRRT EUCH NICHT.
ES IST NOCH NICHT AN DER ZEIT, DASS DER TEUFEL STIRBT.
DAS IST ALLES.
HYAHAHA!!
MEINE HELGA! FAMOS!
TAPP
AUFGRUND DES TEUFELS VERLIEREN DERZEIT MEHR UND MEHR MENSCHEN DEN GLAUBEN AN DIE KIRCHE.
WÄRE ES NICHT BESSER, IHN VOR DEN AUGEN ALLER ZU RICHTEN, AN-STATT IHN HIER ZUR STRECKE ZU BRINGEN?

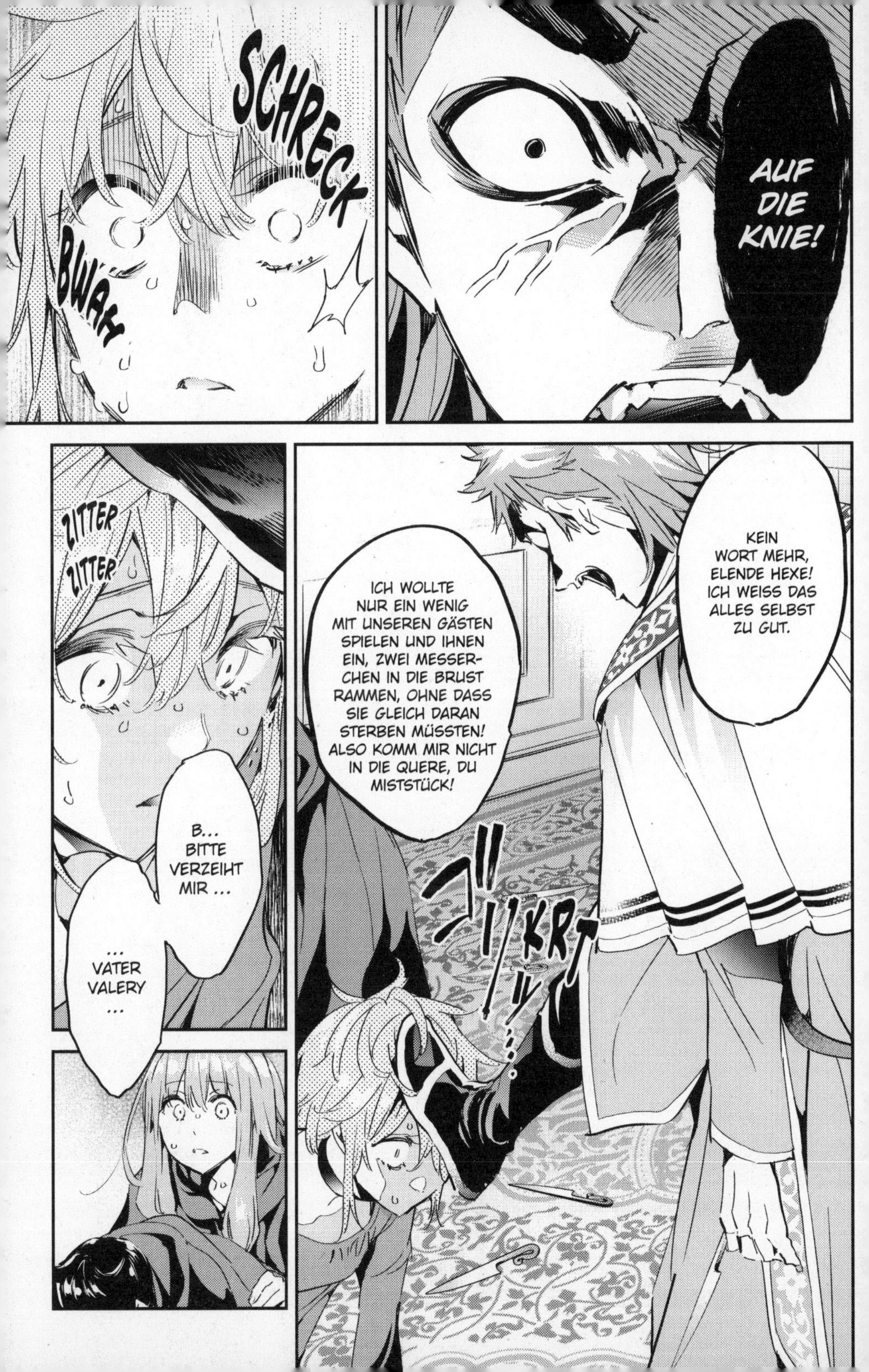
AUF DIE KNIE!
SCHRECK
BWAH
KEIN WORT MEHR, ELENDE HEXE! ICH WEISS DAS ALLES SELBST ZU GUT.
ICH WOLLTE NUR EIN WENIG MIT UNSEREN GÄSTEN SPIELEN UND IHNEN EIN, ZWEI MESSER-CHEN IN DIE BRUST RAMMEN, OHNE DASS SIE GLEICH DARAN STERBEN MÜSSTEN! ALSO KOMM MIR NICHT IN DIE QUERE, DU MISTSTÜCK!
KRT
ZITTER ZITTER
B… BITTE VERZEIHT MIR …
… VATER VALERY …

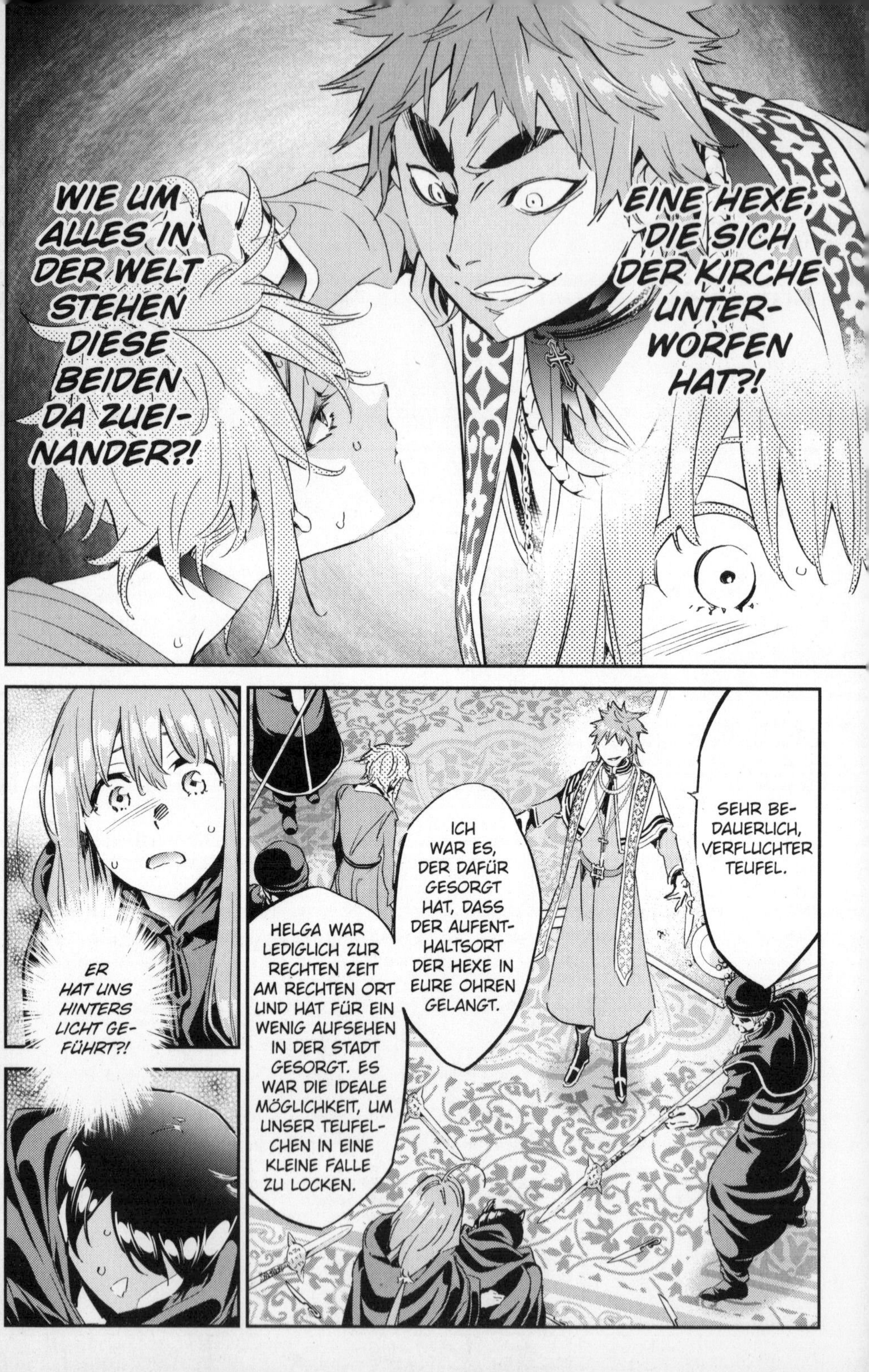
EINE HEXE, DIE SICH DER KIRCHE UNTERWORFEN HAT?!
WIE UM ALLES IN DER WELT STEHEN DIESE BEIDEN DA ZUEINANDER?!
SEHR BEDAUERLICH, VERFLUCHTER TEUFEL.
ICH WAR ES, DER DAFÜR GESORGT HAT, DASS DER AUFENTHALTSORT DER HEXE IN EURE OHREN GELANGT.
HELGA WAR LEDIGLICH ZUR RECHTEN ZEIT AM RECHTEN ORT UND HAT FÜR EIN WENIG AUFSEHEN IN DER STADT GESORGT. ES WAR DIE IDEALE MÖGLICHKEIT, UM UNSER TEUFELCHEN IN EINE KLEINE FALLE ZU LOCKEN.
ER HAT UNS HINTERS LICHT GEFÜHRT?!

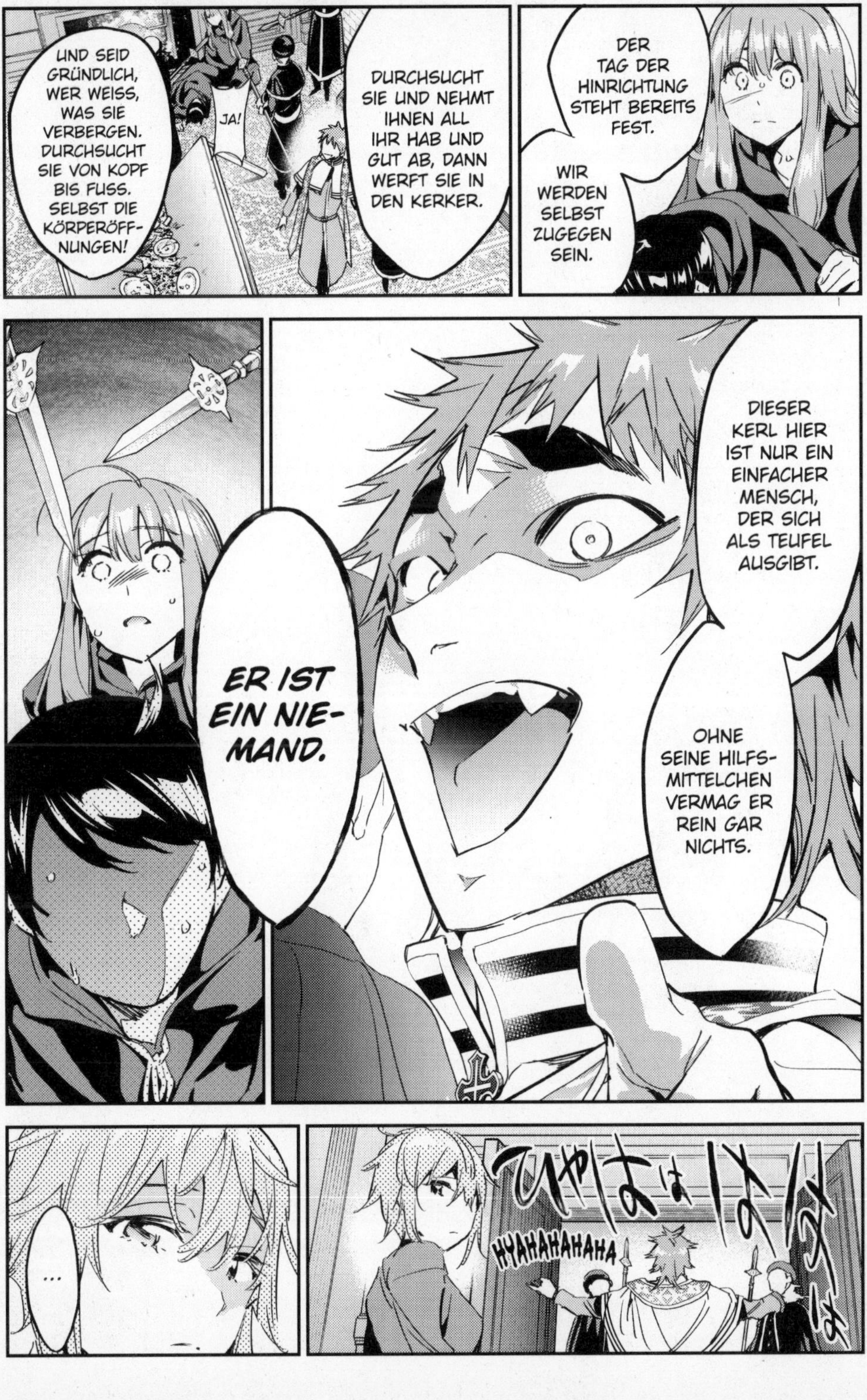

DER TAG DER HINRICHTUNG STEHT BEREITS FEST.
WIR WERDEN SELBST ZUGEGEN SEIN.
DURCHSUCHT SIE UND NEHMT IHNEN ALL IHR HAB UND GUT AB, DANN WERFT SIE IN DEN KERKER.
UND SEID GRÜNDLICH, WER WEISS, WAS SIE VERBERGEN. DURCHSUCHT SIE VON KOPF BIS FUSS. SELBST DIE KÖRPERÖFF-NUNGEN!
JA!
DIESER KERL HIER IST NUR EIN EINFACHER MENSCH, DER SICH ALS TEUFEL AUSGIBT.
OHNE SEINE HILFS-MITTELCHEN VERMAG ER REIN GAR NICHTS.
ER IST EIN NIE-MAND.
HYAHAHAHAHA
...

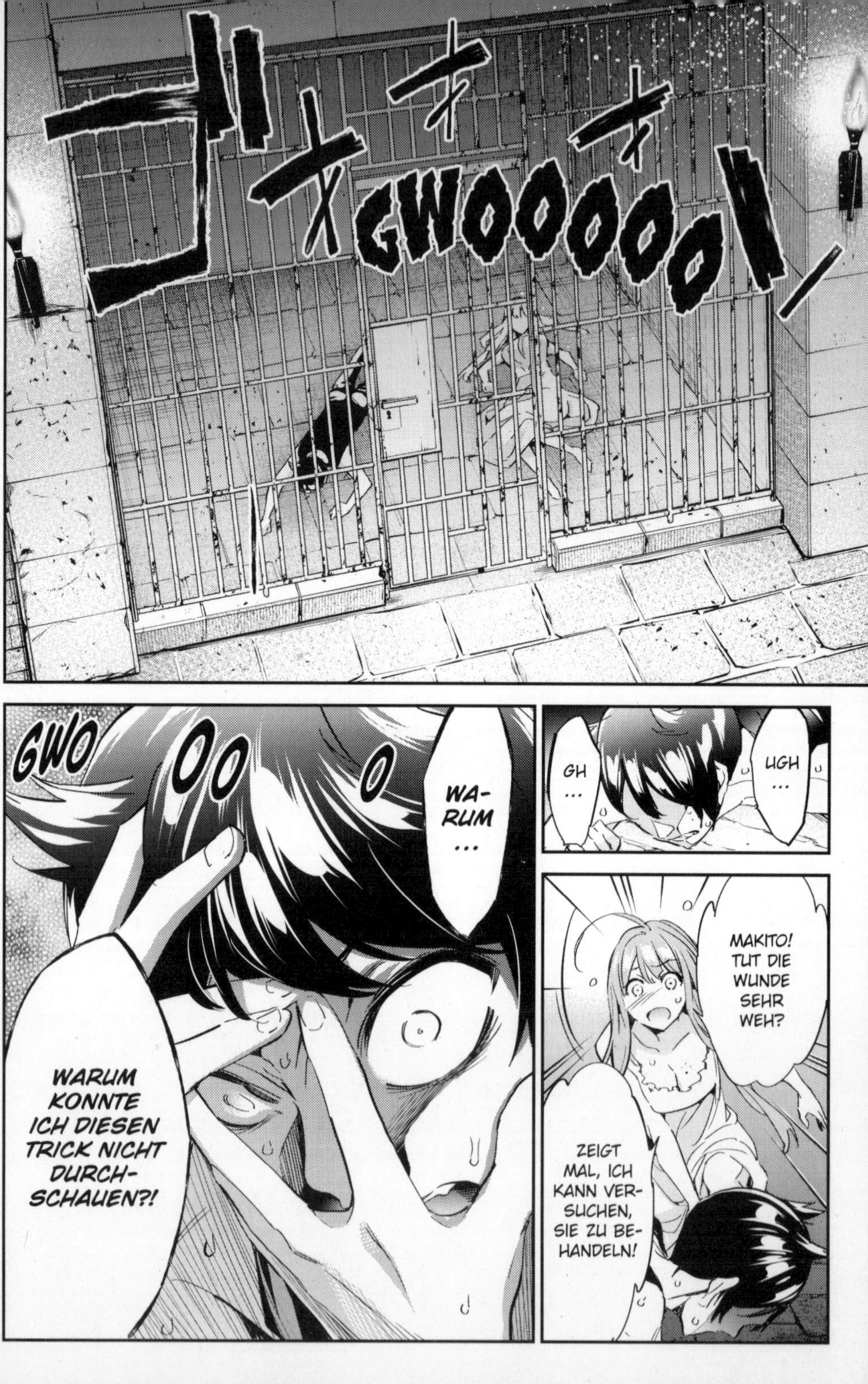
ゴォォォ
GWOOOOOH
UGH ...
GH ...
MAKITO! TUT DIE WUNDE SEHR WEH?
ZEIGT MAL, ICH KANN VERSUCHEN, SIE ZU BEHANDELN!
GWO OO O
WA-RUM ...
WARUM KONNTE ICH DIESEN TRICK NICHT DURCHSCHAUEN?!

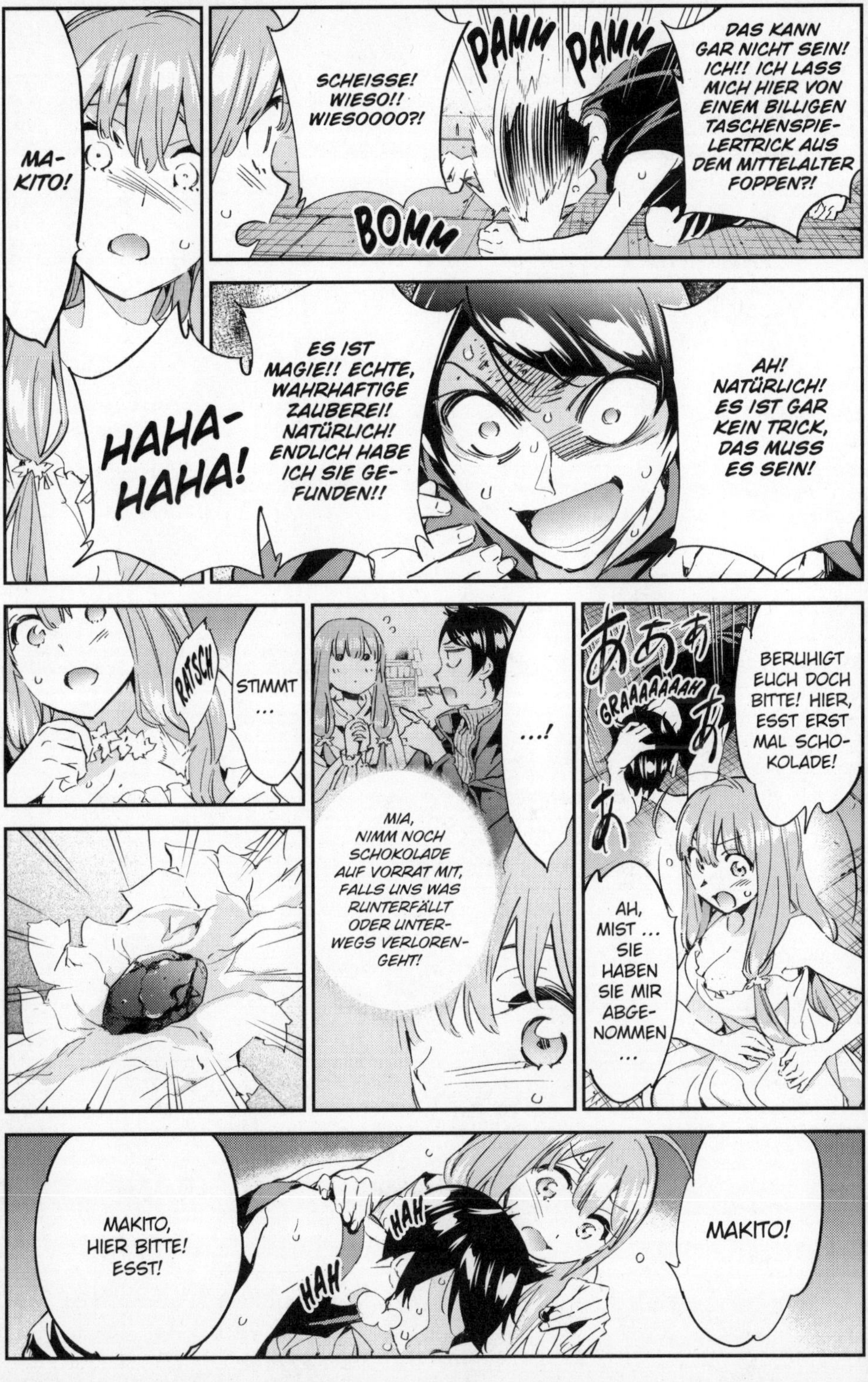
DAS KANN GAR NICHT SEIN! ICH!! ICH LASS MICH HIER VON EINEM BILLIGEN TASCHENSPIE-LERTRICK AUS DEM MITTELALTER FOPPEN?!
PAMM PAMM
SCHEISSE! WIESO!! WIESOOOO?!
BOMM
MA-KITO!
AH! NATÜRLICH! ES IST GAR KEIN TRICK, DAS MUSS ES SEIN!
ES IST MAGIE!! ECHTE, WAHRHAFTIGE ZAUBEREI! NATÜRLICH! ENDLICH HABE ICH SIE GE-FUNDEN!!
HAHA-HAHA!
BERUHIGT EUCH DOCH BITTE! HIER, ESST ERST MAL SCHO-KOLADE!
GRAAAAAAAH
AH, MIST … SIE HABEN SIE MIR ABGE-NOMMEN …
…!
MIA, NIMM NOCH SCHOKOLADE AUF VORRAT MIT, FALLS UNS WAS RUNTERFÄLLT ODER UNTER-WEGS VERLOREN-GEHT!
STIMMT …
RATSCH
MAKITO!
HAH
HAH
MAKITO, HIER BITTE! ESST!

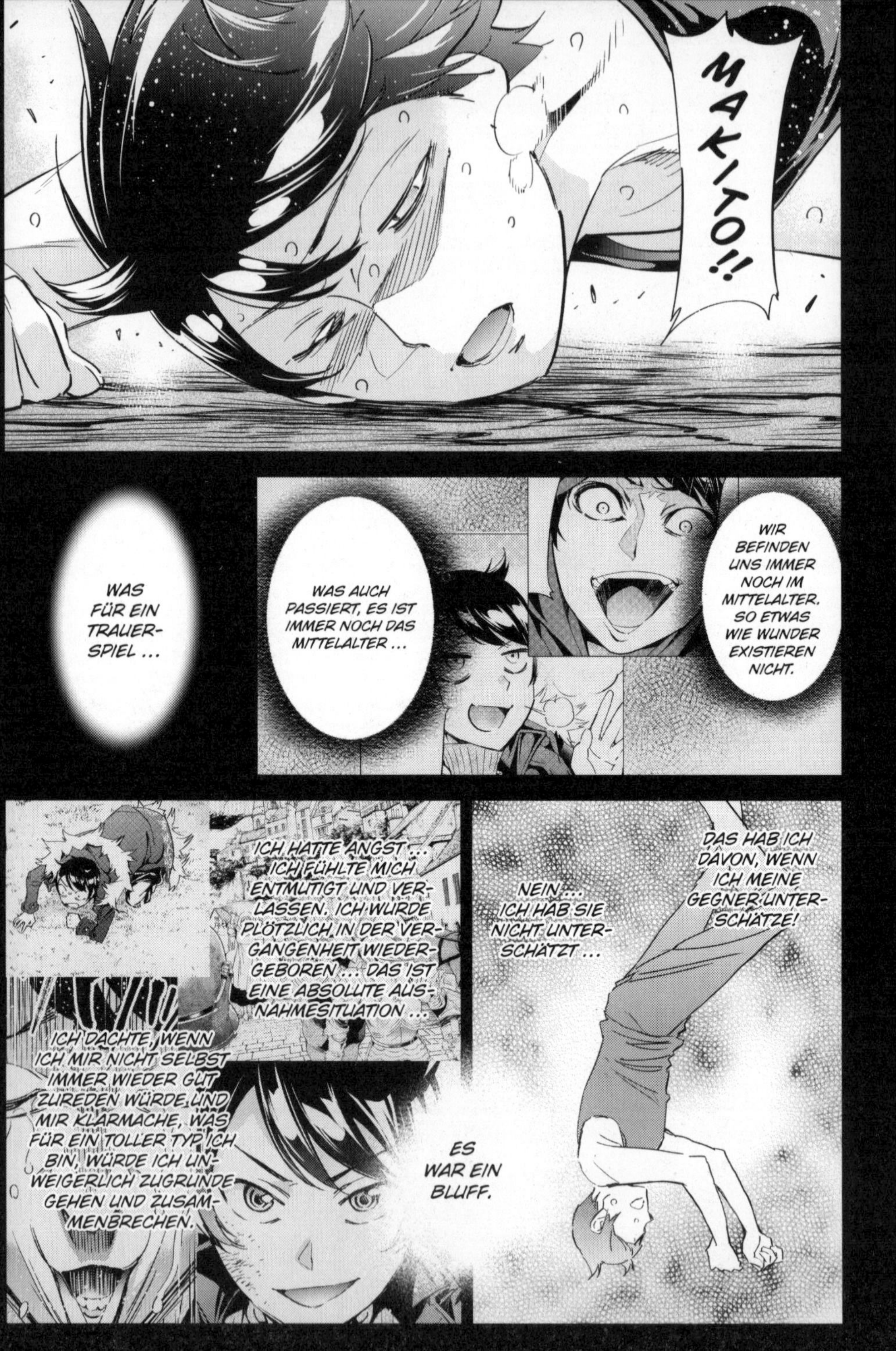
MAKITO!!
WIR BEFINDEN UNS IMMER NOCH IM MITTELALTER. SO ETWAS WIE WUNDER EXISTIEREN NICHT.
WAS AUCH PASSIERT, ES IST IMMER NOCH DAS MITTELALTER …
WAS FÜR EIN TRAUER-SPIEL …
DAS HAB ICH DAVON, WENN ICH MEINE GEGNER UNTER-SCHÄTZE!
NEIN … ICH HAB SIE NICHT UNTER-SCHÄTZT …
ICH HATTE ANGST … ICH FÜHLTE MICH ENTMUTIGT UND VER-LASSEN. ICH WURDE PLÖTZLICH IN DER VER-GANGENHEIT WIEDER-GEBOREN … DAS IST EINE ABSOLUTE AUS-NAHMESITUATION …
ICH DACHTE, WENN ICH MIR NICHT SELBST IMMER WIEDER GUT ZUREDEN WÜRDE UND MIR KLARMACHE, WAS FÜR EIN TOLLER TYP ICH BIN, WÜRDE ICH UN-WEIGERLICH ZUGRUNDE GEHEN UND ZUSAM-MENBRECHEN.
ES WAR EIN BLUFF.

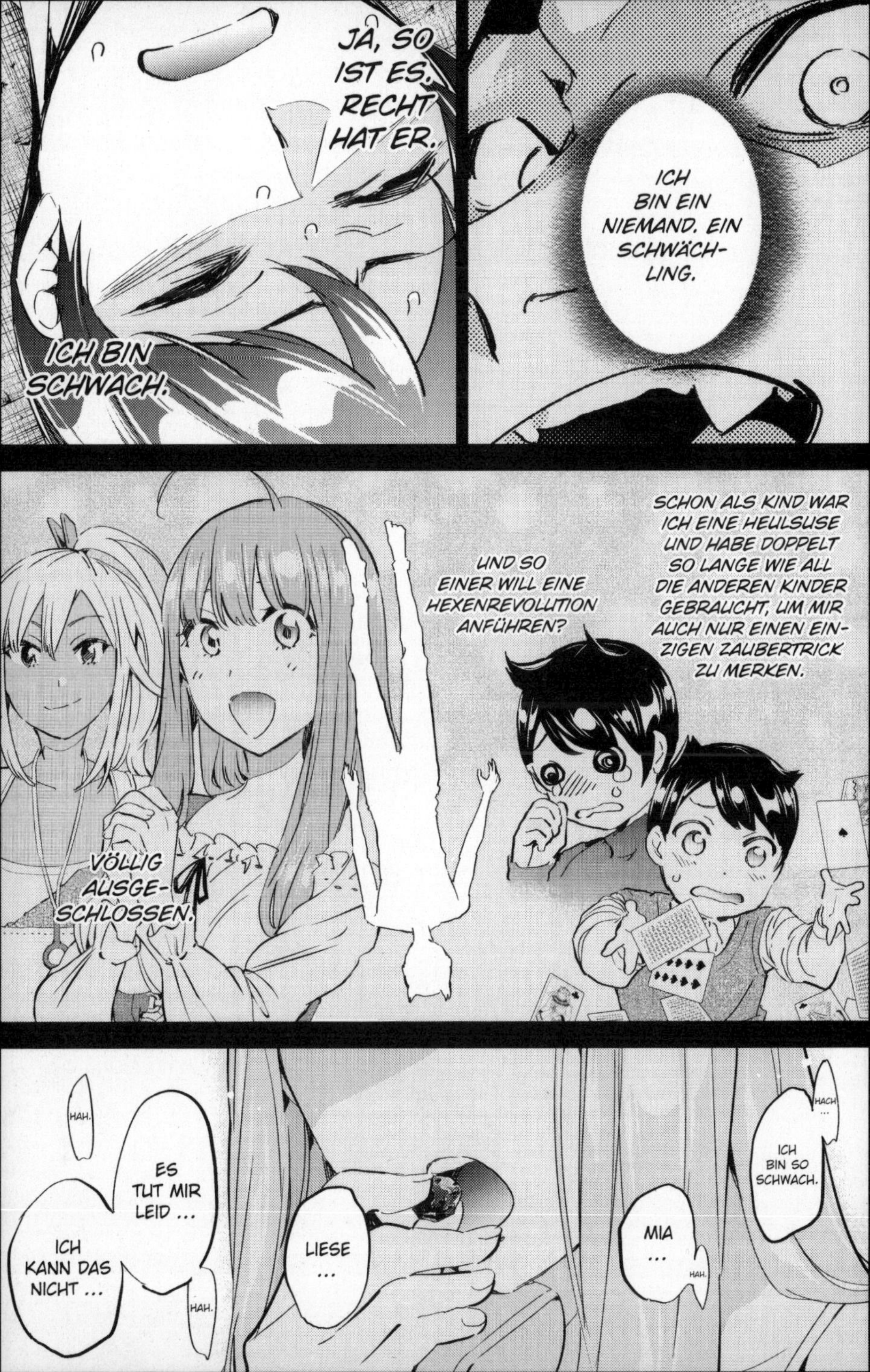
ICH BIN EIN NIEMAND. EIN SCHWÄCH-LING.
JA, SO IST ES. RECHT HAT ER.
ICH BIN SCHWACH.
SCHON ALS KIND WAR ICH EINE HEULSUSE UND HABE DOPPELT SO LANGE WIE ALL DIE ANDEREN KINDER GEBRAUCHT, UM MIR AUCH NUR EINEN EIN-ZIGEN ZAUBERTRICK ZU MERKEN.
UND SO EINER WILL EINE HEXENREVOLUTION ANFÜHREN?
VÖLLIG AUSGE-SCHLOSSEN.
HACH …
ICH BIN SO SCHWACH.
MIA …
HAH.
LIESE …
HAH.
ES TUT MIR LEID …
ICH KANN DAS NICHT …
HAH.

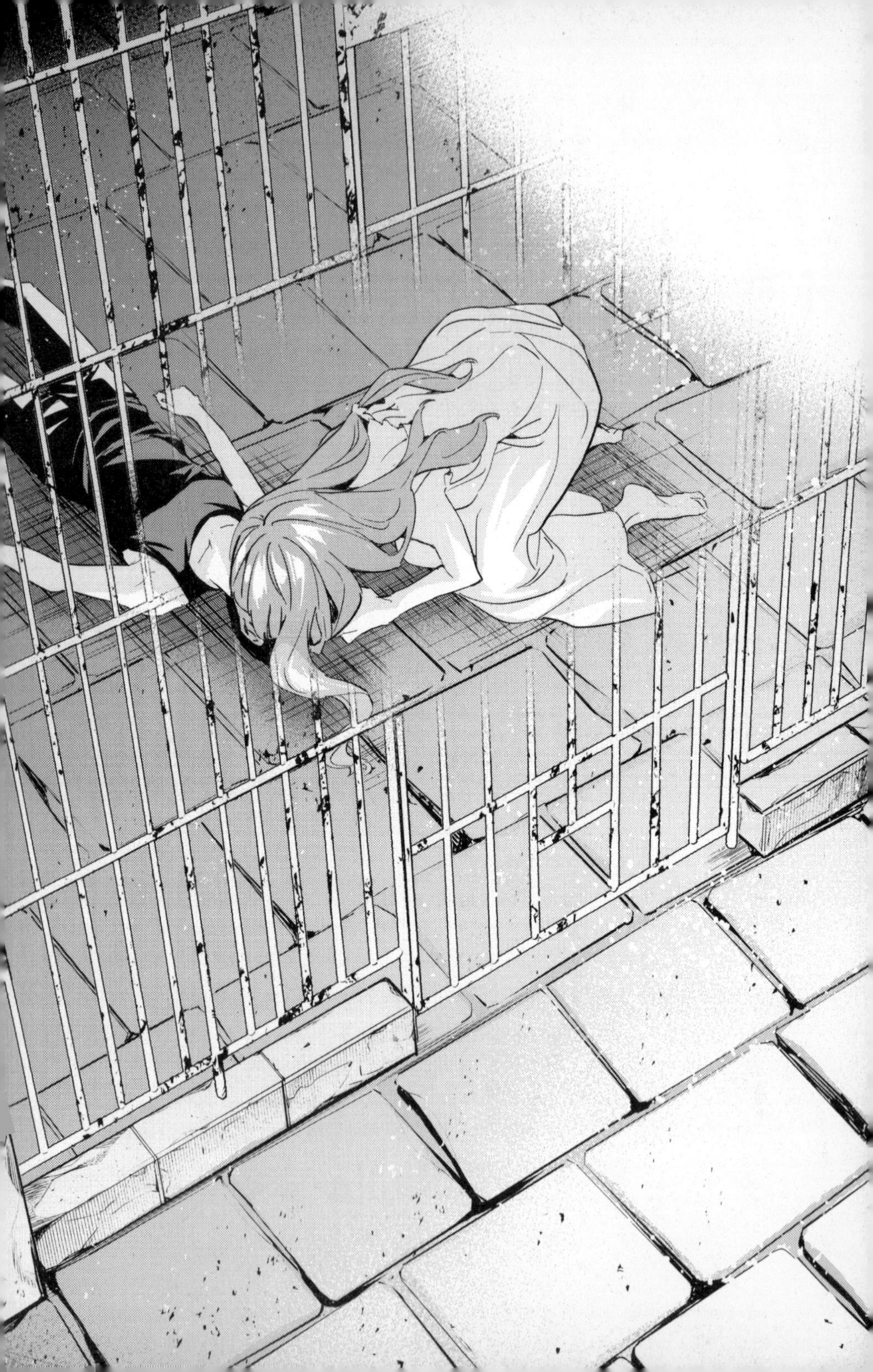

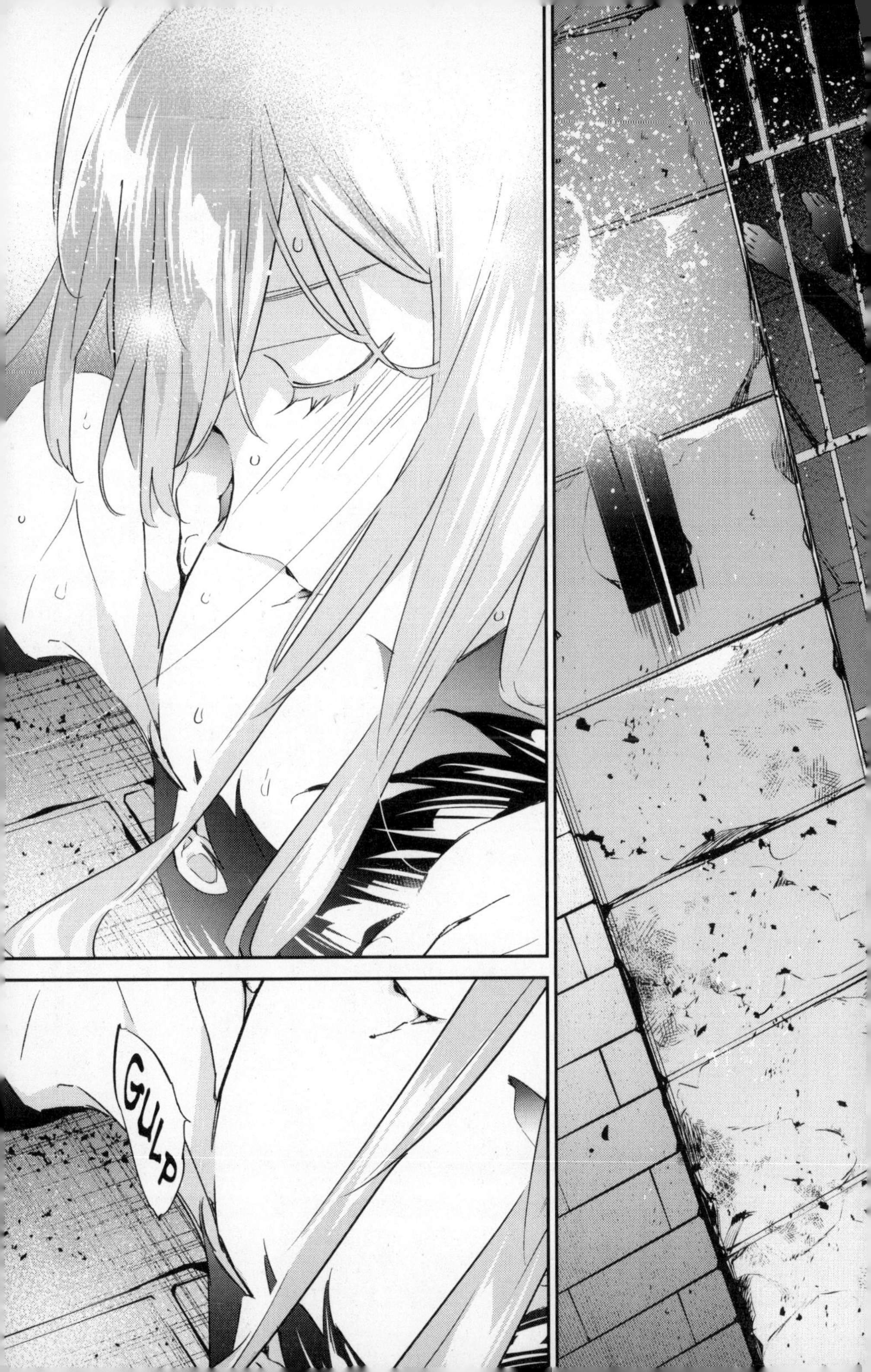
GULP

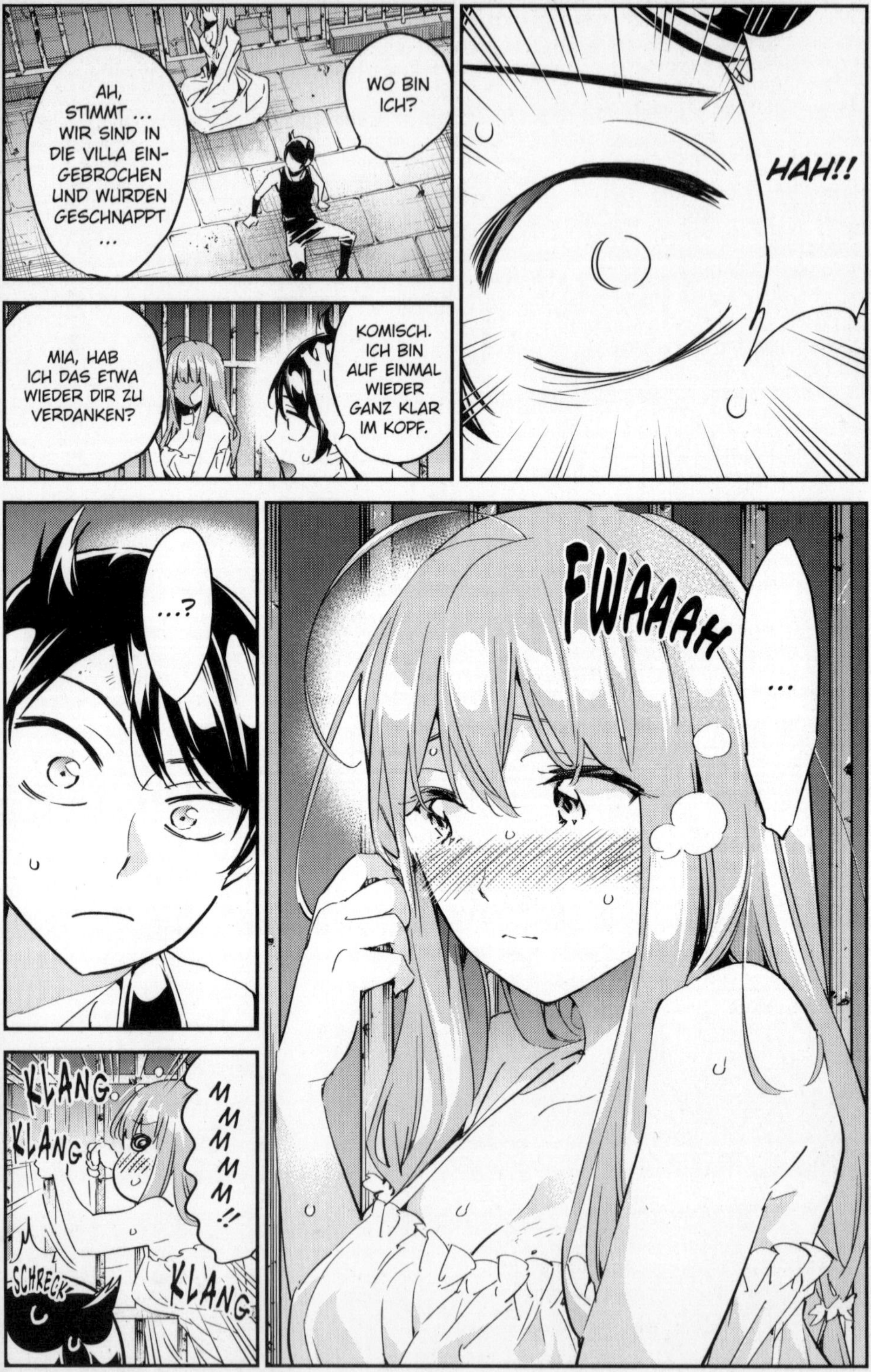
HAH!!
WO BIN ICH?
AH, STIMMT … WIR SIND IN DIE VILLA EIN-GEBROCHEN UND WURDEN GESCHNAPPT …
KOMISCH. ICH BIN AUF EINMAL WIEDER GANZ KLAR IM KOPF.
MIA, HAB ICH DAS ETWA WIEDER DIR ZU VERDANKEN?
FWAAAH
…
…?
MMMMM!!
KLANG
KLANG
KLANG
SCHRECK

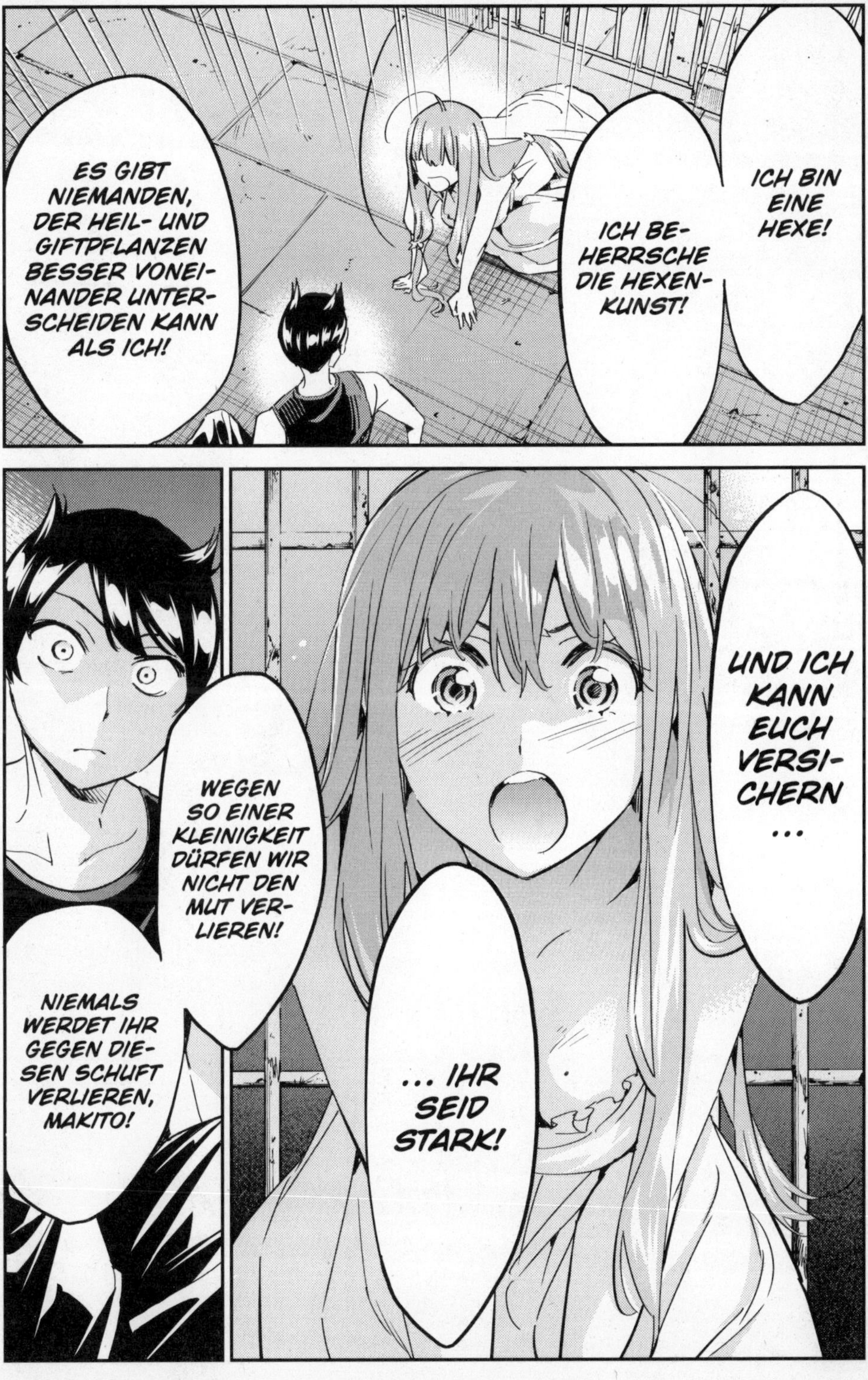
ICH BIN EINE HEXE!
ICH BEHERRSCHE DIE HEXENKUNST!
ES GIBT NIEMANDEN, DER HEIL- UND GIFTPFLANZEN BESSER VONEINANDER UNTERSCHEIDEN KANN ALS ICH!
UND ICH KANN EUCH VERSICHERN ...
... IHR SEID STARK!
WEGEN SO EINER KLEINIGKEIT DÜRFEN WIR NICHT DEN MUT VERLIEREN!
NIEMALS WERDET IHR GEGEN DIESEN SCHUFT VERLIEREN, MAKITO!

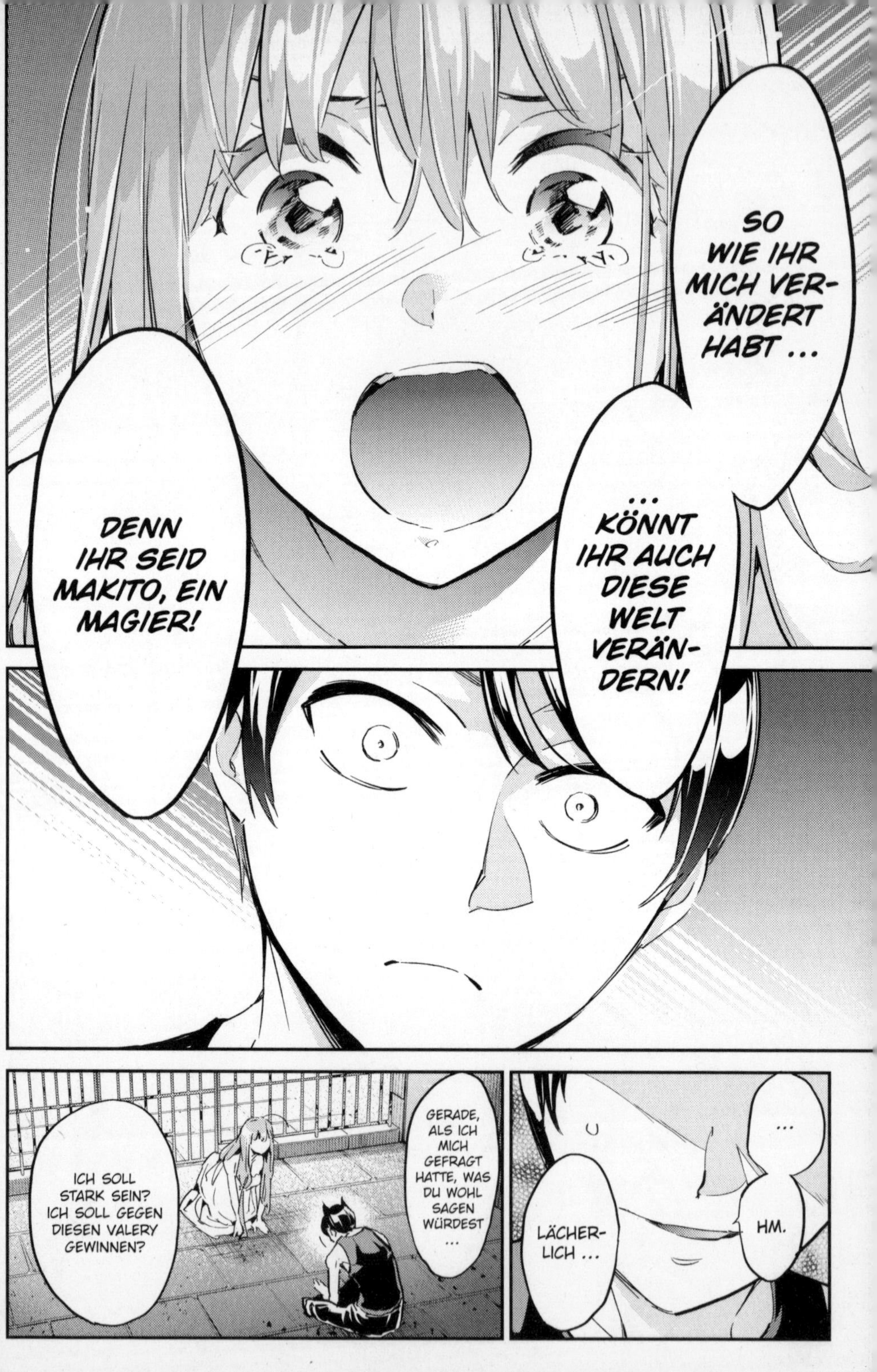
SO WIE IHR MICH VERÄNDERT HABT ...
... KÖNNT IHR AUCH DIESE WELT VERÄNDERN!
DENN IHR SEID MAKITO, EIN MAGIER!
GERADE, ALS ICH MICH GEFRAGT HATTE, WAS DU WOHL SAGEN WÜRDEST ...
ICH SOLL STARK SEIN? ICH SOLL GEGEN DIESEN VALERY GEWINNEN?
...
HM.
LÄCHERLICH ...

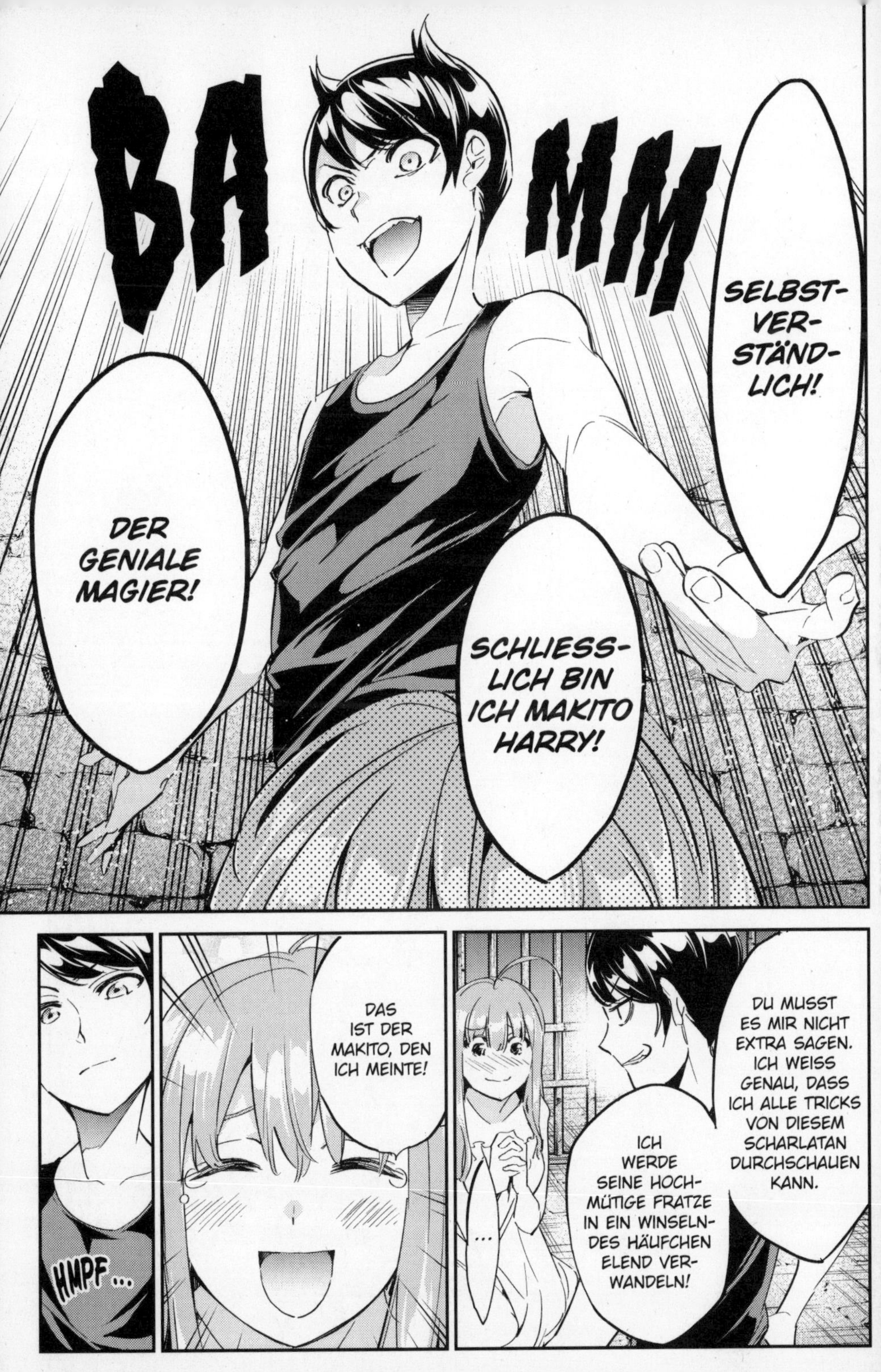
BAMM
SELBSTVERSTÄNDLICH!
SCHLIESSLICH BIN ICH MAKITO HARRY!
DER GENIALE MAGIER!
DU MUSST ES MIR NICHT EXTRA SAGEN. ICH WEISS GENAU, DASS ICH ALLE TRICKS VON DIESEM SCHARLATAN DURCHSCHAUEN KANN.
ICH WERDE SEINE HOCHMÜTIGE FRATZE IN EIN WINSELNDES HÄUFCHEN ELEND VERWANDELN!
...
DAS IST DER MAKITO, DEN ICH MEINTE!
HMPF ...

DANKE, MIA …

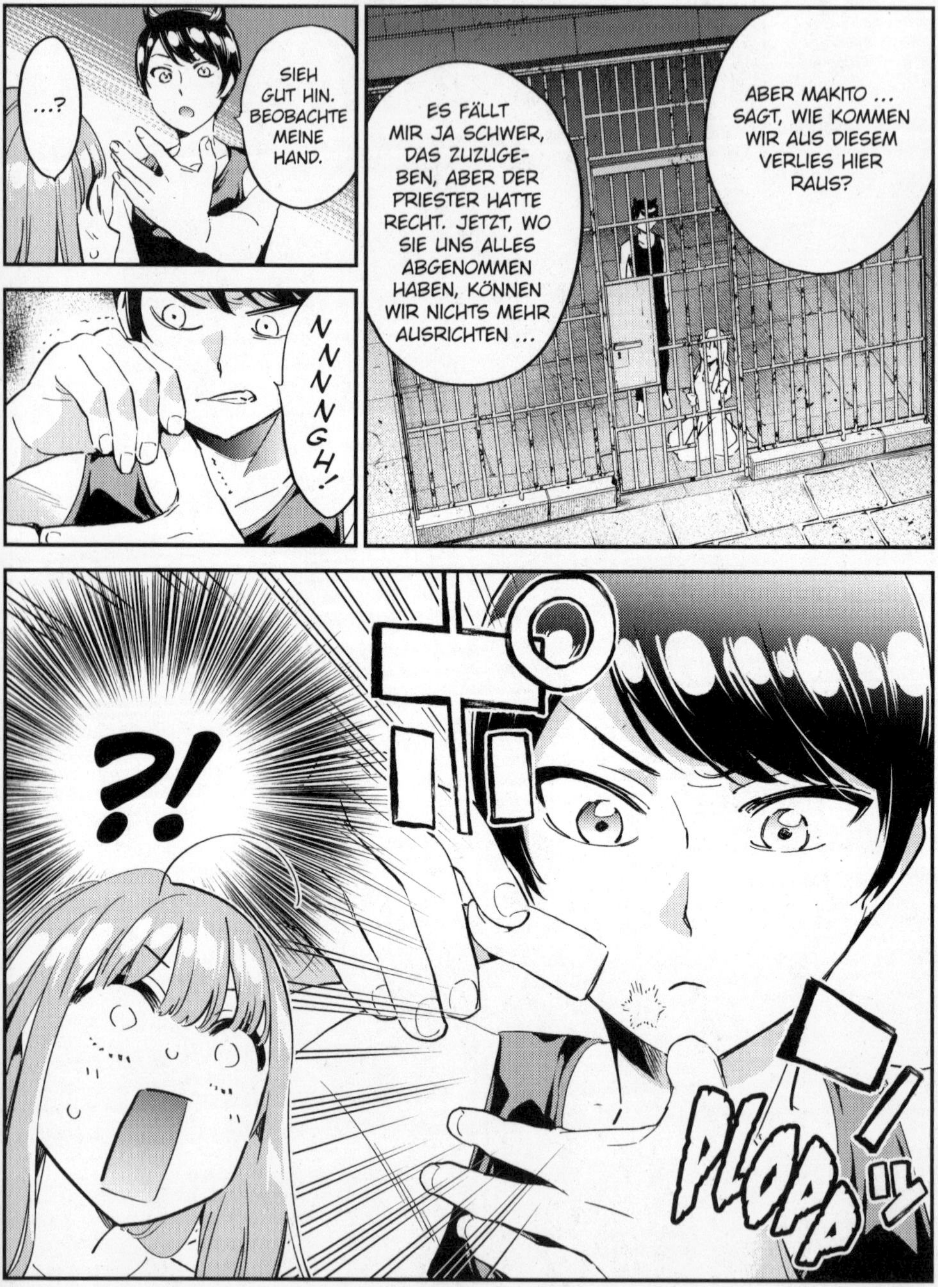

Fortsetzung folgt …

Kapitel 12
Was hinter dem Vorhang geschah …

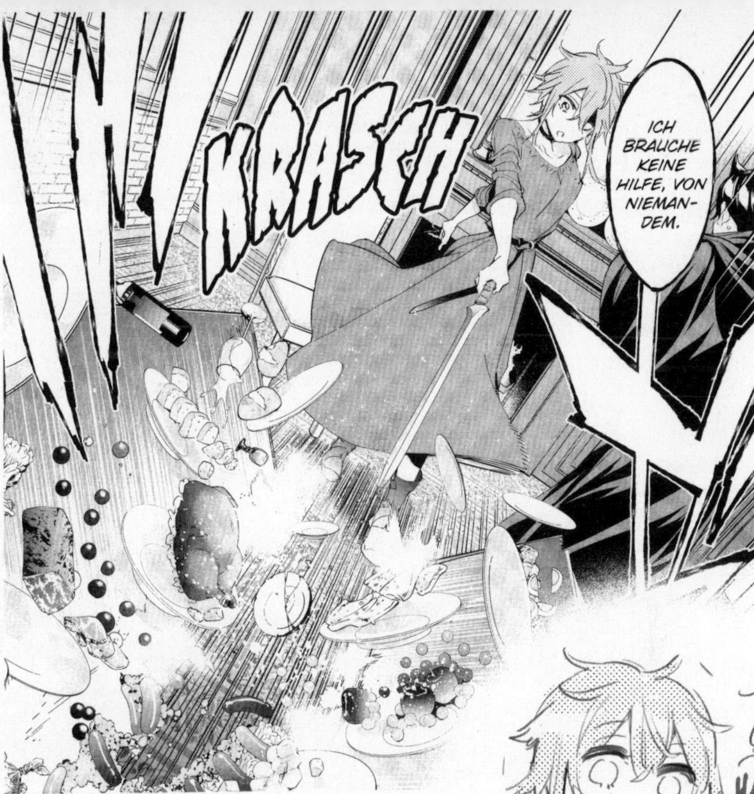

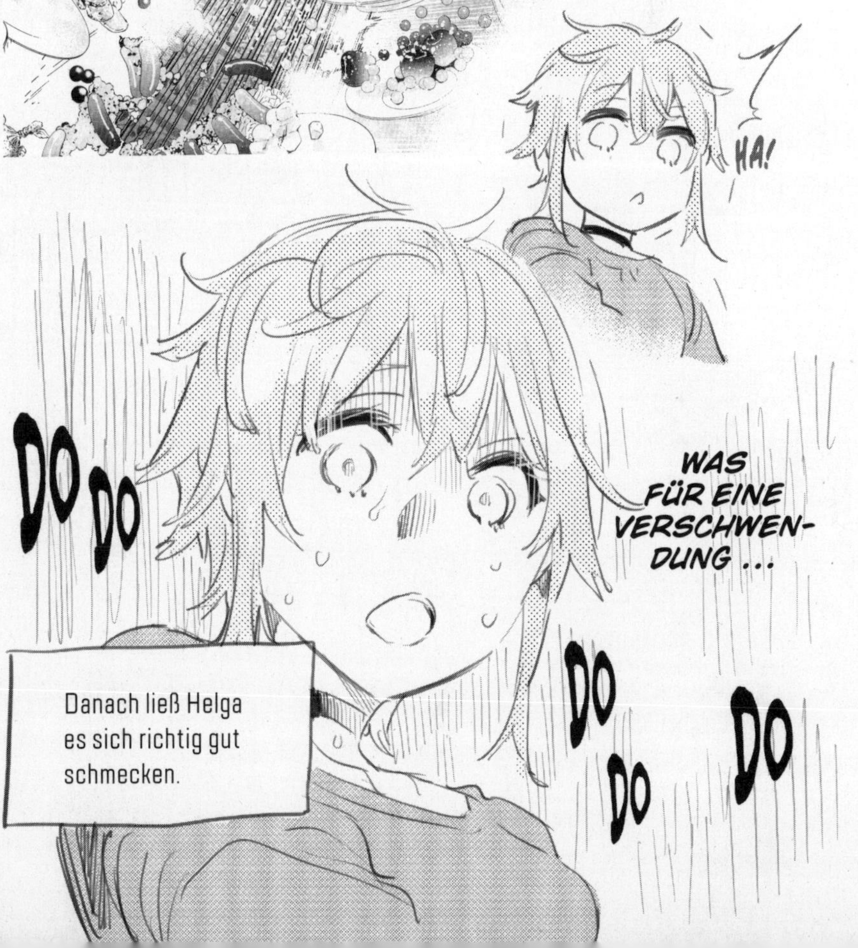

Kapitel 13 Was hinter dem Vorhang geschah …

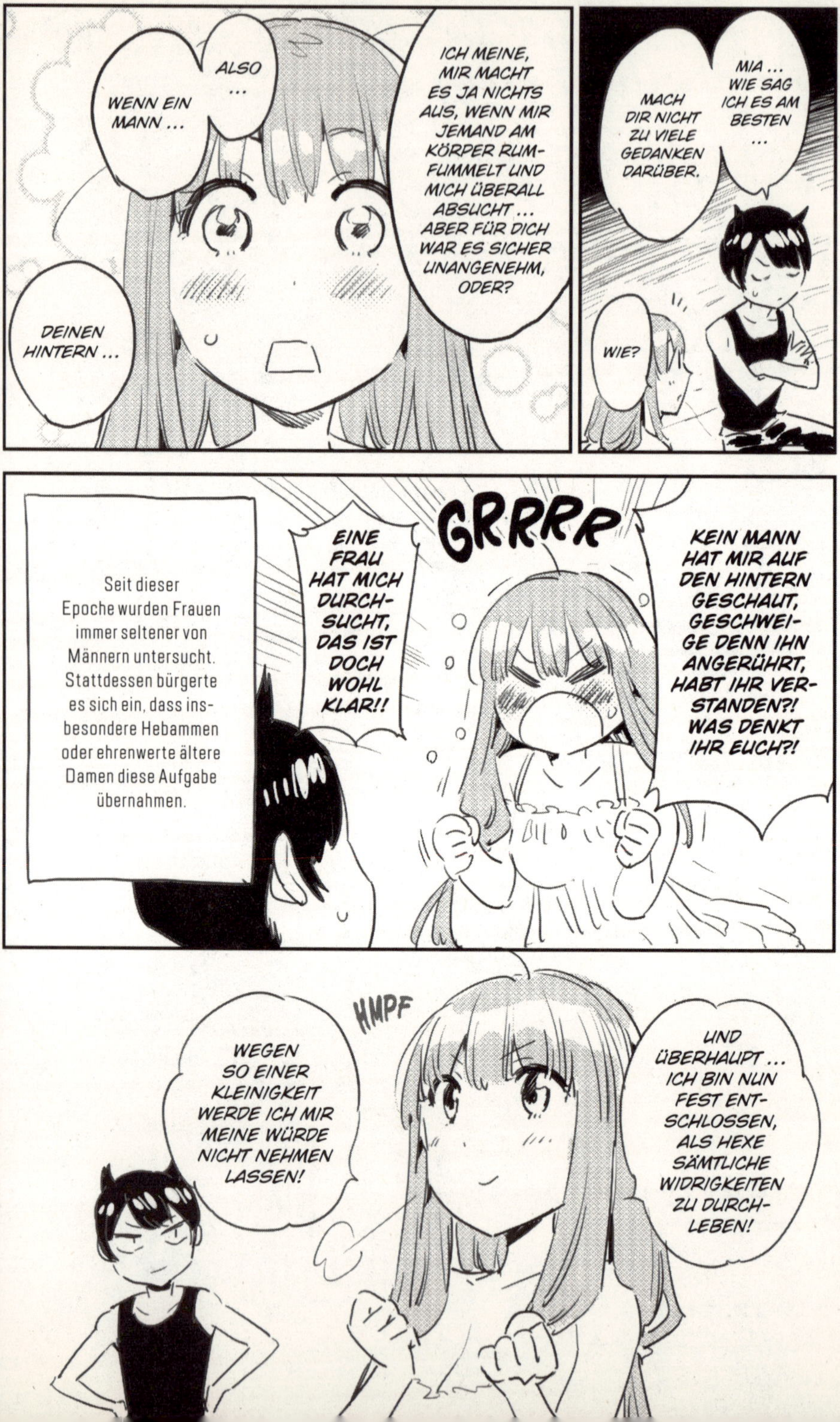

Shizumu Watanabe

Staff

Takumi Fujihara

Yuuichi Takahashi

Aramu Yoneya

Issee Odoru

Temporary Staff

Jairo Doujima

Tomotori Tokori

Reiji

Chidamasami

Editor

Kazuhiko Otoguro

Kango Iwamura

Hideki Morooka (Tankobon)

Special Thanks

Ken Kuwako
(Science Trainer)

Designer

Tadashi Hisamochi (Hive)

Takashi Oosoko (Hive)

Sekundärliteratur zur Recherche

Tsuneo Morishima, „Hexenverfolgung", Iwanami Taschenbuch, 1970

Masatake Kurokawa, Illustration: „Hexenjagden", Kawade Shobo Shinsha, 2011

Jean-Michel Sallmann, „Les sorcières, fiancées de Satan", Ikegami Shunichi, Sogensha, 1991

Yuko Nishimura, „Die Büchse der Heilkräuter der Hexen", Yama to Keikokusha, 2006

Shota Ikegami, Takako Fukuchi, „Illustrated Life in the Middle Ages", Shinkigensha, 2016

Narumi Takahira, „Illustrated History of Food", Shinkigensha, 2012

Shunichi Ikegami, „Medieval History of Play", Chikuma Gakugei Bunko, 2003

Akiyama Hiromi, Gesamtwerk „Illustrated Guide to Torture", Chikuma Bunko, 2003

A. D. White, Übersetzung: Tsuneo Morishima, „The Struggle between Science and Religion", Iwanami Shinsho, 1950

Naoko Takeda, „The World History of Chocolate: The Brown Jewel Polished by Modern Europe", Chuko Shinsho, 2010

Koichi Okazaki, „A Social History of Quack Doctors in Modern Britain: A European Story of the Civilian World", Meiji-Universität, Forschungsinstitut der Geisteswissenschaften, Reihe wissenschaftliche Schriften, 1995

InfoVisual Institute, Leitung: Akio Tsukimoto, „Easiest-to-understand Introduction to Christianity", illustrierte Ausgabe, Toyo Keizai Shinposha, 2016

Midori Wakakuwa, „Quattro Ragazzi Tensho Shonen Shosetsu to Sekai Teikoku", Teil I und II, Shueisha Bunko, 2008

Hironobu Saito, „Traveling Montaigne: A Chronicle of Europe in the Sixteenth Century", Hosei University Press, 2012

Yoshio Kikuchi, Illustration: „The Holy Roman Empire", Kawade Shobo Shinsha, 2009

Kazu Takayama, „Introduction to Illustrated Magic Techniques", Tokyodo Shuppansha, 2003

Tatsuya Harumura, „Psychological Tricks of Magic – Mystery Solving Studies by Mystery Writers", KadokawaONE Theme 21, 2005

Shigeaki Takagi, „Large They Do it With History", Kodansha Gendai Shinsho, 1988

Michihiro Matsuda, „Escape from the Impossible – with your Superpower Show Man Harry Houdini", Okukusha, 1985

Hans Peter Dürr, Übersetzung: Koichi Fujishiro und Shoko Mitani, „Der Mythos vom Zivilisationsprozess", Band 1: Nacktheit und Scham, Reihe Universitas, Hosei University Press, 2006 manga 漫画 Cult

STOPP! DIES IST DIE LETZTE SEITE!

TRICKS DEDICATED TO WITCHES ist ein Manga, und einen japanischen Comic liest man von hinten nach vorne. Auch die Lesereihenfolge der Bilder und Sprechblasen auf den Seiten ist anders als gewohnt: von rechts oben nach links unten.

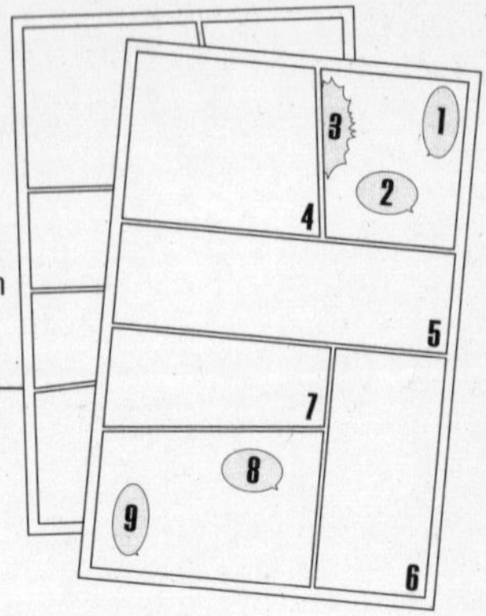

TRICKS DEDICATED TO WITCHES 2

von
Shizumu Watanabe

1. Auflage, 2022
Deutsche Ausgabe/German Edition

Aus dem Japanischen von Martin Gericke

First published in Japan in 2021 by KODANSHA LTD., Tokyo.
Publication rights for this German edition arranged through KODANSHA LTD, Tokyo.
Original Cover Design: Tadashi Hisamochi + Takashi Osoko (hive&co.,Ltd.)

KODANSHA

Programmleitung: Alexandra Grimsehl
Redaktion & Lektorat: Domenic Wassiljew
Korrektorat: Denise Hedrich
Layout und Lettering: Manga Cult, Datagrafix GSP GmbH, Berlin
Druck: GGP Media GmbH, Poessneck

Print-ISBN: 978-3-96433-604-0

www.manga-cult.de | August 2022